U0684927

續資治通鑑

第八册

宋高宗紹興二十六年丙子起
宋孝宗淳熙十年癸卯六月止

卷一百三十一
至一百四十八

中華書局

續資治通鑑卷第一百三十一

賜進士及第兵部尚書兼都察院右都御史總督湖北湖南等處地方軍務兼理糧餉世襲二等輕車都尉畢沅編集

宋紀一百三十一 起柔兆困敦（丙子）正月，盡強圉赤奮若（丁丑）十二月，凡二年。

高宗受命中興全功至德聖神武文昭仁憲孝皇帝

紹興二十六年金正隆元年。（丙子、一一五六）

1春，正月，己酉，金羣臣上其主尊號曰聖文神武皇帝。

金主自上年九月廢朝，常數月不出，有急奏，召左右司郎中省於臥內。庚戌，始視朝。

2辛亥，尙書禮部侍郎兼侍講王珉、權吏部侍郎徐嘉罷。時珉等使北未還，而殿中侍御史湯鵬舉，論二人皆以諂事秦檜故驟爲臺諫，無一言彈擊姦邪，無一事裨補時政，不修人臣之禮，不識事君之義，故有是命。

3癸丑，翰林學士陳誠之兼侍讀，尙書吏部侍郎（張綱兼侍講，起居舍人王綸兼崇政殿說書）。

4甲子，故責授清遠軍節度副使趙鼎，追復觀文殿大學士。責授左朝散郎、祕書少監、分司南京、贛州居住孫近，責授濠州團練副使鄭剛中，並追復資政殿學士。故左大中大夫、提舉江州太平興國宮、永州居住汪藻，追復顯謨閣學士。

5乙丑，金主觀角觝戲。

罷中書、門下省，以太師溫都思忠爲尚書令，以太尉、樞密使昂爲太保，右丞相布薩（舊作僕散。）師恭爲太尉。

6丙寅，以令衿爲明州觀察使、安定郡王。

7直祕閣周葵權尚書禮部侍郎。

8左奉議郎、知泰州海陵縣馮舜韶爲監察御史。

帝監秦檜擅權之弊，遂增置言事官。時何溥、王珪、沈大廉與舜韶並爲察官，而湯鵬舉、周方崇、凌哲爲臺諫。

9己巳，詔：「昨降指揮，已得差遣人，限五日出門；其已有差遣及在貶謫者，不得輒入國門。」

10庚午，左朝奉郎、通判肇慶府黃公度引見，帝曰：「卿官肇慶，嶺外有何弊事？」公度曰：「廣東西路有數小郡，如貴、新、南恩之類，有至十年不除守臣者。權官苟且，郡政廢弛，或不半年而去，監司又復差人，公私疲於迎送，民受其弊。」帝曰：「何不除人？」公度曰：
「蓋緣其闕在堂，欲者不與，與者不欲。」帝曰：「若撥歸部，當無此弊。」遂以公度爲考功員
外郎。

11 辛未，左承議郎、新知黎州唐秬入辭。秬言：「臣所治黎州，控制雲南極邊，在唐爲患尤
甚。自太祖皇帝卽位之初，指輿地圖，棄越巂不毛之地，畫大渡河爲界，邊民不識兵革，垂
二百年。昨蒙遣鍾世明于（校者按：于字衍。）裕民州屬（川蜀），蠲減虛額，人受其賜，更請降詔
撫諭，庶幾蜀民扶老攜幼，共聞德音。」秬，重之子也。

12 二月，癸酉朔，金主改元正隆，大赦。

13 甲戌，左朝議大夫劉才邵權尚書工部侍郎。

14 己卯，龍神衞四廂都指揮使、武當軍承宣使、池州駐劄御前諸軍都統制李耕卒。昭慶
軍承宣使、殿前司右軍統制岳超爲龍神衞四廂都指揮使，充池州駐劄御前諸軍都統制。

15 庚辰，金主御宣華門觀迎佛，賜諸寺僧絹五百匹，綵五十段，銀五百兩。

16 辛巳，金改定內外諸司印記。

17 辛卯，參知政事魏良臣罷，爲資政殿學士、知紹興府。
先是侍御史湯鵬舉言：「良臣人品凡下，天資凶險，率意任情，浮躁淺陋。通判以下

差遣，已得旨令吏部差注，必留堂除以市私恩。臺諫之論列人才，良臣引用私親趙公智，必欲庇之，是恨臺諫不與之爲支黨也。廷尉之禁勘公事，良臣改正富人胡邁奏補，必欲從之，是使獄官與之容私也。議論於同寅之間，則愚而好自用；奏對於君父之間，則賤而好自專。迹其所爲，稍若假以歲月，授以權柄，殆有甚於秦檜。」於是良臣亦抗章求去，乃有是命。

18 乙未，左朝請大夫、新知漢州陳康伯試尙書吏部侍郎。

19 金司徒張通古致仕。

20 庚子，金主謁山陵；辛丑，還都。

21 三月，壬寅朔，金始定職事朝參等格，仍罷兵衞。

22 甲寅，詔：「比緣軍興，令宰相兼樞密院使，典掌機務；今邊事已定，可依祖宗故事，宰相更不兼領。」

23 戊午，權刑部尙書韓仲通守戶部尙書，仍兼權知臨安府；敷文閣待制、新知信州周三畏試刑部尙書。

24 己未，資政殿學士、提舉萬壽觀兼侍讀万俟卨參知政事。

25 癸亥，太尉、奉國軍節度使、御前諸軍都統制、知興州吳璘開府儀同三司。

26丙寅，詔曰：「朕惟偃兵息民，帝王之盛德；講信修睦，古今之大利；是以斷自朕志，決講和之策。故相秦檜，但能贊朕而已，豈以其存亡而有渝定議耶！近者無知之輩，遂以爲盜出於檜，不知悉由朕衷，乃鼓唱浮言以惑衆聽，至有僞造詔命，召用舊臣，獻章公車，妄議邊事，朕實駭之。仰惟章聖皇帝子育黎元，兼愛南北，肇修隣好，二百餘年，戴白之老，不識兵革。朕奉祖宗之明謨，守信睦之長策，自講好以來，聘使往來，邊鄙綏靜，嘉與宇內共底和寧。內外大小之臣，其咸體朕意，恪遵成績，以永治安；如敢妄議，當置重典！」

自秦檜死，金人頗疑前盟不堅，會荆、鄂間有妄傳召張浚者，敵情益疑。於是參知政事沈該言：「向講和息民，悉出宸衷，遠方未必究知，謂本大臣之議，懼復用兵，宜特降詔書，具宣此意，遠人聞之，當自安矣。」時參知政事万俟卨，簽書樞密院事湯思退，言皆與該合，乃下是詔。

27夏，四月，甲申，刑部開具自去歲郊祀後監司、郡守嘗被臺劾之人：直龍圖閣趙士彩，前知紹興府，專與秦檜作媒。直徽猷閣龔鋈，前淮南運判，其弟與秦管莊。直祕閣鄭僑年、前知廬州。鄭震、前知嚴州。鄭靄、前四川提舉茶馬。高百之、前知溫州。張永年、前知無爲軍。王晌、前知太平州。已上六人，並檜親黨。孫汝翼，前知荆南府。直敷文閣方滋，前知明州。已上二人，並交結檜。共十人。詔並奪職。

先是殿中侍御史周方崇言：「延閣寓直，所以待英俊而寵勞能，請將去歲郊祀後臣僚論列放罷監司、郡守等人並鐫落職名，非徒姦惡有所警懼，而委任責成見帶貼職之人，實爲榮耀。」故有是命。

28 庚寅，翰林學士兼侍讀陳誠之假資政殿大學士、醴泉觀使兼侍讀，充賀大金上尊號使；吉州刺史、知閤門事蘇華假崇信軍節度使、領閤門事，副之。誠之三至北庭，頗見信，後有往聘者，必問其安否云。

29 癸巳，詔：「武學生以八十人爲額，上舍十五人，內舍二十五人，外舍四十人，置博士、學諭各一員。」未幾，詔：「學生百員爲額。」在七月癸亥。

30 甲午，詔：「諸路州軍自今不得奏祥瑞。」

帝嘗曰：「前大理寺獄空，不許上表稱賀，甚爲得體。比年四方奏祥瑞，皆飾空文，取悅一時。如信州林機奏秦檜父祠堂生芝草，其佞尤甚。蓮子雙頭，處處有之，亦何爲瑞！麟、鳳，瑞之大者，然非上有明君，下有賢臣，麟、鳳之生，亦何所取！朕以爲年豐穀登，可以爲瑞。若漢武作芝房、寶鼎之歌，奏之郊廟，非爲不美，然何益於事！」

31 戊戌，置六科以舉士：一曰文章典雅，可備制誥；二曰節操公正，可備臺諫；三曰法理皆通，可備刑讞；四曰節用愛民，可備理財；五曰剛方豈弟，勞績著聞，可備監司、郡守；六曰知機識變，知勇絕倫，可備將帥。令侍從歲舉之，如元祐中司馬光所請。

32 慶遠軍承宣使、提舉佑神觀吳蓋爲寧武軍節度使。
33 五月，壬寅，參知政事沈該爲尙書左僕射，万俟卨爲右僕射，並同中書門下平章事。
34 甲辰，端明殿學士、簽書樞密院湯思退知樞密院事。
35 甲午，太常少卿賀允中權尙書禮部侍郎。
36 丁未，侍御史湯鵬舉試御史中丞。
37 戊申，詔：「故追復觀文殿學士趙鼎，特與致仕恩澤四名；故追復資政殿學士孫近，與致仕恩澤三名；故追復顯謨閣學士汪藻，與致仕恩澤二名；故左中大夫劉大中、李若谷、段拂，並追復資政殿學士，與恩澤二名；故左朝散大夫程昌寓，追復徽猷閣待制，與致仕恩澤二名；故左大中大夫范沖，追復龍圖閣直學士，故左中奉大夫王居正，右文殿修撰趙開，並追復徽猷閣待制，與恩澤一名；故左朝請郎李朝正，左朝散郎致仕高閌，左朝奉郎游操、呂本中，並特與恩澤一名。」
38 詔：「李顯忠昨緣歸朝，全家被害，理宜優卹，除已給恩澤外，更特與五資。」
39 己未，金主使宣奉大夫、左宣徽使敬嗣暉，定遠大將軍、尙書兵部郎中蕭中立，來賀天申節。
40 己巳，前特進張浚，度金人必渝盟，上疏曰：「今日事勢極矣，陛下將拱手而聽其自然乎，抑將外存其名而博謀密計以爲久長計歟？臣誠恐自此數年之後，民力益竭，財用益乏，士卒益老，人心益離，忠烈之士淪亡殆盡，內憂外患相仍而起，陛下將何以爲策？今天下譬如中人之家，盜踞其堂，安眠飽食其間而陰伺其隙，一日之間，其捨我乎？」書奏，執政不省。

41 是月，金頒行正隆官制。

42 六月，丁丑，端明殿學士、新知湖州程克俊參知政事。

43 庚辰，金天水郡公趙桓薨。【考異】宋史欽宗紀，祇云紹興三十一年五月帝崩問（至），而不得其殁之年月。三朝北盟會編亦祇載三十一年哀詔，而於欽宗之殁，略而不書。竊憤錄以爲正隆六年，亮宴諸王、大將於講武殿，大閱兵馬，令天水侯趙某領一隊，先以羸馬易其壯馬，使其乘之，圍既合，爲騎兵踐踏而死。按金史，欽宗之殁，自在正隆元年而非六年。竊憤錄本僞書，不足信也。嚴冬友定爲欽宗不得其死，謂海陵無道，於太宗諸子及宗翰子孫屠戮殆盡，何有於宋之降王？宋人紀事之書，多以欽宗爲被殺，必非無據，當從文道紀年紀略作爲海陵所害，庶於書法爲允。余謂宋人紀金事，南北傳聞，每多失實，況僞託之書乎！旁摭野乘，不如正史之傳信，今仍從金史書之。

44 壬午，詔：「故追復資政殿學士鄭剛中，特與致仕恩澤一名。」

45 左奉議郎孫覿，復左朝奉郎。覿既敍官，當秦檜秉政，畏禍深居者二十餘年。及是上書自訴，乃復舊秩。

46 丙戌，金以尚書右丞蔡松年爲左丞，以樞密副使耶律安禮爲右丞。

47 丁亥，作皇帝本命殿於萬壽觀，依在京以純福爲名。

48 流星晝隕。

49 秋，七月，甲辰，三佛齊國遣使入貢。

50 丁未，彗星出井宿間。

51 戊申，詔曰：「太史言彗出東方，朕甚懼之，已避殿減膳，側身省愆。尚慮朝政有闕失，民間有疾苦，刑獄有冤濫，官吏有貪殘，致傷和氣，上天垂象。可令士庶實封陳言，詣登聞檢院投進；仍令諸路監司、郡守，條具便民、寬卹合行事件聞奏；提點刑獄官躬詣屬州縣，詳慮（決）遣，將枝蔓干連之人，日下疎放，務使施實惠以盡應天之實。」

52 己酉，金主命太保昂如上京，奉遷始祖以下梓宮。

53 壬子，詔：「故贈右諫議大夫陳瓘，賜謚忠肅。」先是帝謂輔臣曰：「近覽瓘所著尊堯集，無非明君臣之大分，深有足嘉。」

54 丙辰夜，彗星沒。

55 辛酉夜，天雨水銀。

56 八月，丁丑，金主如大房山行視山陵。

57 庚寅，南平王李天祚，遣太平州刺史李國以右武大夫李義、政〔武〕翼郎郭應五來賀昇平，獻黃金器千一百三十六兩，明珠百，沈香千斤，翠羽五百隻，雜色綾絹五千匹，馬十，象九。詔尙書左司郎中汪應辰宴國于玉津園。遷國爲太平州團練使，義左武大夫，應五武經郎，加賜襲衣、金帶、器、幣有差。

58 辛卯，參知政事陳克俊罷，爲資政殿學士、提舉臨安府洞霄宮，以疾自請也。克俊再執政才七十五日。甲午，尙書吏部侍郎兼侍講兼權吏部尙書張綱參知政事。

59 乙未，靜海軍節度使、檢校太尉、南平王李天祚爲檢校太師，功號加「歸仁」二字，賜襲衣、金帶、鞍馬、器、幣。

60 中書舍人吳秉信試尙書吏部侍郎。

61 九月，庚子朔，奉國軍節度使、開府儀同三司、御前諸軍都統制、知興州吳璘領御前諸軍都統制職事，判興州。自建炎以來，未嘗有使相爲都統制者，故改命之。

璘嘗自著書，號兵要大略，謂：「金人有四長，我有四短，當反我之短以制彼之長。蓋彼之所長，曰騎兵，曰堅忍，曰甲重，曰弓矢。吾當集蕃、漢所長而用之，故以分隊制其騎兵，以番休迭戰制其堅忍，制其甲重則勁弓強弩，制其弓矢則以遠尅近，以強制弱。」其說甚備。至於陣法，有圖而無書焉。

62辛丑，沈該等言安南人欲買撚金線緞，此服華侈，非所以示四方，帝曰：「華侈之服，如銷金之類，不可不禁。近時金絕少，由小人貪利，銷而爲泥，甚可惜。天下產金處極難得，計其所出不足以供毁之費。雖屢降指揮，而奢侈之風終未能絕，須申嚴行之。」

63乙巳，翰林學士陳誠之兼侍講〔讀〕、同知樞密院事。

64癸丑，御史中丞湯鵬舉兼侍讀、權尚書兵部侍郎。

65甲子，湯鵬舉言：「西清次對，超躐禁從，所以褒有德而顯有功也。敷文閣直學士秦塤，敷文閣待制秦堪，敷文閣待制吳益，皆以庸瑣之才，恃親昵之勢，可謂無功無德者也，其可直西清而充次對乎？請鐫褫職名，示天下以至公之道。」詔：「鵬舉所論，甚協公議。然朕以秦檜輔佐之久，又臨奠之日，面諭檜妻，許保全其家。今若遽奪諸孫與壻職名，不惟使朕食言，而於功臣傷恩甚矣！可令中外知朕此意，今後不得更有論列。」

66冬，(十)月，己巳朔，右朝議大夫、知明州王俁試尚書戶部侍郎。

67丙子，拱衞大夫、忠州防禦使、兩浙西路兵馬鈐轄邵宏淵爲殿前司前軍統制。

68乙酉，金葬始祖以下十帝於大房山。

69丁酉，詔：「前特進張浚，依舊永州居住，俟服闋取旨。」

先是浚奉母喪歸葬於蜀，行至江陵，會以星變求直言。浚慮金數年間決求釁用兵，而吾方溺於宴安，謂金可信，蕩然莫之爲備；沈該、万俟卨居相位，尤不厭天下望，朝廷益輕，雖在苦塊，不得不爲帝終言之。乃復奏曰：「嚮者講和之事，陛下以太母爲重爾。幸而徽宗梓宮亟還，此和之權也。不幸用事之臣，肆意利欲，乃欲翦除忠良，以聽命於敵而陰蓄其邪心，故身死之日，天下相慶，蓋惡之如此。方姦雄之人，豢於富貴，分別黨與，布在要郡，聚斂珍貨，獨厚私室，皆爲身謀而不爲陛下謀也。坐失事機二十餘年，有識痛心。夫賢才不用，政事不修，形勢不立，而專欲受命於敵，適足啓輕侮之心而正墮其計中。臣願陛下深思大計，復人心，張國勢，立政事，以觀機會，未絕其和，而遣一介之使與之分別曲直逆順之理，事必有成。」

万俟卨、湯思退見之，大怒，以爲金未有釁，而浚所奏乃若禍在年歲間者。湯鵬舉卽奏：「浚身在草土，名繫罪籍，要譽而論邊事，不恭而違詔書，取腐儒無用之常談，沮今日已行之信誓，豈復能爲國家長慮！徒以閒居日久，以冀復用。議者以爲前此權臣嘗被其薦，故雖致人言，猶竄近地。況浚近得旨歸葬於蜀，倘堅異議，以唱率遠方之人，慮或生患。望屏之遠方，以爲臣下不忠之戒。」故有是命。

閏十月，己亥朔，湯思退言昨日張浚行遣極當，帝曰：「浚用兵，不獨朕知，天下皆知之。如富平之敗，淮西之師，其效可見。今復論兵，極爲生事。且太祖以神武定天下，亦與契丹議和。」陳誠之曰：「浚論事頗有不當，如石晉因契丹之力以自立，其勢不得不與之和，此桑維翰之功也。及景延廣用事，遽以翁孫之禮待之，契丹遣使問曲直，延廣對使者云：『晉有橫磨劍十萬口，翁欲戰則來。』石晉之禍自此始。浚不罪延廣而謂維翰不當與契丹和好，甚無謂。」帝曰：「耶律德光入汴，首以此言數延廣罪。」誠之曰：「浚永州之命，甚塞衆議。」帝曰：「不如此，議論不定。」

70 庚子，祕閣修撰、知婺州辛次膺權尙書禮部侍郎。

71 辛丑，宗正少卿李琳爲賀大金正旦使，秉義郎、侍衞馬軍司幹辦公事宋均副之；尙書左司郎中葛立方爲賀生辰使，閤門宣贊舍人梁份副之。

72 丙午，詔：「廉州歲貢珠，雖祖宗舊制，聞取之頗艱，或傷人命。自今可罷貢，蜑丁縱其自便。」帝謂宰執曰：「朕嘗讀太祖實錄，（見劉鋹）進珠子馬鞍，太祖知劉鋹所采珠子甚多，日役蜑丁數千人，死者不少。朕以爲珠子非急用之物，既是難得，且傷人命，故特令罷貢，以爲一方無窮之利。」

73 龍神衞四廂都指揮使、建武軍承宣使、新江南西路馬步軍副都總管董先卒於鄂州。

74 徽猷閣直學士致仕胡寅卒於衡州。

75 十一月，丙子，左從事郎、主管禮兵部架閣文字杜莘老充敕令所刪定官。

先是詔以星變求言，莘老上書論：「彗，戾氣所生，歷攷史牒，多爲兵兆。國家爲息民通和，而將驕卒惰，軍政不肅。今因天戒以修人事，思患預防，莫大於此。」因陳時弊十事。

76 丙戌，知盱眙軍吳說，奏請禁止采蜮。帝曰：「暴殄天物，誠爲可禁。第貧民以此爲生，一旦禁止，恐致失業。古之聖人，先仁民而後愛物，今但令官司不得買蜮，民間從其便也。」

77 十二月，戊戌朔，臘饗太廟。是日也，罷朔祭，以禮官援淳化故事有請也。

78 辛丑，知樞密院事湯思退同知樞密院事。

79 壬戌，三佛齊國進奉使蒲晉等入見。癸亥，封其國首領爲王，蒲晉等賜秩有差。

80 甲子，金賀正旦使中奉大夫·祕書監·右諫議大夫梁銶、副使定遠大將軍·充馬軍副都指揮使耶律諶入見。

81 帝嘗製宣聖及七十子像贊，親書之。是月，始命刻石。【考異】像爲李公麟所繪，高宗先時撰贊，自書之，秦檜爲跋，至是始刻焉。刻石今在杭州府學。錢辛楣曰：宋大中祥符二年，追封閔子以下九人爲公，曾子而下六十二人爲侯，並兗國公爲七十二弟子。大觀二年，追封公夏守等十人侯爵，預祀典。則別七十二賢於十哲之外矣。思陵撰七十二子贊，較之祥符所追封，多廉潔、秦商、后處、樂款〔欬〕，少公良孺、勾井疆、顏何、公西輿如，不知何據。諸賢在宋時已經加封，而所書仍唐之爵號，朱文公嘗言之矣。夫治國固有緩急，思陵偏安兩浙，稱臣於仇讎，正復崇儒重道，亦何足掩不孝之名！則數典而忘祖，又在所不足責。而如秦檜之姦邪無學，亦豈能援引典故以證人主之誤哉！檜跋後爲明人所磨去。

紹興二十七年 金正隆二年。（丁丑、一一五七）

1春，正月，戊子，右通直郎、監登聞檢鼓王述，以貧乞補外。帝曰：「王倫頃年奉使金國，金欲留之，許以官爵，倫不從，乃冠帶南嚮，再拜求死。此事亦人所難，宜卹其後，可特添差通判平江府。」

2庚寅，金以工部侍郎韓錫同知宣徽院事。錫不謝，杖百二十，奪所授官。

3二月，丁酉朔，詔：「自今國學及科舉取士，並令兼習經義、詩賦，內第一場大小經各一道，永爲定制。」

4庚子，太尉、武當軍節度使、御前諸軍都統制、充利州東路安撫使兼知興元府楊政薨，年六十。政守漢中凡十八年，特贈開府儀同三司，後謚襄毅。

5辛丑，金初定太廟時饗牲牢禮儀。

6癸卯，金改定親王以下封爵等第，命置局，追取存亡誥身，存者二品以上，死者一品，參酌削降。公私文書但有王爵字者，皆立限毀抹，雖墳墓碑誌，亦發而毀之。

7戊午，御史中丞兼侍讀湯鵬舉參知政事。

鵬舉爲臺官凡一年半，所論皆秦檜餘黨，他未嘗及之。

8己未，敷文閣待制、知荆南府王師心試尚書戶部侍郎。庚申，尚書吏部侍郎陳康伯兼侍讀，權禮部侍郎。（賀允中兼侍講。）

9是月，金主坐武德殿，召吏部尚書李通，刑部尚書胡勵，翰林直學士蕭廉，語以「朕夜夢至上帝所，殿中人如嬰兒。少頃，有青衣特宣授朕天策上將，命征某國。朕受命出，上馬，見鬼兵無數，朕發一矢射之，衆皆喏而應。既覺，聲猶在耳。即遣人至廄中視所乘馬，其汗如水，取箭數之，亦亡其一。此異夢也，豈非天假手於朕，令取江南乎？」通等皆賀。金主戒無泄於外。

10三月，丙戌，帝御射殿，引正奏名進士唱名。

先是湯鵬舉以御史中丞知貢舉，上合格進士博羅張宋卿等，帝親策試。既而以手詔宣示攷試官曰：「對策中有鯁亮切直者，並置上列，以稱朕取士之意。」

時樂清王十朋，首以法天、攬權爲對，其略曰：「臣勸陛下攬權者，非欲陛下衡石量書如秦皇帝，而謂之攬權也；又非欲陛下傳餐聽政如隋文帝，而謂之攬權也；又非欲其以強明自任、親治細事、不任宰相如唐德宗，而謂之攬權也；又非欲其精於吏治、以察爲明、無復仁恩如唐宣宗，而謂之攬權也。蓋欲陛下懲其既往，戒其未然，操持把握，使威福之柄一歸於上，不至於下移而已。」又曰：「朝廷往嘗屢有禁鋪翠之令矣，而婦人以翠羽爲首飾者，今猶自若也。是豈法令之不可禁乎？豈宮中服澣濯之化，衣不曳地之風，未形於外乎？夫法之至公者，莫如取士，名器之至重者，莫如科第，往歲權臣子孫、門客，省闈、殿試，類皆竊巍科，有司以國家名器爲媚權臣之具，而欲得人，可乎？」又曰：「臣願陛下以正身爲攬權之本，而又任賢以爲攬權之助，廣收兼聽，以盡攬權之美，則所求無不得，所欲皆如意，雖社稷之大計，天下之大事，皆可以不動聲色而爲之矣。」

晉原閻安中策言：「太子天下根本，自昔人君嗣政之後，必建立元子，授之匕鬯，所以繫隆社稷，基固邦本，示奕世無窮之休。臣觀漢、唐史，東海王彊之於顯宗，宋王憲之於明皇帝，既皆爲太子矣；曁天命定於後，莫不優加職秩，大封殊禮，退就宮邸，當時無間言，後世無異議。孝成帝卽位二十五年，立弟之子定陶王爲子。今陛下之心，祖宗之心也，聖慮經遠，神機先物，嘗修祖宗故事，累年於茲矣。日就月將，緝熙光明之學，其歷試周知，不爲不久也。而儲位未正，嫡長未辨，臣深恐左右近習之臣，寖生窺伺，漸起黨與，間隙一開，有誤宗社大計，此進退安危之機也。臣願陛下斷自宸衷，早正儲位，以係中外之望。」

帝謂大臣曰：「今次舉人程文，議論純正，仍多切直，似此人才，極有可用。」翼日，又謂大臣曰：「昨覽進士試卷，其間極有切直者。如論理財，則欲省修造。朕雖無崇臺榭之事，然喜其言直。至論鋪金、鋪翠，朕累年禁止，尙未盡革，自此當立法必禁之。」湯思退曰：「太宗朝有雍丘尉武程，上疏願減後宮嬪嬙。太宗謂宰相曰：『程疎遠，未悉朕意，縱欲敗度，朕所不爲。內廷執掌，有不可缺者。』李昉欲斥程以戒妄言，太宗曰：『朕何嘗以言罪人，但念程不知耳。』士人論事，不究虛實，陛下能容之，實千載之遇。」帝曰：「正不消與辨。」陳誠之曰：「天下自有公論；陛下此舉，大足以感動天下。願陛下自此益崇儉約，以節浮費。」

時帝臨御久，主器未定，大臣無敢啓其端者，安中對策，獨以儲貳爲請。帝感其言，于是賜十朋等四百二十六人及第、出身，而擢安中第二。或曰：「安中與舉人黃成孫同縣相友善，成孫父源，嘗爲書言儲貳事，安中得其說以對，帝大賞之。」

始，蜀人之未集也，帝數有展日之命。沈該奏：「天時向暄，恐陛下臨軒，不無少勞。請一面引試，後有至者，臣等策之，中書定其高下。」帝不許，曰：「三年取士，朕豈憚一時之勞耶！」及唱名至安中，又至第三人雙流梁介，帝連舉首謂該曰：「如何？」該大慚悚。

11 丁亥，特奏名進士李三英等三百九十二人，武舉進士趙應熊等十五人，特奏名一人，授官有差。

應熊武藝絕倫，且試南省爲第一人。帝謂大臣曰：「徽宗時，如馬擴、馬識遠俱以武舉擢用，或銜命出疆。今次魁選文武皆得人，應熊弓馬甚精，文字亦可采。朕樂於得士，雖終日臨軒，不覺倦也。」遂以應熊爲閤門祗候、江東安撫司準備將。

12 左宣奉大夫、守尚書右僕射、同中書門下平章事万俟卨卒，壬辰，拜特進、觀文殿大學士、致仕、贈少師。命入內內侍省都知衞茂實護喪，拜其子右承奉郎夷中、右迪功郎致中並直祕閣，他子姪九人各進一官。

13 夏，四月，丙申朔，清遠軍承宣使、知金州、節制屯駐御前軍馬姚仲爲龍神衞四廂都指揮使、御前諸軍都統制、利州東路安撫使，兼知興元府；保寧軍承宣使、御前前部統制、知階州王彥爲金、房、開、達州安撫使、節制屯駐御前軍馬，兼知金州。

14 辛亥，保寧軍節度使、萬壽觀使、提舉祕書省信安郡王孟忠厚薨，贈太保，擢其子右朝請郎充、右宣義郎嵩、右承事郎雍皆直祕閣，他子孫六人皆進一官。

15 詔以提舉祕書省印納禮部，自是不復除。

16 辛酉，尚書吏部侍郎兼侍讀陳康伯遷吏部尚書。

17 壬戌，尚書戶部侍郎王俁權工部尚書，太府少卿林覺權戶部侍郎。

18 是月，加封徐偃王曰靈惠仁慈王。廟在衢州。

19 金降景宣帝爲遼王。

20 五月，丁丑，詔：「孟庾追復端明殿學士、左宣奉大夫；路允迪追復龍圖閣學士、左通議大夫。」庚既得歸，廢爲民而死，或言允迪在汴不食卒，故皆復之。

21 癸未，金國賀生辰使・正議大夫・守禮部尚書耶律守素、中靖大夫・太常少卿許竑，見於紫宸殿。

22 辛卯，禮部、太常寺言：「每歲大祀三十六，除天地、宗廟、社稷、感生帝、九宮貴神、高禖、文宣王等已行外，其餘並請寓祠齋宮。立春祀青帝，朝日，出火東階，權於東門外長生院；赤帝、黃帝，權於南門外淨明寺；白帝，夕（月），納火西階，權於西門外惠照院；黑帝，權於北門外精進寺；皆用少牢，備樂舞。而神州地祇以精進地狹，祀熒惑以與赤帝同日，皆權於惠照院行之。」神州當用犢，而亦用少牢，蓋權禮也。自紹興以來，大祀所行二十三而已，至是侍御史周方崇以爲言，乃悉復之。

23 六月，戊申，知樞密院事湯思退守尚書右僕射、同中書門下平章事。

24 庚戌，詔：「故追復中大夫黃潛善，再復觀文殿大學士、左光祿大夫，官一子。」

25 甲寅，中書舍人兼侍講、權直學士院王綸試尚書工部侍郎，太府少卿徐林權尚書刑部侍郎。乙卯，尚書左司員外郎葛立方權吏部侍郎。

26 戊午，初命太廟冬饗祭功臣，蜡饗祭七祀，祫饗兼之。

27 辛酉，故責授昭化軍節度副使周望，追復龍圖閣學士、左中大夫，官其家二人。

自秦檜死，左司諫淩哲請追復大臣死於貶所者。朝論初指趙鼎、王庶等數人，沈該、湯思退爲相，遂併取先得罪於國者而追復之，哲復爭，以爲不可，乃止。

28 秋，七月，乙丑，祕書省校書郎陳俊卿言：「人之才性，各有所長，禹、稷、臯陶、垂、益、伯夷，在唐、虞之際，各守一官，至終身不易。此數君子者，苟使之更來迭去，易地而居，未必能盡善，況其餘乎！今也監司、帥臣，鮮有終其任者，遠者一年，近者數月，輒已遷徙；州縣百姓送往迎來之不暇，其爲勞費，不可殫舉。以至內而朝廷百執事之官，亦無肯安其職業，爲三數年計者，往往數日待遷，視所居之官，有如傳舍。雖有勤恪之人，宣力公家，於人情稍通，綱條稍舉，已舍而他去。來者皆未能盡識吏人之面，知職業之所主，則又遷矣。因循歲月，積弊已久，是以胥吏得以囊橐爲姦，賄賂公行而莫之誰何，如此而望職業之舉，難矣。夫爵祿名器，人所奔趨，必待積勞而後遷，則人各安分，不敢躁求。若開驟進之門，使有僥倖之望，則人人懷苟且之心，無守公之節，其自爲謀則得矣，朝廷何賴焉！臣嘗讀國史，見太祖朝任魏丕掌作坊十年，劉溫叟爲臺丞十有二年，太宗朝劉蒙正掌內藏二十餘年，陳恕在三司亦十餘年，此祖宗用人之法也。望與執政大臣參酌，立爲定論。其監司、帥守，有政術優異者，或增秩賜金，必待終秩而後遷擢。至於朝廷百執事之官，亦當少須歲月，俾久於其職，然後察其勤惰而陞黜之。庶幾人安其分，盡瘁於國，無有過望，而萬事舉矣。」詔三省行下。遂以俊卿爲著作佐郎。

29庚午，戶部侍郎林覺言：「國朝慶曆以來，歲鑄錢一百八十餘萬緡，其後亦不下百萬，如前年猶得十四萬緡，去年猶得二十二萬緡。而典司官吏，徒糜祿廩，朝廷罷之，殊快人意，但付之漕司，日久亦未有涯。議者以爲諸路物料有無不等，運司不相統轄，無以通融鼓鑄。宜出戶部錢八萬緡爲饒、贛、韶三州鑄本，委各州通判主管，漕臣往來措置，今歲權以二十三萬緡爲額，卽不復以舊錢得代發。」從之。

30甲戌，直祕閣、知臨安府榮嶷權尚書戶部侍郎。

31八月，甲午朔，帝諭宰執曰：「昨日卿等繳到宋喚所上徽宗賜喚手詔，朕已恭覽。蓋徽宗內禪之美，遠過堯、舜，而一時小人，外庭如唐恪、聶昌、耿南仲，內侍如邵成章、張藻、王孝竭輩，輒爲妄言以惑淵聖之聽，父子之間，幾於疑貳。至宋喚、李綱奉迎徽宗還京，綱先歸，具言徽宗之意，而後淵聖感悟，兩宮釋然。今觀手詔，幷得綱題識，皆朕昔所親見者。朕朝徽宗於龍德宮，嘗聞親諭云：『朕平生慕道，天下知之。今倦於萬機，以神器授嗣聖，方築甬道於兩宮間，以便朝夕相見。且欲高居養道，抱子弄孫，優游自樂，不復以事物攖懷。而小人希進，妄生猜間，不知朕心如此。嗣聖在春宮二十年，朕未嘗有纖芥之嫌，今豈復有所疑耶！』此皆當時玉音，外庭往往不知。」沈該等曰：「昨日臣等既得竊觀徽宗詔墨，今又親聞陛下宣諭，此實堯、舜盛德之事，因以知李綱題識，蓋實錄也。」翼日，該等又請宣付實錄院，帝曰：「朕爲人子，何可不暴白其事，使天下後世知之！」既而又親筆書於詔後，宣示宰執。

32 乙未，參知政事湯鵬舉知樞密院事。

33 壬寅，清遠軍承宣使兼知興元府姚仲爲保寧軍節度使。

34 癸卯，金始置登聞院。

35 甲寅，金罷上京留守司。

36 己未，右奉議郎宋汝爲卒。

汝爲棄妻子亡去，至是十年，卒於青城縣開先觀，年六十。汝爲未病，以後事托其友人監永康茶稅王槐孫，後月餘乃死，槐孫爲葬之青城山中。乾道元年四月丁未推恩。

37 是月，金主試進士於廣樂園。

38 九月，戊辰，故房州觀察使王燮，追復建武軍承宣使。

39 戊寅，吏部尚書兼侍讀陳康伯參知政事。

40 辛巳，給事中兼侍讀王師心權吏部尚書。

41 癸未，敷文閣待制王俁卒。

42 丙戌，侍御史周方崇試尚書禮部侍郎。

43冬，十月，庚申，左司諫淩哲權尚書禮部侍郎。

先是臺諫官皆湯鵬舉所薦，至是哲與方崇皆內徙，而以朱倬、葉義問代之，自是鵬舉始不安矣。

44（十一月），乙丑，太常少卿充賀金國正旦使孫道夫、閤門宣贊舍人充副使鄭朋辭行。

先時左從正（政）郎左蹕爲書狀官，死於涿州驛舍，不暇爲棺具，但坎地葬之，及道夫至北庭，乃焚其骨以歸。後特官一子。

45丁卯，工部侍郎兼侍講王綸等言：「興化軍進士鄭樵，躭嗜墳籍，杜門著書，嘗以所著書獻之朝廷，降付東觀。比聞撰述益多，當必有補治道，終老韋布，可謂遺才。望賜召對，驗其所學，果有所取，卽乞依王蘋、鄧名世例施用，庶學者有所激勸。」乃命樵赴行在。

46殿中（侍）御史葉義問論知樞密院事湯鵬舉，以爲：「人臣不忠之罪，莫大于掠美以欺君，植黨以擅權；有一於此，法當竄殛，況兼而有之！鵬舉初罷平江，適逢陛下欲去權臣黨與之弊，起廢匿瑕，付以風憲。凡所彈擊，發蹤指示，皆出陛下之英斷，初非鵬舉可得而竊。況鵬舉本非正直敢言之士，嘗除廣帥，憚於遠行，因秦檜之嬖人丁禩獻佞於檜，遂移平江。及秦檜還建康焚黃，鵬舉棄去郡事，連日奔走吳江，望塵雅拜，比他郡守最爲諛佞，自非陛下收拭用之，則鵬舉實秦檜黨中之姦猾耳。至處言路，乃妄自尊大，竊弄威權，使陛下去邪之英斷，反爲鵬舉賣直之虛名，此臣所謂掠美以欺君者也。鵬舉自居要途，引用非類，凡平日之所忌者，雖賢德忠良，必極力擠之，平日之所喜者，雖輕猥邪佞，必極力援之。坐是劉天民、范成象、留觀德之徒，爭爲鷹犬，同惡相濟，牢不可解。逮居樞府，積忌尤甚，凡己所惡，必遣天民輩先諭臺諫，有議論不同者，即怫然作色曰：『此人我所薦拔，何相負如是！』夫臺諫者，陛下之臺諫，非鵬舉之私人也。而鵬舉自違詔旨，敗壞成法，略無忌憚之心，復蹈前車之轍，此臣所謂植黨以擅權者也。況鵬舉位居宥密，執權甚重，若不急去，其害有甚於秦檜。望將鵬舉明正典刑，竄之遠方，以爲不忠罔上之戒。」

47 辛巳，左正言何溥請特詔大臣勿數易郡守，帝謂宰執曰：「此論切中時病。近亦有因事移易者，今非甚不得已，且令成資。」湯思退曰：「豈惟郡守！監司亦然。欲於卿、監、郎官中擇資淺者，令中外更代，皆至成資而罷。」帝曰：「如此，不惟免迎送之擾，亦可革內重外輕之弊矣。」

48 丁亥，知樞密院事湯鵬舉罷，爲資政殿學士、提舉在外宮觀，免辭謝。

49 十二月，乙未，重建尚書六部成。【考異】臨安志作五年。據朝野雜記，紹興四年，高宗在平江；還臨安，始命有司建太廟。十二年，和議成，乃作太社、太稷、皇后廟、都亭驛、太學。十二年，築圜丘，景靈宮，高禖壇，祕書省。十五年，作內中神御殿。十六年，廣太廟，建武學。十七年，作玉津園、太乙宮、萬壽觀。十八年，築九宮貴神壇。十九年，建太廟齋殿。二十年，作玉牒所。二十二年，作左藏庫，南省倉。二十五年，建執政府。二十六年，築兩相第，太醫局。二十七年，建尙書六部。大凡定都二十年，而郊廟宮省始爲之備焉。

50 己酉，以徐林爲刑部侍郎。

51 戊午，金主遣驃騎上將軍·侍衞親軍馬步軍副都指揮使高思廣〔廉〕、昭毅大將軍·行尙書兵部郎中阿勒根彥忠，來賀明年正旦。

52 是歲，金以張仲軻爲諫議大夫，修起居注，但食諫議俸，不得言事。金主恃累世強盛，欲用兵以一天下，吏部尙書李通揣知其意，遂與仲軻及右補闕馬欽等，盛談江南富庶，子女玉帛之多，以逢其意。宦者梁珫因極稱宋劉妃絕色傾國，金主大喜，命縣君高蘇庫爾舊作師古兒，今改。貯衾褥之新潔者，俟得劉貴妃用之。

欽爲人輕脫，不識大體，金主每召見與語，欽出，輒以語人曰：「上與我論某事，將行之矣。」其視金主如僚友然。累遷國子司業。

續資治通鑑卷第一百三十二

賜進士及第兵部尚書兼都察院右都御史總督湖北湖南等處地方軍務兼理糧餉世襲二等輕車都尉 畢沅 編集

宋紀一百三十二 起著雍攝提格(戊寅)正月，盡屠維單閼(己卯)六月，凡一年有奇。

高宗受命中興全功至德聖神武文昭仁憲孝皇帝

紹興二十八年 金正隆三年。(戊寅、一一五八)

1春，正月，己巳，殿中侍御史王珪，言殿前馬步軍三衙強刺平民爲軍，詔禁止。先是殿前司闕額數千人，詔三衙分月招補，而所遣軍士利其例物，往往驅掠市人以充數；民以樵采、魚鰕爲業者，皆不敢入行在，至有招刺聾官者。自行在至衢、婺數州，道路之間，商旅不行，遠近大擾。珪爲帝言：「外郡寄招之兵，人材亦略可使，皆民間之無家可歸者，出於所願，但州縣吝費，所招不多。今若以三衙招兵之費付之，寬爲其限，何患不集！」帝謂大臣曰：「招軍一事，士大夫往往以爲不切事宜。殊不知聖人思患預防，若暗失軍額，何以爲先事之備！但當措置約束，毋令擾人足矣。」於是詔三司毋得遣人於外路招剌，違者統制以下官皆抵罪。

既而殿中侍御史葉義問亦奏其事，且言不當強提輦官，詔殿前司究治，乃吐渾押官潘勝所招也。權刑部侍郎陳正同等請決杖降資。葉義問言：「輦官最爲親近，比於足蹙路馬之芻，萬萬不侔。今刑部官吏以輕刑處之，附下不恭，孰大於此！」詔正同罰銅十斤。

2 賀金正旦使孫道夫將還，金主使左宣徽使敬嗣暉諭之曰：「歸白爾主，事我上國，多有不誠。今略舉二事：爾民有逃入我境者，邊吏皆卽發還；我民有逃叛於爾境者，有司索之，往往托詞不發，一也。爾於沿邊盜買鞍馬，以備戰陣，二也。且馬得人而後可用，如無其人，得馬百萬，亦奚以爲！我亦豈能無備！且我不取爾國則已，如欲取之，固非難事。我聞接納叛亡，盜買鞍馬，皆爾國楊太尉所爲，常因俘獲問知，其人無能爲者也。」又曰：「聞秦檜已死，果否？」道夫對曰：「檜實死矣，陪臣亦檜所薦者。」又曰：「爾國比來行事，殊不如秦檜時，何也？」道夫曰：「容陪臣還國，一一具聞宋帝。」時金主日謀南伐，故設詞以爲兵端，而雜以他辭亂之。

3 金主嘗召諫議大夫張仲軻，補闕馬欽，校書郎田與信，直長迪實，舊作習失，今改。入便殿侍坐。金主與仲軻論漢書，謂仲軻曰：「漢之封疆，不過七八千里，今我國幅員萬里，可謂大矣。」仲軻曰：「本朝疆土雖大，而天下有四主，南有宋，東有高麗，西有夏，若能一之，乃爲大耳。」金主曰：「宋人且何罪而伐之？」仲軻曰：「臣聞宋人買馬、修器械，招納山東叛亡，豈得爲無罪！」金主曰：「向者梁珫嘗爲朕言，宋有劉貴妃者，姿質豔美，蜀之花蘂，吳之西施，所不及也。今一舉而兩得之，俗所謂因行掉手也。江南聞我舉兵，必遠竄耳。」欽、與信俱對曰：「海島蠻越，臣等皆知道路，彼將安往！」欽又曰：「臣在宋時，嘗帥軍征蠻，所以知也。」金主謂迪實曰：「汝敢戰乎？」對曰：「受恩日久，死亦何避！」金主曰：「汝料彼敢出兵否？彼若出兵，汝果能死敵乎？」迪實良久曰：「臣雖懦弱，亦將與之爲敵耳。」金主曰：「彼將出兵何地？」曰：「不過淮上耳。」金主曰：「然則天贊我也。」既而曰：「朕舉兵滅宋，不過二三年，然後討平高麗、夏國，一統之後，論功遷秩，分賞將士，彼必忘勞矣。」

4 二月，丙申，同知樞密院事陳誠之知樞密院事。

先是誠之奏事，帝曰：「卿文人讀書，乃知兵務如此之熟！」遂進用之。

5 乙巳，尙書工部侍郎兼侍講兼直學士院王綸同知樞密事。

6 丙午，太常少卿孫道夫權尙書禮部侍郎，因道夫使金還，具奏金主所言也。

7 三月，辛酉朔，日有食之，陰雲不見，宰相遂率百僚稱賀。詔以「日月薄蝕，乃上穹垂戒，而有司以陰雲不見，欲集班拜表稱賀，殊非朕寅畏天威之意。令毋得稱賀。」翼日，宰執共贊所降詔語，帝曰：「朕德薄，不足以格天，陰雲蔽日，蓋偶然耳。至於時雨滂霈，此乃可喜也。」

8 壬戌，起居郎劉章權尚書工部侍郎。

9 丁丑，太尉、定江軍節度使、鄂州駐劄御前諸軍都統制兼提領營田田師中開府儀同三司，以三省言師中除太尉已及八年，有捕猺賊功，當遷也。

10 戊寅，詔曰：「設官分職，民事爲先。古者二千石位次九卿，公卿闕則選所表而用之。祖宗以來，郡守闕多選諸臺省，至分遣朝行以治劇邑，非曾歷親民不得爲清望官，重民事也。朕式稽古訓，爲官擇人，今後侍從有闕，通選帥臣及第二任提刑資序曾任郎官以上者；卿、監、郎官闕，選監司、郡守之有政績者，並須治狀昭著及有譽望之人。卿、監、郎官未歷監司、郡守者，令更迭補外任；內官除詞臣、臺監（諫）係朕親擢，餘並須在職二年，方許遷除。庶內外適均，無輕重之偏，職業修舉，有久任之效，以副朕重民事之意。」

11 戊子，追復故敷文閣直學士洪晧再復徽猷閣直學士，以其子起居舍人遵言復職未盡也。尋賜諡曰忠宣。

12 夏，四月，乙未，大理寺少卿楊揆權刑部侍郎，司農卿湯允恭權尚書兵部侍郎。

13 五月，辛未，改光州爲蔣州，光化軍爲通化軍，光山縣爲期思縣，避金太子名也。

金太子光瑛，年十二，善騎射，嘗射獐，獲之，金主以薦太廟。【考異】李心傳云：改州軍名，曰曆不載其故，以紹興三十一年十一月汪公奏劄考之，乃其避敵人之名耳。

14 戊寅，金國使驃騎上將軍·殿前司副都點檢蕭恭，副使中大夫·尚書工部侍郎魏子平，見於紫宸殿。

15 丙戌，金使蕭恭、魏子平入辭，置酒紫宸殿，以雨故，復就垂拱殿。

時金主決意南下，子平還，入謁，首問以南方事，且曰：「汝謂蘇州與大名孰優？」子平曰：「不可比。」曰：「何謂也？」子平曰：「宮室、車馬、衣服、飲食，人之所美也。江湖地卑濕，舟船以爲居，魚鰕以爲釀，夏服焦葛，猶不堪其熱。以此言之，殆不侔矣。」金主不悅。

16 是月，金主召吏部尚書李通、翰林院學士承旨翟永固、左宣徽使敬嗣暉、翰林直學士韓汝嘉四人謀，欲再修汴京而徙居之，爲南侵之計。通、嗣暉皆言此正合天時，金主喜。永固、汝嘉曰：「燕京甫成，帑藏已乏，民力未蘇，豈可再營汴邑！江南通好，歲帑無闕，遽興征伐，亦恐出師無名。」金主怒曰：「非汝所知！」麾之使去。既而召翰林應奉文字綦戩講漢書，金主怒稍解。翼日，擢通尚書右丞，嗣暉參知政事。永固因請老，許之。

17 六月，癸巳，名眉州青神縣中巖山龍潭慈姥神祠曰慈濟。

18 是日，流星晝隕。

19 甲辰，樞密院都承旨陳正同，言諸路奏讞死囚，例多降配，非是，帝曰：「刑罰非務刻深，欲當其罪。若專姑息，廢法用例，則人不知畏，非所以禁暴戢姦。可令〔諭〕刑官，常諭〔令〕遵守成意〔憲〕。」

20 秋，七月，己未，詔築皇城東南之外城。

21 戊寅，起居舍人洪遵論鑄錢利害，大略謂：「今錢寶不〔少〕，〔多〕爲錯燬作器用，而南過海，北渡淮，所失至多。自罷提點官，復直〔置〕屬二員，無異監司，而鑄錢殊未及額，亦宜多方措置。」帝諭大臣曰：「遵論頗有可采。前後銅禁，行之不嚴，殆成虛文。銅器雖民間所常用，然亦可以他物代之。今若自公卿貴戚之家，以身率之，一切不用，然後申嚴法禁，宜無不成者。」

己卯，帝出御府銅器千五百事送鑄錢司，遂大斂民間銅器。其道、佛像及寺觀鐘磬之屬並置籍，每斤收其算二十文；民間所用照子、帶鑻之類，則官鬻之。凡民間銅器，限一月輸官；限滿不納，十斤已上徒二年，賞錢三百千，許人告，自後犯者，私匠配錢監重役。其後得銅二百萬斤。

22 庚辰，帝出御製郊祀天地、宗廟樂章十三首示輔臣。

23 壬午，國子祭酒周綰權尚書吏部侍郎，祕書少監曾幾權禮部侍郎。

24 八月，戊子朔，詔置國史院，修神宗、哲宗、徽宗三朝正史。

25 辛卯，權禮部侍郎孫道夫權工部侍郎。丙申，祕閣修撰、知紹興府趙令詪權尚書戶部侍郎。

26 壬寅，尙書省勘會張浚已服闋，詔：「（特）進觀文殿大學士、和國公張浚，落職，提舉江州太平興國宮，依舊永州居住。」

27 丁卯，加封唐柳州刺史柳宗元爲文惠昭靈侯。

28 辛亥，詔立愍節廟於順昌縣，以祠范旺。

29 甲寅夜，地震。

30 九月，丁丑〔戊寅〕，右迪功郎李耆言：「自經界之後，稅重田輕，終所入且不足以供兩稅，今又配州縣買銅，民力愈困。況江西州縣，多用私錢，舊錢百，重十一兩，新錢百，重五兩有奇。若毀舊錢千，以鉛錫雜之，則可鑄二千五百，是以贛、吉等州，比屋私鑄。一路且以萬戶言之，戶日銷千錢，是日毀萬緡也。民既銷錢而盜鑄，官又抑民毀錢而更鑄，得不償失，徒弊百姓，費邦財。願詔諸監，錢姑仍舊歲，計坑冶所入銅錫輿鑄，俱〔諸〕路委提刑兼主其事，戶部歲終課其殿最，則事省而民安矣。」

自戶部提領鑄錢，而分州縣科買銅錫，民多毀錢爲銅以應命，故耆言如此。詔提領鑄錢司措置約束。

31庚辰，中書舍人兼史館修撰王剛中充龍圖閣待制、四川安撫制置使兼知成都府。先是權禮部侍郎孫道夫，言中外籍籍，皆謂金人有窺江、淮意，帝曰：「朕待之甚厚，彼以何名爲兵端？」道夫曰：「興兵豈問有名！願陛下早爲之圖。」又言：「成都帥，陛下不可不擇，宜求才可制置四川者二三人，常置之聖度。」帝云：「當儲人以待緩急之用。」剛中亦言：「禦敵最今日先務之急，盍先自擇將帥，蒐士卒，儲備軍械。加我數年，國勢富強，彼請盟則爲漢文帝，犯邊則爲唐太宗。」帝壯其言。會西蜀謀帥，宰執謂宜得文武威風識大體者，帝曰：「無踰王剛中矣。」遂有是命，又令道夫以蜀中利害語之。

32辛巳，以士輵爲昭化軍節度使，嗣濮王。

33冬，十月，丁亥朔，祕書少監沈介爲賀大金正旦使，閤門祗候宋直溫副之；國子司業黃中爲賀生辰使，閤門祗候、辨御前忠佐領（校者按：領字衍。）軍頭引見司李景夏副之。

34戊子，左承議郎虞允文爲祕書丞。

允文知渠州，地磽民貧，常賦之外，又行加斂；流江尤甚。允文奏罷之，凡六萬五千餘緡。

35初，帝作損齋，屏去玩好，置經史古書其中，以爲燕坐之所，且爲之記，權吏部尚書賀允中請以賜羣臣。庚寅，帝謂宰執曰：「允中嘗於經筵問朕所好之意，朕謂之曰：『朕之所好，非世俗之所謂道也。若果然〔能〕飛昇，則秦皇、漢武當得之；若果能長生，則二君至今不死。朕惟治道貴清淨，故恬淡寡慾，清心省事。所謂為道日損，期與一世之民同躋仁壽，如斯而已。』當降出碑本以賜卿等。朕又惟比年侈靡成風，如婚祭之類，至有用金、玉器者，此亦不可以不戒。」至是降詔諭中外如帝旨。

36 戊戌，詔：「尚書省凡事理不當者，許詣登聞檢院投狀類奏，覽訖，付御史臺理問。」

37 癸丑，故進士楊居中、執中，並特贈右承事郎。二人，存中弟也，建寧之破死焉。至是存中乞以大禮所得親屬、門客二官為卹典，帝特命錄之。

38 十一月，癸亥，金詔有司勤政安民。

39 己卯，冬日(日南)至，合祀天地於南郊，赦天下。

40 權禮部侍郎孫道夫言：「今合祭天地，奉祀宗廟，悉復承平舊典。加以闢道山，求遺書，修太學，育人材，文治既舉，自此願訓敕將士，增修武備，以為不虞之戒。」又言：「仁宗景祐初，采古兵法及舊史成敗，為神武祕略以賜邊臣，訓迪有方，故一時爪牙有古良將風。願下文館重加讐正，徧賜將帥，以繼仁宗故事，豈無曹瑋、王德用、狄青之徒為時出乎！」時金人渝盟有端，而中外疑信未決。道夫獨憂之，故數以武事為言。

41 癸未，金尚書左丞耶律安禮罷。參知政事李通以憂制起復如故。

42 己丑，詔出御前錢修葺睦親宅及重建學宮殿宇凡一百七十一區。

43 十二月，丁未，詔：「才人劉氏進封婉儀。」

44 責授寧遠軍節度副使、郴州安置李光，復左朝奉大夫，任便居住。

45 壬子，金國賀正旦使正奉大夫·工部尚書蘇保衡，副使定遠大將軍·太子左衛率府率阿典謙入見。

46 乙卯，金以樞密副使張暉爲尚書左丞，歸德尹高召和式，起爲樞密副使。

47 御前諸軍都統制兼知興元府姚仲言：「興元府、洋州諸縣，各有以前保丁內選到人材少壯堪出戰人，差充義士，臣已於數內摘揀到三千人，團結隊伍，教習武藝，及欲於附近大安軍、巴、蓬州差撥保丁，以備船運軍糧。」從之。自朝廷與金約和罷兵，議者乃奏罷到諸路〔利路諸〕州義士。至是仲聞金有意敗盟，欲爲戰守備，乃奏復之。

議者亦謂：「興、洋舊有義士，皆驍勇可用，祇是免身丁、差役之類，不費有司錢糧。望下本路帥司檢照舊來簿籍條例，依舊收充，以時教閱，無令州縣別致騷擾，以備緩急使喚，此正古人寓兵於農之意。」奏可。

始，王庶立法，義士每丁蠲家業錢二百千，部轄使臣蠲六分科斂，及是諸縣民間所餘家業不多，科買軍糧草料若干〔苦干〕偏重。仲乃命視舊法，止蠲其半，部轄使臣三分之二，衣甲、兜鍪、神臂弓箭官給，其他應軍中所用，皆自爲之。軍行，日支糧二升有半。每六十五人爲隊，管隊二人，押擁隊三人，旗首三人。縣立三部，都、副部轄、管轄各一人。於是合五郡所籍，爲二萬一千七百餘人，惟興、洋、大安久而不廢。

48 金主欲都汴，而汴京大內失火，命左丞相張浩、參知政事敬嗣暉營建南京宮室。浩從容奏曰：「往歲營治中都，天下樂然趨之。今民力未復而重勞之，恐不似前時之易成也。」不聽。浩朝辭，金主問以用兵江南之利害，浩不敢正對，乃婉辭以諫，欲以諷止，曰：「臣觀天意欲絕趙氏久矣。」金主愕然曰：「何以知之？」對曰：「趙構無子，樹立疏屬，其勢必生變，可不煩用兵而服之。」金主雖喜其言而不能從。

浩等至汴，金主時使宦者梁珫來視工役，運一木之費至二千萬，牽一車之力至五百人，宮殿之飾，徧傅黃金，而後間以五采，金屑飛空如落屑（雪），一殿之費以億萬計。殿既成，珫指曰：「某處不如法式。」輒撤之更造，浩不能抗，與之鈞禮。【考異】繫年要錄以營汴京宮室爲正隆元年及四年，今從金史本紀作三年。

金舊制，宦者惟掌掖庭宮闈，至金主篡位，始以宦者王光道爲內藏庫使，衞愈、梁安仁領內藏。金主嘗曰：「人言宦者不可用，朕以爲不然。後唐莊宗委張承業以事，竟立大功，此中豈無人乎？」珫最被委任，故尤驕恣。

49是歲，夏始立通濟監，鑄錢。

紹興二十九年金正隆四年。（己卯、一一五九）

1春，正月，丙辰朔，帝以皇太后年八十，詣慈寧殿行慶壽之禮，宰執、使相皆進上壽禮物。詔：「庶人年九十、宗子女若貢士以上父母年八十者，皆授官封；文臣致仕官大夫以上，並賜三品服；僧、尼、道士（八十）以上者，賜紫衣及師號有差。」宰執沈該率百官詣文德殿稱賀，用建隆故事也。班退，帝御垂拱殿受北使禮。

2金主朝太后於壽康宮。

3丁巳，金御史大夫高楨卒。

4庚申，金更定私相越境法，並論死。

5乙卯，詔：「故洪州觀察使王彥，特贈安遠軍節度使。」

6名導江縣金馬碧鷄神祠曰昭應。

7金主詔：「自來沿邊州軍設置榷場，本務通商，便於民用，其間多有夾帶違禁物貨，圖利交易，及不良之人私相來往，可將密、壽、潁、唐、蔡、鄧、秦、鞏、洮、鳳翔府等處榷場，並行廢罷，只留泗州榷場一處，每五日一次開場，仍指揮泗州照會移文對境州軍，照驗施行。」

8二月，丙戌朔，盱眙軍申到北界泗州牒，金國已廢罷密、壽等州榷場，只存留泗州一處。

詔：「盱眙軍榷場存留，餘並罷之。」時事出不意，南北商旅，棄物貨而逃者甚衆，既而無所得食，漸致抄掠。議者請嚴責州縣捕之，帝不聽，命給裹糧，各使歸業，久之遂定。金人又於泗州增榷場屋二百間，於是盱眙亦如之，仍創給渡淮木牌，增守卒焉。

9 奉國軍節度使、開府儀同三司、領御前諸軍都統制職事、判興州吳璘爲少保。

10 己丑，詔：「海商假託風潮輒往北界者，依軍法。」

11 侍御史葉義問試尚書吏部侍郎。

12 金以左宣徽使許霖爲御史大夫。

13 壬辰，定江軍承宣使、同知大宗正事士籛爲安慶節度使。

14 己亥，權尚書工部侍郎劉璋兼權吏部侍郎，給事中兼侍講、權直學士院楊椿試兵部侍郎。

15 壬寅，宗正少卿楊偰權尚書工部侍郎。

16 丁未，金修中都城，造戰船於通州。

金主諭宰相曰：「宋國雖臣服，有誓約而無誠實。比聞沿邊買馬及招納叛亡，不可不備。」乃遣使籍諸路明安（舊作猛安。）部族及州縣渤海丁壯充軍，及分往上京、東京、北京、西京，凡年二十以上、五十以下者皆籍之，雖親老、丁多，乞一子留侍，亦不許。

17己酉，帝謂大臣曰：「聞江西境內有羣聚而掠人於道者。」王綸曰：「艱食之民，不得已而爲之，未必皆嘯聚也。」帝曰：「凡災傷處，悉令賑濟，蠲欠已及二十七萬，不知州縣奉行何如。輕徭薄賦，自無盜賊，故唐太宗用魏徵之言，行仁義既效，且曰『惜不令封德彝見之』。然德彝與虞世基輩，皆隋朝佞臣誤煬帝者。太宗受命，自當斬之，以爲奸佞之戒。」

18三月，丙辰朔，金遣兵部尚書蕭恭經畫夏國邊界，遣使分詣諸道總管府督造兵器。

19丁丑，詔帥臣、監司、侍從、臺諫歲舉可任將帥者二員，具材略所長及曾立功效以奏。

20祕書少監沈介權尚書吏部侍郎。

21夏，四月，壬辰，國子司業黃中賀金主生辰還，言金主再修汴梁，役夫萬計，此必欲徙居以見逼，不可不早爲之計。時約和久，中外解弛，無戰守備，帝聞，矍然曰：「但恐爲離宮也。」中曰：「臣見其行事，恐不止爲離宮。果南徙居汴，則壯士健馬，不數日可至淮上，可無慮乎！」宰相沈該、湯思退聞之，詰中曰：「沈監之歸，屬耳不聞此言，公安得云云也？」居數日，復往言之，曰：「請勿以妄言卽罪。」思退怒，至以語侵中。時中書舍人洪邁亦請密爲邊備，該等不聽。

22辛丑，國子司業黃中守祕書少監。近例，使北還者，率得從官。宰相以中言金有南牧之意，惡之，故沈介遷吏部侍郎，而以中補其處。

先是武成王廟生芝草，武學博士朱熙載密爲圖以獻。熙載，金壇人，湯思退所薦也。於是宰相召長貳赴都堂，責之曰：「治世之瑞，抑而不奏，何耶？」祭酒周綰未及言，中指此圖曰：「治世何用此爲！」綰退而歎曰：「惜不使中爲諫諍官也！」

23 詔以唐西平王李晟配食武成王，降李勣於堂下。

24 金主命增山東路泉水，軍（校者按：軍字衍。）（畢括兩營兵士廪給）。

25 辛亥，金尚書左丞張暉、御史大夫許霖罷；以大興尹圖克坦（舊作徒單。）貞爲樞密副使。

26 是月，歸朝官李宗閔上書言：「臣竊聞近者金人于岐、雍間伐木以造浮梁，東京、長安修治宮室，遷諸路近戍聚於關陝，游騎千數出近邊覘視虛實，奸謀詭計，未可窺測。臣疎賤冗散，謹以區區管見有可裨廟堂末議者，析爲三事：

其一曰嚴守禦。方今天下根本在吳、蜀，其勢若手足之相應，荆州據其中，心腹之地也。襄陽扼荆州之衝，又足以爲荆州重輕。今重兵皆駐武昌，而荆、襄之間所以自衞者未固。且襄陽在今爲極邊，去荆州四百五十里，無重山峻嶺、長江大河之險，敵人馳輕騎，不兩日可至城下，萬一荆州爲其所據，吳、蜀首尾不能救。朝廷雖以劉錡鎮荆州，然無兵以自固；至襄陽之兵，不過千餘人，又皆疲懦，安能以備緩急！宜令劉錡將二萬人分屯荆州要害，更令不住召募，日夜訓習，張聲勢，嚴斥堠，仍擇久歷將陣者一人如田晟其人者以副之。

蓋晟雖老而戰功素著，敵人深畏之，今居南昌，未足究其施設，若使與劉錡協辦，敵人不敢復事南牧。襄陽則遣一智勇兼全之將，分武昌之兵萬人，比歲更其戍守。襄既有備，吳、蜀可高枕而臥矣。

其二曰募新軍。臣往往（校者按：衍一往字。）在行間，常見三衙及諸處招軍，皆市井游手，數年之後，雖習知騎射擊刺之事，而資性疲懦不改也。臣聞福建、汀、贛、建昌四郡之民，輕僄勇悍，經涉險阻，習以爲常，平居則投石超距，椎牛伐冢，聚爲小盜，而爲奸雄之資，使有人駕馭役使，必能得死力。臣竊見殿前司左翼軍統制陳敏，生長贛土，天資忠勇，其民亦畏而愛之；所統之兵，近出田舍，且宜占籍，遂爲精近，人人可用。若朝廷專委陳敏，俾招集四郡之民，使金人果渝盟，則攻守皆可爲用，若尚守和好，則可以塡三衙之數。臣觀今日敵人之舉，其志不小，如聞遷（簽）陝右、兩河民悉以爲兵，與夫契丹、奚家、漢兒諸軍不下數十萬衆，聚之關陝，其在他路，又不知幾萬人。若欲攻蜀，則吳璘、姚仲、王彥之兵足以相抗。臣觀其兵，皆遠來烏合之衆，利在速戰，朝廷遣楊存中、成閔提兵總率沿邊諸帥，各守江、淮之險，堅壁持重以老其師，將不戰而自潰。況金人比年以來，父子骨肉，自相屠滅，用事之臣，死亡殆盡，更且離遠巢穴，大興土木，虐用中原之民，皆自取滅亡之道。且空國而與人戰，兵家所深忌。吾方與之相持於江、淮之間，別以陳敏所招數萬人，輿戰船，取海道，不旬日可至山東，徑入燕山擣其巢穴，此所謂攻其所必救者。前湖北副總管李橫，雖出河朔賊盜，朝廷優以美官，橫亦感激奮勵，思有以報。臣頃過荆州，觀其爲人，聽其議論，皆有可取；劉錡亦爲之加禮。山東、河朔，橫習知形勢，若朝廷使與陳敏分兵北向，均其事權，必然協濟機事。仍委三衙，令諸軍統制，各舉河朔、山東勇而有謀者多人，計得三十多（千餘）人，使從其行，分往郡縣，曉以逆順禍福之理。河朔、山東既爲內應，敵人進退失據，而陝右、兩河兵必思潰叛，吾能及其鋒而用之，適足以爲吾之資。若朝廷以趨海道爲迂，只以陳敏所招人屯之襄陽，亦可以捍禦一面。

其三曰通隣國。宣和之末，臣陷燕、雲者累年，敵人以先臣不屈就死，沒於韓企先家，充奴婢役使，企先與烏珠（舊作兀朮。）密議，臣皆得密聽之。蓋聞金人馬皆達勒達（舊作達達。）所入，冀北雖號產馬之地，自與兵以來，所養至少。金人置榷場於白水，與達勒達貿易，丁未歲，達勒達之馬不入金國，而又通好於達實（舊作大石。）林牙，使達勒達助兵以爲鄉道，許歸太子。已而伊都（舊作余覩。）敗師，欲結連謀叛，謀泄亡入達勒達，太子卒不遣還，自是太子鬱結成疾，并其母死於雲中，達勒達之恨，深入骨髓。今若遣一介之使，開示禍福，曉以利害，使達勒達之馬無與金人互市，金人利於騎戰，捨馬則無所施其能矣。至於西夏，亦與金人爲讐，而金人亦素畏之，金人常割天德、雲中、金肅、河淸四軍及八館之地以賂夏人矣。丁未之歲，伊實（舊作悟室。）郎君領數萬騎，陽爲出獵，而直犯天德，逼逐夏人，悉奪其地，夏人請和，金人執其使者。臣是時久留雲中，人情稔熟，因得出入雲中，副使李阿雅卜（舊作屈移，今改。）謂臣曰：『昔年大金賂我四軍、八館，俾我出軍牽制關中，合從以攻南宋，及其得志，首叛盟約。某昔年兩使南朝，其禮義文法非他國之比。』自是觀之，則西夏惡金人喜中國可知。壬子之歲，尼堪（舊作粘罕。）聞蜀地富饒，欲提兵親取，令雲中副留守劉思恭條陳書傳所載下蜀故事，及圖畫江山形勢，銳然欲往。夏人聞雲中聚兵，以爲攻己，舉國屯境上以備其來，而尼堪亦不敢出兵，止遣薩里干（舊作撒離喝。）等以兵攻饒風。今莫若遣辯士諭以盟約，俾以重兵出境上，爲吾聲援。

臣尚有私憂過計者，金人強則稱兵，弱則稱和，頃歲經合肥、順昌及川口數戰，敵人倉皇議和，朝廷姑務息兵，屈體從之。然則今日之舉，首叛盟約，自取滅亡；其勢不利，必將復要前日之計，愼勿許和。小勝則於荆、楚之間練兵秣馬，積粟務農，徐爲後圖；大勝則長驅席卷以圖恢復。臨機制勝，固有不可預言者。

臣又聞自古用兵，有聲有實。今者兵不出境，而張皇聲勢，惟恐吾之不知，乃於近塞積石爲郛，閉榷場，絕商賈，造戰船，自春徂夏，且非秋高馬壯之時，臣願分遣諜者，伺其虛實，若誠如臣言，則上兵伐謀之舉，不可後也。」【考異】宋史夏國傳作二十九年，歸宋官李宗閔上言，要錄作宗閔，繫於四月。李心傳云：宗閔當係李邈之子，書中言閉榷場，蓋今年二月事，又聞自春徂夏，當是四月間。以日曆考之，今年四月庚寅，陳敏改除破敵軍統制；五月丙寅，王宣戍襄陽；六月丁亥，李橫浙東總管；閏六月甲寅，荆南增兵；己卯，劉汜除效用統領；與宗閔所言往往相符。心傳所考是也，今從之。

27 五月，壬戌，保康軍承宣使、知南外宗正事士㲹爲建寧軍節度使。

28 己巳，宰相沈該、湯思退言：「近令監司、守臣按察所部官屬，未有定立條目。元祐間，司馬光陳請舉按官吏八條，詳密可行，今請重行修立。其舉薦四條，曰仁惠、公直、明敏、廉謹；按察四條，曰苛酷、狡佞、昏懦、貪縱。凡應薦舉者，州舉之部使者，部使者舉之朝廷，皆籍記姓名，隨材任使。又慮一路、一州官吏衆多，長吏覺察不盡，請令監司專按察守倅、路都監以上，守倅按察在州兵曹職官以上，及諸縣令、丞，所舉失實者，取旨竄責；失按察者，遞降差遣一資。餘所部守、監司、守倅皆得舉按，但不坐失察之罪。」從之。

29 壬申，金賀生辰使資德大夫、祕書少監王可道，副使定遠大將軍、太子左監門兼尙廐局副使王蔚入見。

30 六月，甲申朔，同知樞密院事王綸爲大金奉表稱謝使，保信軍承宣使、知閤門事曹勛副之。

31 丁亥，捧日天武四廂（都）指揮使、武信軍承宣使李橫爲兩浙東路馬步軍副都統總管，紹興府駐劄。

32 己丑，祕閣修撰、提舉江州太平興國宮張九成卒，年六十八。詔復敷文閣待制，致仕。

33 癸巳，寧國軍節度使、殿前司選鋒軍統制李顯忠，陞本司選鋒軍都統制。

34 戊戌，名烏江縣楚霸王項籍廟曰英惠。

35 參知政事陳康伯，兼權樞密院事。

36 辛丑，左朝奉大夫李光守本官，致仕。光既許任便居住，行至江州而卒，年八十二。

37 乙巳，侍御史朱倬，殿中侍御史任古，劾尚書左僕射沈該：「天資疎庸，人品凡下。自居政地，首尾數年，曾無建明以裨國論。瀆貨無厭，請托公行，縱令子弟凌轢州縣。起造第宅，擾害公私，貪鄙之迹，不可毛舉，上孤陛下之恩，下失四海之望。請賜罷黜，別置憲典。」丙午，左司諫何溥、右正言都民望亦言：「沈該性資庸回，志趣猥陋，自爲小官，已無廉聲。徒以諂諛秦檜，遂蒙提挈，濫廁禁嚴。連帥梓、夔，略無善狀，以子弟爲商賈，以親信爲爪牙。陛下比因更化，錄其一得之慮，起之謫籍，擢在政途，俾得自新，以圖報塞。今冠台席，亦既三年，舉措乖方，積失人望，引所厚善，置在要津，請託公行，幾成市道。夫宰相之職，無所不統，該乃謂軍旅錢穀之事，各有司存，凡百文書，謾不加省。陛下近念士人留滯逆旅，特令速與差注，旬日以來，未聞有不因介紹而得之者。望亟賜罷黜。」帝命溥等皆退而俟命。

該乞罷政，不允。
38 己酉，特進、尚書左僕射、同中書門下平章事沈該，充觀文殿大學士、提舉臨安府洞霄宮。庚戌，詔：「沈該依前特進、觀文殿大學士，致仕。」該以言者彈擊未已，上疏力辭職名，乃有是命。
39 閏六月，丙辰，祕閣修撰、新知明州董萃權尚書戶部侍郎。
40 丁卯，寧武軍承宣使、侍衞步軍司第一將統制官戚方爲本司前軍都統制。
41 己巳，故責授嚮德軍節度副使王庶，追復資政殿學士，故責授祕書少監黃潛厚，追復左通議大夫，官子孫有差。淳熙中，諡庶曰敏節。
42 丁丑，潭州觀察使、樞密副都承旨吳拱爲利州西路駐劄御前中軍都統制、充（階成）西和鳳州路兵馬都鈐轄，兼知成州。拱乞依例陞充副都總管，從之。拱，玠之子也。
43 金方建宮室於南京，又營中都，與四方所造軍器材木，皆賦於民。箭翎一尺至千錢，村落間往往椎牛以供筋革，以至烏、鵲、狗、彘，無不被害，境內騷然。
44 金主侍太后於宮中，外極恭順，太后坐起，自扶掖之，常從輿輦徒行；太后所御物，或自執之。見者以爲至孝，太后亦以爲誠然。及謀南伐，太后諫止之，金主不悅，每謁太后還，必忿怒。

續資治通鑑卷第一百三十三

賜進士及第兵部尚書兼都察院右都御史總督湖北湖南等處地方軍務兼理糧餉世襲二等輕車都尉畢沅編集

宋紀一百三十三 起屠維單閼(己卯)七月,盡上章執徐(庚辰)十二月,凡一年有奇。

高宗受命中興全功至德聖神武文昭仁憲孝皇帝

紹興二十九年金正隆四年。(己卯、一一五九)

1秋,七月,壬午朔,淮東安撫司言:「北邊蝗蟲爲風所吹,有至盱眙軍、楚州境上者,然不食稼,比復飛過淮北,皆已淨盡。」癸巳,帝謂大臣曰:「此事甚可喜,仰見上天垂祐之意。」

2丁亥,權吏部尚書、同修國史兼侍讀賀允中參知政事。

3己丑,權尚書吏部侍郎兼史館修撰兼侍讀葉義問權吏部尚書。

4癸巳,中書舍人洪遵言:「近奉指揮,自今功臣子孫序遷至侍從,並令久任在京宮觀,永爲定法。臣竊計內外將家子孫無慮二千人,若以序遷,不出十年,西淸次對之班,皆可坐致。太祖皇帝之世,所與開國創業及南征西伐諸大臣,功如曹彬、潘美、王審琦、石守信、王全斌、慕容延釗之徒，其子若孫不過諸司使，惟彬之子琮、瑋以功名自奮，王承衍、石保吉以聯姻帝室，皆爲節度使，初不聞有遞遷侍從之例。今指揮一出，使十年之間，淸穆儆閒之地，類皆將種，非所以示天下之美觀，望收還前詔。」從之。

5戊戌，翰林學士、修國史周麟之，言左宣教郎、知雙流縣李燾，嘗著續皇朝公卿百官表九十卷，詔給劄錄付史館。

燾博學剛正，張浚、張燾咸器重之。秦檜盛時，嘗遣人諭意，欲得燾一通問，卽召用之，燾迄不與通，坐此偃蹇州縣二十年。四川安處（撫）制置使王剛中聞其名，奏以爲幹辦公事。

初，燾父中，仕至左朝奉大夫，通習本朝典故。燾以司馬光百官表未有繼者，乃徧求正史、實錄，旁采家集、野史，增廣門類，起建隆，迄靖康，分新舊官置（制），踵而成書。其後續資治通鑑長編蓋始於此。

6己酉，詔：「殿前司破敵軍，以五千爲額。」時左翼軍之改隸者，與統制官陳敏所募士纔二千人，乃於本司諸軍那摘以充其數。

7八月，甲子，詔：「左朝請郎、兩浙東路提點刑獄公事徐度，左朝請郎、兩浙西路提點刑獄公事呂廣問，左迪功郎朱熹，並召赴行在；右通直郎、知建州建安縣韓元吉，令任滿日赴行在。」并詔度、廣問：「俟任滿日，與在內陞等差遣。」

熹少孤，從延平李侗學。弱冠，中進士第，調泉州同安簿，官滿，當路尊敬，不敢以屬吏相待，同安之民不忍其去，五年而後罷。於是慨然有不仕之志，築室武夷山中，四方游學之士多從之。帝聞其賢，故召之，熹卒不至。

[8]丙寅，翰林學士兼修國史周麟之，兼侍讀、權尚書刑部侍郎。

[9]乙卯，金尚書左丞相蔡松年卒，金主悼惜之，奠於其第，命作祭文以見意。

[10]是月，金詔諸路調馬以戶口爲差，計五十六萬餘匹，富室有至六十匹者，仍令戶自養飼以俟。

[11]九月，甲申，詔：「建炎以來奉使未還，後嗣無人食祿者，並予一子官。」

[12]乙酉，奉使大金稱謝使同知樞密院事王綸、副使昭信軍節度使·領閤門事曹勛等還朝，言鄰國恭順，和好無他；丙戌，宰相湯思退拜賀。帝曰：「朕自綸等歸，中夜以思，不寒而慄。蓋前此紛紛之論，皆欲沿邊屯戍軍馬，移易將帥，及儲積軍糧之類，便爲進取之計。萬一遂成輕舉，則兵連禍結，何時而已！今而後宜安邊息民，以圖久長。」

[13]甲午，尚書右僕射湯思退遷左僕射，參知政事陳康伯守右僕射，並同中書門下平章事。省樞密院機速房。

14乙未，以皇太后服藥，赦天下，命輔臣祈禱天地、宗廟、社稷。不視朝，召輔臣奏事內殿。

丙申，放臨安府公私僦錢半月。詔：「諸路四等以下戶去年未納稅賦，兩浙、江東、西去年水災賑貸物料，及浙東、江西民田爲螟螣損稻者，其租賦皆蠲之。」丁酉，減僧、道今年丁錢之半。己亥，詔：「見監贓罰及賞錢，並與除放。」皆爲東朝祈福也。

庚子，皇太后韋氏崩於慈寧宮，年八十。

自南渡後，典故多有司省記，至卹章又諱不錄。至是一時斟酌，皆出於太常寺少卿宋棐，而博士杜莘老以古誼裁定。

15壬寅，詔：「權吏部侍郎沈介暫兼權禮部侍郎。」

16癸卯，翰林學士周麟之爲大金奉表哀謝使，吉州團練使、知閤門事蘇華假崇信節度使副之。

時朝廷已議定遺金金繒等物，麟之固請增幣而後行。麟之至金，金主喜其辨利，賜賚加厚。

17丁未，百官以帝未聽政，詣文德殿門進名，自是不復臨。

18冬，十月，辛亥朔，不視朝，文武百僚詣文德殿門進名奉慰，自是朔望皆如之。

19 壬子，小祥，帝詣几筵殿行禮。

20 癸卯，皇太后啓攢，有司以權制已訖，請百官以吉服行事。黄中復曰：「唐制，攢雖在易月之外，猶曰各服其初服。今以易月故而遂吉服以殯，非禮也。」於是百官常服黑帶入朝，衰服行事。

21 甲寅，帝始聽政，御慈寧殿之素幄。

22 起居舍人楊邦弼爲賀大金正旦使，右武大夫、榮州刺史、兩浙西路馬步軍副都統管張說副之；太府卿李潤爲賀生辰使，閤門宣贊舍人張安世副之。

23 壬戌，尚書兵部侍郎兼侍講兼直學士院楊椿，上皇太后謚議曰顯仁。

24 甲子，大祥，帝衰服行禮，百官常服陪位。丙寅，禫祭。

25 戊辰，帝始御前殿。

26 乙亥，金主獵於近郊，復命諸路夫匠造軍器於燕京，尚書右丞李通董之。又令戶部尚書蘇保衡、侍郎韓錫造戰船於潞河，夫匠死者甚衆。

27 十一月，辛巳朔，日南至。命尚書工部侍郎王晞亮祀昊天上帝於南郊。

28 丁亥，參知政事賀允中、保信軍節度使·領閤門事·提點皇城司鄭藻爲皇太后遺留國信使副。

故事，使者入北境，當服黑帶鞹，至是朝議慮北廷不從，已命允中等隨宜改移。允中等至汴京，金主命故叛將孔彥舟押宴，且用常禮賜花。允中辭曰：「使人之來，致太后遺物。國有大喪，樂何忍聞，況戴花乎！」其大使怒，謂將殺之。允中曰：「王人無暴，事固有體，吾年餘七十矣，當守節死。」彥舟解曰：「兩國通好久，參政勿動心也。」揖允中坐，命左右捧花侍側而已。

[29]己丑，大行皇太后啓攢，帝服初喪之服以祭，禮畢，更素服還內，百官亦如之。

[30]丙申，顯仁皇后靈發引，帝啓奠於庭，遣奠於麗正門外。禮畢，帝易吉服還宮，太史焚衮服。

[31]丙午，顯仁皇后掩攢宮在永祐陵之西，去顯肅攢宮十九步。舊下宮分前後殿，至是更築前殿以奉徽宗，中殿以奉顯肅、顯恭、顯仁三后神御，而御殿奉懿節如故。

於是始立四隅，以二十里爲禁城，居民皆徙之。又有士庶立墓雜錯其間，陰陽家請悉挑去，宗正寺主簿、權太常丞吳曾從而和之。時監察御史任文薦奉詔監掩攢宮，就令按視，乃挑其近攢宮者百七十有三穴而已。

[32]十二月，辛亥朔，有司於浙江亭行六虞畢，百官奉迎虞主還慈寧殿，帝行安神禮。癸丑，帝服素黃袍、黑帶、素履，詣慈寧行七虞之祭，八虞、九虞皆如之。

33甲寅，諜報北界揭榜禁妄傳起兵事，帝曰：「此事有無固不必問，朕觀其科擾勞役，民不堪生，豈是久長之道！惟當精擇牧守，務爲自治，安邊息民，靜以待之耳。」

34庚申，金國賀正旦使施宜生等入境。

先是宜生坐范汝爲事遠竄，遂奔僞齊，事見紹興二年二月甲子。齊廢，復爲金用，累遷禮部尙書。至是以翰林侍講學士來賀來年正旦，侍衞親軍馬步軍副都指揮使耶律翼副之。

35壬戌，帝親行卒哭之祭。甲子，祔顯仁皇后於太廟徽宗室。

36丙寅，端明殿學士、提舉萬壽觀兼侍讀張燾試吏部尙書。

初，帝知普安郡王之賢，欲建爲嗣，而恐顯仁皇后意所未欲，故遲回久之。顯仁崩，帝問燾以大計所在，燾曰：「儲貳者，國之本也。天下大計，無踰於此。今兩郡名分宜早定。」帝喜曰：「朕懷此久矣，卿言適契朕心，開春當舉典禮。」時風俗侈靡，財用匱乏，燾勸帝止北貨之貿易，非時之賜予，罷土木，減宂使，躬行節儉，民自富足，帝嘉獎再三。

37侍御史朱倬試御史中丞，左司諫何溥試右諫議大夫。

38丁卯，尙書兵部侍郎、直學士院楊椿進尙書，（仍兼翰林學士。）

39丙子，金國賀正旦使施宜生、副使耶律翼見於垂拱殿，以諒陰故，命坐，賜茶，正侍（郎）、觀察使以上，皆與帝素服（服素）黃袍、黑帶；供帳皆用素黃，衞士常服，去銀鵝對鳳，侍坐者錦墊（墪），易以紫素。既見，命大臣就驛賜宴，不用樂；辭，亦如之。

時吏部尚書張燾奉詔館客，宜生素聞其名，畏慕之，一見，顧翼曰：「是使南朝不拜詔者也。」宜生，閩人，燾以首丘、桑梓語之。宜生顧其介不在旁，爲廋語曰：「今日北風甚勁。」又取几間筆扣之曰：「筆來。」燾密奏之，且言宜早爲備。

金主又潛使畫工密寫臨安之湖山城郭以歸，繼則繪爲屏而圖己之像，策馬於吳山絕頂，後題以詩，有「立馬吳山第一峯」之句，蓋金主所賦也。

40（乙亥），金殺其太醫使祁宰。【考異】繫年要錄作翰林副使祁宜，今從金史本傳作祁宰。又，要錄載五年正月，今從金史本紀載在四年十二月。

宰性慷慨，欲諫南伐，未得見。會元妃有疾，召宰診視，既入見，即上疏諫，略言：「國初蕩遼戡宋，曾不十年。當此之時，上有武元、文烈英武之君，下有宗翰、宗雄謀勇之臣，然猶不能混一區宇，舉江、淮、巴蜀之地以遺宋人。況今謀臣將士，異於曩時，且宋人無罪，師出無名。加以大起徭役，營中都，建南京，繕治甲兵，調發軍旅，賦役煩重，民人怨嗟，此人事不修也。間者晝星見於牛斗，熒惑伏於翼軫，三歲自刑，害氣在揚州，太白未出，進兵者敗，此天時不順也。舟師水涸，舳艫不繼，而江湖島渚之間，騎士馳射，不可驅逐，此地利不便也。」言甚激切。金主怒，戮於市，籍其家，金人哀之。（校者按：此條應移上39前。）

紹興三十年金正隆五年。（庚辰、一一六〇）

1春，正月，庚辰朔，不受朝。金國賀正旦施宜生等詣西上閤門進名奉慰。

2乙酉，中書舍人洪遵兼權尚書禮部侍郎。

3丙戌，北使施宜生等出北門。故事，北使以八日出門，九日宴赤岸，至是施宜生等不肯用例，是晚，抵赤岸，宴罷即行。

4戊子，太尉、知荆南府、節制屯駐御林〔前〕軍馬劉錡，言所招效用六千人，請以荆南駐劄御前效用中軍、左軍爲名，分四將，仍以右武大夫周贇充左軍統制，閤門宣贊舍人、荆湖北路兵馬都監劉汜充中軍統領，皆從之。

先是賜錡回易錢四十萬緡，及是錡請益三十萬緡，詔出御前激賞庫錢、榷貨〔貨〕務通〔鈔〕與之，如其數。

5吏部員外郎虞允文言：「金決渝盟爲南牧之計，必爲五道：出蜀口，出荆、襄，止以兵相持；淮東沮洳，非用騎之地；他日正兵必出淮西，奇兵必出海道，宜爲之備。」帝頗納其言。

6辛卯，北使施宜生等至鎭江府，賜宴，不受，遂即時渡江。

7癸巳，尚書左司員外郎邵大受權戶部侍郎。

8乙未，金國賀正旦使施宜生等渡淮。

故事，北使既登舟，卽舟中與伴使置酒三行而别。是日，天未明，送伴使金安節至淮岸，國信副使耶律翼已先渡淮北去，宜生以下皆不及知，安節遂於中流瞻拜而已。

9丙申，尙書吏部侍郎、同修國史兼侍讀葉義問（同）知樞密院事。

10丁酉，罷軍容班，本殿前司樂工（也）。

先是御前置甲庫，凡乘輿所須圖畫、什物，有司不能供者，悉取於甲庫，故百工技藝精巧者皆聚其間，日費無慮數百千。禁中既有內酒庫，而甲庫所釀尤勝，以其餘酤賣，頗侵戶部贍軍諸庫課額，以此軍儲常不足。吏部尙書張燾言：「甲庫萃工巧以蕩上心，酤良醞以奪官課，教坊樂工，員增數百，俸給、賜賚，耗費不貲，皆可罷。」帝曰：「卿可謂責難於君。」明日，罷甲庫諸局，以酒庫歸有司，減樂工數百人。燾之從容補益，皆此類也。

11庚子，命輔臣朝獻景靈宮，以帝未純吉服故也。

先是禮官引熙寧故事，請命宰執行禮，旣從之矣。權吏部侍郎兼權禮部侍郎沈介言：「今祔廟禮畢，天地、宗廟、百神之祀，並皆如儀。將來大饗明堂，亦合廟饗景靈宮，朝獻太廟。若於四孟獨否，恐無以副主上之誠孝。請依典禮躬詣。」上終以爲疑。會介出迓使，後五日，有詔：「郊祀行事，稽之禮經，蓋無可疑。若四孟朝獻景靈宮，元豐以來自有典故。可令給舍、臺諫、禮官詳悉討論，參以古誼。」議奏，於是帝不出，而命輔臣分詣。

12 丁未，中書舍人兼權樞密都承旨洪遵試尚書吏部侍郎，太常少卿宋棐權禮部侍郎。

13 二月，乙卯，大金弔祭使金吾衞上將軍·左宣徽使大懷忠，副使大中大夫·尚書禮部侍郎耨盌溫都（舊作溫敦。）謹，行禮於慈寧殿，朝散大夫、充翰林修撰、同知制誥石琚讀祭文。旣退，命輔臣就驛宴之，不用樂。

14 丁卯，吏部尚書兼侍讀張燾充資政殿學士，致仕。

15 辛酉，北使辭於几筵殿，次辭帝於垂拱殿。

16 癸亥，直徽猷閣、知臨安府趙子潚權尚書戶部侍郎。

17 甲子，百官純吉服。

18 宰相湯思退、陳康伯奏事畢，樞密院官將退，帝留王綸、葉義問，諭之曰：「朕有一事，施行似不可緩。普安郡王甚賢，欲與差別，卿等可議除少保、使相，仍封眞王。」衆皆前賀。綸、義問退，帝曰：「朕久有此意，深惟載籍之傳，並后匹嫡，兩政耦國，爲亂之本，朕豈不知此！第恐顯仁皇后意所未欲，遲遲至今。」思退曰：「陛下春秋鼎盛，上天鑒臨，必生聖子。爲此以係人心，不可無也。」於是普安郡王自育宮中至是三十年。

19 戊午，命同知樞密院事葉義問、和州防禦使·知閤門事劉允升假崇信軍節度使，充大金報謝使副，謝其來弔祭也。帝亦恐金有南侵意，因使義問覘之。

20庚申，起居郎黃中權工部侍郎。

21癸酉，帝始服淡黃袍、黑犀帶，御垂拱殿。

22甲戌，內出手詔曰：「朕荷天祐序，承列聖之丕基，思所以垂裕於後，夙夜不敢康。永惟本支之重，強固皇室，親親尚賢，厥有古誼。普安郡王瑗，藝祖皇帝七世孫也，自幼鞠於宮闈，嶷然不羣，聰哲端正，抗於宗藩，歷年滋多，厥德用茂，聞望之懿，中外所稱。朕將攷禮正名，頒示天下。夫立愛之道，始於家邦，自古帝王，以此明人倫而厚風俗者也。稽若前憲，非朕敢私，其以爲皇子，仍改賜名瑋。」詔，翰林學士周麟之所草也。是日，以麟之兼權吏部尚書。

23丙子，制以皇子瑋爲寧國節度使、開府儀同三司，進封建王。制既出，中外大悅。

24是月，金遣引進使高植等分道監視所獲盜賊，並磔之。

25三月，辛巳，兵部尚書楊椿，奉詔舉利州西路駐劄御前左部統制楊從儀、右部統制李師顏可備將帥；而左朝散郎、利州路提點刑獄公事富衡，薦師顏忠節尤力。詔進（從）儀一階，令樞密院籍記；召師顏赴行在。

26金東海縣民張旺、徐元等反。金主遣都水監徐文、步軍指揮使張宏信等率舟師九百，浮海討之。金主曰：「朕意不在一邑，欲試舟師耳。」

27 乙酉，保寧軍節度使、開府儀同三司、萬壽觀使吳益遷少保，太尉、崇信軍節度使、主管侍衛步軍司公事趙密開府儀同三司。二人皆以攢宮之勞，故有是命。

28 戊子，上策試禮部舉人劉朔等於集英殿，既而得右迪功郎許克昌爲首，用故事降爲第二，遂賜晉江梁克家等四百十二人及第、出身、同出身。

29 辛卯，參知政事賀允中等使金國還，入見，允中言敵勢必敗盟，宜爲之備。

30 壬辰，池州奏龍神衛四廂都指揮使、昭慶軍承宣使、本州駐劄御前諸軍都統制岳超卒；以寧國軍節度使、殿前司選鋒軍都統制李顯忠充池州駐劄御前諸軍都統制。

31 乙未，太府卿李澗權尚書吏部侍郎。

32 丙戌，左武大夫、榮州刺史、江南諸路馬步軍副總管劉光輔，移淮南諸路副總管，楚州駐劄。

先是金東海縣民爲盜，有李秀者，密請淮東副總管宋肇納款，願得南歸。時議疑其或致衝突，諜者因謂其與金結納，將大興師南來，乃命光輔駐楚州以爲之備。光輔未至，秀又遣其徒至楚州，見右朝奉郎、通判權州事徐宗偃求濟師，宗偃諭遣之。因遺書大臣，大約謂：「東海飢民，因其科斂苛擾，嘯聚海島，一唱百和，犯死求生，初無能爲。金主蒙蔽，下情不通，猶未之聞。若知，偏師一至，卽便撲滅；縱使猖獗得志，必自沂、密橫行山東，失利則乘舟入海，誠不足爲吾患。今添置兵官，招集叛亡，適足以生邊衅。」

33 丁酉，以立皇太（校者按：太字衍。）子，命兵部侍書楊椿告昊天上帝，權禮部侍郎宋棐告皇地祇，嗣濮王士輵告太廟，安定郡王令詪告諸陵。

34 保寧軍承宣使、知金州兼金·房·開·達州安撫使、節制屯駐御前軍馬王彥爲龍神衞四廂都指揮使，充金、房、開、達州駐劄前諸軍都統制，兼知金州、金房都統制。

35 甲辰，賜特奏名進士黃鵬舉等五十三人同進士出身，宗子彥髣等三十一人，武舉進士樊仁遠等十九人，特奏名一人，並授官有差。

36 丙午，檢校少保、武康軍節度使、恩平郡王璩開府儀同三司、判大宗正事，置司紹興府，始稱皇姪。

37 詔建王府置直講、贊讀各一員，以郎官兼；小學教授一員，以館職兼。

38 加封梁昭明太子統爲（英）濟忠顯王。

39 夏，四月，壬子，詔：「天申節州縣並免排宴。」以帝在諒闇故也。

40 甲寅，金以耶律翼南使失體，杖一百，除名；施宜生以漏言烹死。

41 丙申，參知政事賀允中兼權同知樞密院事。

42 五月，辛巳，太尉（知）荆南府劉錡兼本府駐劄御前諸軍都統制。

先是領殿前都指揮使職事楊存中建言:「諸重地如四川、鄂渚、池陽、建康、京口,皆已宿兵嚴守,獨荆南歷代用武之地,今爲重鎮,江西九江上流要害之地,緩急不相應援,請各置都統制以廣(屯)備。」朝廷從之。荆南府、江州創軍自此始。

乙酉,初置江州駐劄御前諸軍都統制一員,以殿前及步軍司兵各三千人,馬軍司及新招各二千人隸之。以龍神衞四廂都指揮使、寧武軍承宣使、侍衞步軍(司前軍)都統制戚方爲江州駐劄御前諸軍都統制。

43 辛卯,參知政事賀允中,免兼同知樞密院事,以同知樞密院事葉義問將及境也。

初,義問入北境,見金已聚兵,有南侵意,及還,密奏:「敵人以尅剝不卹爲能,以殺戮不恕爲威,窮奢極侈,燕京已劇壯麗,而修汴京,伐木琢石,車載塞路,民勞而多死於道,天人共怨,觀此豈能久也!又,海州賊黨未盡,而任契丹出沒太行,臣去時聞破濬之衞縣,回時聞破磁之邯鄲,北使三人皆被擊傷,奪去銀牌,燕京以南,在處不寧。今欲遷汴京,且造戰船,以臣度之,若果遷都,則在彼已失巢穴。今江、淮既有師屯,獨海道宜備。臣謂土豪、官軍不可雜處。土豪諳練海道之險,憑藉海食之利,能役使船戶;雜以官兵,彼此氣不相下,難以協濟。今宜於江海要處分寨,以土豪爲寨主,令隨其便,使土豪繞於舟楫之間,官軍振於塘岸之口,則官無虛費,民無驚擾,此策之上者也。」

44 兵部尚書兼權翰林學士楊椿，言於右僕射陳康伯曰：「北朝敗盟，其兆已見，今不先事爲備，悔將何及！」因與康伯策所以防禦之術：其一，兩淮諸將，各畫界分，使自爲守；其二，措置民社，密爲寓兵之計；其三，淮東劉寶，將驕卒少，不可專用；其四，沿江州郡，增壁積糧，以爲歸宿之地。康伯見帝，言敵謂我爲和好久而兵備弛，南牧無疑，因條上兩淮守禦之計，帝嘉納之。

45 丙申，金國賀生辰使輔國上將軍、殿前右副都點檢蕭榮，副使中大夫、太子右諭德張忠輔入見。

自休兵以後，北使見紫宸殿，設黃麾仗千五百有六人。至是以未純吉不設仗，既見，置酒垂拱殿。時建王瑋侍宴，榮等望見，聳然曰：「此爲建王邪？」竟夕不敢仰視。

46 戊戌，天申節，百官及北使上壽，以顯仁皇后喪制未終，不用樂。

47 六月，庚午，知樞密院事王綸充資政殿大學士、知福州。綸引疾求去，故有是命。

48 壬申，故太尉、武泰軍使郭仲荀，贈開府儀同三司。

仲荀薨十五年矣，至是其孫成忠郎永茂投匭自訴，故錄之。

49 金都水監徐文等破賊張旺、徐元，東海平。

50 秋，七月，辛巳，金詔：「東海縣民爲張旺等所詿誤者，並釋之。」壬午，金主以張弘信被命討賊，逗遛萊州，與妓宴樂，杖之一百。

51 詔：「諸路禁兵，以其半教習弓弩，令帥臣春秋遣將官巡行按視。」

52 丁亥，右文殿修撰、知臨安府錢端禮權尚書戶部侍郎。

53 戊戌，同知樞密院事葉義問進知樞密院事。

於是義問奏應變、持久二說，以爲：「兩淮形勢，在今危急。荆南劉錡，則均、襄、隋、郢、道（通）化、棗陽之所隸也。鄂渚田師中，則安、復、信陽、漢陽之所隸也。九江戚方，則蘄、黃之所隸也。池陽李顯忠，則龍舒、無爲軍之所隸也。建康王權，則滁、和之所隸也。鎭江劉寶與馬師（帥）成閔，則眞、揚、通、泰之所隸也。江陰正控海道，宜自鎭江分兵以扼之；至於濠梁、固始、安豐諸郡近邊，亦宜總之合肥。比已分屯諸將，宜飭令擇地險要，廣施預備，此應變之說也。秋冬之交，淮水淺涸，徒步可過，若敵今歲未動，請江、淮一帶，遴選武臣爲守，公私荒田，悉撥以充屯田，使募人耕之，暇則練習，專務持重，勿生釁端。來則堅壁勿戰，去則入壁勿追，使之終無所得而自困，此持久之說也。」

54 御史中丞兼侍講朱倬參知政事，翰林學士兼修國史兼侍讀兼權吏部尚書周麟之同知樞密院事。

55 辛丑，成忠郎、殿前司準備使喚都遇爲閤門祗候、添差東南第二副將，廬州駐劄。

56 加封伍員爲忠壯英烈威顯王。

57 八月，丙午朔，日有食之。

58 癸丑，左大中大夫、參知政事賀允中充資政殿大學士，致仕。允中使北還，言敵勢必背盟，宜爲之備，上疑未決，允中因告老，乃有是命。

59 端明殿學士、致仕折彥質薨於潭州。

60 丙辰，中書舍人沈介試吏部侍郎。

61 宗正少卿金安節權禮部侍郎。

62 辛未，安慶軍承宣使、同知大宗正士衎爲安德軍節度使。

63 壬申，淮南東路馬步軍副都總管兼權安撫司公事許世安得諜報，金主已至汴京，重兵皆屯宿、泗，亦有至清河口者，乃遣右宣義郎、通判州事劉禮告急於朝廷。

先是金主命戶部尚書梁球，兵部尚書蕭德溫，計女直、契丹、奚三部之衆，不限丁數，悉簽起之，凡二十有四萬，以其半壯者爲正軍，弱者爲阿里善，一正軍，一阿里善副之。又簽中原漢兒、渤海，十七路，除中都路造軍器，南都路修汴京免簽外，吏部侍郎高懷正等十五人，分路帶銀牌而出，號曰宣差簽軍使，每路各萬人，合蕃、漢兵通二十七萬，倣唐制分爲二十七軍。簽數已定，遂以百戶部爲穆昆，（舊作謀克。）千戶爲明安，（舊作猛安。）萬戶爲統軍。其統軍則有正、副，諸軍悉以蕃、漢相兼，無獨用一色人者。

64金主命榷貨務幷印造鈔引庫，起赴南京。

65金主喜沽譽，其謁陵也，見田間穫者，問其豐耗，以衣賜之。然亂政亟行，民不堪命。盜賊蠭起，大者連城邑，小者保山澤。山東賊犯沂州，殺其縣令；大名府賊王九等據城叛，衆至數萬。契丹邊祿錦舊作六斤，今改。等，皆以十數騎，張旗幟，白晝公行，官軍不敢誰何。所過州縣，開劫府庫，置於市，令人攘取之，小人皆喜賊至，而良民不勝其害。太府監高彥福、大理正耶律正、翰林待詔大穎出使還朝，皆言盜事，金主惡聞其言，皆杖之，穎仍除名。自是人不敢復言。

66九月，庚辰，右朝奉郎、通判楚州徐宗偃聞揚州告急，事見八月壬申。自高郵以驛書遺大臣，言：「宗偃自到官以來，飽諳覘邏者之情僞。密院、三衙沿江諸將所遣，固不一矣，要皆取辦於都梁、山陽土著之人；由都梁者不過入於泗，自山陽者不過至於漣水，采聽髣髴，信實蔑然。且若東海之人，止緣飢民困於暴斂，犯死求生，而候者鬨然，有興師十萬、駕海航二千艘因而南面之說，遂至重煩朝廷憂顧。宗偃獨以爲不然，已而卒如所料。矧今日自六月以來，日聞簽軍聚糧，修京除道，斂金帛，營造舟船，添立砦栅，虐用其民，無所不至。且約七月必還都矣，既而不效，展取八月；又不效，則曰京都改築外城，更造祕殿，且有登封泰山、款謁明道宮之議。此何所攷信哉？宗偃近以職事至維揚帥府，而都梁持羽檄來，謂金主已遷於汴，重兵散布宿、泗、清河之間，帥司告急，人情恟懼。才少須臾，又無一驗，合是此輩傳聞之誕，亦甚明矣。靖康之初，再侵京闕，薦至維揚，無一人知其來者。先聲播傳，計之詭也。

廟謨成算，固非一介可測涯涘，然長江不足恃，兩淮不可失，雖三尺童子，知其利害灼然。若密詔沿流諸將，或以屯田，或爲牧放，添增防扼，遣數萬人散處要害以候之。若都梁太逼，則屯天長；若山陽太逼，則屯寶應；又若合肥、襄、鄧，擇敵人耳目不甚相接之地，悉儲兵備，且命大臣護之，以爲緩急調發救應之用，則敵騎猝來，吾蓋有以待之矣。若信覘邏者之言，駭然有自失之意，非所望於中興之世也。朝廷防虞料角，至嚴至備，是注意於海道，可謂親切。然楚州鹽城縣，去海不過一里，又居料角之上，可爲藩籬。若屯以千百人，假一二十舟障蔽其前，則料角決可力守，且與敵人耳目全不相接，亦一控扼之地。望特賜采擇。」

67辛巳，右諫議大夫何溥，權工部侍郎黃中，並兼侍讀（講）。

68己丑，左武大夫、忠州防禦使、淮南西路馬步軍副總管兼知黃州李寶，改添差兩浙西路副總管、平江府駐劄兼副提督海船。

時浙西及通州皆有海舟，兵梢合萬人，詔平江守臣朱翼提督。言者請擇武臣有勇略知海道者副之，寶先除知黃州未行，乃有是命，尋以解帶恩陞宣州觀察使。寶請於沿江州縣招水軍效用千人，詔許三百。又請器甲弓矢及乞鎮江軍中官兵曹等五十人自隸，皆從之。

69甲午，小祥，帝行祭奠之禮。百官常服黑帶，行香畢，詣文德殿門進名奉慰，退，行香於偲林普濟寺。

70丙申，鎮江府駐防御前諸軍都統制劉實〔寶〕，言自罷宣撫司，背嵬一軍發赴行在，欲補置二千人，以制勝軍爲名，詔許。旋招武勇、效用、勝捷、吐渾共一千人爲之。

71壬寅，太學錄周必大，太學正程大昌，並爲祕書省正字。

72冬，十月，乙巳朔，帝始純吉服。

73庚午，金遣護衞完顏普連等二十四人督捕山東、河東、河北、中都盜賊。籍諸路水手，得三萬人。

74丁未，起居舍人虞允文爲賀大金正旦使，知閤門事孟思恭副之。允文至金廷，與館客者偕射，一發中的，君臣驚異。

75樞密院檢詳諸房文字徐度充賀大金生辰使，武功大夫、新江南東路兵馬都監蘇紳副之。

76戊申，詔太尉、知荆南府、充本府駐劄御前諸軍統制劉錡，赴行在奏事。以荆南駐劄前軍右軍統制李道兼權都統制。朝廷將以錡代劉寶掌軍，故有是命。

77癸丑，兵部尚書兼權翰林學士楊椿權吏部侍郎。

78庚申，侍御史陳俊卿論鎮江府駐劄御前諸軍都統制劉寶十罪，大略謂：「寶減削軍食，暗請錢糧，多遣軍士於湖廣、江西回易。去歲鎮江大(火)，寶閉壁，下令出救者死，城中半爲煨燼。寶市物爲苞苴，皆刻剝置辦，乃謂其下曰：『此官家教我置買。』寶內藏不臣，嘗公言曰：『前代帝王皆起於微賤。』此何等語！又養閻、李二道人夜觀星象，至五更則具錄以呈。鎮江屢易守臣，皆以寶故，近又欲擊趙公偁，賴朱夏卿勸免。今知人言籍籍，乃因入覲，載苞苴之物三十餘舟，欲因爲結納。寶專悍愚愎，暴虐姦貪，何所不有，使有緩急之事，責之成功，不亦難乎！請因其來朝斥之，別擇良將往肅軍旅。」辛酉，安慶軍節度使、捧日天武四廂都指揮使、鎮江府駐劄御前諸軍都統制劉寶，罷都統制，添差福建路馬步軍副都總管，給眞俸，臨安府差兵級同本軍見隨行人前去之任。

先是寶爲諫官何溥所劾，帝乃召寶赴行在，未至，陳俊卿復奏其罪。侍御史汪澈亦言：「寶無尺寸功，朝廷嘗調兵戍黃魚垜，寶既不聽，乃請創招制勝軍三千人。方命若此，尙知戴天子之威乎！寶嘗出緡錢，遣其軍校回易，歲計三萬有奇，猶以爲鮮，械諸囹圄。掊刻諸軍，至有凍餒不能出門戶者。望命有司議寶之罪。」故有是命。

79 壬戌，太尉、武泰軍節度使、知荊南府劉錡爲威武軍節度使，充鎮江府駐劄御前諸軍都統制。仍詔：「總領官同諸軍統制，將日前非理掊斂及應干私役，日下改正；諸軍所負回易錢，具數以聞，當議除放。除劉寶私財還寶外，餘並樁充軍須。仍出榜曉諭。」

80 鎮南軍承宣使、龍神衞四廂都指揮使、荊南府駐劄御前前軍右軍統制李道爲荊南府駐劄御前諸軍都統制。

81 丁卯，權工部侍郎黃中兼權吏部侍郎。

82 十一月，戊寅，皇姪常德軍承宣使、權主奉益王祭祀居廣爲華容軍節度使，以主祭踰十年也。

83 戊子，大理少卿張運權刑部侍郎。

84 丁酉，池州駐劄御前諸軍統制李顯忠，請令諸軍屯田，帝謂大臣曰：「此事可行，然須先立規摹，如括田、市牛、立廬舍、給糧種、置農具之類，悉有條理，乃可施行。兩三年間，且盡與地利，使之歲入有得，則不勸而耕矣。」

85 戊戌，侍御史汪澈言：「自陛下更化以來，進賢退姦，興利除害，求治如不及，而輔相未得其人。如湯思退者，本無器識，徒以工駢儷之文，嘗綴科目，飾詖言以奉秦檜，用選舉而私秦塤，夤緣超躐，徑躋樞近。自檜之死，一時支黨，悉從貶竄，而思退獨得漏網。陛下以其外若純篤，而不知其中實佞邪，偶因乏人，遂至大用。爲相以來，亦三閱歲矣，曾無一善之可紀；任情率意，凡所施爲，多拂公論。且匿名迹，遠權勢，大臣之事也；思退則蔑視同列，擅作威福，恩欲歸己，怨使誰當！孔子曰：『鄙夫可與事君也歟哉？其未得之，患得之；既得之，患失之。苟患失之，無所不至矣。』夫望輕不足服士夫，則衆怨並興；德薄不足理陰陽，則天戒垂示。祖宗法令，或廢格而不用；臣寮章疏，多沈抑而不行。久玷鈞輔，物議沸騰，豈惟有妨賢路，實亦深負陛下所以委任責成之意。望早賜罷黜，以快中外之望。」

86 金主命親軍司以所掌付大興府，置左右驍騎副指揮使，隸點檢司；步軍都指揮使，隸宣徽院。

87 十二月，乙己朔，左金紫光祿大夫、守尚書左僕射、同中書門下平章事湯思退罷，爲觀文殿大學士、提領江州太平興國宮。丁未，詔：「觀文殿大學士、提領江州太平興國宮湯思退落職，依舊宮觀。」

88 戊申夜，白氣如帶，東西亙天。

89 癸丑，金禁中都、河北、山東、河南、河東、京兆軍民網捕禽獸及畜養雕隼者。

90 丁卯，閤門宣贊舍人、荆南府駐劄御前中軍統領劉玘爲鎭江府駐劄御前中軍統制，用劉錡奏也。

91庚午，金國賀正旦使奉國上將軍、兵部尚書、僕射〔散〕權，副使翰林學士、忠靖大夫、知制誥、同修國史韓汝嘉，見於紫宸殿。

92安南進馴象，邊吏以聞，帝謂大臣曰：「蠻夷貢方物乃其職，但朕不欲以異獸勞遠人。可令帥臣諭今後不必以馴象入獻。」

93金主以降將孔彥舟習知兵事，起爲南京留守。彥舟荒於色，有禽獸行，而金主獨喜之。時有傳（彥）舟已死者，既而知其妄，金主爲杖妄傳者以激勵之。無何，彥舟果死，遺表言伐宋當先取淮南云。

94金主禁朝臣飲酒，除三國人使宴飲，其餘飲酒者死。既而益都尹京、安武節度使爽等，以立春節飲於駙馬都尉圖克坦（舊作徒單。）貞家。金主召而詰之曰：「戎事方殷，禁百官飲酒，卿等知之乎？」貞等伏地請死。金主數之曰：「汝等若以飲酒殺人太重，則宜早諫。魏武帝軍令曰：『犯麥者死。』已而乘馬入麥中，乃割髮以自刑。犯麥，微事也，然必欲示信。朕爲天下主，法不能行於貴近乎？朕念慈獻子四人，惟朕與公主在，而京等皆近屬，曲貸死罪。」於是杖貞七十，京等各杖一百。降貞爲安武軍節度使，京爲灤州刺史，爽爲歸化州刺史。

95西夏主仁孝之嗣位也，國中多亂，其臣任得敬抗禦有功，遂以爲相，封楚王。

續資治通鑑卷第一百三十四

賜進士及第兵部尙書兼都察院右都御史總督湖北湖南等處地方軍務兼理糧餉世襲二等輕車都尉畢沅編集

宋紀一百三十四 起重光大荒落（辛巳）正月，盡九月，凡九月。

高宗受命中興全功至德聖神武文昭仁憲孝皇帝

紹興三十一年金正隆六年。（辛巳、一一六一）

1春，正月，甲戌朔，日有食之。【考異】金史不書是年日食，今從宋史。

2壬午，金主以將如南京，命司徒、御史大夫蕭玉爲大興尹，司徒如故。

3癸未夜，風雷雨雪交作。侍御史汪澈言：「春秋魯隱公時，大雷震電，繼以雨雪。孔子以八月之間再有大變，謹而書之。今一夕之間，二異交至，願陛下飭大臣常謹備邊。」殿中侍御史陳俊卿言：「周之三月，今正月也。魯隱公八月之間，再有大異，今一日而兩異見，比春秋抑有甚焉。今邊防之策，聖謨深遠，講之熟矣；然而將未得人，兵未核實，器械未精，儲蓄未備。臣願陛下與二三大臣因災而懼，謹其藩籬，常若寇至，不可一日而弛。至于臣下，則有官居保傅，手握兵符，而廣殖貨財，專事交結，奪民利，壞軍政，朝廷不言，道途側目，養之不已，其患將有不可勝言者。此誠臣憂國惓惓至意，惟陛下采納。」

4 癸巳，名通化軍漢相國蕭何廟曰懷德。

5 賀金正旦使徐度將還，金主使參知政事李通諭之曰：「朕昔從梁王軍，樂南京風土，常欲巡幸。今營繕將畢功，期以二月末先往河南。帝王巡狩，自古有之，以淮右多隙地，欲校獵其間，從兵不踰萬人。況朕祖宗陵廟在此，安能久於彼乎！汝等歸告汝主，令有司宣諭朕意，使淮南之民無懷疑懼。」

6 甲午，集英殿修撰、知鼎州淩景夏權尚書吏部侍郎。丙申，祕書少監汪應辰權尚書吏部侍郎。

7 己亥，詔：「特進、提舉江州太平興國宮和國公張浚，湖南路任便居住。」

時浚尚責居永州，殿中侍御史陳俊卿，間爲上言：「浚忠義，且兼資文武，可付以閫外。臣素不識浚，雖聞其嘗失陝服，散淮師，而許國之心白首不渝。今杜門念咎，老而練事，非前日浚也，願陛下勿惑讒謗，雖未付以大柄，且與以近郡，以係人心，庶緩急可以相及。」帝納其言。

8 詔：「衡州編管人胡銓放逐便。」

又詔：「昨緣事一時編管居住命官，刑部開具職位姓名并元犯因依，申尚書省。」

9庚子，金主命自中都至河南所過州縣，調從獵騎士二千。諸處統軍，擇其精於射者得五千人，分作五軍，皆用茸絲聯甲，紫茸爲上，青茸次之，號「硬軍」，亦曰「細軍」。每自詑曰：「取江南，此五千人足矣！」

10二月，甲辰朔，日有暈珥戴背。金主問司天監馬貴中曰：「近日天道何如？」貴中曰：「前年八月二十九日，太白入太微右掖門；九月二日，至端門；九日，左掖門出，並歷左右執法。太微爲天子南宮，太白兵將之象，其占，兵入天子之廷。」金主曰：「今將南伐，正其事也。」貴中曰：「當端門而出，其占爲受制，歷左右執法爲受事。此當有出使，或爲兵，或爲賊。」金主曰：「兵興之際，小盜固不能無也。」

11甲寅，少師、寧遠軍節度使、領殿前都指揮使職事楊存中爲太傅、充醴泉觀使，賜玉帶，奉朝請。

存中領殿（巖）幾三十年，至是王十朋、陳俊卿、李浩，相繼訟言存中之過，帝惑其言。存中聞北事有萌，乃上疏言金人年來規畫有異，雖信好未渝，而薦食之心已露。宜及未然，於沿邊衝要之地，置堡列戍，峙糧聚財，濱海沿江，預具鬬艦。至於選將帥，繕甲兵，謹關梁，固疆塞，明斥堠，訓郡縣之卒，募鄉閭之勇，申戒吏士，指授方略，條爲十事以獻。會趙密謀奪其權，因指爲喜功生事。存中聞之，乃累章丐免。

12 金以參知政事李通爲尚書石（右）丞。

13 乙卯，閤門祗候、御前忠銳第五副將劉舜謨爲東南第二副將，廬州駐劄。

14 己未，金禁扈從縱獵擾民。庚申，徵諸道水手運戰船。

15 辛酉，詔：「侍從、臺諫薦士各二人，帥臣、監司各一人。」

16 癸丑，金主發中都。

17 乙丑，詔：「經義、詩賦，依舊分爲兩科以取士。」

先是諫議大夫何溥，疏論經義、詞賦合爲一科之弊，以爲：「兩場俱優者百無一二，而韋布之士，皓首窮經，扼於聲病之文，卒無以自見於世。望將經義得免解舉人及應舉進士年五十以上，許兼一大經，於詩賦場引試，其不願兼經者亦聽，庶幾宿學有以自展。議者多以爲經義、詞賦不能兼精，又減策二道而併於論場，故策問太寡，無以盡人。且一論一策，窮日之力不足以致其精，雖有實學，無以自見。願復經義、詩賦分科之舊。」詔禮部、國子監、太學官看詳，申尚書省。

18 三月，甲戌朔，詔起復左武大夫、興州刺史、殿前司破敵軍統制陳敏，以所部千六百人往太平駐劄，尋改隸馬軍司。

19 己卯，右諫議大夫何溥爲翰林學士兼權吏部尙書。

20 金改河南北邙山爲太平山，稱舊名者以違制論。

21 壬午，兵部尙書兼權翰林學士兼侍讀楊椿參知政事。

22 庚寅，尙書右僕射、同中書門下平章事陳康伯遷左僕射，參知政事朱倬守右僕射，並同中書門下平章事。

23 辛卯，故左（朝奉）大夫致仕李光，追復左中大夫，官其子二人。

24 癸巳，金主次河南府，因出獵，如汝州溫湯，視行宮地。自中都至河南，所過麥皆爲空。復禁扈從毋輒離次及游賞、飲酒，犯者罪皆死，而莫有從者。詔內地諸明安（舊作猛安。）赴山後牧馬，俟秋並發。

25 夏，四月，癸卯朔，詔潭州觀察使、利州西路駐劄御前中軍都統制、新知襄陽府吳拱以西兵三千人戍襄陽。

朝議因金人決欲敗盟，乃令兩淮諸將各畫界分，使自爲守，措置民社，增壁積糧。是時御前諸軍都統制吳璘戍武興，姚仲戍興元，王彥戍漢陰，李道戍荆南，田師中戍鄂渚，戚方戍九江，李顯忠戍池陽，王權戍建康，劉錡戍鎭江，壁壘相望，而襄陽獨未有備，故命拱以所部戍之。

26 辛酉，復升揚州高郵縣爲軍。

27 辛未，同知樞密院事周麟之爲金奉表起居稱賀使，賀遷都也。

初，朝廷聞金主欲移居于汴，且屯兵宿、亳間，議遣大臣奉使，宰執共議遣參知政事楊椿行。其所議者，如大金皇帝祗欲到洛陽觀花，則不須屯兵於邊；若果欲遷都于汴，屯兵于宿、亳，則本國亦不免屯兵于淮上；非敢故渝盟約，蓋爲國之道，不得不然。或欲巡幸汴都，卽還燕京，則本國亦無一人一騎渡淮。麟之聞其議，乃見帝慷慨請行，帝大喜。麟之請自擇副，且薦洪州觀察使、知閤門事蘇華可用，許之。華尋卒，乃命武翼大夫、貴州刺史、知閤門事張掄假保信軍節度使以行。

28 丁未，金主詔百官先赴南京治事。尙書省、樞密院、大宗(正)府、(勸農司、太府)、少府皆從行，吏、戶、兵、刑部、四方館、都水監、大理司官各留一員。

以簽書樞密院事高景山爲宋生日使，右司員外郞王全副之。金主謂全曰：「汝見宋主，卽面數其罪，索其大臣及淮、漢之地。如不從，卽厲聲詆責之，彼必不敢害汝。」謂景山曰：「回日，以全所言奏聞。」【考異】宋史作殿前都點檢高景山，刑部侍郞王全，蓋假官以行，非其本職也，今從金史。

29 戊申，金主命汝州百五十里內州縣量遣商賈赴溫湯置市。

詔有司移問宋人蔡、潁、壽諸州對境創置堡屯者。

30庚戌，金主發河南府；丁卯，次溫湯，誡扈從，毋得輒過汝水。金主出獵，遇奔鹿突之，墮馬，嘔血數日。遣使徵諸道兵。

31五月，丙子，金國賀生辰使高景山、副使王全入境。景山等舉趾倨傲，又遣人量淮面闊狹，沿淮顧盼，意若相視水面者。時上下泄泄，至是始知其有渝盟之意。

32庚辰，金太師、尙書令溫都思忠卒。

契丹諸部反，遣右將軍蕭圖喇舊作禿喇，今改。等討之。

33甲申，禮部郎中王普言取士分科之弊，以謂：「後生舉子，競習詞章，而通經老儒，存者無幾。恐自今以往，經義又當日銷，而二禮、春秋必先廢絕。竊惟國初至治平，雖以詩賦取士，又有明經、學究等諸科。當時惟明經略通大義，其他徒誦其書而不知其說，非今日經義比也。然猶且別立解額，多於詩賦，而不相侵紊。逮熙寧後，應舉者莫不治經，故解額可以混而爲一。今經義、詩賦既分爲兩科，而解額猶未分。夫取易捨難，人之常情，故此盛彼衰，勢所不免。望詔有司追倣舊制，將國學及諸州解額各以三分爲率，其二以取經義，其一以取詩賦。若省試，卽以累舉過省，酌中人數，立爲定額而分之，仍于經義之中，優取二禮、春秋，庶幾兩科可以永久並行，而無偏廢之患矣。」詔禮部、國子監看詳，申尙書省。

34辛卯，金使高景山、副使王全見于紫宸殿。景山奉國書跪進。景山當奏事，自稱語吶，不能敷奏，乞令副使王全代奏，帝許之。景山招全，全欲升殿，侍衞及閤門官止之，帝傳旨令升。

全升殿之東壁，面北，厲聲奏曰：「皇帝特有聖旨，昨自東昏王時，兩國講和，朕當時雖年小，未任宰執，亦備知得。自朕卽位後一二年間，曾差祈請使巫伋等來，言及宗屬及增加帝號等事，朕以卽位之初，未暇及此，當時不曾允許。其所言親屬中，今則惟天水郡公昨以風疾身故外，所祈請似亦可從。又念歲貢錢絹數多，江南出產不甚豐厚，須是取自民間，想必難備。朕亦別有思度，兼爲淮水爲界，私渡甚多，其間往來越境者，雖嚴爲誡禁，亦難杜絕。又，江以北，漢水以東，雖有界至，而南北叛亡之人，互相扇誘，適足引惹邊事，不知故梁王當日何由如此分畫來。朕到南京，方欲遣人備諭此意。近有司奏言，欲遣使來賀行幸南京，灼知意甚勤厚。若只常使前來，緣事理稍重，恐不能盡達。兼南京宮闕初秋畢工，朕以河南府龍門以南，地氣稍涼，兼放牧水草亦廣，於此坐夏，擬於八月初旬內到南京，當於左僕射湯思退、右僕射陳康伯及或聞王綸知樞密院，此三人內可差一員；兼殿前太尉楊存中最是舊人，諳練事務，江以北山川地理，備曾經歷，可以言事，亦當遣來。又如鄭藻輩及內臣中選擇所委信者一人，共四人，同使前來，不過八月十五日以前到南京，朕當宣諭此事。若可從朕言，緣淮南地理，朕昔在軍頗曾行歷，土田往往荒瘠，民人不多，應有戶口，盡與江南，朕所言者惟土田而已。務欲兩國界至分明，不生邊事。朕以向來止曾經有泗、壽州外，陳、蔡、唐、鄧邊面不曾行歷，及知彼處圍場頗多，約于九月末旬前去巡獵，十一月或十二月，卻到南京，于差來正旦使處，當備細道來，朕要知端的。于次年二三月間，又爲京兆，亦未曾至，欲因幸溫湯，經由河東路分，卻還中都去。」奏訖，仝復曰：「趙桓今已死矣。」帝色變，遽起。仝在殿下揚言曰：「我來理會者兩國事。」嘵嘵不已。帶御器械李橫約仝曰：「不得無禮，有事朝廷理會。」

百官班未退，帶御器械劉炎白陳康伯曰：「使人在廷，有茶酒之禮，宜奏免之。」康伯曰：「君自奏聞。」炎遂轉屏風而入，見帝哭泣。炎奏其事，帝然之。炎出，傳旨曰：「今爲聞淵聖皇帝訃音，聖躬不安，閤門賜茶酒宜免，使人且退班。」遂退。

既而詔仝曰：「適所未奏事因，可具奏狀以聞。」於是館伴使、翰林學士何溥等錄其語進，故得知者一二焉。

宰執聚殿廬，議舉哀典故。或謂帝不可以凶服見使者，欲俟其去乃發喪，權工部侍郎黃中聞之，馳白康伯曰：「此國家大事，臣子至痛之節，一有失禮，謂天下後世何！且使人問焉，將何以對？」於是始議行禮及調兵守江、淮之策。

35壬辰，同知樞密院事周麟之言：「敵意可卜，宜練甲申警，靜以觀變，使不當遺。」帝曰：「卿言是也。彼欲割地，今何應之？」麟之曰：「講信之始，分畫封圻，故應有載書存。願出以示使者，厥請將自塞矣。」

36甲午，宰執召三衙帥趙密、成閔、李捧及太傅·醴泉觀使·和義郡王楊存中至都堂，議舉兵。既又請侍從、臺諫凌景夏、汪應辰、錢端禮、金安節、張運、黃祖舜、楊拜〔邦〕弼、虞允文、汪澈、劉度、陳俊卿集議。陳康伯傳上旨云：「今日更不問和與守，直問戰當如何。」執政欲遣閔全將禁衞兵禦襄江上流，允文言：「不必發兵如此之多，敵必不從上流而下。恐發禁衞則兵益少，朝廷內虛，異時無兵可爲兩淮之用。」執政以金主在汝州，恐其涉漢而南，不聽。

日午，下詔發喪。宰相常服、金帶，率百官入和寧門，詣天章閣南隙地舉哀，仍進名奉慰。是時禁中亦設舉哀之禮，哀動于外。爲大行淵聖仁孝皇帝立重，即學士院爲几筵殿，用神帛。帝詔持斬衰三年，以申哀慕。權禮部侍郎金安節請庶人禁樂百日，從之。

37翰林學士兼權吏部尚書、充館伴使何溥等奏：「繳錄到大金副使王全於殿上口奏事，因詔諸路都統制并沿邊帥守、監司照應。今來事體隨宜應變，疾速措置，務要不失機會。」時朝論洶洶，入內內侍省都知張去爲陰沮用兵之議，且陳退避閩、蜀之計，人情惶惑。陳康伯言曰：「敵國敗盟，天人共憤。今日之事，有進無退，若聖意堅決，則將士之氣自倍。願分三衙禁旅，助襄、漢兵力，待其先發，然後應之。」
權工部侍郎黃中自使還，每進見，未嘗不以邊事爲言，至是又率同列請對，論決策用兵，莫有同者。中乃奏曰：「朝廷與金通好二十餘年，我未嘗一日言戰，彼未嘗一日忘戰。取我歲幣，啗彼士卒。今幸天褫其魄，使先墜言以警陛下，惟聖慈留心焉！」

38 乙未，少保、奉國軍節度使、領御前諸軍都統制職事、判興州吳璘爲四川宣撫使，仍命敷文閣直學士、四川安撫制置使兼知成都府王剛中同措置應干事務。時有詔：「夔路遣兵五百人往峽州屯駐，俟荆南有警，則令夔路安撫使李師顏親往援之。」

39 丙申，侍御史汪澈爲御史中丞。

40 起復慶遠軍節度使、主管侍衛馬軍司公事成閔對于內殿。
朝議以上流重地，邊面闊遠而兵力分，宜遣大將。帝乃面諭閔，俾以所部三萬人往武昌控扼，先命湖北漕臣同鄂州守臣建寨屋三萬間以待之。後二日，遂發江西折帛、湖廣常平米錢及末茶長短引共一百四十餘萬緡，湖北常平義倉及和糴米六十三萬石，料十萬石，赴湖廣總領所備軍用。

41 戊戌，帝成服于几筵殿。

42 己亥，金賀生辰使高景山等辭行。

43庚子，詔：「浙東五郡禁軍、弓弩手，並起發赴判明州兼沿海制置使沈該，浙西諸郡及衢、婺二州並赴平江府駐劄浙西副總管李寶，江東諸郡赴池州駐劄都統制李顯忠，福建諸郡赴太平州駐劄破敵軍統制陳敏，江西諸郡赴江州駐劄都統制戚方，湖南、北非沿邊諸郡赴荆南府駐劄都統制李道軍，並聽候使喚。」

44辛丑，百官朝臨畢，三上表請聽政，詔答宜允。自是日一臨，至小祥止。

45六月，壬寅朔，殿中侍御史陳俊卿權尚書兵部侍郎。

先是俊卿復言張浚可用，帝曰：「卿欲用浚爲何官？」俊卿曰：「此在陛下。」帝曰：「浚才疎，使之帥一路，或有可觀，若再督諸軍，必敗事。」俊卿曰：「人皆以浚爲可，陛下何惜不一試之？」帝首肯。俊卿又言：「張去爲竊威權，撓成算，乞斬之以作士氣。」帝曰：「卿可謂仁者之勇。」

46癸卯，以淵聖皇帝升遐，降諸路流罪以下囚，釋杖以下。

47金主自汝州如南京。

48丙午，小祥；帝御几筵殿行禮。

49丁未，出宮人三百十九人。【考異】趙甡之遺史，六月乙丑，放仙韶院女樂二百餘人。上聞淵聖訃音，且知金人有用兵之意。或傳金人欲來索仙韶院女樂，上不忍良家子陷于絕塞，乃盡遣出宮。今從繫年要錄。

50己酉，御史中丞汪澈爲湖北、京西宣諭使，置司鄂州，仍節制兩路軍馬。澈辭節制，許之。

51右朝奉郎、通判楚州徐宗偃遺鎮江都統制劉錡書云：「近聞肅膺宸命，進師廣陵，先聲所至，士氣賈勇。竊惟今日之事，非他事比，安危成敗，在茲一舉。古人有云，脣亡則齒寒，蓋言表裏之相依也。今欲保長江，必先守淮。頃歲韓宣撫駐軍山陽，山東之兵不敢一日窺伺，幾至成功，而姦臣誤國，莫遂其志。今清河口去本州五十里，地名八里莊，相望咫尺，若不遣精銳控扼，萬一有緩急，頃刻可至城下。彼得地利，兩淮之民悉爲其用，則高郵、廣陵豈足以捍其衝！宜遣偏師屯本州，彼既不敢長驅，山東諸郡怨其暴斂，不忘戴宋，一呼響應，勢若破竹矣。」錡亦以爲然。

52辛亥，北使高景山還，至盱眙軍，未就宴，泗州遣人報守臣周淙，稱有金牌使來。邦人驚懼，謂金牌不時來，昨紹興十一年有來傳宣者，以軍繼之，即傾城奔走。宴罷，來使大懷正入館，白袍紅綬，腰懸金牌，乘馬直造廳事，索香案，呼送伴使右司員外郎呂廣問等令跪聽，遂道金主旨，謂：「本欲八月遷都，今大臣奏宮殿修畢，欲以六月中旬前去南京，令送伴回，奏知本國也。」軍民聞之，始釋疑。然亦有貪夜提攜奔竄，官司弗能禁。會朝廷亦下轉運副使楊抗相度清野，民尤恐懼，自是淮南官吏老幼，悉往江南矣。

53 癸丑，詔罷教坊樂工，許自便。

54 乙卯，太尉、威武軍節度使、鎮江府駐劄御前諸軍都統制劉錡爲淮南、江南、浙西制置使，節制諸路軍馬。

錡自順昌之勝，金人畏之，下令，有敢言其姓名者，罪不赦。帝亦知其能，故有是命。

55 丙辰，不視朝，百官臨于几筵殿，以次赴几筵殿門外進名奉慰。自是朔望皆如之。

56 浙西馬步軍副總管李寶入奏事。翼日，帝謂輔臣曰：「寶非常驍勇，兼其心術可以仗倚。朕素識其人，他日未易量。」

先是寶言：「連江接海，便于發船，無若江陰，臣請守之。萬有一不任，甘死無赦。」帝從之。寶卽遣其子公佐與將官邊士寧潛入金境伺動靜。至是金謀益泄，復召問方略，寶言：「海道無險要可守，敵艦散入諸洋，則難以蕩滅。臣止有一策出百全。」帝問：「何如？」寶對曰：「兵之道，自戰其地與戰人之地不同。自戰其地者，必生之兵也；戰人之地者，必死之兵也；必生者易破，而必死者難卻。今敵未離巢穴，臣仰憑天威，掩出不意，因其驚擾而疾擊之，可以得志。」帝曰：「善！」問：「所總舟幾何？」曰：「堅全可涉風濤者，得百二十，皆舊例所用防秋者。」「所總人幾何？」曰：「三千。止是二浙、福建五分弓弩手，非正兵也，旗幟器甲，亦已粗備。事急矣，臣願亟發。」陛辭，賜寶帶、鞍馬、尙方弓刀戈甲之屬及銀絹萬數，以爲軍實。

57 戊午，淵聖皇帝大祥，帝易禫服。

58 庚申，禫祭。

59 夜，彗出於角。

60 壬戌，金主次南京近郊，左丞相張浩率百官迎謁。是夜，大風壞承天殿鴟尾。癸亥，金主備法駕入南京，奉太后居寧德宮。太后使侍婢高福娘問金主起居，金主幸之，使伺太后動靜，凡太后動止，事無大小，悉以告，福娘復增飾其言，由是嫌隙益深。

61 丙寅，詔許淮南諸州移治清野。

62 戊辰，右朝散大夫徐嘉爲敷文閣待制、樞密都承旨、假資政殿大學士、左大中大夫、醴泉觀使，充金起居稱賀使。庚午，武翼大夫、貴州刺史、權知閤門事、充金起居稱賀副使張掄，落階官，爲文州刺史。

63 是月，金使樞密使布薩（舊作僕散。）思恭等將兵一萬討契丹諸部。

64 秋，七月，壬申〔癸酉〕朔，溫州進士王憲，特補承節郎，充溫州總轄海船。

先（是）降空名告身六十道，下溫、福諸郡造海舟，憲獻策請用平陽莆門寨所造巡船爲式，每舟闊二丈有八尺，其上轉板坦平，可以戰鬭。詔用其言，遂有是命。

65 癸未，宰相陳康伯率百官爲孝慈淵聖皇帝請謚于南郊，謚曰恭文順德仁孝，廟號欽宗。

66 丙戌，右朝奉郎、通判楚州徐宗偃獻書宰執，言：「山陽俯臨淮海，清河口去郡五十里，實南北必爭之地。我得之，則可以控制山東；一或失守，彼卽長驅先據要害，深溝高壘，運山東累年積聚，調撥重兵，使兩淮動搖，我將何以捍禦！自北使奏（請），意欲敗盟，人情洶懼，莫知死所。及朝廷除劉錡爲五路制置，分遣軍馬渡江，邊陲肅靜，民賴以安。山東之人，日有歸附之意，沿淮一帶，自北而來者，晝夜不絕，不容止約。若朝廷速遣大兵，且命劉錡或委本州守選差有心力人，明示德音，誘以官爵，謂得一州或一縣與官資，使之就守其地，其餘招誘自百人、千人至萬人，受賞有差，將見一呼響應，山東悉爲我有。若大軍未至，彼懷疑貳，未肯就招，招之亦未必能守，適足以貽邊患。至于合肥、荆、襄，命大將分占形勢，覘邏其實，隨機應變，以爲進討之計，恢復中原，可立而待。」

先是漣水縣弓手節級董臻者，私渡淮見宗偃，言山東人久困暴斂，日欲歸正，若士馬一動，悉皆南來。宗偃出己俸厚贈之。是月初，臻果率老幼數百人來歸。宗偃言于朝，未至，會知樞密院事葉義問遣武義郎焦宜來諭意，俾招收之。守臣王彥容怒不自己出，乃言臻不願推恩。宗偃因遺義問書，言：「旬日以來，渡淮之人，晝夜不止，漣水爲之一空，臨淮縣民亦源源而來不絕。泗州兩遣人諭盱眙，令關報本州約回，有死不肯復去數萬人，理宜優卹。

然非有大軍彈壓，得之亦不爲用。」乃補臻承節郎，仍令淮東副總管李横以鎮江都司兩將之兵往楚州屯駐。

67 丁亥，金以左丞相張浩爲太師、尚書令，以司徒大興尹蕭玉爲尚書左丞相，吏部尚書白彥恭爲樞密副使，樞密副使赫舍哩（舊作紇石烈。）志寧爲開封尹，武安軍節度使圖克坦（舊作徒單。）恭爲御史大夫。

68 戊子，左中大夫、同知樞密院事周麟之與在外宮觀。宰執進呈臺諫疏章，帝曰：「爲大臣，臨事辭難，何以率百僚！」乃有是命。庚寅，復責授左朝奉大夫、祕（書）監、分司南京，筠州居住。

69 初，帝命池州諸軍都統制李顯忠，擇淮西地利爲固守之計。至是顯忠言：「淮北平夷，別無險阻，惟樅楊鎮北二十五里中坊淨嚴寺依峽山口一帶，地里衝要，可以屯駐。請於八月初，分遣半軍，過江屯駐。顯忠躬親往來，伺其動息，即全軍渡江，觀敵所向，隨機決戰。」從之。

70 壬辰，徐嚞等至盱眙軍，金主已遣翰林侍講學士韓汝嘉至泗州待之。是日，平旦，泗守臣富察圖穆（舊作蒲察徒穆。）遣人至盱眙，言：「韓侍講帶金牌到，欲見國信使副宣諭。」巳刻，嚞遣通事傳告，中流相見。俄而汝嘉已登舟渡淮，嚞欲就岸口亭子相見，汝嘉即與徒八人馳馬徑入宴館，嚞與副使張掄皆大驚，朝服以待。汝嘉入館，闔其扉，守臣周淙即館外穴壁以窺。

汝嘉令嚞、掄跪于庭下，聲稱有敕，遂言曰：「自來北邊有蒙古達勒達（舊作達達。）等，從東昏時數犯邊境，自朕即位，已久寧息。近準邊將屢申，此輩又復作禍〔過〕，比前生聚尤甚，衆至數十萬，或說仍與夏通好。若（不）即行誅戮，恐致滋蔓。重（念）祖宗山陵盡在中都，密邇彼界，是以朕心不安。以承平日久，全無得力宿將可委專征，須朕親往以平寇亂，故雖宮室始建，方此巡幸，而勢不可留。已擬定十一月間親臨北邊，用行討伐；然一二年卻當還此。今聞有使稱賀，本欲差人遠迓，如期入見。緣近者國信使副高景山、王全等傳旨，召一二近上官位，有所宣諭。今卿等非所召之人，可便歸國，即令元指官（位）人等前來，一就稱賀，仍須九月初到闕。故茲宣示。」言畢，升堂，分賓主而坐。

嚞戰栗，張掄稍進而問曰：「蒙古小邦，何煩皇帝親行？」汝嘉不能對。掄曰：「侍講前〔遠〕來，口言有敕，本國君相何以爲憑？乞書于紙，以俟聞奏。」汝嘉即索紙筆，書畢而去。嚞等遺〔遺〕以綵帛、香茶，皆不受。

71 丙申，命參知政事楊椿恭篆聖文仁德顯孝皇帝謚寶。

72 是月，金大括境內贏馬，殺亡遼耶律氏、宋趙氏子男凡百三十餘人。

金主嘗因賜羣臣宴，顧謂左丞相蕭玉曰：「卿嘗讀書否？」玉曰：「亦嘗觀之。」中宴，金主起，卽召玉至內閤，以漢書一册示玉。既而擲之曰：「此非所問也。朕欲與卿議事，今欲伐江南，卿以爲何如？」玉曰：「不可。」金主曰：「朕視宋國，猶掌握間耳，何爲不可？」玉曰：「天以長江限南北，舟楫非我所長。苻堅以百萬伐晉，不能以一騎渡，是以知其不可。」金主怒，叱之使出。既而尚書令張浩因人奏事，金主杖浩，幷杖玉，謂羣臣曰：「浩大臣，不面奏，因人達語，輕易如此！玉以苻堅比朕，朕欲釘其舌而磔之，以玉有功，故隱忍耳。」【考異】繫年要錄以金主遷汴京爲七月間事。據金史，金主以六月至南京，非七月也。又，要錄載劉錡自請爲統軍，張中彥爲蜀道統軍，俱作七月，不知爲八月事也，今俱從金史。

73 八月，辛丑朔，忠義人魏勝復海州。

勝素負氣，嘗潛渡淮爲商，至是率其徒數百人至海州，自稱制置司前軍，大兵且繼至，海州遂降。

74 癸丑，金主弒其母太后圖克坦氏。

初，布薩師恭賜第隣寧德宮，師恭屢得見太后。及師恭奉命討契丹諸部，入辭太后，言：「國家世居上京，既徙中都，又自中都至汴京。今又興兵涉江、淮伐宋，疲弊中國。我嘗勸止之，不見聽。契丹事復如此，柰何？」侍婢高福娘以告金主。金主疑太后有異圖，召點檢太〔大〕懷忠等，戒之曰：「汝等見太后，但言有詔，令太后跪受，即擊殺之。」太后方樗蒱，懷忠至，令太后跪受詔。太后愕然，方下跪，遽從後擊之，仆而復起者再，乃縊殺之。金主命焚屍於宮中，棄其骨於水。封褔娘爲鄆國夫人，且許立爲妃。【考異】金主亮事嫡母不孝，不專以阻南伐也。繫年要錄云：亮母有疾，亮往視之，問以所苦，母曰：「吾無他疾，以皇帝用兵不止，遠征江南，是吾病也。」亮大怒曰：「此非吾母，乃梁宋國王之小妻。」遂令人弒之，以威言者。要錄據傳聞之詞，誤以太后爲金主生母也，今從金史。

75 甲寅，浙西馬步軍副總管李寶，以舟師三千人發江陰。

先是寶自行在還，即謀進發，軍士爭言西北風力尚勁，迎之非利，寶下令：「大計已定，不復可搖，敢有再出一語者斬！」遂發，徽猷閣直學士、知平江府洪遵竭資糧器械濟之。放蘇州大洋，行三日，風怒甚，舟散漫不得收。寶慷慨謂左右曰：「天欲以試李寶耶？此心如鐵石，不變矣！」即酹酒自誓，風亦隨止。退泊明州關澳，追集散舟，不浹旬復故。而裨將邊士寧自密州還，言魏勝已得海州矣，寶大喜，促其下乘機速發，而大風復作，波濤如山者經月，未得進。

76 乙卯，江淮制置使劉錡引兵屯揚州。

錡將渡江，以軍禮久不講，乃建大將旗鼓以行，軍容整肅，江、浙人所未見也。時錡方病，不能乘馬，乃以皮穿竹爲肩輿。鎮江城中，香烟如雲霧，觀者塡擁。

右奉義郎、通判楚州徐宗偃見錡，力陳兩淮要害：「山陽密邇淸河口，實爲控扼之地，合肥扞蔽壽春。自古北軍悉由渦口渡淮，彼或長驅，則兩淮皆非我有。宜速遣精銳列戍，勿使敵得衝突。」錡疑未決。浙東副總管李橫、浙西副總管賈和仲適白其事，皆共贊之。乃遣殿前司策應右軍統制王剛以五千人屯寶應。

77丙辰，金主殺其翰林直學士韓汝嘉。汝嘉自盱眙歸，諫寢兵議和，金主曰：「汝與南宋爲游說耶？」遂賜死。

78丁巳，詔鄂州駐劄御前諸軍都統制田師中赴行在奏事。殿中侍御史杜莘老，言師中老而貪，士卒致怨，偏裨不服，臨敵恐誤國事，御史中丞、湖北·京西宣諭使汪澈亦言於帝，乃召之。尋以潭州觀察使、知襄陽府吳拱爲鄂州諸軍都統制。

79壬戌，徐嘉、張掄自盱眙還行在。

徐宗偃之在淮陰也，有宿遷孫一者自北來，言嘗爲金差往濱州充水手，曁逃歸而家屬已渡淮，偶相值于此。備陳海道曲折，謂舟船雖大且多，然皆松木平底，不可涉洋。水軍雖多，悉簽鄉夫，朝夕逃遁，一有警急，必致潰散，及有願募人往焚燒其舟船者。宗偃因條具邊防利便，遂併以其事白廟堂，附疾置以達，至奏邸，特空函耳。朝廷乃劄付仲偃，根究沿路盜拆。後數日，乃知遞過山陽城下，爲郡中竊匿，宗偃復條畫附嘉、掄以聞。

80 癸亥，金殺布薩師恭，以其黨於太后也。

先是金主使蕭圖喇等討契丹薩巴，（舊作撒八，今改。）連戰無功，既而薩巴聞師恭以大軍至，乃遁。師恭追之垂及，金主使師恭之子以傳逆之，至則戮于市。師恭臨刑，以繩枚塞口，但仰視天日而已。遂族滅之，并殺圖喇等。

81 己巳，起復慶遠軍節度使、主管侍衞馬軍司公事成閔充湖北、京西制置使，節制兩路軍馬。

82 金主分諸道兵爲神策、神威、神捷、神銳、神毅、神翼、神勇、神果、神略、神鋒、武勝、武定、武威、武安、武捷、武平、武成、武毅、武銳、武揚、武翼、武震、威定、威信、威勝、威捷、威烈、威毅、威震、威略、威果、威勇三十二軍，置都總管、副總管各一員，分隸左右領軍大都督及三道都統制府，置諸軍巡察使、副各一員。以太保、樞密使昂爲左領軍大都督，尚書右丞李通副之；尚書左丞赫舍哩（舊作紇石烈。）良弼爲右領軍大都督，判大宗正事富里琿（舊作烏延蒲盧渾。）副之；御史大夫圖克坦貞爲左監軍，同判大宗正事圖克坦永年爲右監軍：皆從金主出壽春。以工部尚書蘇保衡爲浙東道水道都統制，益都尹程嘉副之，由海道趨臨安；太原尹劉蕚爲漢南道行營都統制，濟南尹布薩烏哲（舊作烏者。）副之，進自蔡州；以河南尹圖克坦哈喜（舊作合喜。）爲西蜀道行營都統制，平陽尹張宗彦副之，由鳳翔取散關。【考異】金分置諸將，本紀載在九月，今從李通傳作八月。金主以昂爲舊將，使帥諸軍以從人望，實使通專其事。

遂宴諸將於尚書省，親授方略。金主曰：「太師梁王，連年南伐，淹延歲月。今舉兵必不如彼，遠則百日，近止旬月。惟爾將士，無以征行爲勞，戮力一心，以成大功，當厚加旌賞。其或弛慢，刑茲無赦。」以武勝、武平、武捷三軍爲前鋒，圖克坦貞將兵二萬入淮陰。金主恐糧運不繼，命諸軍渡江，無以僮僕從行，行者莫不嗟怨。

83 九月，庚午朔，命輔臣朝饗太廟。

辛未，宗祀徽宗皇帝於明堂，以配上帝。建王亞獻，嗣濮王士輵終獻，樂備而不作。初，禮官以行禮殿隘，欲祀五天帝于朶殿，五人帝于東西廂。太常少卿王普，言有熊氏乃聖祖之别號，因引皇祐故事，並升于明堂，各依其隅鋪設，五人帝在五（天）帝之左，稍退五官神位于東廂，皆遣官分獻。罷從祀諸神位，用元豐禮也。

先是權禮部侍郎金安節，以淵聖皇帝未祔廟，請宮廟皆以大臣攝事，權工部侍郎黄中請毋新幄帟，毋設四路，以節浮費，皆從之。

祭之日，用鹵簿萬一百有四十人。禮畢，宣制，赦天下。

84 癸酉，淵聖皇帝百日，上詣几筵殿行禮。

85 甲戌，金人至鳳州之黃牛堡。

先是統軍張中彥與其陝西都統完顏喀齊喀（喀齊喀，舊作合喜，洛索孫也。）將五千餘騎自鳳翔大散關入川界三十里，分爲三寨，至是游騎攻黃牛堡。守將李彥仙（堅）告急，四川宣撫使吳璘方受賀，卽肩輿上殺金坪，彥仙（堅）督官軍用神臂弓射敵，卻之。璘遣將官高崧爲之援，仍與本堡管隊官張操同力拒敵，遂扼大散關，深溝高壘以自固。璘駐青野原，顧謂其下曰：「金自守之兵，不足慮也。」益調內郡兵分道而進，面受方略。

時四川安撫制置使王剛中，被旨往軍前見璘計事，剛中乘皮輿，避矢石，人皆哂之。

86 辛巳，定江軍節度使、開府儀同三司田師中自鄂州至行在，乞奉祠，乃除萬壽觀使、奉朝請，以王繼先第賜之。

87 甲申夜，楚州刺探使臣荀道至臨淮之新店，遇銀牌金使，奪其所持革囊，歸以示通判徐宗偃。啓緘，乃金國御寶，封送泗州，令「謄錄關報本朝，催督稱賀使徐嚞、張掄于十月二十日以前須到得來；如敢依前不遣，自今以後，更不須遣使前來，當別有思度。」其言多指斥，宗偃不敢白，卽繳納轉運副使楊抗，而錄其副以達輔臣。

88 乙酉，詔：「劉錡、王權、李顯忠、戚方各隨地方措置沿淮三處河口，嚴爲隄備。」

先是錡亦檄權引兵迎敵，權受檄，與其姬妾泣別，又聲言犒軍，悉以舟載其家金幣泊新河爲遁計，築和州城居之。錡再檄權往壽春，權不聽命，以威脅江東轉運判官李若川固請于朝，乞留權守和州江面。錡又督行，權不得已，每三日遣一軍往廬州屯戍。

89 丁亥，四川宣撫使吳璘遣將彭清直至寶鷄渭河，夜，劫橋頭寨，勝之。

時金人集陝西諸路兵，分屯于隴州之方山原及秦州、鳳翔境，將分軍四川，與散關之兵掎角相應。璘乃命前軍統領劉海、同統領王中正、左軍統領賈士元，合所部三千人騎趣秦州。戊子，海受檄，卽引兵而出。

90 己丑，顯仁皇后大祥，帝服素紗巾，白羅袍，親行撤几筵之祭。百官常服黑帶，進名奉慰。

91 壬辰，樞密院請兩淮、京西、四川沿邊知州軍，各帶沿邊都巡檢使，庶可以專一措置邊事，從之。

92 浙西馬步軍副總管李寶，以舟師發明州關嶼。

93 忠翊郎、監盱眙軍淮河渡夏俊復泗州。

俊見金敗盟，遂有占泗州之意，寓居武功大夫張政者與其議，政聚衆，得百八十人。時守臣周淙退保在天長，俊等議定，陰備渡船，夜漏未盡，遂渡淮，未據西城，西城人覺知，皆稱願歸大宋。俊轉至城東，見汴口有空舟，取得六十餘航。金人所命知泗州富察徒穆、同知州大周仁聞之，率麾下數十騎棄東城遁走，俊入東城撫定。江淮制置使劉錡以俊知泗州。

94 癸巳，金人攻通化軍。

先是通未有守臣，鄂州都統制吳拱，以游奕軍統制張超權軍事。超纔入城，忽報金鐵騎數百入門，超閉譙門，令從者率邦人巷戰。金人死者數十，乃引去。

95 甲午，興州駐劄御前前軍統領劉海復秦州。

先是金州既破，金人徙城北山地，最徑險，守將蕭濟，素狎南軍，弗爲備。先是敵軍戍寨者三千，打糧傍郡，弱者守室，劉海引兵至城下，濟弗之覺也。海與左軍統領賈士元、統領王中正計曰：「秦城險而堅，未易拔也。今城守似怠，當以火攻之。」遂積薪縱火，烟蔽城寨，海因登焉。濟乃開門降，得糧十餘萬斛，遂以正將劉忠知州事。

96 是日，金主發自南京，詔：「皇后及太子光英居守，張浩、蕭玉、敬嗣暉留治省事。」臨發，后與光英挽衣號慟，金主亦泣下，曰：「吾行歸矣。」

97 乙未，金人攻信陽軍。

先是荆湖制置使成閔，遣中軍統制趙撙屯德安。撙至之五日，信陽告急，撙曰：「信陽雖小，實爲德安表裏，不可失也。」乃留游奕軍統制宋奕守德安府，自將所部騎赴之。敵騎徑去，侵蔣州。時江州都統制戚方在淮西，即引其兵南渡。

98 江、淮制置使劉錡，命楚州以海舟數十艘往淮陰軍前，分布守禦。時金軍已至清河口，地名桃源，錡猶在揚州，未發也。

99 鄂州諸軍都統制吳拱發兵戍襄陽者盡絕。時拱被朝命，襄陽或有變，不能自保，則令退守荆渚。拱以書遺大臣言：「荆南爲吳、蜀之門戶，襄陽爲荆州之藩籬，屏翰上流，號爲重地。若棄之不守，是自撤其藩籬也。況襄陽依山阻漢，沃壤千里，設若侵略，據山以爲巢穴，如人扼其咽喉，守其門戶，則荆州果得高枕而眠乎？若欲保守荆州，自合以襄陽爲捍守之計，當得軍馬一萬，使拱修置小寨，保護禦敵，營闢屯田，密行間探。」然議者謂：「拱言襄陽形勢雖善，而所謂修置小寨者，其意在於退守方山，而棄城不守，闔闢自固，而不以兵接戰也。」

先是御史中丞、湖北·京西宣諭使汪澈道出九江，右奉議郎、新通判湖州王炎見澈，談邊事，澈即辟炎爲屬，自鄂渚偕至襄陽撫諸軍。澈聞議者欲置襄陽而併力守荆南，亦奏襄陽重地，爲荆、楚門戶，不可棄，至是秋高，澈乃還鄂州以調兵食。既而拱至襄陽，首置南山寨，寨無水無薪，師徒勞役，時人不以爲便。

100 丙申，太白晝見。

101 權尚書工部侍郎黃中移禮部侍郎，司農少卿許尹權工部侍郎。

102 四川宣撫使吳璘遣將官曹洓復洮州。

先是金人所命知洮州阿林哲往北界軍前未還，璘至城下，其妻包氏率同知、昭武大將軍鄂囉延濟（舊作奧屯蟬只。）與官吏軍民來降，詔封包氏爲令人。既而阿林哲來歸，璘卽命同知洮州，賜姓趙氏。

103 戊戌，吳璘及四川安撫制置使王剛中，奏金兵入黃牛堡。詔：「金人無厭，背盟失信，軍馬已侵川界。今率精兵百萬，躬行天討，措置招諭事件，令三省、樞密院降敕榜曉諭。」

104 江、淮、浙西制置使劉錡發揚州。錡在揚州病，帝遣中使將醫往視。錡曰：「錡本無疾，但邊事如此，至今猶未決用兵。俟敵人來侵，然後使錡當之，旣失制敵之機，何以善後！此錡所以病也。」中使以奏，錡遂行，日發一舍。時錡已病甚，不能食，啜粥而已。

105 己亥，興州都統司後軍第二正將彭清、左軍第一副將張德破隴州。

清以是月乙未出師，遂進兵城下，擊之，克其城。守將奉國上將軍盧某，同知、昭武大將軍劉某，巷戰不勝，走涼樓不下，清積薪焚之，軍民乃降。四川宣撫使吳璘以清知隴州，尋令將軍談德守方山原，俾清引其兵赴鳳州軍前。德至良原縣，遇敵接戰，自卯至午，官軍不敵，遂潰而逃。初，德與其徒請兵出梁泉魚龍川，往攻方山原，清從之。既行，德乃改道經良原縣界，遂失利。清復引兵還方山原。

106 蘭州漢軍千戶王宏，殺其刺史、安遠大將軍溫敦烏頁舊作烏野，今改。以降。宏嘗爲秉義郎，後爲金人所獲，俾部押蘭州軍馬。宏聞南師克秦州，乃誘漢軍使，降人多從之，惟北官不聽。宏遂與其徒魯孝忠等率所部官合鬬，殺烏頁及鎭國上將軍、同知蘭州富察納等，將騎兵五百、步兵二百來歸。宣撫使吳璘，承制授宏武功大夫、知蘭州、統領熙河軍馬，孝忠秉義郎、同知蘭州。

107 金太子光英，頗警悟，嘗讀孝經，問人曰：「經言『三千之罪莫大於不孝』，何爲不孝？」對者曰：「今民家子博弈飲酒，不養父母，皆不孝也。」光英嘿然良久曰：「此豈足爲不孝耶！」蓋指言金主弒太后事也。

108 金將士自軍中亡歸者相屬於道。哈斯罕舊作曷蘇館，今改。明安福壽、東京穆昆舊作謀克，今改。金珠舊作金住，今改。始授甲於大名，卽舉部亡歸，從者衆至萬餘，皆公言於路曰：「我輩今往東京立新天子矣。」

續資治通鑑卷第一百三十五

賜進士及第兵部尚書兼都察院右都御史總督湖北湖南等處地方軍務兼理糧餉世襲二等輕車都尉畢沅編集

宋紀一百三十五 起重光大荒落（辛巳）十月，盡十二月，凡三月。

高宗受命中興全功至德聖神武文昭仁憲孝皇帝

紹興三十一年金大定元年。（辛巳、一一六一）

1冬，十月，詔曰：「朕履運中微，遭家多難。八陵廢祀，可勝抔土之悲；二帝蒙塵，莫贖終天之痛。皇族尙淪於沙漠，神京猶陷于草萊，銜恨何窮，待時而動。未免屈身而事小，庶期通好以弭兵。屬強敵之無厭，曾信盟之弗顧，怙其篡奪之惡，濟以貪殘之凶，流毒徧於陬隅，視民幾于草芥。赤地千里，謂暴虐爲無傷；蒼天九重，以高明爲可侮。輒因賀使，公肆嫚言，指求將相之臣，坐索漢、淮之壤。皆朕威不足以震疊，德不足以綏懷，負爾萬邦，于茲三紀，撫心自悼，流涕無從。方將躬縞素以啓行，率貔貅而薄伐，取細柳勞軍之制，攷澶淵卻敵之規。詔旨未頒，歡聲四起。歲星臨於吳分，冀成淝水之勳；鬭士倍於晉師，當決韓原之勝。尚賴股肱爪牙之士，文武大小之臣，戮力一心，捐軀報國，共雪侵淩之恥，各肩恢復之圖。播告遐邇，明知朕意。」

[2]四川宣撫使吳璘以檄告契丹、西夏、高麗、渤海、達勒達（舊作達達。）諸國及河北、河東、陝西、京東、河南等路官吏軍民。

[3]江、淮制置使劉錡至盱眙軍。

[4]浙西副總管李寶以舟師至東海縣。

先是魏勝既得海州，久之，官軍不至，城中之人始知其無援，然業已背金，不敢有貳心。勝懼，乃推寶之子承節郎公佐領州事，自出募兵，得數千人，往攻沂州。有女直萬戶之妻王夫人者，陽引兵避之；勝入城，遇伏，與戰，大敗，僅以身免。勝復還海州，金兵圍之。寶聞，麾兵登岸，以劍畫地曰：「此敵界，非復吾境，當力戰。」因握槊前行，接敵奮擊，士無不一當十。金人驚出意外，亟引去，於是勝出城迎寶。寶維舟犒士，遣辯者四出招納降附。時山東豪傑開趙、明椿、劉昇、李機、李仔、鄭雲等，各以義旗聚衆。趙與耿京所部軍馬（馬軍）將王世隆合共攻城陽軍。城陽軍者，密州之莒縣，陷後改焉。趙等聞寶來，遣使至軍前納款，寶以爲修武郎。會金人自汴州遣五百騎至城陽軍解圍，趙等散去，世隆以其軍屯日照縣境。寶舟至膠西縣，遣提舉一行事務曹陽佯借民馬，與小吏徐堅往迎之，世隆以其衆降。後數日，開趙亦至。寶以世隆、趙並爲山後都統制，以待官軍進攻，且爲聲援。

5辛丑，金人自渦口繫橋渡淮。

先是池州都統制李顯忠，提兵在壽春、安豐之間，欲回軍廬州，徐觀其變。至謝步，諜報敵自正陽渡淮矣，參議官劉光輔曰：「若欲尋戰地，豈可退卻！宜據形勢之地，結壘以待之。見利則進，策之上也。」顯忠從之，得低山深林，可以設伏；顯忠率心腹百餘騎，轉山取路。敵直掩顯忠之背，顯忠覺之，率諸將邀截，獲數人。俄聞敵大至，遂自峽山路渡大江以歸。顯忠軍中有中侍大夫至小使臣官告付身僅二十道，是役也，書塡悉盡，中侍大夫王光輔及統制官孔福等受之。

6癸卯，少保、四川宣撫使吳璘兼陝西、河東招討使，太尉、江·淮·浙西制置使劉錡兼京東、河北東路招討使，起復寧遠軍節度使、主管侍衞馬軍司公事、湖北·京西制置使成閔兼京西、河北西路招討使。

7金主至安豐軍，又破蔣州。

8祕閣修撰、淮南等路制置使司參議官陳棆，直敷文閣、荆湖北路轉運副使李植，並兼逐路招討司隨軍轉運副使，應辦劉錡、成閔軍錢糧。

9乙巳，劉錡自盱眙軍引兵次淮陰縣，留中軍統制劉汜、左軍統制員琦守盱眙。

時金人將自清河口放船入淮，錡列諸軍于運河岸以扼之，數十里不斷，望之如錦繡。金人以鐵騎列于淮之北，望之如銀。

10右文林郎曹伯達，改右宣議郎。

伯達初權知虹縣簿，焚金詔不拜，事見十年五月。上命改京秩，秦檜抑之不行。至是自陳而有是命。

11丙午，金人立其東京留守曹國公褒爲皇帝。

時金人困於虐政，洶洶欲爲變。完顏默音舊作謀衍，今改。詢以擁立留守，衆皆曰：「是太祖之孫，當立。」於是入府求見。褒纔出，則庭下悉呼萬歲，遂即位。丁未，改元大定，大赦。數前主過惡，弒皇太后圖克坦（舊作徒單。）氏，殺太宗及宗翰、宗弼子孫及宗本諸王，毀上京宮殿，殺遼豫王、宋天水郡公子孫等數十事。以完顏默音爲右副元帥，高忠建爲元帥左監軍，完顏福壽爲右監軍。

12（戊申），三省、樞密院奏招納歸附正人賞格：應接納金人萬戶或蕃軍千人者，補武翼郎，下至蕃軍五人、漢軍十人者，補進勇副尉，凡十等。如蕃、漢簽軍自能歸附者，並優補官資。有官人優加陞轉，仍不次擢用。降黃榜曉諭。

13金主亮率師渡淮。是夜，漏下二鼓，王權自廬州引兵遁，屯昭關。

初，金主亮在壽春，欲渡淮，繫浮橋已成。邏者獲權軍擺鋪數人，中有一曹司，金主亮見之，問權所在，曹司曰：「在廬州。」又問：「有兵幾何？」曰：「五萬。」金主亮曰：「是也，吾知之矣。」乃以金十餘兩遺曹司，且令附書與權。

權聞金已渡淮，遂自廬州退兵，沿路作虛寨以疑敵。有游騎爲權軍所執，權與之酒，問其虛實，有都壕寨者曰：「大金起兵六十萬，以十萬出清河口，不戰，但爲疑兵以當淮東之軍；以二十萬分往西京，三十萬隨國主來，其十萬人出戰，十萬人護駕，十萬人奪淮渡江。」權曰：「不可當也，宜引避之。」遂退保和州。

14 己酉，金主褒以新立，饗將士，賜官賞各有差，仍給復三年。會尚書省請以從軍來者補諸局承應人及官吏闕員，金主曰：「舊人南征者卽還，何以處之？必不可闕者，量用新人可也。」

15 庚戌，直祕閣、知廬州、主管淮西安撫司公事龔濤棄城走。

時諜報敵兵至北門外二十里，濤聲言將本州人馬往無爲軍等處措置捍禦，委修武郎、添差本州駐泊兵馬都監楊春權州事。

16 辛亥，江淮制置使劉錡，令淮東副總管張榮選所部戰船六十五艘，民兵千人，赴淮陰軍前使喚。

先是有詔調淮東丁壯萬人付榮，於射陽湖等處緩急保聚。時淮東遭水災，民多乏食，錡請日給民兵錢米及借補首領官資以爲激勸，而轉運使楊抗令榮分其兵之半歸農，半給錢米。至是調赴軍前者，皆潰逸不歸，榮卒不能軍。

17 金人破滁州。

初，金主亮既渡淮，令萬戶蕭琦以十萬騎自花靨鎭由定遠縣取滁陽路至揚州。琦至藕塘，駐軍數日，先以百餘騎攻清流關，南軍無與敵者。又二日，遂長驅入關，直抵滁州，右朝奉大夫、知州事陸廉棄城去。金兵所過，皆不殺掠，或見人，則善諭之使各安業。有軍人遺火焚民居草屋一間者，立斬之，乃揭榜以令過軍。

初，淮南轉運副使楊抗，令州縣鄉村臨驛路十里置一烽火臺，其下積草數千束；又令鄉民各置長槍，催督嚴切，人甚苦之。至是金入滁州界，方以乏馬芻爲患，而所得積草甚衆，又鄉民皆棄槍而去，盡爲金人所取。琦之深入也，每過險阻，憂必有備，至則全無守禦，如蹈無人之境，金甚笑其失計焉。

18 壬子，皇子寧國軍節度使、開府儀同三司建王瑋爲鎭南節度使，以明堂恩也。

19 江淮制置使劉錡得金字牌，遞報淮西敵勢甚盛，令錡退軍備江。時錡在淮陰，與金人隔淮相持已數日。至是清河口有一小舟順流而下，錡使人邀取之，有粟數囊而已。錡曰：

此探水勢者也。」俄頃，金人各抱草一束作馬頭以過舟，舟約數百艘，有載糧往濠州者，有載激犒之楚州、揚州者，泝流牽挽，其勢甚速。錡募善沒者鑿舟沈之，金人大驚。

先是淮南轉運副使楊抗，聚民爲水寨，以土豪胡深充都統領。抗在淮陰，見錡與金人相持，自言欲守水寨，且催督錢糧，應副大軍，乃棄其軍而去，遂渡江，居江陰軍。

20 癸丑，金人圍廬州，修武郎、添差兵馬都監、權州事楊春，勒兵乘勢突陣以出，過中派河，率鄉兵守焦湖水寨。

21 甲寅，劉錡遣兵渡淮，與金人戰。

先是錡遣前司策應右軍統制王剛等間以兵數百渡淮，金人退卻，官軍小勝。既而金人悉衆來戰，錡不遣援，節次戰沒者以千數；至是又遣刀斧手千人渡淮，或進或卻，以退無歸路，死者什七八。

22 金主亮至廬州城北之五里，築土城居之，道獲白兔，語李通曰：「武王白魚之兆也。」

【考異】金史本紀作白鹿，今從李通傳。

23 江州都統司將官張寶復入蘄州。

蘄州既爲金人所破，倣〔詔〕戚方措置收復。金聞南軍且至，遂退去。

24 金人侵樊城。

先是都統制吳拱至襄陽，欲屯萬山小寨，或襄陽失利則西入蜀，諸軍皆洶洶不定。時荆南軍新創，金將劉蕚擁衆十萬，揚聲欲取荆南，又欲分軍自光、黄擣武昌。朝廷以金昔嘗由此入江西，慮搖根本，令拱遣兵護武昌一帶津渡。拱將引兵回鄂，宣諭使汪澈聞之，馳書止拱，而自發鄂之餘兵進戍黄州。拱還襄陽，嘗褊躁不自已。會劉蕚取通化軍，前一夕，牛首鎮莊家三人縋城入襄陽，告以金人且至，拱疑之，不爲備。翼日，金騎三千忽至樊城，欲奪浮橋，徑至城下。自講好後，樊城不修築，多缺壞，副將翟貴，部將王進，時以兵二百戍焉。統制官張順通，以百騎巡邏，與敵遇，擊之。會繫浮橋未成，敵不得濟。二將引兵出戰，拱登城，漸出兵禦之，敵少卻。金人三卻至竹林下，鐵騎突出，官兵遂敗。拱以四舟渡師助之，阻風不至，二將俱死，士卒半掩入水中。至晚，金兵退。是役也，以大捷聞；武功大夫張平未嘗出兵，亦以奇功遷中衛大夫。軍中謂之「樊城功賞」。

25 乙卯，命學士院撰祝文，具述國家與金和二十餘年，備存載書，今無故渝盟，師出誠非得已之意，以告天地、宗廟、社稷、諸陵及岳瀆諸神。

26 江淮制置使劉錡聞王權敗，乃自淮陰引兵歸揚州。淮甸之人，初恃錡以爲安，及聞退軍，倉卒流離於道，死者什六七。

錡之未退也，檄淮東副總管張榮以所部人船盡赴淮陰。是日，榮被檄即發泰州，至楚州則大軍已退，其所統民兵皆驚潰。榮收散亡僅千人，至邵伯埭，決運河水入湖以自保焉。

27 金主亮入廬州，召城外被擄百姓數十人，親自拊循，使之歸業，人賜銀十兩。

28 興元府都統制姚仲，遣忠義統領王俊率官兵義士至盩厔縣，遇金人于東洛谷口，破之。

29 侍衛步軍司右軍統制邵宏淵，以左右二軍至眞州。

30 金州都統制王彥，遣統制官任天錫、郭謀等領精兵出洵陽，至商州豐陽縣，克之。

31 侍衛馬軍司中軍統制趙撙，引兵至蔣州。

先是江州都統制戚方，奏以武德大夫、本司副將張存權知蔣州，以所部三百守之。撙既至，以本軍將官蘭秉義權知州事，存力爭，不聽，遂與其衆之沙窩。

32 左武大夫、建康府駐劄、御前破敵軍統制姚興，與金人戰于尉子橋，死之。

先是王權既屯昭關，將士猶有欲戰之心。權引兵先遁，金以鐵騎追及尉子橋，興以所部三千人力戰。權置酒僊山上，以刀斧自衞，殊不援興。自辰至申，興出入三四，殺敵數百。統制官戴臯下道避敵，敵遂假立權幟以誘，興奮入，與其徒拱衞大夫、忠州防禦使鄭通等五十人俱陷，死之。事平，贈興容州觀察使，卽其地立廟。

33 中書舍人、權直學士院虞允文，聞王權至濡須，知事急，度權與劉錡必俱退，遂率侍從數人同見輔臣，言權退師，已臨江口，必敗國事。尚書右僕射朱倬、參知政事楊椿皆曰：「權自言退師以導敵深入，身當其衝，令步軍司左軍統制邵宏淵出其右，池州都統制李顯忠出其左，夾攻之。」允文等力辯其不然，且言權爲走計，倬等猶以爲不然。丁巳，果得王權敗歸報，中外大震。

帝召太傅和義郡王楊存中，同宰執對于內殿。帝諭以欲散百官浮海避敵，左僕射陳康伯曰：「不可。」存中言：「敵空國遠來，已臨淮甸，此正賢知馳騖不足之時，願率將士北首死敵。」帝喜，遂定親征之議。

34 少保、奉國軍節度使、四川宣撫使吳璘，封成國公，以明堂恩也。

35 閤門宣贊舍人、知均州武鉅，遣總轄民兵荀琛、將官李元等領兵進取，右奉議郎、知房州司馬倬，遣鄉兵二千爲援，且濟其軍食。琛等復鄧州。

36 金主褒出東京內府之器物金銀贍軍吏。

37 戊午，知樞密院事葉義問督視江、淮軍馬；中書舍人兼直學士院虞允文參謀軍事；樞密院檢詳諸房文字洪邁，祕書省校書郎馮方，並參議軍事。

38 權禮部侍郎黃中，請爲欽宗作主祔廟，從之。

39 侍衛步軍司左軍統制邵宏淵，及金統軍蕭琦戰于眞州胥浦橋西。琦自滁州引兵至瓦梁，扼滁河不得渡，執鄉民毆大者問之。大以紹興十一年韓世忠以數百騎往定遠縣，虛驚而回，至瓦梁，盡毀民居以爲浮橋，恐金人效之，乃答以有路，自竹岡鎭可徑至六合縣，琦從之，俾爲鄉導，遂迂路半日，故六合居人皆得逃去。

宏淵在眞州，方飲酒，有報金人且至者，亟率衆，相遇于胥浦橋。宏淵命將官三人拒于橋上，金人弓矢如雨，我師多死。城中老弱皆竄避，惟守家強壯猶登城以觀。正爭橋間，敵實草以渡河，三將皆死。宏淵率親隨軍入城，掩關以拒，軍民皆奔江上，得舟渡江以免。宏淵毀閘板，退屯于揚子橋，眞州遂破。金人得城不入，徑自山路攻揚州。

40 江淮制置使劉錡軍還至邵伯埭，聞金攻眞州，疑揚州已不守，未敢發。會探者報揚州城上旗幟猶是官軍，錡曰：「眞州雖失，揚州猶爲國家守，當速進。」乃自北門入，見安撫使劉澤。澤以城不可守，勸錡退屯瓜洲，錡令諸軍憩歇，徐圖所向。

41 金州統制官任天錫復商洛縣。

42 己未，鑄樞密行府之印。

43 詔翰林學士何傅（溥）祠馬祖，又命招討使禡祭于軍中。

44 侍衛馬軍司中軍統制趙撙，引兵渡淮，攻蔡州。撙在信陽軍，聞金人已至淮右，曰：「此可以進兵擣其虛矣。」遂行。

45 金州統制官任天錫等復商州，獲其守將昭毅大將軍完顏守能；同知州、武騎尉馬彥降。

時關陝空虛，華州密邇商、鄧，人心驚搖，金所命蒲城令與尉皆遁去。丞喬扆召耆老告之曰：「事勢若此，南軍且至，爾等何以禦之？」皆曰：「有降而已。」扆曰：「卽偏師至，南軍奔潰不暇，從之而去者死於蹂躪；其不能出者，責以背叛，孥戮之。莫若一心固守，此萬全策也。」既而有謀翻城內附者，扆執而戮之，衆乃止。

46 庚申，太傅、寧遠軍節度使、醴泉觀使和義郡王楊存中爲御營宿衞使。

初，王權之未敗也，權禮部侍郎黃中爲帝言：「淮西將士不用命，請擇大臣督諸軍。」至是又率同列言存中不可遣，狀甚力，不聽。

47 趙撙破褒信縣。

48 建康府都統制王權，自和州遁歸。

權聞敵且至，紿其衆曰：「已得旨，棄城守江矣。」遂引兵登車船渡江，屯于東采石。

49 金人入和州。

初，金兵至近郊，猶未知王權棄軍而歸也。後軍統制韓霖最後出城，乃縱火，城中喧亂，金人聞之曰：「南軍遁矣！」遂進兵入城。城中糗糧、器械，並委於路。敵勢奔突，軍民自相蹂踐及爭渡溺死者，莫知其數。將士憤怒號呼，指船詬詈，皆以權不戰誤國爲言。統制官時俊殿後，以弩伏道傍，敵騎稍止。潰兵往往棄甲，抱蘆葦浮江而渡，得生者什四五。

50 壬戌，詔以金人背盟好，勞我將士，蒙犯矢石，自今月二十四日，當避正殿，減常膳。

51 尚書戶部侍郎劉岑兼御營隨軍都轉運使，先往沿江措置。寧國軍節度使、池州駐劄御前諸軍都統制李顯忠爲御營先鋒都統制，隨州觀察使、主管侍衛步軍司公事李捧爲前軍都統制，右武大夫、高州刺史苗定爲右軍統制，武經郎、閤門宣贊舍人、殿前司摧鋒軍統制郭振爲左軍統制，翊衛大夫、利州觀察使劉銳爲中軍統制，仍命顯忠屯蕪湖以扼裕溪口之衝，且爲王權聲援。

捧嘗請斷吳江橋以扼金，或又欲塹常熟之福山以斷其騎軍，徽猷閣直學士、知平江府洪遵曰：「審爾，是棄吳以西邪？」凡堂帖、監司符移，皆收不行。

52 成忠郎、閤門祗候、東南第二副將都遇知濠州。召降授武顯大夫、吉州刺史、知濠州劉光時還行在。時州已不守，光時寓治橫間〔澗〕山寨。

53 殿中侍御史杜莘老，請令勳臣、戚里、內侍之家，獻家財以助國，仍加優賞，從之。

54 資政殿學士、知建康府張燾始至視事。先是建康居民驚移而去者十五六，及燾至，人情稍安。

55 侍衛馬軍司中軍統制趙撙至新蔡縣。金人所命令佐率衆迎敵，撙一鼓破之。

56 江、淮、浙西等路制置使劉錡，退軍瓜洲鎮。金破揚州。

初，邵宏淵既失利，金人徑攻揚州，屯于平山堂下。宏淵亦退在揚子橋南，毀閘板而渡，揚州軍民皆傾城而奔。錡乃退軍，自南門外拆民屋，（爲）浮橋，諸軍過絕，即毀橋，由東門而去。守臣武功大夫、榮州刺史劉澤亦奔泰州，往通州渡江，入平江府。

57 金主褒以前臨潢尹完顏晏爲左丞相。旋以詔諭南京太傅、尚書令張浩。

58 癸亥，詔侍從百官更互赴行在所供職。先令翰林學士何溥、吏部侍郎凌景夏、張運、給舍金安節、劉珙、臺諫梁仲敏、杜莘老、吳芾、禮官王普、尚書郎徐度、薛良朋、余時言、柳大節、姚寬從行，仍命景夏等分攝六曹職事。時權兵部侍郎陳俊卿措置海道，而戶部侍郎劉岑、中書舍人虞允文先往建康，從官兩省留臨安者，惟汪應辰、徐嘉、黃中、路彬、許尹、唐文若六人而已。寬，舜明子也。

始，有司辨嚴，用紹興七年故事。杜莘老爲帝言：「今親征與曩日事異，宜皆從簡以幸所過郡縣。」帝曰：「此行中宮及內人不往，止與建王行，欲令徧識諸將耳。」乃命王府直講史浩從行。自金人侵攻江、淮，一時宿將，莫不震怖惕息，獨王處之恬然不懼，廷臣有奏請王爲元帥者。及扈行，邊遽日至，王預料某所可守，某所可攻，某人可用，後率如所言。

59 王權自采石夜還建康，既而復如采石。時金主亮率大軍臨西采石楊林渡已數日，權與左朝請大夫、知太平州王傳，猶庇匿不以聞；州學諭汪餘慶與教授蔣繼周同往見傳責之，傳氣奪，一日發八奏。初奏言金人已攻采石而不言東西，朝廷大驚，三省、樞密院吏皆挈家出，都人驚疑不可止。次報金人已到楊林而不言楊林渡，朝廷莫知其在江之南北，益懼；因遣人于閭巷間求當塗、歷陽人，問楊林所在，夜二鼓，乃得一士人，言楊林，西采石之渡口也，于是驚疑稍定。

60 甲子，特進、提舉江州太平興國宮和國公張浚，復觀文殿大學士，判潭州；左大中大夫、提舉臨安府洞霄宮湯鵬舉，復資政殿學士，知太平州。

61 趙撙下平興縣。

62 忠義統領柳萬克伏羌城。

63 右武大夫、興州前軍統制兼主管中軍軍馬吳挺，邵州防禦使、知文州、節制軍馬向起，敗金人于德順軍之治平寨。

先是金遣兵之涇原，宣撫招討使吳璘，命起、挺率所部捍禦，過德順，遇金游騎二千餘與官軍接，遂駐于治平。統領官劉海，將官曹建，以數百騎掩擊之，斬其將潑察，生俘數百人，入其郭，金恐，乃得去。宣撫司第賞，首先出陣破敵者爲奇功，進官四等，其下各有差。挺，璘之子也。

64金主褒遣伊喇扎巴舊作移剌札八，今改。招契丹部耶律斡〔斡〕罕。舊作窩斡，今改。

65乙丑，鎮江府左軍統領員琦，及金人戰于揚州皁角林，敗之。

初，金人既得揚州，卽遣兵逐劉錡，與南軍相尾。至是全軍來爭瓜洲渡，錡命統制官賈和仲、吳超等拒之于皁角林。琦陷重圍，下馬死戰數十合。中軍第四將王佐以步卒百有四人往林中設伏，金兵既入，強弩俄發。金人以運河岸狹，非騎兵之利，稍引去，遂大敗之，斬統軍高景山，俘數百人。

時諸處以捷旗報行在者絡繹于道，市人語曰：「日聞報捷可喜；但一報近如一報亦可憂。」

督視軍馬葉義問讀錡捷報，至金兵又添生兵，顧謂侍吏曰：「生兵是何物？」聞者皆笑。當時謂之「兔園樞密」。

66丙寅，浙西馬步軍副總管李寶，與金舟師遇于密州膠西縣陳家島，大敗之。

初，金主亮用降人倪詢、商簡、梁三兒等計，造戰船數百，使工部尚書蘇保衡等統之，約以十月十八日至海門山，入錢塘江，事畢，來江上迎報。

金舟泊唐家島，寶舟泊石臼山，相距三十餘里，而北風日起，寶憂之。有大漢軍水手數百來降，大漢軍，所簽上等戶也，皆富豪子弟，寶問之，得北軍事實。裨將曹洋請逆戰，知朐山縣高傚曰：「不可。彼衆我寡，宜避之。」洋曰：「彼雖衆，皆不諳海道。且降人云女直在船中惟匍匐而睡，略不能動，雖衆何爲！況我深入至此，前逆大敵，欲退，其可得乎！」寶伺金人未覺，遣洋與裨將黃端禱于石臼神祈風，夜漏將盡起碇，南風漸應，衆喜，爭奮。俄頃，薄敵船，鼓聲震疊，金人失措。金帆皆以油纈爲之，舒張如錦繡，綿亘數里，忽爲波濤卷聚一隅，窘蹙無復行次。船中有火起者，寶命以火箭射之，著其油帆，烟焰隨發，延燒數百艘。火不及者猶前拒，寶進軍躍登其舟，短兵擊刺，殪之舟中，其簽軍脫甲而降者三千餘人。獲其副都統、驃騎上將軍、益都府總管完顏正嘉努（舊作鄭家奴。）等五人，斬之。保衡舟未發，亟引去；獲倪詢等三人及金詔書印記，與器甲、糧斛以萬計。

67 江淮制置使劉錡，在瓜洲四日，無日不戰。錡恐人心不固，乃遣人自鎭江取妻子以安人心。至是有詔令錡專防江上。會錡病已劇，遂肩輿渡江，留其從子中軍統制官汜，以千五百人塞瓜洲渡。

68 知均州武鉅，遣將與忠義軍復盧氏縣。侍衞馬軍司中軍統制趙撙，出金人不意，於宿草間乘風縱火，鼓噪而進，金兵披靡。撙率親兵衝擊，斬其總管楊寓，遂整衆入城，秋毫無犯。宣諭使汪澈以撙提舉諸軍。

先是朝命湖北、京西制置使成閔統諸軍爲王權之援，武昌令薛季宣獻策於汪澈，謂：

「閔軍已得蔡，有破竹之勢，宜守便宜勿遣，令閔乘虛下潁昌，趨汴京，金人內顧，必驚潰。」澈不果用。

69丁卯，詔：「蔡京、童貫、岳飛、張憲子孫家屬見拘管州軍，並放令逐便。」用中書門下省請也。於是飛妻季〔李〕氏與其子霖等皆得生還焉。

70知樞密院事葉義問至鎮江，權立行府。

中書舍人兼參謀軍事虞允文，見太尉劉錡，問兵敗狀，錡曰：「錡當上還制置、招討二印耳。」允文曰：「國事如此，公持是印欲安所歸乎？」錡慚不能答。

71金州統制官任天錫，自商州遣兵會虢州忠義首領辛傅等取朱陽縣，降其知縣事、奉議大夫劉楫、商洛都監、供奉班祗應王元賓，俘女直九人。

72初，金主褎既立，遣通事蕭恭持赦詔撫定州縣。及中都，權留守拒而不從，恭立誅之，大興尹李天言懼而聽命。於是自黃河以北皆下之。

左丞相張浩自汴京錄赦詔，馳以報金主亮，亮歎曰：「朕欲俟江南平，復取一戎衣大定之義以紀元，是子乃先我乎！」即遣右議軍郭瑞孫回衆還攻，令盡誅黃河以北之叛己者。

73十一月，己巳朔，詔：「樞密院招效用二千人，令忠銳第五將張耘措置。」

74是日，金州統制官任天錫攻虢州。金守臣蕭信迎敵不勝，遁去，遂復虢州。

75 知樞密院事葉義問在鎮江，得知建康府張燾狀，言金人侵采石爲渡江計，勢甚危，乞急保江、淮。時制置使劉錡還屯鎮江，病已劇。義問乘大舟，以二校執器械，立馬門左右，至鎮江，聞瓜洲軍與金人相持，惶遽失措。時江水低淺，沙洲皆露，義問役民夫掘沙爲溝，深尺許，沿溝栽木枝爲鹿角數重，曰：「金人若渡江，姑此障之。」鄉民執役，且笑曰：「樞密肉食者，其識見乃不逮我輩食糠籺人。」一夜潮生，沙溝悉平，木枝皆流去矣。會建康告急，義問乃遵陸而進。

76 金主褒以左丞相晏兼都元帥。辛未，以尚書李石參知政事。

77 壬申，觀文殿大學士、新判潭州張浚，改判建康府兼行宮留守。召資政殿學士、知建康府張燾赴行在。

78 寧國軍節度使、池州駐劄御前諸軍都統制李顯忠爲建康府駐劄御前諸軍都統制，親衞大夫、常德軍承宣使、侍衞步軍司右軍統制邵宏淵爲池州駐劄御前諸軍都統制。

79 詔：「進納授官人，並損其直十分之二，與免銓試，仍作上書獻策名目，理爲官戶，永不衝改。」自下鬻爵令半年，願就初品文階者纔一人，言者請損其直以招來之。

80 鎮江府中軍統制劉汜，及金人戰于瓜洲鎮，敗績。時金人以重兵擣瓜洲，權都統制李橫引諸軍迎戰。葉義問督鎮江駐劄後軍渡江，衆皆以爲不可，義問強之。未著北岸，義問懼怯見于顏色，卽令向西去，曰：「欲往建康府催諸軍起發。」市人皆媟罵之。汜提本部兵先走，諸軍皆不進。横以孤軍不可當，亦遁，失其都統制印。金人鐵騎掩至江上，左軍統制魏俊，後軍統制王方，戰死柳林中，皆金瘡被體。汜性驕惰，不習軍事，至是卒敗。

義問離鎭江三十里，至下蜀鎭，有急遞云：「官軍敗退，瓜洲渡爲金人所據。」義問大驚，問：「山路可通浙東否？」諸將皆喧沸曰：「樞密不可回，回則不測。」左右亦懼，乃請義問速趨建康。

81 江州右軍統制李貴引兵至潁河，焚金人糧舟，獲金帛甚衆，遂進攻潁昌。

82 金人以百騎至無爲軍，左朝奉大夫、知軍事韓髦先遁去，井邑悉爲惡少所爇。

83 癸酉，淮寧陳亨祖執金同知陳州完顏耶嚕，（舊作耶魯。）以城來歸。亨祖，州大豪也，詔以爲武翼大夫、忠州刺史、知淮寧府。

84 侍衞馬軍司中軍統制官趙撙，去蔡州以援成閔，留從義郎、鄂州駐劄御前軍正將李詢知州事。詢，蔡州人也。於是金人所命刺史蕭懋德，復入城據之。

85 甲戌，罷王權赴行在，以李顯忠代之。命中書舍人、參謀軍事虞允文往蕪湖，趣顯忠交權軍，且犒師采石。

時知建康府張燾，至府纔十餘日，夜漏下二鼓，允文扣府門求見曰：「此何時，而公欲安寢乎？」燾曰：「日來人情洶洶，太守不鎮之以靜，必不安。雖然，舍人何以見教？」允文曰：「諜者言敵以明日渡江，約晨炊玉麟堂，公何以策之？」曰：「燾以死守留鑰，遑卹其他！舍人平日以名節自任，正當建奇功以安社稷。」允文曰：「此允文之素志，特決公一言耳。」

先是金主亮爲內變所撓，自將細軍駐和州之鷄籠山，用內侍梁漢臣議，將自采石濟。乃攜千餘騎謁西楚霸王祠，歎曰：「如此英雄，不得天下，誠可惜也！」

86 乙亥，金主亮臨江築壇，刑白、黑馬各一以祭天，以一羊一豕投於江中，召都督昂、副都督富里琿（舊作蒲盧渾。）謂之曰：「舟楫已具，可以濟江矣。」富里琿曰：「臣觀宋舟甚大，我舟小而行遲，恐不可濟。」金主亮怒曰：「爾昔從梁王追趙構入海，豈皆大舟耶？明日汝與昂先濟！」昂聞欲令之渡江，悲懼，欲亡去。及暮，金主亮遣人諭之曰：「前言，一時之怒耳，不令先過江也。」

87 丙子，中書舍人、督視江淮軍馬府參謀軍事虞允文，督舟師敗金兵于東采石。

允文未至采石十餘里，聞鼓聲振野。允文見官軍十十五五坐路傍者，問之，衆曰：「王節使在淮西聲鼓，令棄馬渡江。我曹皆騎士，今已無馬，我曹不解步戰也。」

從者皆勸允文還建康，曰：「事勢至此，皆爲他人壞之。且督府直委公犒師耳，非委督戰也，柰何代人任責！」允文不聽，策馬至采石，趨水濱，望江北敵營，不見其後，而權餘兵才萬八千人，馬數百而已。

金主亮遣武平軍都總管阿林、舊作阿隣，今改。武捷軍副總管阿薩舊作阿撒，今改。率舟師先濟，宿直將軍溫都沃喇、舊作奥刺，今改。國子司業梁欽等皆從戰。金主亮登高臺，張黃蓋，被金甲以觀戰。

南師已爲遁計，允文召其統制張振、王琪、時俊、戴皋、盛新等與語，謂之曰：「敵萬一得濟，汝輩走亦何之？今前控大江，地利在我，孰若死中求生！且朝廷養汝輩三十年，顧不能一戰報國！」衆曰：「豈不欲戰，誰主者？」允文曰：「汝輩止坐王權之繆至此，今朝廷已別選將將此軍矣。」衆愕立曰：「誰也？」允文曰：「李顯忠。」衆皆曰：「得人矣！」允文曰：「今顯忠未至而敵已過江，我當身先進死，與諸軍戮力決一戰。且朝廷出內帑金帛九百萬緡，給節度、承宣、觀察使告身皆在此，有功卽發帑賞之，書告授之。」衆皆曰：「今既有主，請爲舍人一戰。」允文卽與俊等謀，整步騎陣於江岸，而以海鰍及戰船載兵駐中流擊之。時水軍將蔡甲、韓乙各有戰艦，皆唯唯不動，乃急命當塗民兵登海鰍船踏車。軍人說諭民兵曰：「此是必死之地，若齊心求生，萬一有得歸之理。」民兵皆然之。

布陣始畢，風大作。金主亮自執小紅旗，麾舟自楊林口尾尾相銜而出。金所用舟，皆撤和州民居屋板以造，及掠江兵渡舟，舟中之指可掬。敵始謂采石無兵，且諸將盡伏山崦，未之覺也，一見，大驚，欲退不可。敵舟將及岸，南軍小卻。允文往來行間，顧見時俊，撫其背曰：「汝膽略聞四方，今立陣後，則兒女子耳。」俊回顧曰：「舍人在此。」即手揮雙長刀出陣。江風忽止，南軍以海鰍船衝敵舟，舟分爲二。南軍呼曰：「王師勝矣！」遂併擊金人。金人所用舟，底闊如箱，行動不穩，且不諳江道，皆不能動，其能施弓箭者，每舟十數人而已，遂盡死於江中。有一舟漂流至薛家灣。薛家灣者，采石之下數里，有王琪軍在焉，以勁弓齊射，舟不得著岸，舟中之人往往綴屍於板而死。是役也，戰艦終不出，允文追蔡、韓二將，各鞭之百。【考異】員興宗九華集有克敵記，宋人又有瓜洲斃亮記，稱采石之功，未免失之誇詡。北盟會編謂金人以十七舟試江，僅鑿沒其二舟，又屬妒功者之言，不足信也。金人銳意渡江，使無允文禦之，則長驅直入矣。至金史伊喇子敬傳以爲宋人虛詞，尤不足據。金士卒不死於江者，金主亮悉敲殺之，怒其舟不能出江也。

初，金主亮問：「頃年梁王何以得渡江？」或答曰：「梁王自馬家渡過江，江之南雖有兵，望見我軍即奔走，船既著岸，已無一人一騎。」金主亮曰：「吾渡江亦猶是矣。」

楊林口出舟，當塗之民在采石上下登山以觀者，十數里不斷。金主亮望之曰：「吾放舟出江，而山上人皆不動，何也？」

方敵舟未退，會淮西潰卒三百人自蔣州轉江而至，允文授以旗鼓，使爲疑兵。敵既敗去，允文卽具捷以聞，且椎牛酒以勞軍。夜半，復布陣待敵。

琪，德子。新，亳州人。張俊下亳州，新挈家來歸，俟〔嗣〕奏授正使兼閤職，漸陞爲正將，隸中軍，至是爲水軍統制。

88 金州統制官任天錫取商洛、豐陽諸縣。

89 丁丑旦，虞允文、盛新引舟師直楊林河口，戒曰：「若敵船自河出，卽齊力射之，必與爭死，毋令一舟得出。如河口無敵船，則以尅敵神臂弓射北岸。」新卽駐舟江心，齊力射敵，敵騎望見舟師，遽卻，其上岸者悉陷泥中斃，南軍復於上流以火焚其餘舟。允文再具捷奏，且言：「敵軍鼎來，臣不當便引去，且留此與統制官同謀戰守，須俟一大將至，乃敢還建康。」

90 金主亮既不得濟，乃口占詔書，命參政〔知〕政事李通書之，以貽王權曰：「朕提兵南渡，汝昨望風不敢相敵，已見汝具嚴天威。朕今至江上，見南岸兵亦不多，但朕所創舟，與南岸大小不侔，兼汝舟師進退有度，朕甚賞愛。若盡陪臣之禮，舉軍來降，高爵厚祿，朕所不吝。若執迷不返，朕今往瓜洲渡江，必不汝赦！」

遣瓜洲所掠鎭江軍校尉張千，拏舟持書至軍前，將士皆變色，允文亟曰：「此反間也，欲攜我衆耳。」時新除都統制李顯忠亦自蕪湖至，謂允文曰：「雖如此，亦當以朝廷罪王權之事答之，庶絕其冀望。」允文以爲然，遂作檄曰：「昨王權望風退舍，使汝鴟張至此。朝廷已將權重置典憲。今統兵乃李世輔也，汝豈不知其名？若往瓜洲渡江，我固有以相待。無虛言見忧，但備一戰以決雌雄可也！」遣所獲女直二人齎往。

金主亮得書，大怒，遂焚宮人所乘龍鳳車，斬梁漢臣及造舟者二人，於是始有瓜洲之議。

91 戊寅，詔殿前司差官兵千人往江陰軍，馬步軍司各差五百人往福山，並同民兵防拓江面。

92 己卯，觀文殿大學士、醴泉觀使兼侍讀湯思退爲行宮留守。

93 三省、樞密院上將士戰死推恩格：橫行遙節九資，橫行遙刺八資，遙郡七資，遙刺正使、橫行副使皆六資，副使五資，大使臣三資，小使臣二資，校副尉及兵級皆一資。詔以黃榜曉諭諸軍。

94 金主亮以其軍趨淮東。

95 辛巳，金主褒以如中都期日詔羣臣。壬午，詔中都轉運使左淵曰：「凡宮殿張設，毋得增置，毋役一夫以擾百姓。」

96 癸未，四川宣撫使吳璘，自仙人原還興州。

時西路之軍已得秦、隴、洮、蘭州，而金州王彥軍東取商、虢，金人以重兵據大散關不下。會璘疾病，乃暫歸，留保寧軍節度使、興元諸軍都統制姚仲在原上節制。

97 初，金主亮既往淮東，中書舍人虞允文謂建康都統制李顯忠曰：「京口無備，我今欲往，公能分兵見助否？」顯忠曰：「惟命。」卽分主管侍衞步軍司公事李捧軍一萬六千人及戈船來會京口。

允文至建康，留守張燾謂曰：「金約八日來此會食，使燾安往？」衆議孰可以往鎭江者，皆有難色。燾曰：「虞舍人已立大功，可任此責。」允文欣然從之。至鎭江，謁招討使劉錡問疾，錡執允文手曰：「疾何必問！朝廷養兵三十年，大功乃出書生手，我輩愧死矣！」

98 （甲申），威武軍承宣使、知舒州張淵權主管淮西安撫司公事，拱衞大夫、和州防禦使淮南東路馬步軍副都總管賈和仲權知揚州兼主管淮東安撫司公事，候收復日續赴本任，皆用葉義問奏也。

揚、廬既失守，義問言：「東路通、泰州，密邇鹽場，利源所在，見有忠義寨三二萬人。西路舒、蘄州，流民所聚，正可廣行招募以壯軍聲。」乃以便宜選用一二人，仍令和仲權於泰州置司。

99 金主亮至揚州。

100 （乙酉），武略郎、閤門宣贊舍人、鎭江府駐劄御前中軍統制劉汜，特貸命，除名，英州編管。

王權及汜既敗軍，乃先罷權爲在外宮觀。及吳芾奏權罪，帝怒甚，將按誅權以厲諸將。同知樞密院事黃祖舜密言于帝曰：「權罪當誅，然權誅則汜不可貸，若貸汜而誅權，是謂罪同罰異。顧錡有大功，今聞其病已殆，汜誅，錡必愧忿以死。是國家一敗而自殺三大將，得毋爲敵所快乎？」帝納其言，二人得不死。

101金州都統制王彥所遣第七將邢進復華州。

彥既得商、虢，乃進屯虢州，令統制官兼知巴州吳琦以其軍應援。琦至虢州之板橋，遇敵，與戰，其子漢臣死之。統制官任天錫引兵至，擊華陰，殺其縣令，進攻華州，不克，彥更遣進以所部往。時金兵分屯渭南，城中兵少，進乘勝克之，獲其同知、昭武大將軍韓端愿等二十餘人。

102甲申，（校者按：二字衍。）金主褒追尊其父豳王宗輔爲皇帝，謚簡肅，廟號睿宗，改名宗堯；妣富察氏（舊作蒲察氏。）曰欽憲皇后，李氏曰貞懿皇后。羣臣上尊號曰仁明聖孝皇帝。（校者按：此條應移100前。）

103丙戌，權禮部侍郎黃中言：「本朝倣唐之制，創爲九廟，今日宗廟，自僖、宣二祖以及祖宗，凡九世而十一室，請遵已行典故，遷翼祖神主而祔欽宗。」詔恭依。

104 丁亥，太尉、威武軍節度使、鎮江府駐劄御前諸軍都統制、江南·淮南·浙西路制置使兼京東、河北路招討使劉錡，提舉萬壽觀，以疾自請也。

翊衞大夫、利州觀察使、御營宿衞中軍統制劉銳，權鎮江府駐劄御前諸軍都統制。

105 湖北、京西制置使成閔，自京西還，見葉義問于建康，翼日，至鎮江。閔在京西，承金字牌令策應建康江面。閔喜於得歸，兼程疾馳，士卒冒大雨，糧食不時，多死於道路。閔率馬軍出戍，沿途犒勞之物不可勝計，盡以歸己，不散士卒。及還至鎮江，軍士有因醉出怨言於市者，閔斬之。

106 戊子，四川宣撫使吳璘，復力疾上仙人原。

107 御營宿衞使楊存中，建康府都統制李顯忠，言見率將士戮力一心，期於克敵，乞少緩進發之期，從之。

初，上以瓜洲失利，亟命存中往鎮江措置守江，且命官埋鹿角暗樁，自鎮江至於江陰境上。時江岸才有車船二十四艘，既而虞允文與李顯忠所遣戈船亦至。

108 浙西副總管李寶，以所部泛海南歸。

寶既捷於膠西，會聞金主亮已渡淮，乃還軍駐東海縣。既而山後統制官王世隆、開趙皆來會，寶命趙率其衆傍海以行，而與世隆同舟赴行在。

109己丑，金主褒如中都，次小口，使中都留守宗憲先往。

110庚寅，金主亮在瓜洲鎮。御營宿衛使楊存中，中書舍人、督視府參謀軍事虞允文，以敵騎瞰江，恐車船臨期不堪駕用，乃與淮東總領朱夏卿、鎮江守臣趙公偁臨江拽試，命戰士踏車船徑趨瓜洲，將泊岸，復回，金兵皆持滿以待。其船中流上下，三周金山，回轉如飛。金人駭愕，亟遣人報金主亮，亮觀之，笑曰：「此紙船耳！」因列坐諸將，一將前跪曰：「南軍有備，不可輕。且采石渡方此甚狹，而我軍猶不利，願駐于揚州，力農訓兵，徐圖進取。」金主震怒，拔劍數其罪，命斬之。哀謝良久，乃杖半百，釋之。

111（癸巳），慶遠軍節度使、龍神衛四廂都指揮使、主管侍衛馬軍司公事、充湖北·京西制置使成閔，兼鎮江府駐劄御前諸軍都統制、充淮南東路制置使、京東西路·河北東路·淮北泗·宿州招討使；以寧國軍節度使、建康府駐劄御前諸軍都統制李顯忠為淮南西路制置使、京畿·河北西路·淮北壽·亳州招討使；以潭州觀察使、捧日天武四廂都指揮使、鄂州駐劄御前諸軍都統制吳拱為湖北·京西制置使、京西北路招討使。

112甲午，金人分兵侵泰州。

初，金主亮軍令慘急，迫欲渡江，驍騎高僧欲誘其黨以亡，事覺，命衆刀剉之。乃下令：「軍士亡者殺其領隊，部將亡者殺其主帥。」由是衆益危懼。

是日，期以明日渡江，敢後者死。衆欲亡歸，決計於浙西路都統耶律元宜，於是明安（舊作猛安。）唐古烏頁舊作唐括烏野，今改。曰：「前阻淮水，過渡卽成擒矣，不若共行大事。」元宜曰：「待吾子旺祥（舊作王祥。）至，謀之。」時旺祥爲驍騎都指揮使，在別軍，元宜密召之至，遂相與定約，詰旦衞軍番代卽爲變。元宜先紿其衆曰：「有令，爾輩皆去馬渡江。」衆曰：「柰何？」元宜曰：「新天子已立於遼陽，今當共行大事，然後擧軍北還。」衆許諾。

乙未，黎明，元宜、旺祥與武勝軍總管圖克坦守素、明安唐古烏頁等率衆犯御營。金主亮聞亂，以爲南師奄至，近侍大慶善曰：「事急矣，當出避之。」金主亮曰：「避將安往？」方取弓，已中箭仆地，亂兵進刃，手足猶動，遂縊殺之。驍騎指揮使大磐整兵來救，旺祥出，語之曰：「無及矣。」大磐乃止。軍士攘取行營服用皆盡，乃取大磐衣巾，裹其尸焚之。元宜行左領軍副大都督事，以南伐之謀皆起於尙書右丞李通、近侍局使梁琉，而監軍圖克坦永年乃通之姻戚，浙西路副都統郭安國衆所共惡，皆殺之，幷殺大慶善。【考異】熊克小紀云：諸人雖欲弑亮，而細軍衞之嚴密。衆因謂細軍曰：「淮東子女金帛皆在泰州，我輩急欲渡江，汝等何不往取之！」細軍欣然共請，亮從之，於是細軍去者過半。按金主亮方欲渡江，何故散遣親軍！小紀所言，疑失事實。繫年要錄云：亮妹婿唐古安禮知兵，掌黃頭女眞。亮聞新主立，遣安禮以本部軍歸，故諸將益無所憚。按金主亮妹夫卽唐古辯，早爲金主亮所誅矣。要錄云諸將殺補闕馬欽，按欽至大定中尙存，非死於揚州也。今從金史。

113 金人破泰州。

先是泰州守臣請祠去，通判王濤權州事。九月，濤以移治爲名而去，留州印付兵馬都監趙福。金人侵淮甸，水寨都統領胡深與其副臧珪棄水寨，率鄉兵二千入泰州，以兵勢淩福。福具申于葉義問，以深權知州，深以珪權通判，福權本路軍馬都監。淮南轉運副使、提領諸路忠義軍馬楊抗，又以其右軍統領、成節郎沙世堅權海陵縣丞兼知縣。深聞金人欲攻泰州，與世堅率其衆棄城先遁。珪掘斷姜堰，盡泄運河水。至是金細軍至城下，遂徑登其城，縱火擄掠，福死于亂兵。城中子女強壯，盡被金兵驅而去。

114 戊戌，顯仁皇后禫祭，帝行禮于別殿。

115 金都督府遣人持檄來鎮江軍議和。

初，金主亮既殞，諸軍喧囂不定。戶部尚書梁球，聞亂馳入，曰：「已如此，固無可柰何。然方與敵國相持，不知何以善後？」衆皆不言。球曰：「當撫定諸軍，勿使囂亂，徐思計策可也。」衆稍定，球乃取紙筆草檄，言班師講好事。檄成而未有人，訪得瓜洲所俘成忠郎張眞，卽遣之南渡。

116 十二月，乙〔己〕亥朔，侍衛馬軍司中軍統制趙撙復蔡州。

初，撙自蔡州引兵南歸後三日，至麻城縣，復被詔與鄂州都統制吳拱、荊南都統制李道併力攻取。二人未至，擠疾趨城下。金人所命刺史蕭懋德聞擠至，披城爲寨，相距兩月，不出戰。至是夜漏未盡，擠命將士潛師入城。城無樓櫓，不可守，懋德遁去。

117 成忠郎張眞，自揚州金寨至鎮江，出所持金檄云：「大金國大都督府牒大宋國三省、樞密院：國朝太祖皇帝創業開基，奄有天下，迄今四十餘年，其間講信修睦，兵革寢息，百姓安業。不意正隆失德，師出無名，使兩國生靈，枉被塗炭，奉新天子明詔，已行廢殞。大臣將帥，方議班師赴闕，各宜戢兵以敦舊好。須至移牒。大定元年十一月三十日牒。」

督視行府回牒金人軍前云：「今月一日承來文，照驗正隆廢殞事，除已繳奏外，須移文牒照會。紹興三十一年，十二月一日。侍衞馬軍都指揮使、御前諸軍都統制成閔，太傅、御營宿衞使、和義郡王楊存中。」

118 右武大夫、吉州刺史、知通州崔邦弼，聞泰州破，欲棄城去，恐百姓不從，夜二鼓，遣人于城內縱火，乘喧鬧徑出，渡江之福山。

119 庚子，詔：「淮東制置使成閔，元帶到鄂州軍馬，日下發還。」言者論：「金人自擁重兵，身臨淮東，日生姦計，意欲渡江，故朝廷督責諸帥，嚴爲捍禦。今鎮江已有元來屯駐軍馬，見係都統劉銳所管，並步軍李捧、都統邵宏淵及殿前司諸軍精銳，盡集京口一帶。近日制置成閔又自襄、漢率軍來赴鎮江防遏，及摘帶鄂州所屯人馬同來鎮江。既有諸帥軍馬湊集在彼，今又益以成閔之軍，則軍勢不爲不盛；據天險以拒金人，自足以制敵取勝。然聞金人見有十餘萬衆屯聚汴京，深慮敵人知我重兵盡集鎭江，則襄、漢一帶必虛。倘以精兵襲我上流，吳拱雖有軍馬在彼，勢力單弱，倉卒衝突，我雖欲應援，泝流數千里之遠，豈能旦夕而至！請將成閔帶到鄂州軍馬速發還本處，仍戒諭吳拱明遠斥堠，嚴切捍禦，常爲待敵之策，庶幾首尾不落敵人變詐。」故有是詔。

先是閔以鄂州水軍及勝捷軍統制張成、後軍統制華旺所部偕行，乃令成等還鄂州屯駐。

120 太傅、御營宿衞使、和義郡王楊存中，淮東制置使成閔，中書舍人、督視江淮軍馬府參贊軍事虞允文，司農少卿、總領淮東軍馬錢糧朱夏卿等奏報金兵已殺其主亮，帝曰：「此人篡君弒母，背盟興戎，自采石與海道敗後，知本國已爲人所據，乃欲力決一戰。今遽滅亡，朕當擇日進臨大江，灑掃陵寢，肅淸京都，但戒諸將無殺，此朕志也。」

初，金騎闞江，朝臣震怖，爭遣家逃匿。權禮部侍郎黃中獨謂其家人曰：「天子六宮在是，吾爲侍臣，若等欲安適耶？」比金兵退，獨中與左僕射陳康伯家屬在城中，衆皆慚服。

時存中與允文議偕至江北岸以察敵情，將士憚行，允文、存中獨以輕舟絕江而北。帝嘗謂康伯及留守湯思退曰：「楊存中忠無與二，朕之郭子儀也。」

121金人以舟師攻茨湖，官軍擊卻之。茨湖在漢水之南，與光化軍相對，有鄂州副都統制李勝、荆南副統制張進之軍在焉。至是金人以舟渡師，欲攻襄陽，會風勢不利，不得著岸。鄂州府〔前〕軍旗頭史俊麾旗涉水，直登一舟，呼曰：「前軍得功矣，諸軍宜速進！」金人初不虞其登舟，遂大驚失措，行隊不整，有墜水而死者。諸軍繼進，俊殺其千戶一人，奪舟數十，金人乃還。

122辛丑，右武大夫、宣州觀察使、添差兩浙西路馬步軍副總管兼提督海船李寶爲靖海軍節度使、兩浙西路、通·泰·海州沿海制置使、京東東路招討使。

123詔御營宿衞使楊存中以右軍統制苗定所管步軍前來扈從。

124初，帝將如建康撫師，而欽宗神主未祔廟，行宮留守湯思退欲省虞速祔而釋服以行，既十日矣，至是權禮部侍郎黃中言不可，帝納焉。議者猶謂凶服不可以即戎，帝曰：「吾固以縞素詔天下矣。」卒從之。

125樞密行府議遣兵過江，乃檄淮西制置使李顯忠速選精銳甲軍至鎭江府會合，所有采石一帶留下軍馬，令池州都統制邵宏淵權管。

126金統軍劉蕚，聞茨湖軍敗，遂班師，軍無行陣，多失路，爲鄉民所殺。細軍之在泰州者，亦棄而去。

127 壬寅，觀文殿大學士、醴泉觀使兼侍讀、充行宮留守湯思退，乞鑄行宮留守印，仍就尚書省置司，行移如都省體式，合行事務從權便宜，施行訖奏。又請以敷文閣待制、知臨安府趙子潚兼充參謀官，尚書右司員外郎吳廣文充參議官，祕書省正字芮曄主管機宜文字，樞密院編修官鄭樵、諸王宮大小學教授吳祗若，司農寺主簿韓元吉並幹辦公事，皆從之。崇信軍節度使、開府儀同三司、領殿前都指揮使職事趙密爲行宮在城都總管，利州觀察使、殿前司策選鋒軍統制張守忠爲行宮在城都巡檢，武功大夫、侍衞馬軍司右軍統制、權主管本司職事張仔爲行宮城北巡檢，右武大夫、忠州團練使、侍衞步軍司神勇軍同統制、權主管本司公事王存爲行宮城南巡檢。

128 是日，主管侍衞馬軍司公事、淮東制置使成閔，自鎭江引兵之揚州，御營宿衞使楊存中，亦遣右武大夫、權殿前司右軍統領李伋自江陰軍引所部渡江之石莊進發。時葉義問遣使臣李彪伺金人回軍動靜，閔令報曰：「成太尉大軍在楊子橋相持，來日當大戰矣。」道路喧言金人已去，揚州空虛，閔計不行，乃以馬軍司之兵自天長追襲，主管侍衞步軍司公事李捧亦以神勇軍襲之。敵軍凡數萬，其行如林，軍皆不敢與相近，但遙護之出境而已。

129 癸卯，詔：「金人渝盟，侵攻上界，屬茲進發，躬往視師，文武羣臣，各揚厥職，輯寧中外，共濟大功。」

130 詔：「四川宣撫司統率軍馬隨路進討，恢復州縣，雖曰分路調發，亦仰常相關報，互相應援，不得輒分彼此，務要協力，共成大功。諸路招討使司準此。」

131 詔樞密行府行下沿江諸大帥，各條陳進討恢復事宜。資政殿學士、知建康府張燾首陳十事，大率欲預備不虞，持重養威，觀釁而動，期於必勝。

132 拱衞大夫、和州防禦使、權知揚州賈和仲聞敵去，乃以單騎入城，猶未有官吏。

133 池州都統制邵宏淵，自蕪湖以親兵至采石。

134 甲辰，省臣進呈金都督府牒。帝曰：「金主亮既已被殺，餘皆南北之民，驅迫而來，彼復何罪！今卽日襲逐，固可使隻輪不返，然多殺何爲！但檄諸將迤邐進師會京畿，收復故疆，撫定吾人足矣。」左僕射陳康伯請率百僚稱賀，帝曰：「未須爾，候到汴京，與羣臣共慶。」

135 殿前司右軍統制、權知泰州王剛，以所部至本州。

136 均州忠義統領昝朝等復據鄧州。

初，敵將劉萼之敗于茨湖也，還軍及鄧州，駐于城北八里，其武勝軍節度使、威略軍都總管蕭中一亦挈屬出城，駐于萼軍之南，其同知、節副皆以屬去。中一以留州事付監倉王直，中一與白千戶、三戶穆昆（舊作謀克。）言曰：「今日鄧州屯駐之兵，悉爲都統帶去。城中之兵皆土人，萬一爲宋兵內應，如何？」衆皆知中一有順南之意，唯唯而已。坐中忽不見白千戶者，中一疑走告于萼矣，乃率其奴婢將家屬南走，迷失道，中夜，屢遭鄉村土豪驚散。至州北百餘里，中一被殺，翼旦，金人皆北去。

錄事參軍高通，聞萼兵已退，乃集軍民謂曰：「今南兵已近，此時不決，城中之人皆不可保，請遂決之。」衆請通權節度副使，通曰：「鄧州本大宋所有，今金國已棄我官吏、軍民矣，與諸公同歸大宋，如何？」衆皆聽命。忽報城下有十餘騎至，問之，則昝朝也，遂納款。朝，本鄧州射士，聚衆在山中，投均州守臣武鉅。

137 乙巳，淮西制置使李顯忠自蕪湖引兵渡江。

時金人尙屯鷄籠山，而顯忠兵在沙上。觀文殿大學士、判建康府張浚，自長沙聞命，卽日首塗，過池陽往勞，以建康激賞犒之，一軍見浚，以爲從天而下。浚諭顯忠曰：「聖駕將巡幸，至而敵未退，得無虞乎？」顯忠乃以大軍濟江，去和州三十里，與之相持，然金兵亦未退。

138 池州都統制邵宏淵，自采石復還蕪湖，仍于大信、裕溪河口措置捍禦。

139 丙午，淮東制置司統制王邁（選）等復楚州。

140 丁未，鄂州統制官王宣至鄧州。

先是昝朝既入城，遣人告捷，京湖制置使吳拱俾宣以七百騎赴之，拱繼至，又遣訓練官朱宏、王彥忠等率忠義人入汝州。

141 均州鄉兵總轄莊隱等入河南府。

先是金人以兵二千駐長水縣，金州都統制王言遣將官楊堅、黨清引兵會忠義人往擊破之，殺其將二人，獲部將王保以歸，遂復長水縣，堅以深入陣，死之。清引其兵進攻嵩州，克之，又克永寧、壽安二縣，遂進兵入河南府，吏民皆迎降。

142 戊申，帝發臨安府。

143 江南東路轉運判官李若川、柳大節言：「金人反盟黷武，上天降殃，其主被弒，兵衆遁走。乃傳其子見留京東，軍馬頗衆，有親信以統之，勢須邀擊，以報擅殺之讐。今過淮敵兵，敗亡雖多，尙有十餘萬衆，寧肯束手就死，亦須窮鬬。及金人巢穴，多有完顏族類，豈無守國軍馬，必不能奉舊主之子，亦不肯助弒主之衆，定圖自立，更相攻殺，盡而後已。當此釁隙，契丹起而乘之，過于五單于爭國，各自救不暇，豈暇尙占中原！百姓被祖宗德澤之深，日思簞食壺漿以迎王師，此誠天啓恢復之時，不可失之機會也。然王師大舉，尤務愼重，以成萬全之功。一，乞少憩將士，以養銳氣；二，乞預備錢糧，無致少闕；三，乞添器甲，以備分給中原義兵，緣義兵雖衆，唯闕器甲使用；四，乞敵人欲敦舊好，誘以好言以款之；五，乞多遣人密結中原義兵，以爲應援；六，乞厚賞募人探知敵情，以便進取；七，乞召集諸大帥共議軍事，勿致臨時異同。然後諸路並進，非特恢復中原有反掌之易，亦可一舉而空朔庭也。」

144 左朝奉大夫、提舉江南東路常平茶鹽公事洪适言：「金主亮既殞，大定改元，未必諸國服從。若能仰順天時，遣使歸疆〔彊〕，則王師不血刃而得土宇，實天下之幸。萬一敵衆尙強，自淮以北，別無爭立之人，則宜多遣有膽力人，密傳召檄，使中原義士，各取州縣，因以畀之。王師但留屯淮、泗，募兵積粟以爲聲援，不必輕涉其地以務力爭。俟漢、蜀、山東之兵數道聚集，見可而進，遲以歲月，必有機會可乘，恢復故地，何翅破竹！庶幾兵力不頓，可以萬全。」

145 庚戌，帝次秀州。

146 是日，金人大軍自盱眙渡淮盡絕。

初，淮東制置使成閔以所部追襲金師。閤門宣贊舍人、知泗州夏浚，聞敵歸，遂焚其城而南，金人乃遣千戶先至泗州，撤桴爲三浮橋，頃刻而成，翼日軍到，皆下馬乘橋而過。既渡絕，閔軍至盱眙，排列于岸之南，金人笑曰：「寄聲成太尉，有勞相送。」是時龜山路途，金人遺棄粟米山積，往往有科山東、河北民戶，令赴平江府、秀州送納者，官軍糧運方不繼，賴以自給。

147 辛亥，帝次平望。壬子，帝泊姑蘇館。權樞密院事葉義問自建康，太傅、御營宿衛使楊存中自鎮江還，皆入見。守臣徽猷閣直學士洪遵獻洞庭柑，帝不受，自是所過無入獻者。

癸丑，帝乘馬至平江府行宮。時御營宿衞使司右軍統制苗定以所部至平江，乃以定兼權主管行在殿前司職事。

148 鄂州水軍統制楊欽，以舟師追金人，至洪澤鎮，敗之。夜，鎮江府統制官吳超，遣部將段溫等追金人至淮陰縣，又敗之，獲其舟船糧食甚衆。

149 是夜，淮東制置司劉銳、陳敏等引兵入泗州。

金人既渡淮，有三百餘〔人〕長告其千戶曰：「三百人皆有歸心，不可彈壓，奈何？」千戶曰：「主雖死，豈無王法！」其弟曰：「兄言失矣，彼有父母，人心難留，豈可以法繩之！」千戶默然，各上馬，即馳去，由是西城之兵皆上馬馳，不可遏，俄而東城之人亦去。成閔聞金人盡去，乃遣銳等自東城之東渡淮，又令統領官左士淵等自南門入，以收復告。金人所掠老弱在泗者，皆委之而去。

150 甲寅，帝至無錫縣，宰執奏敵人已去淮西，尚餘三萬衆據和州。

陳康伯等依旨撰到招安旗榜，不惟諸國之人，雖女直亦一概與補官。內萬戶許以節鉞，其餘視爵秩高下更超等換授，白身特命以官，奴婢亦優賞，示之生路，庶使束手來歸。帝曰：「彼亦人也，比引見所招捉到金人，朕亦悉貸死，送諸軍役使。若盡殺之，則不勝其多，朕不忍也。」

151 是日，淮西制置使李顯忠，與金人戰于楊林渡，卻之，將士死者千四百人，殺傷相當。翼日，金人乃去。

152 乙卯，帝次常州。

153 金主次三河縣，左副元帥完顏固雲（舊作轂英。）來朝。

154 金人破汝州。先是京西制置使吳拱，遣訓練官牛宏等率忠義人據汝州，會統軍劉蕚自鄧州北歸，宏等邀之於七里河。敵兵甚盛，忠義人皆無甲，遂敗走。金兵圍之五日，及城破，殺戮殆盡。拱在鄧州，遣統制官周贇將八千人往援之，已不及。

155 丙辰，帝次呂城鎮。

156 金主次通州。

157 丁巳，帝次丹陽縣。

158 淮西制置使李顯忠，遣統制官張榮逐敵至全椒縣，敗之，得敵所獲老弱萬餘口。日暮，顯忠入和州。

159 金主至中都。

160 戊午，帝至鎭江府，未就舍，先乘馬幸江下觀划船。

161 金主謁太祖廟。

162 己未，帝幸鎭江府行宮。

163 興州左軍統制王中正等引兵再攻治平寨，拔之。初，劉海既去治平，金以兵堅守。中軍統制吳挺遣中正及知秦州劉忠共擊之，殺其知寨，降其招信校尉張季甫等四人。既而金人謀復據治平，中正引兵于千家堡迎敵，戰十餘合，敵敗走，官軍進擊，大獲其俘，中正爲飛鎗中其左頰者二。

164 金主御貞元殿，受羣臣朝。

165 壬戌，金主詔：「軍士自東京扈從至京師者，復三年。」同知河間尹高昌福上書陳便宜，金主覽之再三，命內外大小職官陳便宜。

166 甲子，釋淮南、京西、湖北路雜犯死罪以下囚。

167 武信軍承宣使、淮南東路馬步軍副都統（校者按：統字衍。）總管李横移兩江南〔江南西〕路，常州駐劄。

168 金潁、壽二州巡檢高顯，率所部民兵千餘人據壽春府，遂來降。

169 丙寅，金主詔左副元帥完顏固雲規措南邊及陝西等路事。

170丁卯，金河北安撫制置使王任，天雄軍節度使王友直，自壽渡淮來歸。任，東平人，嘗以罪亡命，敵重賞捕之急，友直方聚衆往大名，歸之。友直喜，假契丹以舉事，遂破大名。金主既立，下令友直之衆，並放罪歸業爲平民，其衆聞之，皆散去，友直乃與任等自山東尋路來奔。比入境，有衆三十餘，遂自淮西赴行在。

171初，金主亮既爲其下所殺，參知政事敬嗣暉，欲立其太子光英于南京，左丞相張浩不可。耶律元宜遣人害光英。亮之后圖克坦氏後歸於母家。【考異】繫年要錄謂張浩害太子元英，併后圖克坦氏殺之，蓋傳聞之誤也。圖克坦氏後居海陵之生母故宮室，後乃歸母家，非與太子並見殺也。要錄又云：金主褎聞亮已死，乃擁萬騎趨中都。按世宗於十一月已發行矣。今並從金史。

172金伊喇扎巴之招諭耶律斡罕也，斡罕約降，已而復謂扎巴曰：「若降，爾能保我輩無事乎？」扎巴曰：「我知招降耳，其他豈能必哉！」扎巴見斡罕兵強，車帳滿野，意其可以有成，因說之曰：「我之始來，以汝輩不能有爲。今觀兵勢強盛如此，汝等欲如羣羊爲人所驅去乎，將欲待天時乎？若果有大志，我亦不復還矣。」賊黨或曰：「往者古紳舊作谷神，即希尹。丞相，神人也，嘗言西北部族當有事。今日正合此語，恐不可降也。」於是斡罕決意不降，扎巴亦留賊中。斡罕攻臨潢，敗其守兵，進圍之，衆至五萬。是月，斡罕遂稱帝，改元天正，復攻泰州，屢敗援師，勢益振。

續資治通鑑卷第一百三十六

賜進士及第兵部尚書兼都察院右都御史總督湖北湖南等處地方軍務兼理糧餉世襲二等輕車都尉 畢沅 編集

宋紀一百三十六 起玄黓敦牂(壬午)正月，盡三月，凡三月。

高宗受命中興全功至德聖神武文昭仁憲孝皇帝

紹興三十二年 金大定二年。(壬午、一一六二)

1 春，正月，戊辰朔，日有食之。

2 己巳，遣中書舍人、權直學士院虞允文先往建康措置。

3 金人攻壽春府，保義郎、樞密院忠義前軍正將劉泰率所部赴救，轉戰連日，是日，金人引去。泰身被數十創，一夕死。

先是泰自備家資，募兵三百，糧儲器械，一切不資于官。樞密院檢詳諸房文字洪邁言其忠，詔贈武翼郎，官其家三人。

4 庚午，帝發鎮江府，次下蜀鎮。

5 金以前翰林學士承旨翟永固爲尚書左丞，濟南尹布薩忠義布薩，舊作僕散，今改。爲右丞。

6 辛未，帝次東陽鎮。

7 金主御太和殿，宴百官，賜賚有差。

8 壬申，帝至建康府。觀文殿大學士、判府事張浚迎謁道左，見帝謝曰：「秦檜盛時，非陛下保全，無此身矣。」帝慘然曰：「檜，媢嫉之人也。」

9 金主敕：「御史臺檢察六部文移，稽而不行、行而失當者，舉劾之。」

10 乙亥，金主如大房山。

11 丙子，祧翼祖皇帝神主，藏於夾室。

12 尚書左司郎中徐度權戶部侍郎。

13 金主獻饗山陵禮畢，欲獵而還，左丞相晏等曰：「邊事未寧，不宜遊幸。」戊寅，還宮，金主曰：「朕虛心納諫，卿等毋緘默。」

14 己卯，詔：「侍從、臺諫各舉可爲監司一員，郡守二員；有不稱，坐繆舉之罰。」

15 是日，淮西制置使李顯忠引兵還建康。淮西兵火之餘，無廬舍，天大寒多雪，士卒暴露，有墮趾者，帝遣中使撫勞。

16 詔：「郡守年七十，與自陳宮觀。著爲令。」

17辛巳，金以南伐之師北還，賞賚將士，以耶律元宜爲御史大夫。

18壬午，金人攻蔡州，侍衞馬軍司中軍統制趙撙率諸軍禦之，京西制置使吳拱亦遣踏白軍統制焦元來援。金以勁矢射城上，守者不能立，金人登城。撙知不可當，乃棄城而下，率諸軍巷戰。自午至申，金人敗，乃去。

19癸未，言者奏：「自金侵長淮，江上之民，有所謂踏車夫，則操舟楫而雜戰卒；防江夫，則持旌旗而頓山岡；以修防，則有鹿角夫；以轉餉，則有運糧夫；而踏車夫尤爲可念。請按采石當時籍定之數，與免三年科役，其餘亦與犒賞。」從之。既而戶部下建康府，具到踏車夫六千三百餘人，詔與免一年。

20右朝請大夫陳漢知通州，劉子昂知和州。時二州守臣皆遁去，故命之。

21乙酉，權知東平府耿京，遣諸軍都提領賈瑞、掌書記辛棄疾來奏事，上卽日召見。先是京怨金人征賦之橫，與其徒六人入東山，漸得數十人，取萊蕪縣，有衆百餘，瑞亦有衆數十人歸京。自此漸盛，遂據東平府，遣瑞入奏，瑞曰：「若到廟廷，宰相已下恐有所詰問，不能對，願得一文士偕行。」乃以棄疾權掌書記，自楚州至行在。瑞，萊州人；棄疾，濟南人也。

22戊子，邵州防禦使、知文州、節制軍馬向起爲鄂州觀察使，右武大夫、興州前軍統制、節制軍馬吳挺爲榮州刺史，右武大夫、達州刺史、興州前軍統制劉海爲拱衞大夫，賞秦州之捷也。

時四川宣撫使吳璘在河池，遣中軍統制杜實傳令起等曰：「軍行並從隊伍，勿亂次，勿殿後，勿踐毁民舍，勿取民財，逢敵欲戰，必成列爲陣。甲軍弓弩手並坐，視敵兵距陣約百五十步，神臂弓兵起立，先用箭約射之，箭之所至可穿敵陣，即前軍俱發。或敵兵直擣拒馬，令甲軍槍手密依拒馬，枕槍擸次，忠義人亦如之，違者並處斬。如敵已敗，許忠義人乘其後追擊之，必生獲金人與其首級乃議賞，否則闕。其有以他地兵爲金人冒賞者，罪亦如之。」凡布陣之式，以步軍爲陣心，爲左右翅翼，馬軍爲左右肋，拒馬環于左右肋之內以衞步軍。以一陣約之，主管敵陣，統制一，統領四，主陣撥發各一，正、副將、準備將、部隊將則因其隊爲多寡。陣兵三千二百六十有三，步軍居陣之內者一千二百有七，爲陣心者一千有六。甲軍槍手五百有二，神臂弓二百有二，平射弓二百有二。與拒馬者二百，居陣外，分兩翅，副翼者五百六十有六，左翼二百八十有三，主陣將官二，平射弓二百一十有七，神臂弓六十四。右翼亦如之。馬軍居陣外，爲左肋者二百六十有一，將官二，訓練一，管隊十。隊兵、乘騎二百四十有八。右肋亦如之。雖間有貼撥、輔陣增益之不同，而大略如此。

璘遂遣興元都統制姚仲，以東路兵自秦亭出據鞏州，而金房都統制王彥，以其分兵屯

商、虢、陝、華。虢、華爲金所取，金人去，復得之。陝州方與敵相持，然亦未退

23 己丑，制授耿京天平軍節度使、知東平府兼節制京東、河北路忠義軍馬，權天平軍節度掌書記辛棄疾補右承務郎，諸軍都提領賈瑞補敦武郎、閤門祗候。京、瑞並賜金帶，將吏補官者二百人。于是京東招討使李寶遣統制官王世隆與瑞等齎官誥節鉞以往。

24 金遣元帥府左監軍高忠建、禮部侍郎張景仁來告登位，盱眙軍以聞。【考異】金史本紀：大定元年十二月，以元帥左監軍高忠建爲報諭宋國使。宋史繫于次年二月，據其入境之時耳，今從宋史書之。庚寅，宰執奏金使二月渡淮，帝曰：「今若拒之，則未測來意，有礙交好；受之，則當遣接伴使副于境上，先與商量。向日講和，本爲梓宮、太后故，雖屈己卑辭，有所不憚。今金興無名之師，侵我淮甸，兩國之盟已絕。今使者來，則名稱以何爲正？疆土以何爲準？與夫朝見之儀、歲幣之數，所宜先定。不然，則不敢受也。」

25 金行納粟補官法。

26 金主遣右副元帥完顏默音舊作謀衍，今改。率師討耶律斡罕。舊作窩斡，今改。【考異】金史本紀作蕭斡罕。按金史逆臣傳，斡罕姓耶律，故亦稱伊喇斡罕，非后族也，本紀誤。

27 以洪邁、張掄爲接伴使。壬辰，帝謂宰執曰：「朕料此事終歸於和，卿等欲首議名分，而土地次之。蓋卿等不得不如此言，在朕所見，當以土地、人民爲上，若名分則非所先也。何

者？若得復舊疆，則陵寢在其中，使兩國生靈不殘于兵革，此豈細事！至如以小事大，朕所不恥。」陳康伯曰：「此非臣等所敢擬議。」帝曰：「俟邁等對，朕自以意諭之。」

28金主謂宰執曰：「朕即位未半年，可行之事甚多。近日全無敷奏。朕深居九重，正賴卿等贊襄，各思所長以聞。」甲午，復諭之曰：「卿等當參民間利害及時事之可否，以時敷奏，不可徒自便優游而已。」

29丙申，以御營宿衛使、和義郡王楊存中爲江、淮、荆、襄路宣撫使，中書舍人、權直學士院兼侍講虞允文試兵部尚書、充江、淮、荆、襄路宣撫副使。

時帝將還臨安，軍務未有所付。張浚判建康府，衆望屬之；及除存中，中外失望。給事中金安節、起居舍人兼權中書舍人劉珙言：「比者金人渝盟，陛下親御六飛，視師江滸，大明黜陟，號令一新，天下方注目以觀。凡所擢用，悉宜得人，況欲盡護羣雄，兼制數路，大柄所寄，尤當審圖。存中已試之效，不待臣等具陳，頃以權勢太盛，人言籍籍。陛下曲示保全，俾解重職，今復授以玆任，事權益隆，豈惟無以慰海宇之情，亦恐非所以保全存中也。倘以允文資歷未深，未可專付，宜別擇重臣，以副盛舉。」疏入，帝怒，謂輔臣曰：「珙之父爲張浚所知，此奏專爲浚地耳。」宰相陳康伯、朱倬，召珙諭上旨，且曰：「再繳，累及張公。」珙曰：「珙爲國家計，故不暇爲張公計；若爲張公計，則不爲是以累之矣。」命再下，珙執奏如初，乃止。于是允文改使川陝，存中措置兩淮而已。

二月，戊戌朔，中書舍人、權直學士院兼侍講虞允文試兵部尚書、充川陝宣諭使、措置招軍買馬，且與吳璘相見議事。

30己亥，金主以前翰林待詔大穎建言得罪，起爲祕書丞；以補闕馬欽詔事前廢主，除名。

31庚子，張浚、虞允文入對。時浚乞偕執政奏事，帝不許，于是與允文同對。詔浚仍舊兼行宮留守，又詔浚罷相後有合得特進恩數，皆還之。

32言者論料理江、淮三事：「其一，請于兩淮、荆、襄之間創爲四大鎭，如維揚、合肥、蘄陽、襄陽，各爲家計，增城浚隍，以立守備，農戰交修，以待天時。每鎭招集沿邊弓箭手二萬人，人授良田百畝，給與牛種，雖無租賦，實免供饋，悉遵陝西沿邊故事，仍以湖北州縣之在江北者隸蘄陽。二曰大江之南，控制吳、蜀，夙有屯兵，據其險阻之地。今當建爲五帥，由鎭江而上至于建康、九江、江夏、公安，各以二萬人爲屯，附以屬城，供其芻糗，列置烽燧，增益樓船。三曰選擇兵官，教習諸路將兵、禁軍、土兵、弓手，此實久安之計。」乃詔楊存中、成閔、李顯忠、向子固、方滋、楊抗、向汋、王彥融、強友諒相度聞奏。

33興州前軍同統領惠逢復河州。

先是四川宣撫使吳璘命逢襲取熙、河，逢間道出臨洮，蕃兵總領、權知洮州李進，同知洮州趙阿令結、鈐轄榮某，皆至會通關掩擊之，獲其關使成俊。諸將議進兵，咸曰：「我擣河州而敵兵單弱，以強制弱，何憂不克！」一將曰：「不可。吾聞金軍盡在熙，我軍若直擣河，勢必來援。敵將忿兵，伺其不意，可一戰擒也。熙兵若破，則河軍自下。」衆曰：「善！」即伏兵閻家峽，其日，正月丙戌也。而金將溫特棱者，提正軍千五百，從軍亦如之，徑至峽口以邀南軍。惠逢令羸卒數十騎誘之，約曰：「旗動乃發。」金兵薄羸騎，旗動，伏兵大奮。會大風起，人馬不辨，李進引兵駐山上，令左右下山，用平射弩旁射敵，金兵大亂。鈐轄榮某乘駿馬揮兵殺敵，所向風靡，衆從之，金人遂大敗，潰去。追騎至托子橋，有一將殿後，立橋左，瞪目大呼曰：「會來此決死！」追騎乃不敢逼，敵餘衆渡已，乃乘馬徐去。後獲金兵，問之，溫特棱也。是役也，俘金兵二百有五人，騎二百。

於是逢、進薄河州。蕃落指揮劉全、李寶、魏進，糾集州民，執其同知、中靖大夫郭琪以降。州民皆以香花踵道迎宋軍，有流涕者。獨宁（寧）河寨官爲金堅守，民排戶裂其尸，携其首以獻　諸將既得城，方編集府庫，人人炫功不相能，或言當暫賞軍，逢命人支錢十餘。時食物貴踴，炊餅一直數十錢，諸兵得賜，擲地大詬曰：「我等捐軀下河州，今性命之賤，乃不直一炊餅也！」

俄傳金兵大至，衆欲控城固守，逢曰：「彼衆我寡，河州又新附，未易守也。有如城中翻覆，外援不至，將柰何？」卽携衆欲出。州民父老咸障馬曰：「鈐轄第坐府中，我曹出力血戰，必有當也，何患兵少！」逢諭衆曰：「我令〔今〕去此，求援兵于外，非置此去也，汝曹一心努力守城耳。」卽令〔令〕儒林郎呂謀權州事，與軍士願留者數十百人，因出屯會通關。李進乘馬過市，呼曰：「河州父老有識李進者乎？初不挾一縷以入，今不挾一錢以出。」卽馳去。軍怨惠逢賞薄，有道亡者。

34 癸卯，帝發建康府，宿東陽鎭。

35 興州前軍同統領惠逢遣兵復積石軍，執同知軍、宣武將軍高偉，又攻來羌城，克之。時金人復取寧河寨，盡屠其民，寨之戍兵皆潰，金合兵萬餘圍河州。城中百姓計曰：「前日之民南歸者，金盡屠戮。我若效之，卽一寧河也，豈有全理！不如相與死守，猶有千一得活。」卽籍定戶口，男子升城，女子供餉。郡有木浮圖，高數百尺，因撤木爲礮械。金人悉力爲〔來〕攻，木縋少選壓敵，有糜潰者。居三日，金人退屯白塔寺。

36 甲辰，帝次下蜀鎭。

37 金主以張浩爲太師、尙書令，諭之曰：「卿在正隆時爲首相，不能匡救，惡得無罪！營建兩宮，殫極民力，汝亦嘗諫，故天下不以咎汝。今以卿練達政務，復用爲相，當思自勉。」

38 金御史大夫耶律元宜爲平章政事。

39 乙巳，帝次丹陽館。丙午，帝宿丹陽縣。丁未，次呂城。

40 太尉、威武軍節度使、提舉萬壽觀劉錡薨于臨安府。錡既奉祠，寓居都亭驛。帝聞其疾劇，敕國醫診視。時金聘使將至，留守湯思退將除館待之，遣黃衣卒諭錡移居別院，錡發怒，嘔血數升薨。詔贈開府儀同三司，例外賜銀帛三百匹兩，後謚武穆。

41 戊申，帝次常州。己酉，帝次無錫縣。

42 王宣與金人再戰于汝州，至暮，各分散，殺傷相當。翼日，金騎全師來攻，南軍敗衄，士卒死者百餘，亡將官三人。

43 庚戌，帝次平江府；辛亥，次平望；壬子，次秀州。

44 鄂州統制官王宣自汝州班師。時金人圍急，屬有詔班師，宣遂棄其城而去。

45 金以太保、左領軍大都督昂爲都元帥，太保如故。

46 癸丑，帝次崇德縣。

47 金蕭玉、敬嗣暉等放歸田里。

48 甲寅，帝次臨平鎮。

49 金復以進士爲尚書省令史。

50 乙卯，帝至臨安府。

51 興元都統制姚仲圍德順軍。

先是仲以步軍六千四百爲四陣，趨鞏州，其下欲急攻，仲不聽，且退治攻具。既至城下，梯衝與城下相等，圍之三日夜，不能克，乃舍之。時鞏州父老各輦米麪以餉軍，軍門山積。及引去，父老狼狽相顧，謂金今知我餉南軍，我無類矣，不如作計求活也，即殺官軍後兵輦重者數級，并焚饋物而去。仲退守甘谷城，留統制米剛等駐鞏州以觀敵，遂引兵之德順。

52 丙辰，金人攻蔡州，侍衞馬軍司中興（校者按：興字衍。）軍統制趙撙擊卻之。

初，金既敗歸，撙益修守禦。京湖制置使吳拱進屯南陽，遣後軍統制成皋、華旺、捷勝軍統制張成各以所部兵來援，合撙及踏白軍統制焦元所部，纔六千人而已。金將費摩（舊作裴滿。）以數萬至城下，距城西北一里，依汝水爲營。其日，庚戌也。翌日，分兵半攻城，半掠糧，凡三遣人以書至城下，撙命射之。將書者曰：「此奉書來，與趙提舉商量軍事。」撙終不納。諸將曰：「敵人以書來，未知其意，姑接之何害！」撙曰：「不可。若觀之，必致士卒之疑，適中其計。」

前一日，金乘昏黑填濠于南門外十三處，寂然不聞其聲，質明，方覺之。焦元中流矢，遂下城，金人乘勢登城，啓南門而入。擀在城西，方聞南壁失利，卽下城集諸軍，占地勢以待。華旺、成臯、焦元欲奪東門出奔，守門統領官劉安不聽。將官李進聞南門被攻急，乃率弩手二十餘人赴之，將刀登城，中三矢而死。擀率士卒巷戰，日轉午，勝負未分。效用王建募死士十一人，截其甲裳，登城殺敵。至申刻，相持不動。馬軍司第十八將王世顯請募敢死士，得四十人，登城接戰，殺其二將，金人囂潰，皆自擲而下，南軍奮擊，死者不可計。會金帥登南門，望南軍旌旗不亂，曰：「今日城又不可得。」復下城而去。擀大呼曰：「金人走矣！」軍士皆歡呼。金人遂敗，爭門而出，不得出者，聚毬場中有千餘人，諸軍圍之，勦殺皆盡。擀命積金人之屍爲二京觀。

擀苦戰僅十旬，軍不過六千人，大戰之後，軍吏戰歿者已四百餘人，負創者三千七百人，可戰者僅二千人而已。

金人既敗，猶整頓行伍于西原，分八頭，每一頭以兩旗引去，以示有餘。南軍望之，皆不言而咨歎。

戊午，金再攻城，以大車載薪欲火西門，趙擀伏壯士甕城，俟其至，開闢突擊之，金人棄車而遁。

53 庚申夜，有星隕于蔡州金人之營。未明，金人退兵一舍。

54 鄂州左軍副統制王宣，自汝州以二百騎還至唐州。

時蔡州圍急，京西制置使吳拱遣步騎萬三千人往援之。統領官游皋等至確山，逗遛不進，拱乃以宣權中軍統制、節制沿邊軍馬，趨救蔡州。

55 甲子，金都元帥昂開府山東，經略邊事。是日，高福娘伏誅。

56 乙丑，鄂州駐劄御前中軍權統制王宣，敗金人于蔡州確山縣。

前一日，宣以所部距確山三十五里而營，質明，候騎報敵至確山，衆欲不戰，宣不可。乃舍其步士，引騎兵三千先行，分爲三陣。敵沖陣心，宣令諸軍以背刀沖奪，三陣俱進。秉義郎、右軍副將汲靖有勇力，宣召之。靖請百騎，宣與騎二百。靖上馬據鞍高呼曰：「今日汲靖爲國家破此敵，敵若不破，誓不生還。」左右聞之，人百其勇。宣曰：「汲靖事濟矣。」靖馳入敵陣奮擊，敵衆披靡。靖出入者三，惟亡二騎。諸軍亦勇進，金人遂遁，宣整衆不追。

方金之未敗也；招討使吳拱以趙撙孤軍不可留，屢以蠟書趣回軍。撙以敵圍方急，若棄城去，敵兵追擊，勢必敗亡，況蔡州軍食有餘。拱怒，以蠟書付諸將，令一面班師。會敵兵敗還，撙乃與諸將夜出蔡州，居人皆從之，天氣昏黑，墮空谷而死者甚衆。于是撙自信陽歸德安，而宣亦還屯襄陽府。

57 丙寅，瘞欽宗重于招賢寺，立虞主。

58金人復取蔡州。

59興元都統制姚仲，遣副將趙詮、王寧引兵攻鎮戎軍。金聞宋軍至，闔其城，收其弔橋，堅壁固守。詮等引兵斷其貫繩，諸軍畢登，神臂弓射其敵樓，更遣重兵分擊，敵勢不支。主簿趙士持，自言本皇族，與同知任誘先開門出降，獲其知軍振戈將軍韓珏。定遠大將軍、同知渭州秦弼聞南師下鎮戎，遂托疾不受金命，與其子進義校尉嵩及其孥來歸。宣撫司以弼知鎮戎軍。

60閏二月，己巳（辛未），龍神衞四廂都指揮使、寧武軍承宣使、江州駐劄御前諸軍都統制戚方，添差兩浙東路馬步軍副都總管，紹興府駐劄。

61金人以熙、蘭之兵圍河州，彌望蔽野，兵械甚設。宋軍之未得河州也，守將溫特棱遣食糧軍馳書于臨洮、德順以求援，爲其吏曹劉浩等十八人謀匿之不行，已而浩等悉來歸。及金兵再至，呼于城下曰：「惟以劉浩等縋城而出，乃釋圍。」浩等射其呼者使去。會義軍運礮擊敵衆，殺其部長一人，敵乃小卻，然亦未退。

62壬申，欽宗虞主還几筵殿，上親行安神禮。于是自七虞至九虞，皆親行之。

63金人破河州。

初，河州既受圍，金將溫特棱揚言曰：「河州能爲南人死守，甚壯。今我留此，萬一漢軍乘虛入熙，則熙又爲人有也，不如引兵歸援熙耳。」乃率兵去。城上士卒聞之，交口相賀，守城者弛甲坐。是夜，人人困臥城陬，敵以鐵騎擣城，斯須城壞，州民尙有未知敵至者。翌日，癸酉，敵驅父老、嬰孺數萬屠之，遷壯者數千隸軍。

先是宣撫司命惠逢、李進等會蕃、漢兵援河州，逢以兵役單寡，不能支敵，乞師者再。頃之，宣撫司遣將領郭師偉，將騎七百爲逢聲援，師偉未至，河州已破。逢屯通會，進屯臨洮。逢遣人謂曰：「金今再至，是無河州決也。吾曹罪在不測，不如併力以往，猶獲免也。」進曰：「敵兵愈前近萬人，我以危兵綴之，必取辱。」逢信之，因休士卒。進卽星夜趨河州。後二日，逢聞之，掩面泣下曰：「李進誤我！」進至河州，城已爲敵焚蕩，餘城趾而已。敵屠城時，吏曹劉浩與其徒八人遁走得免，十人被戮，宣撫使吳璘皆命浩輩以官。

64 丙子，帝親行卒哭之祭于几筵殿。戊寅，帝送欽宗虞主于和寧門外，奉辭，遂祔神主于太廟第十一室。己卯，百官純吉服。

65 癸未，正侍大夫、宣州觀察使、興元府駐劄御前右軍統制楊從儀，率諸將攻大散關，拔之。

關之未下也，左從政郎、都統司幹辦公事朱紱，以書遺總領財賦王之望，言：「諸軍鬭志不銳，戰心不壯。且曰：『使我力戰，就果立微勞，其如賞格當在何處！伺候覈實，保明申報，宣司、總司指揮，往返數旬，豈能濟急！』大率目今事勢，與前事異，不立重賞，何以責人于死事！乞詳酌措置，略于川蜀科歛軍需之費十分之一，多與準備賞給錢物近一二百萬，自總所移文諸帥，多出曉示，號令諸軍，各使立功以就見賞。如散關一處，使當初有銀絹一二萬匹兩，錢引一二十萬道，椿在鳳州，宣撫吳公、節使姚公明告諸軍，遣二三統制官各以其所部全軍一出，諭之曰：『當進而退，則坐以軍律，進而勝捷，能破關險，則有重賞。』如是而軍不用命，敵不破滅，無有也。」

之望怒，答書言：「用兵百三十日，糗糧、草料、銀絹、錢引，所在委積，累次喝犒，并朝廷支賜，文字纔到本所，立便給散，略無留阻。散關前攻不下，聞自有說，不知是險固不能取也，抑是有可取之理，而無銀絹錢引之故，士卒不用命也？若可取而士不用命，豈計使之故！則必有任其咎者。況聞攻關之日，死傷不少，則非士卒之不用命矣。自來兵家行軍，若逗撓無功，多是以糧道不繼，嫁禍于有司以自解，亦未聞以堆垜賞給爲詞者也。國家息兵二十年，將士不戰，竭西川之貲以奉之。一旦臨敵，更須堆垜銀絹而後可用，則軍政可知矣。且如向來和尙原、劉家圈、殺金坪諸軍大捷，近日吳宣撫取方山原、秦州等處，王四廂取商、虢等州，吳四廂取唐、鄧州，亦不聞先垜銀絹始能破敵也。朝廷賞格甚明，本所初無慳吝。如秦州治平之功，得宣司關狀，卽時行下。魚關支散，何嘗稍令闕誤！兼關金帛錢物，充滿府藏，宣撫不住關撥，豈是無有椿辦耶！李晟屯東渭橋，無積貲輸糧，以忠義感人，卒滅大盜。足下以書生爲人幕府，不能以此事規贊主帥，而反咎主人以不斂于民，豈不異哉！九月以後，興元一軍，已支撥過錢引二十八萬道，銀絹二千匹兩，而糗糧、草料與犒設犒賞不與焉，亦不爲不應付矣。若皆及將士，豈不可以立功！有功未賞，賞而未得者何人也？朝廷分司庀職，各有所主，而于財賄出納爲尤嚴。經由、檢察，互相關防，所有屢降指揮，凡有支費，宣司審實，總所量度，此古今通義而聖朝之明制也。來書謂攻散關時，若得銀絹、錢引椿在鳳州，而敵不破滅無有也。椿在鳳州與在魚關何異？方宣撫以攻守之策會問節使時，亦不聞以此爲言。今散關、鳳翔未破，足下可與軍中議取散閘〔關〕要銀絹、錢引若干，取鳳翔要若干，可以必克；本所當一切抱認，足下可結罪保明具申，當以聞于朝。如克敵而賞不行，僕之責也；若本所抱認而不能克，足下當如何？」紱不能對。

至是從義〔儀〕督同統制田昇等夜引兵攻拔之，遂分兵據和尙原。金人走寶雞。

66 丙戌，賜張浚錢十九萬緡，爲沿江諸軍造舟費。

帝既還臨安，有勸浚求去者。浚念身爲舊臣，一時人心以己之去就爲安危，乃不敢言，治府事，細大必親焉。

67 戊子，帝始純吉服，御正殿。

68右諫議大夫梁仲敏，論「參知政事楊椿，輔政期年，專務諂諛以取悅同列，議政則拱手唯唯，既歸私第則酣飲度日，以備員得祿爲得計，朝廷何賴焉！」殿中侍御史吳芾言：「椿自爲侍從，已無可稱。其在翰苑，所爲詞命，類皆剽竊前人，綴緝以進。冒登政府，一言無所關納，一事無所建明，但爲鄉人圖差遣，爲知舊干薦舉而已。故都人目爲『收敕參政』。去冬警報初聞，有數從官謁椿，勉以規畫，又以危言動之，椿竟不動，但指耳以對，蓋椿素有聵疾也。親厚有風之使去者，椿曰：『吾忝參政，宰相諾吾亦諾，宰相拜吾亦拜，重聽何傷！』其貪祿無恥，至于如此。」左正言劉度，亦論「椿貪懦無恥，頃爲湖北憲，率以三百千而售一舉狀。自爲侍從，登政府，惟聽兵部親事官及親隨之吏貨賂請求。望賜罷免以肅中外。」辛卯，參知政事楊椿充資政殿學士、提舉在外宮觀。椿爲臺諫所擊，四上疏乞免，乃有是命。

69湖北、京西置制使吳拱，言西北來歸之人甚衆，望權令踏逐寺觀安泊，分給官田，貸之牛種，權免租稅，從之。

70癸巳，敷文閣待制、樞密都承旨徐嘉充館伴大金國信使，武功大夫、吉州刺史、權知閤門事孟思恭副之。

先是北使高忠建等將入境，責臣禮及新復諸郡縣。接伴使洪邁移書曰：「自古以來，鄰邦往來，並用敵禮。向者本朝皇帝，上爲先帝，下爲生靈，勉抑尊稱以就和好。而彼國無故背盟，自取殘滅。竊聞大金新皇帝有仁厚愛民之心，本朝亟諭將帥，止令收復外，不許追襲。乃蒙責問，首遣信使，舉國欣幸。但一切之禮，難以復仍舊貫，當至臨淮上謁，更俟顧惠，曲折面聞。」

近例，迓使相見于淮水中流，及是見于虹縣之北虞姬廟，始抗禮。比賜宴，以欽宗喪制未終，不用樂。

71乙未，右朝請郎、知盱眙軍周淙，言富察（舊作蒲察。）徒穆之僕從，走馬自燕來報契丹侵擾金國，帝謂大臣曰：「上天悔禍，與國相攻。今先遣使請和，則其國中可卜。儻舊疆復還，得奉祖宗陵寢，誠國家之福。」陳康伯曰：「頃年金后有云：『只見漢和蕃，不見蕃和漢。』今乃金先請和也。」

72是日，金兵部侍郎（溫）都察珠圖喇，（舊作溫敦兀突剌，今改。）及斡罕（舊作窩斡。）戰於滕（勝）州，敗績。

73是月，興元都統制姚仲，統忠義統領段彥引兵攻平安關寨，克之。進至原州，金人堅守不下。彥以兵圍其城，鼓勵將士乘勢畢登，遂拔之，殺其知州完顏薩里，（舊作撒里。）獲同知、鎮國將軍赫舍哩鄂嚕古（舊作紇石烈訛魯古。）等，并其孥來獻。乃以彥知原州。彥又遣將官陳玘克西壕、柳泉、綏寧、靖安四寨。

74 三月，丁酉朔，新除資政殿學士楊椿，降充端明殿學士、提舉臨安府洞霄宮。

75 四川宣撫使吳璘，自秦州引兵至德順軍。

先是興元都統制姚仲攻德順，踰四旬不能下，乃以武當軍承宣使、知夔州李師顏代之，與中軍統制吳挺皆節制軍馬。會金都統圖克坦喀齊喀、(舊作徒單合喜。)副都統張中彥自鳳翔濟師，又遣其左都監自熙、河以兵由張義堡駐摧沙，合涇原之師來援。挺與金人遇于瓦亭，統制官·秀州刺史吳勝、閤門宣贊舍人朱勇等以所部逆戰。統領官王宏謂人曰：「吾赤手歸朝，驟官將領，不以死力戰，非夫也！」即突出，部其徒奮擊，飛矢如蝟毛，宏不動，敵敗去。然諸軍猶畏敵軍盛，復相持不敢進，璘恐士有怠志，遂自將以往，至是抵城下。

76 乙巳，少保、奉國軍節度使、四川宣撫使、領興州駐劄御前諸軍都統制職事、充利州西路安撫使、判興州、充陝西、河東路招討使吳璘爲少傅，龍神衞四廂都指揮使、保寧軍承宣使、金、房、開、達州駐劄御前諸軍都統制兼知金州兼金、開、達州安撫使王彥爲保平軍節度使，錄商、虢之功也。

77 丁未，左司員外(郎)兼國史院編修官洪邁、文州刺史·知閤門事張掄接伴北使還，入見。邁等言：「伏見已降指揮，罷北使沿路游觀、燒香。竊謂朝廷方接納鄰好，所爭者大，非一事而止也。今賜予宴犒，一切如舊，則遊觀小節，似可從略。若以欽宗皇帝服制爲辭，則向者顯仁皇后弔祭使來，天竺、浙江之行，猶且不廢。或彼有請，拒之無名。望令有司依例施行。」詔：「使人欲往浙江觀潮，令館伴諭以近日水勢湍猛，損壞江亭石岸，難爲觀看；其天竺並沿路遊觀燒香，且依近例；或無所請，卽依已降指揮施行。」遂以邁守起居舍人，兼職如故。

是日，金國報登位使高忠建等入國門。始，忠建責臣禮及新復諸郡，邁以聞，且曰：「土疆實利，不可與；禮際虛名，不足惜也。」禮部侍郎黃中聞之，亟奏曰：「名定實隨，百世不易，不可謂虛。土疆得失，一彼一此，不可謂實。」議者或有謂：「土地，實也；君臣，名也。今宜先實後名，乃我之利。」權兵部侍郎陳俊卿曰：「今力未可守，雖得河南，不免爲虛名。臣謂不若先正名分，名分正，則國威張而歲幣亦可損矣。」

78 戊申，四川宣撫使吳璘復德順軍。

璘初至城下，自將數十騎遶城。守陴者聞呼相公來，觀望咨嗟，矢不甚發，敵氣索。于是璘按行諸屯，預治夾河戰地。前一日，當陣斬一將，數其罪以肅軍，諸將股慄。乃先以數百騎當敵，金人一鳴鼓，銳士躍出突宋兵，遂空壁來戰，宋軍得先治地，無不一當十。苦戰久之，日且暮，璘忽傳呼某將戰不力，其人卽殊死鬭。金兵大敗，遂遁入壁。質明，璘再出兵，金人堅壁不戰。會天大風雪，金人引衆夜遁。璘入城，市不改肆，父老擁馬迎拜，幾不得行。遂遣忠義統領嚴忠取環州，獲其守將中憲大夫郭裔。

先是武功大夫、閤門宣贊舍人強霓與其弟武經大夫震皆陷敵，及是自環州來歸。璘嘉其忠義，奏以霓知環州兼沿邊安撫司公事，震統領忠義軍，屯環州。

79 己酉，太常少卿王普假工部侍郎、充送伴大金報登寶位國信使，武翼大夫、榮州刺史、帶御器械王謙假昭慶軍承宣使副之。

80 壬子，金報登位使驃騎上將軍、元帥府左監軍高忠建，副使通議大夫、尚書禮部侍郎張景仁，見于紫宸殿。故事，北使授館之三日即引見，至是以議禮未定，故用是日。于是北使于隔門外下馬，近例，于官門內隔門接下馬。三節人下馬于皇城下，近例，在皇城門內上下馬。使副位于節度使之南，不設氈褥。以欽宗喪制未終，不設仗，次宴垂拱殿，不用樂。

先是閤門定受書之禮略于京都故事，【考異】東京舊儀：北使跪于地下進書，內侍啓匣取書。宰執讀書畢，使人陞殿，跪傳北主語，問上起居。客省官宣問畢，北使下殿起居。今附見其制。詔館伴使徐嘉等以所定示之。忠建固執，特許殿上進書。及陞階，猶執舊禮，尚書左僕射陳康伯以義折之，忠建語塞，乃請宰相受書。康伯奏曰：「臣爲宰相，難以下行閤門之職。」忠建奉書，跪不肯起，廷臣相顧眙愕。康伯呼嘉至榻前，厲聲曰：「館伴在館所議何事？」嘉徑前掣其書以進，北使氣沮。

81 癸丑，金人圍淮寧府城。守(臣)武翼大夫、忠州刺史陳亨祖，登城督戰，爲流矢所中，死之。

82 四川宣撫使吳璘，自德順軍復還河池。

83 金人自擢沙引兵，由開遠堡攻鎭戎軍，環城呼譟，衆矢盡發，守將秦弼來援。時興元都統制姚仲，已遣將官王仲等領千兵戍鎭戎，至是又遣副將杜孝廉領兵五百屯擢沙爲外禦。

84 丁巳，金使高忠建等入辭，置酒垂拱殿。

忠建等既朝，留驛中凡五日，觀濤、天竺之遊皆罷之，至是面受報書，用敵國禮。將退，遣客省官宣諭云：「皇帝起居大金皇帝。遠勞人使，持送厚幣。聞皇帝登寶位，不勝欣慶。續當專遣人欽持賀禮。」忠建等捧受如儀。

85 起居舍人兼國史院編修官洪邁假翰林學士，充賀大金登寶位國信使，果州團練使、知閤門事張掄假鎭東軍節度使副之。

86 戊午，忠義軍統制兼知蘭州王宏，引兵拔會州，獲其通事李山甫等五十四人。宣撫司因令宏統制蘭、會州軍馬。

87 金人破淮寧府，忠義副都統領戴規，部兵巷戰，奪門以出，爲敵所害，守將陳亨祖之母及其家五十餘人皆死。後贈亨祖榮州觀察使，贈規三官，祿其家三人。又爲亨祖立祠于光州，名閔忠。

金之渝盟也，淮、襄諸軍復得海、泗、唐、鄧、陳、蔡、許、汝、亳、壽等十州，自是但餘四州而已。

88 己未，帝始御經筵。自去秋以用兵權罷講讀，至是復之。

89 金人引兵與西蕃官杏果同圍原州，守將段義彥，率忠義統領犖銓領兵，併州之官吏、軍民登城以守。金依城建寨，晝夜攻擊。原州城雖高，而忠義兵皆無甲，乃遣使詣鎭戎軍秦弼求援，弼無兵可遣，不得已分第三將趙銓及總押官苟俊所領兵之半以應之。果本涇原部落子，奔降于金，深知利害險扼之處，金遂將之。

90 川陝宣諭使虞允文至西縣之東，總領四川財賦王之望自利州往會之。允文之出使也，與京西制置使吳拱、荆南都統制李道會于襄陽，至是又與四川宣撫使吳璘會于河池，前後博議經略中原之策。令董庠守淮東，郭振守淮西，趙撙次信陽，李道進新野，吳拱與王彥合軍于商州，吳璘、姚仲以大軍出關輔，因長安之糧以取河南，因河南之糧而會諸軍以取汴，則兵力全而餉道便，兩河可傳檄而定。遂驛疏以聞。

先是之望數以軍興費廣爲言，朝廷令勸諭民戶獻納，之望因親至梁、洋，諭豪民使輸財。

91癸亥，夏人二千餘騎至棻園川俘掠，又二百餘騎寇馬家巉。

92丙寅，四川宣撫使吳璘，令右軍統制盧仕閔盡以秦鳳路幷山外忠義人及鎮戎軍四將軍馬留隸守臣秦弼。先是弼言鎮戎兵備單弱，敵勢甚盛，乞遣援兵故也。

93是月，明州言高麗國綱首徐德榮至本州，言本國欲遣賀使，詔守臣韓仲通從其請。殿中侍御史吳芾言：「高麗與金人接壤，爲其所役。紹興丙寅，嘗使金稚圭入貢，已至明州，朝廷懼其爲間，亟遣之回。方今兩國交兵，德榮之情可疑，使其果來，懼有意外之虞。萬一不至，卽取笑外國。」乃止之。

94是春，淮水暴漲，中有如白霧，其闊可里許，其長亙淮南、北。又有赤氣浮于水面，高僅尺，長百步，自高郵軍至興化縣，若血凝而成者。

95癸酉，殿中侍御史吳芾言：「向來歲遣聘使，多以有用之財博易無用之物。大率先行貨賂，厚結北使，方得與北商爲市。潛形遁迹，嘗虞彰露，間遭捃摭，復以賄免，不惟有累陛下淸儉之德，亦啓敵人輕侮之心。今再通和好，尙慮將命之臣或仍前例，有傷國體，爲害非細。」詔使副嚴切覺察，如使副博易，回日令臺諫彈劾。

續資治通鑑卷第一百三十七

賜進士及第兵部尚書兼都察院右都御史總督湖北湖南等處地方軍務兼理糧餉世襲二等輕車都尉畢沅編集

宋紀一百三十七 起玄黓敦牂（壬午）四月，盡十二月，凡九月。

高宗受命中興全功至德聖神武文昭仁憲孝皇帝

紹興三十二年金大定二年。（壬午、一一六二）

1 夏，四月，己巳，金右副元帥完顏默音舊作謀衍，今改。等敗斡罕舊作窩斡，今改。於長濼。

先是斡罕攻泰州不克，轉趨濟州，欲邀金人糧運，默音與右監軍完顏福壽，合兵萬三千人，以海蘭路海蘭舊作曷懶，今改。總管圖克坦志寧圖克坦，舊作徒單，今改。等爲左翼，臨海節度使赫舍哩志寧赫舍哩舊作紇石烈，今改。等爲右翼，至木虎崖，盡委輜重士卒，賫數日糧，輕騎襲之。賊黨有來降者，謂默音曰：「賊中馬肥健，官軍馬疲弱，此去賊八十里，比遇賊，馬已憊。賊輜重去此不遠，我攻之，賊必救其巢穴。賊至，馬必疲，我馬得少息。所謂攻其所必救，以逸待勞也。」默衍〔音〕從之，乘夜亟發。會大風，路暗不能辨，遲明，行三十里許，與賊輜重相近，整兵少憩。斡罕方向濟州，聞金兵取其輜重，乃還救，遇於長濼。旣陣，默音別設伏於左翼之側，賊騎突出左翼伏兵之間，圖克坦克寧射卻之。

是日，別部諸將與賊對者，勝負未分，相去五里許而立。左翼萬戶襄別與賊戰，賊陣動，襄麾軍乘之，突出其後，俱與大軍不相及。襄以善射者二十騎，率衆自賊後擊之，賊不能支，乘勢麾軍擊其一偏，賊遂卻。襄遂與大軍合，而別部諸將皆至，整陣力戰，天忽反風揚砂石，賊陣亂。金兵馳擊，大破之，追北十餘里，斬獲甚衆。

2 辛未，金降前主亮爲海陵郡王。

3 甲戌，吳璘命姚仲趣德順，統制官盧仕閔、姚志並聽節制，相機圖復涇、渭等州。仲言所領兵少，欲就興元、洋州抽兵爲助，璘從之。於是仲併河池、秦州兵九千詣德順，餘兵留屯甘谷、摧沙、鎭戎軍。

時原州受圍已久，金兵益置大礮十四所，更用鵝車、洞子擁迫城下，矢石亂發，軍民死傷甚衆，勢將不支。守將段彥、鞏銓，告于知鎭戎軍秦弼曰：「原州、鎭戎，脣齒相依。原州失守，鎭戎必孤。」弼以聞于宣撫司，乃就令弼盡領四將兵應援。段彥復報敵兵增至七萬，盧仕閔謂涇、渭距德順、鎭戎地遠，而原州勢急，請姚仲分援原州，仲乃令右軍統制李在分遣治平寨屯兵五百人往援之。仕閔以原州急，分遣其兵寨于東山及渭川道三岔口榆林堡，堡距州五十里，以爲應援，且密遣壯士馳報城中，俾知外援以堅其守。

4 戊寅，御史中丞汪澈參知政事。

5 戊子，起居舍人、充大金國賀登寶位使洪邁等辭行。【考異】繫年要錄載國書云：「寀惟駿命，光宅丕圖，德合天人，慶均遐邇。比因還使，常露悃悰，粤從海上之盟，獲講鄰封之信。中更多故，頗紊始圖。事有權宜，姑爲父兄而貶損；釁無端隙，靡逃天地之鑒臨。旣邊事之一開，致誓言之遂絕，敢期後聘，許締新歡。載惟陵寢之山川，寖隔春秋之祭祀，志豈忘于纘舊，孝實切于奉先。願畫舊疆，寵還做〔敝〕國，結兄弟無疆之好，垂子孫可久之謀，庶令南北之民，永息干戈之苦。倘垂睿照，曲徇懇求，願佇佳音，別修要約。」與大金國志所載少異。今附見於此。

6 壬辰，起居郎呂廣問權尚書禮部侍郎。

7 丙申，興元都統制姚仲，聞原州圍急，乃令統制官姚志、李在量留兵屯德順，盡以精兵同所將常從兵以是日發德順，往援原州。

8 契丹斡罕率衆西走，金右副元帥默音追及之於霫霵河。賊已濟，毀其津口，赫舍哩志寧軍先至，不克渡，乃對岸爲疑兵，以萬戶瓜勒佳清臣、瓜勒佳舊作夾谷，今改。圖克坦海羅於下流渡河。値支港兩岸斗絕，且濘淖，命軍士束柳塡港而過。追之數里，得平地，方食，賊衆奄至。志寧急整陣，賊自南岡馳下衝陣者三，志寧力戰，流矢中左臂，戰自若。後軍畢至，左翼輕騎兵先與賊接戰，據上風縱火，乘煙擊金軍。金步兵亦至，併力合戰，凡十餘合，金兵苦風煙，皆植立如癡。會天雨風止，金兵奮擊，大敗之。圖克坦克寧追奔十五里，賊前阨谿澗，不得亟渡，多殺傷。賊既渡，金兵亦渡。少憩，賊反旆來攻，克寧以大軍不繼，令軍士皆下馬射賊。賊引卻而南，克寧亦將引而北。士未及騎馬，賊復來衝突，金兵少卻，回渡澗北。金軍大隊至，斡罕遂引去。

9 五月，戊戌，四川宣撫使吳璘，自河池往鳳翔視師。

都統制姚仲，遣統領官趙銓引兵七百至開邊寨，克之，獲其知寨成茂。已而金人千餘自原州來求戰，銓鼓衆力戰，北兵敗走。金二百餘騎又駐開邊寨河灘，右軍統制盧仕閔戰退之，追擊至九龍泉。仲令統制姚公輔同統領官張詔、趙銓領兵七百赴原州，又令統制姚公興駐原州北嶺，與金人合戰，奪其隘口。守將段彥知大軍將至，勢少壯，金人是日攻城亦稍緩。

壬寅，仲以大軍至原州之北嶺，與金人合戰，南兵大敗。前一日，仲未至開邊寨之十里，將以次日由九龍泉上北嶺，令諸軍弓弩盡滿引行前，輜重隊居後。平旦，遇敵萬餘求戰，仲以盧仕閔所領馬步軍及陝西兵合爲頭陣，次以己所統部軍六千四百十有八爲四陣，隨勢便利分列之，又以統制官姚志所部兵爲後拒，列爲隘曲。南軍盡力鏖擊，陣面開合凡數十，敵兵每一衝陣，率三千餘衆，迭爲進退。輜重隊隨陣亂行不整，第一、第二陣方交鋒，而第三、第四已爲金兵破拒馬而入，陣心衝潰，輜重中隔，莫可援。第五陣及仲牙兵，死鬬最久，自辰至未，人馬死亡，枕藉道路，軍遂大潰。志陣居第六，已踰兩隘，行前者還報諸陣盡爲敵兵所敗，志謂其徒曰：「前軍既敗，我輩進亦死，退亦死，等死耳，進猶可生也。」遂悉其軍各死戰。未幾，金人馬軍直前衝擊，志令左軍第四正將張傳〔傳〕傳令槍手盡坐，神臂弓先發，平射弓次之，起伏凡五，金兵引退約二百步。志遂趨陣，踰七八里，敵乃歸南山原。當時詢求姚仲不得，頃之，有報仲已至開邊寨，志遂令將官楊立領神臂弓甲兵各五隊據九龍泉大川路，以備敵邀擊。是役也，武顯大夫、興州前軍同統制鄭師廉，與統領官七，將官三十，隊將七十有三，並死于陣，隊兵以下不與焉。仲既至開邊寨，諱言五陣之敗，惟推姚志爲奇功，以捷報宣撫司。

公輔聞仲遇敵，乃引兵次原州城爲策應，遇金人，與戰，至午，各退保于故壘。時吳璘方遣仲書，問原州敵勢，且曰：「喀齊喀貝勒（舊作合喜孛堇。）次鳳翔，堅守不出。勢不與處，雖原州圍未解，可且赴德順。」書未至而仲已敗。

10 金立楚王允迪爲皇太子。

11 乙巳，詔：「禮部奏名進士，依祖宗故事，更不臨軒策試。」

12 戊申，太傅、寧遠軍節度使、御營宿衞使、和義郡王楊存中，復爲醴泉觀使。

13 辛亥，鎭江都統制張子蓋，與金人遇于石湫堰，敗之。

先是金以數萬衆圍海州，詔子蓋率兵往援，仍聽張浚節制。浚受命，卽爲書抵子蓋，勉以功名，令出騎乘敵弊。子蓋至京口，整軍渡江，亟趣漣水，擇便道以進。前一日，至石湫堰，金萬騎陣于河東。子蓋曰：「彼衆我寡，利在速戰，不可令敵知我虛實。」于是率精鋭數千騎，馳馬先入，復州防禦使王友直以所部力戰，御營宿衞前軍統制張玘爲流矢中其腦，沒于陣，士卒死鬭。金兵遂大敗，擠于河，溺死幾半，餘騎遁去。

14 壬子，奉安顯仁皇后神御于景靈宮。

15 癸丑，吳璘聞姚仲之敗，乃逮繫左軍第四正將張傳〔傅〕鞫之，始得其實，遂追仲赴軍前議事。翌日，又令統制官姚公輔、趙銓守原州，聽候中軍統制吳挺節制，不得自爲擿發，若擅離所守地，稍失支吾，並斬。

16 乙卯，忠州團練使、知順昌軍孟昭，率部曲來歸，居固始縣。以昭爲光州兵馬鈐轄，其徒皆授田居之。

17 丁卯，天申節，罷上壽。

18 海州圍解。

19 戊午，欽宗小祥，上詣几筵殿行禮。

20 癸亥，觀文殿大學士、判建康府張浚言：「軍籍日益凋寡，補集將士，必資西北之人，能戰忍苦，方爲可仗。訪得東北今歲蝗蟲大作，米價湧貴，中原之人，極艱于食。乞朝廷多撥米斛或錢物，付臣措置招徠，人心既歸，北勢自屈。」詔以米萬石予之。

浚以爲淮楚之人，自古可用，乘其困擾之後，當收以爲兵，乃奏曰：「兩淮之人，素稱強力，而淮北義兵，尤爲忠勁，困於敵人，荼毒已甚，讎敵欲報之心，未嘗一日忘也。特部分未嚴，器械不備，雖有赤心，不能成事。誠恐一旦姦夫鼓率，千百爲羣，别致生事，可因其嫉憤無聊之心而招集之。宜置御前萬弩營，募民壯年十八已上、四十五已下，堪充弩手之人，並不刺臂面，以御前效用爲名，各給文帖，書鄉貫、居住之處及顔貌、年甲、姓名，令五人結一保，兩保爲一甲，十甲爲一隊，遞相保委，有功同賞，有罪同罰，于建康府置營寨安泊。」詔可之。

浚即下令曰：「兩淮比年累被荼毒，父子、兄弟、夫婦，殺傷擄掠，不能相保，今議爲必守之計。復恥雪怨，人心所同，有願充者，宜相率應募。至于淮北久被塗炭，素懷忠義，欲報國恩，亦當來歸，共建勳業。」于是兩淮之人，欣然願就，率皆強勇可用，浚親訓撫之。又奏差陳敏爲統制。敏起微賤，聲迹未振，浚擢于困廢中，敏感激盡力圖報。未幾，成軍。方召募之初，浮言鼓動，欲敗成績，數月間，來應者不絕，衆論始定。

浚謂：「敵長于騎，我長于步，制騎莫如弩，衞弩莫如車。」乃令專制弩治車。又謂：「三國以後，自北來南，未有不由淸河、渦口兩道以舟運糧。蓋淮北廣衍，糧舟不出于淮，則懼淸野無所得，有坐困之勢，于是東屯盱眙、楚、泗以扼渦、潁，大兵進臨，聲勢連接，人心畢歸，精兵可集。」卽奏言之。又多募福建海船，由海窺東萊，由淸、泗窺淮揚。詔下福建選募。

21甲子，詔曰：「朕以不德，躬履艱難，荷天地祖宗垂裕之休，獲安大位，三十有六年，憂勤萬幾，宵旰靡怠。屬時多故，未能雍容釋負，退養康寧。今邊鄙粗寧，可遂如意。皇子瑋，毓德允成，神器有託，朕心庶幾焉。可立爲皇太子，仍改名眘，所司擇日備禮册命。其宮室、官屬、儀物、制度等，速討論典故以聞。」

22慶遠軍節度使、龍神衞四廂都指揮使、主管侍衞馬軍司公事成閔爲太尉、主管殿前司公事，寧國軍節度使、龍神衞四廂都指揮使、建康府駐劄御前諸軍都統制、淮南西路制置使、京畿·河北西路·淮北壽·亳州招討使李顯忠爲太尉、主管侍衞馬軍司公事。

23四川宣撫使吳璘遣將攻熙州，是月，拔之，獲其都統官劉嗣。

初，三大將之出也，興元路得秦、隴、環、原、熙、河、蘭、會、洮州、積石、鎭戎、德順軍，凡十二郡；金州路得商、虢、陝、華州，凡四郡，獨渭北以重兵扼鳳翔，故散關之兵未得進。

24是月，金右副元帥默音，以逗遛召還。默音貪擄掠，敗敵不急追，縱敵使去。其子色格舊作斜哥，今改。暴橫，軍中士卒不用命。斡罕得水草善地，金兵水草乏，馬益弱，斡罕遂涉懿州界，陷靈山、同昌、惠和等（縣），竊取北京，西攻三韓縣，勢益熾。金廷臣或言：「斡罕兵勢如此，若宋人乘虛襲我，國其危哉！設有所求，當割地與之。」金主懼甚。右丞布薩（舊作僕散。）忠義請曰：「臣聞主憂臣辱，願效死力，殄滅契丹。」金主壯之，乃召默音等還，切責罷之。以赫舍哩志寧爲右監軍，偕左監軍高忠建進討。旋命忠義爲平章政事兼右副元帥，經略契丹。

25六月，丙寅朔，四川宣撫使吳璘次大蟲嶺，姚仲來謁，璘先令夔州安撫李師顏奪其兵，欲斬以徇。參議官有勸止之者，乃繫河池獄，旋送文州拘管。

統制姚公輔引兵出城北，次于北原，與敵兵遇，戰焉。金人自五月至于今，增兵凡萬五千騎，調丁夫五千餘衆，以牛軍（車）運礮坐六十有餘所，增置憨皮袋、搜城車、呆樓、洞子十餘所，自城東至于西南隅，共爲六寨。守將段彥來告急，一日書五至，公輔告急亦繼至。

26己巳，龍神（衞）四廂都指揮使、隨州觀察使、主管侍衞馬軍司公事李捧罷，爲武泰軍承宣使、兩浙東路軍副總管、紹興府駐劄；龍神（衞）四廂都指揮使、鎭南軍承宣使、荆南府駐劄御前諸軍統制李道罷，爲捧日天武四廂都指揮使、知荆南府；中亮大夫、鄂州駐劄御前左軍副都統制兼知襄陽府王宣領鄂州防禦使、權主管荆南府駐劄御前諸軍都統制職事，仍兼知襄陽府。

27庚午，龍神衞四廂都指揮使、潭州觀察使、鄂州駐劄御前諸軍都統制、充湖北·京西制置使、京西北路招討使吳珙爲安遠使〔軍〕承宣使、主管侍衞步軍司公事，賞茨湖之捷也。時復與金人議和，故三招討並除管軍而結局。

28壬申，永州防禦使、侍衞馬軍使〔司〕中軍統制趙撙充鄂州駐劄前軍都統制。

29癸酉，以立太子，告天地、宗廟、社稷。

30甲戌，殿中侍御史張震、右正言袁孚論宰相朱倬之罪，倬聞，亦乞免。乙亥，尚書右僕射、同中書門下平章事朱倬罷，爲觀文殿學士、提舉江州太平興國宮。

31帝出御劄曰：「朕宅帝位三十有六載，荷天地之靈，宗廟之福，邊事寖寧，國威益振。惟祖宗傳序之重，兢兢焉懼弗克任，憂勤萬幾，弗遑暇佚，思欲釋去重負以介壽臧，蔽自朕心，亟決大計。皇太子賢聖仁孝，聞于天下，周知世故，久繫民心，其從東宮付以社稷。惟天所相，朕非敢私。皇太子可卽皇帝位，朕稱太上皇帝，遷德壽宮，皇后稱太上皇后。一應軍國事，並聽嗣君處分。朕以淡泊爲心，頤神養志，尚賴文武忠良，同德合謀，永底于治。」詔，洪遵所草也。

丙子，帝行內禪之禮，有司設仗紫宸殿下。先是帝嘗諭太子以傳禪意，太子流涕固辭，至是遣中使召太子入禁中，復加面諭。太子推遜不受，卽趨殿側便門，欲還東宮，帝勉諭再三，乃止。

于是帝御紫宸殿，尚書左僕射·同中書門下平章事陳康伯、知樞密院事葉義問、參知政事汪澈、同知樞密院事黃祖舜陞殿。康伯奏言：「臣等輔政累年，罪戾山積，聖恩寬貸不誅。今陛下超然高蹈，有堯、舜之舉，臣等不勝欣贊。但自此不獲日望清光，犬馬之情，無任依戀！」因再拜泣下。帝亦爲之揮涕，曰：「朕在位三十六年，今老且疾，久欲閑退。此事斷在朕意，非由臣下開陳也。卿等宜悉力以輔嗣君。」康伯等復曰：「皇太子賢聖仁孝，天下共知，似聞讓遜太過，未肯卽御正殿。」帝曰：「朕已再三邀留，今在殿後矣。」帝卽入宮。

百官移班殿門下，宣詔畢，復入班殿庭。頃之，皇太子服袍履，內侍扶掖至御榻前，拱手側立不坐，應奉官以次稱賀。內侍扶掖至于七八，乃略就坐，宰相率百僚稱賀，皇太子遽興。康伯等奏言：「願殿下卽御坐，正南面，以副太上皇帝付托之意。」太子愀然曰：「君父之命，出於獨斷。此大位，懼不敢當，尚容辭避。」

班退，太上皇帝卽駕之德壽宮。帝服赭袍、玉帶，步出祥曦殿門，兩掖輦以行，至其宮門，弗肯止。上皇麾謝再三，且令左右扶掖以還，顧謂曰：「吾付托得人，斯無憾矣。」左右稱萬歲。百官扈從上皇至德壽宮。【考異】金史世宗紀作七月丙午，宋主傳位于子，蓋據事聞之日。今從宋史。

32 丁丑，駕詣德壽宮起居。

33 戊寅，大赦。

34 帝諭羣臣曰：「朕欲每日一朝德壽宮，以修晨昏之禮，面奉太上皇帝聖諭，謂恐費萬幾，勞煩羣下，不賜許，可委禮官重定其期。」禮部侍郎黃中奏：「漢高帝五日一朝太上皇，今請依前事。」詔從之。

35 金命居庸關、古北口譏察契丹間諜，捕獲者加官爵。己卯，命萬戶溫特赫阿嚕岱舊作溫迪罕阿魯帶，今改。率兵四千屯守古北口、薊州石門關。以斡罕侵軼日甚，故備之。

36 金布薩忠義之奉命討斡罕也，金主賜以詔曰：「軍中將士有犯，連職之外，並以軍法從事，有功者依格遷賞。」又詔將士曰：「兵久駐邊陲，蠹費財用，百姓不得休息。今以右丞忠義爲平章政事、右副元帥，宜同心戮力，無或弛慢。」

37 以大名尹宗尹爲河南路統軍使。

38 壬午，忠義等遇斡罕於花道。斡罕擁衆八萬，勢甚張。忠義以宗亨爲左翼，宗敘爲右翼，與賊夾河而陣。賊渡河，分其兵爲二，先犯左翼軍，萬戶扎拉舊作查剌，今改。以六百騎奮擊，敗之。賊犯右翼軍，宗亨及富察（舊作蒲察。）世傑指畫失宜，陣亂，敗于賊，世傑挺身投于扎拉軍中。賊圍扎拉軍，扎拉力戰，宗敍以右翼軍來救。斡罕不能勝，乃以精銳自隨，以羸兵護其母、妻、輜重由別道西走，期於山後會集，忠義及赫舍哩志寧以大軍追及於裊嶺西陷泉。【考異】布薩忠義敗斡罕于裊嶺，本紀作庚寅，今從斡罕傳連書之。賊軍三萬騎，涉水而東，大軍先據南岡，左翼軍自岡爲陣，迤邐而北，步軍繼之，右翼軍繼步軍北引而東，作偃月陣，步軍居中，騎軍據其兩端，使賊不見首尾。時昏霧四塞，跬步莫覩物色，忠義禱曰：「狂寇肆暴，殺戮無辜，天不助惡，當爲開霽。」奠已，昏霧廓然。賊見左翼據南岡，不敢擊，擊右翼軍，扎拉力戰，賊稍卻。志寧與瓜勒佳清臣等合戰，賊大敗，將涉水去，泥濘不得亟渡，金兵逐北，人馬相蹂踐而死，不可勝數。陷泉皆平，餘衆蹈藉而過，或奔潰竄匿林莽間，金兵踵擊之，俘斬萬計，生擒其弟僞六院司大王裊。斡罕走趨溪（奚）地，金兵追躡至七渡河，又敗之。既踰渾嶺，復進軍襲之，望風奔潰。斡罕之母舉營自落括（岡）西走，志寧追之，盡獲輜重，俘五萬餘人。

捷聞，金主詔曰：「右副元帥忠義，遣使來奏大捷。或被軍俘獲，或自能來服，或無所歸而投拜，或將全屬歸附，或分領家族來降，或嘗受僞命及自來曾與官軍鬬敵，皆釋其罪。其逃亡者，除斡罕一身，有能歸附，亦準釋放，能誅捕斡罕或率衆來降者，並給官賞。各路撫納來者，毋得輒加侵損。無資給者，有糧處安置，仍官爲養濟。」

39癸未，陳康伯奏：「臣等以前二日朝德壽宮，太上皇帝宣諭，車駕每至宮，必於門外降輦。已再三諭之，旣以家人之禮相見，自宜至殿上降輦。令臣等奏稟此意。」帝曰：「夜來太上皇帝有旨，令朕只朝朔望。朕于子道問寢侍膳，尤宜勤恪，卿等可詳議以聞。如宮門降輦，在臣子於君父，禮所當然。太上皇帝雖曲諭，朕斷不敢。」

40甲申，詔曰：「朕欽承聖訓，嗣守丕基，猥以眇躬，託于王公士民之上，兢兢業業，懼德非薄，不敏不明，未燭厥理，將何以緝熙初政，稱太上付授之恩！永惟古先極治之朝，置鼓以感〔延〕敢諫，立木以求謗言，故下情不塞於上聞，而治功所由興起也，朕甚慕之。況今薦紳之士，咸懷忠良，芻蕘之言，豈無一得！朕躬有過失，朝政有缺遺，斯民有休戚，四海有利病，凡可以佐吾元元，輔朕不逮者，皆朕所樂聞。朕方虛懷延納，容受直辭，言而可行，賞將汝勸，弗協於理，罪不汝加。悉意陳之，以啓告朕，毋隱毋諱，毋憚後害。自今時政闕失，並許中外士庶直言極諫，詣登聞檢、鼓院投進；在外於所在州軍實封附遞以聞。」

41丁亥，詔胡銓復元官，差知饒州。

42禮部侍郎黃中等言：「奉聖旨，太上皇帝有詔，卻五日之朝，朕心未安，令有司官詳議。臣等今議，除朔、望皇帝詣德壽宮朝見外，請于每月初八幷二十二日朝見，並如宮中之儀。」

詔從之。

43壬辰，殿中侍御史張震言：「紹興二年詔書略曰：『昔我太祖皇帝嘗令百官輪次面對，自今後，行在百官日輪一員面對，朕當虛佇以聽其言，且觀其行。』陛下初承聖緒，望舉行舊典，詔百官日以序進，則數日之間，議論畢陳，而賢愚可以概見。俟其既周，卽復依舊五日輪對。」詔從之。

44帝手書召判建康府張浚。既見，帝改容曰：「久聞公名，今朝廷所賴惟公。」浚言：「人主以務學爲先，人主之學，以一心爲本。一心合天，何事不濟！所謂天者，天下之公理而已。必兢業自持，使淸明在躬，則賞罰舉措，無一不當。人心自歸，強鄰自服。」帝竦然曰：「當不忘公言。」浚見帝天錫英武，力陳和議之非，勸帝堅意以圖事功。於是加浚少傅，進封魏國公，除江淮宣撫使，節制屯駐軍馬。

45秋，七月，壬寅，詔曰：「永惟邦本，實在斯民，民之休戚，實繫守令。太上皇帝精擇循良，留神惠養，垂及眇躬，其敢怠忽！咨爾分土之臣，毋滋訟獄，毋縱吏姦，毋奪民時以重土木，毋掊民財以資餉遺。有一如〔於〕此，必罰毋赦。至於俾民安其田里，愁歎不生，增秩賜金，若古典則。」

46丁未，賜知臨安府趙子潚御劄，罷京尹供饍營辦。帝曰：「更宜子細求訪，應有擾民之事，一一條具開奏。如停罷供饋等，所省錢二萬餘貫，可盡與民間除去科擾。」

47戊申，詔追復岳飛元官，以禮改葬；訪求其後，特與錄用。

48庚申，金尙書左丞相晏致仕。

49壬戌，詔：「將屆聖節，諸路監司、州軍應合進金銀錢絹等，緣天申聖節已行進奉，合進之數，權與蠲免。」

50金邊帥以檄至盱眙，【考異】繫年要錄云：先是金遣布薩忠義及赫舍哩志寧經略四川，（校者按：仁壽蕭氏刻本繫年要錄作「四州」，不作「四川」。）爲南師所敗，於是檄至盱眙。今以金史考之，大定二年七月，忠義、志寧方討斡罕，無暇以檄至宋，至冬始奉南伐之命，疑要錄以後事誤繫于前。至云敗于四川，則尤誤矣。今酌書之。達通和之意，宜各守元立封疆，邊臣以聞。乃下詔曰：「敵人求索故禮，從之則不忍屈辱，不從則遺患未已。中原歸正人源源不絕，納之則東南力不能給，否則絕向化之心。宰執、侍從、臺諫，各宜指陳定論以聞。」

時羣臣有所論列，而宰執獨無奏章，帝以問參知政事史浩。浩奏謂第當且堅壁以禦攻衝，俟乘機以圖恢復。先是史浩議欲城瓜洲、采石，下張浚議，浚謂如此是自示以削弱之形，不若先城泗州。浩旣參知政事，與張浚議多不合。

51命參知政事汪澈視師湖北、京西。時劉珙使金，不至而復。先是洪邁、張掄使回，見張浚，具言金不禮我使，具狀令稱陪臣，浚謂不當復遣使。而史浩議遣使報金以登位，竟遣珙。行至境，金責舊禮，不納而還。

52 斡罕既敗，收合散卒萬餘人，遂入奚部，以諸奚自益。八月，乙丑朔，金左監軍高忠建破奚於栲栳山，及招降旁近奚六營，有不降者攻破之。斡罕寇古北口，萬戶溫特赫阿嚕岱因妻生日，輒離軍六十里，賊聞之來襲，殺傷士卒甚衆。金主命完顏默音以兵三千會舊屯兵擊之。先是有告默音子色格謀反者，金主察其誣，命鞫告者，告者款伏，遂誅之。金主謂默音曰：「人告卿子謀反，朕知卿必不爲此。今告者果自服罪，宜悉此意。」默音至軍，擊擒其賊黨。

53 癸酉，金主謂宰臣曰：「百姓上書陳時政，其言猶有所補。卿等位居機要，略無獻替，可乎？夫聽斷獄訟，簿書期會，何人不能！唐、虞之聖，猶務兼覽博照，乃能成治。正隆專任獨見，故取敗亡。朕早夜孜孜，冀聞讜論，卿等宜體朕意。」詔百司官吏：「凡上書言事，或爲有司所抑，許進表以聞。朕將親覽，以觀人材優劣。」

54 丁丑，金免齊國妃、韓王亨等親屬在宮籍者。

55 金主詔元帥右都監完顏思敬，以所部軍與大軍會討斡罕。

56 戊寅，帝詣德壽宮上光堯壽聖太上皇帝、壽聖太上皇后尊號册寶，行禮。

57乙酉，金詔左諫議大夫石琚、監察御史馮仲方廉察河北東路。

58丁亥，金主詔御史臺曰：「自三公以下，官僚善惡邪正，當審察之；若止理細務而略其大者，將治卿等罪矣。」

59辛卯，金罷諸關徵稅。

60九月，丁酉，詔：「朕仰稽祖宗故事開講，其日可召輔臣觀講。」

61戊戌，詔：「比下求言之詔，欲急聞過失，四方有獻言者，並付後省看詳。今已踰月，未聞推擇來上，可令催促。」

62詔：「蜀去行都萬里，人才豫當儲蓄，以備緩急。欲舉一忠愨明敏之士，周知蜀利害者爲都轉運使，可令集侍從、臺諫各舉所知，以俟采擇。」

63金完顏思敬以所部兵入奚地，會布薩忠義之軍追討斡罕，賊黨多降，餘多疾疫而死；無復鬬志。斡罕自度勢窮，謀自羊城道西京奔夏國，金兵追之益急，其衆復多亡去，度不得西，乃北走沙陀。庚子，賊黨執斡罕以降，幷獲其母、妻，逆黨悉平。甲辰，金太子率百官上表賀。乙巳，金以斡罕平詔中外。辛亥，斡罕磔於市，其黨瓜里扎巴（舊作括里札八。）南走，左宣徽使宗亨追之，不及，瓜里扎巴遂來降。

64甲寅，詔胡銓、王十朋並赴行在。

65 冬，十月丙寅，詔：「侍從、兩省、臺諫、卿、監，各舉可任監司、郡守之人，分爲二等，一見今可用，一將來可用，限一月聞奏。如所舉，增秩、賜金，舉主同之；不如所舉，罰亦同之。及見任監司、郡守才與不才，亦限一月內逐一具姓名臧否品目來上。」

66 右正言周操言：「國家內設百官，必資久任以責成效。今則不然，自丞、簿不數月望爲郎，自郎不數月望爲卿、監，利於速化。人則幸矣，職業不修，國家何賴！若乃監司、郡守之數易，則其害又有大於此者。監司一易則擾一路，郡守一易則擾一州。望面諭大臣，自今內外除授之際，確意精選，務在久任。」詔令三省遵守。

67 丁卯，金以左副元帥完顏固雲舊作轂英，今改。爲平章政事。

68 戊辰，金平章政事、右副元帥布薩忠義等至自軍。丙戌，以忠義爲右丞相，改封沂國公，以左監軍圖克坦志寧爲左副元帥。

69 戊子，金葬睿宗皇帝於景陵，大赦。

70 己丑，金命赫舍哩志寧經略南邊。

71 十一月，癸巳朔，金命布薩忠義南伐。

72 甲寅，殿中侍御史張震等言：「乾德四年詔，自今內臣年及三十以上，兼見在朝廷繫職，方許養一子；皇祐五年詔，內侍以一百八十人爲額；嘉祐中，韓絳奏內臣員多，請住養子；至治平以後，始復許奏薦。而熙寧中，神宗諭宰臣曰：『方今宦者數已多，而隸前省官又入內侍。絕人之世，仁政所不取。且獨不可用三班使臣代其職事乎？』吳充對曰：『此盛德事，臣等敢不奉行！』自來條例，又須限以年甲，試以詩書，籍定姓名，遇闕不塡。宜立爲定制。」詔：「令內侍省開具見在人數聞奏，今年會慶節權免進子。」

73 乙卯，臣僚言：「祖宗時，贓罪削籍配流者，雖會赦不許放還敍用。近覩登極赦，命官除名追官資及勒停幷永不收敍人，並與敍元官，甚失祖宗痛繩贓吏之意。請自今，官吏嘗經勘斷犯入己贓，並不許收敍；如有已放行收敍者，即爲改正。」從之。

74 十二月，戊辰，詔：「今日早朝，集侍從、臺諫赴都堂，條具方今時務，仍聽詔旨。」詔曰：「朕覽張燾所奏，犁然有契於衷，已令侍從、臺諫集於都堂。今賜卿筆札，宜取當今弊事，悉意以聞。退，各於聽治之所，盡率其屬，諭以朕旨，使極言之，毋得隱諱，朕將有考焉。」

初，張燾以故老召除知樞密院事，帝問爲治之要，壽〔燾〕因言：「太上皇帝紹興初，嘗舉行祖宗故事，詔百官赴都堂，令條具當今弊政與夫捄正之宜，請檢舉行之。」故有是詔。

75 庚辰，臣僚言：「國朝檢校官一十九員，上者曰太師、太尉、太傅、太保、司徒、司空，而除授則自司徒遷太保，各以序進。陛下方講修聖政，宜下有司討論，立爲定式。」給事中黃祖舜等言：「看詳臣僚所陳六事：其一曰，六等檢校官，舊制也；今則皆無有。而自節度徑除太尉，歷開府儀同三司以至少保。其二曰，節度以移鎮爲恩寵，舊制也；今則一定而不易。其三曰，承宣分大、中、小鎮，觀察分大、小州，舊制也，今則皆徑作一官矣。其四曰，横行自右武大夫以至通侍爲十三等，以待年勞及泛恩者，非有功效顯著，不帶遥郡，舊制也，今則自右武大夫當遷官者，率以遥郡改轉，纔五遷卽至遥郡承宣，一落階遂爲正任承宣使。其五曰，武功大夫實歷十年，用七舉主始轉行，舊制也，今或自小使臣爲宣贊舍人，纔遷一官，徑至右武郎。其六曰，總管、鈐轄、都監分六等差遣，非正任觀察使及管軍，不以爲總管，舊制也，今降此而得之者，紛紛皆是。逐項所陳，委皆允當，乞與施行。自降指揮日爲始。」詔並從之。

76 辛巳，帝曰：「昨聞臣僚言，秦檜誣岳飛，舉世莫敢言；李若樸爲獄官，獨白其非罪。呂忱中發王眴，所司皆取迎合；林待問爲勘官，獨直其冤狀。章傑捕趙鼎送葬人，又搜其私書，欲傳致士大夫之罪；翁蒙之爲縣尉，毅然拒之。沈昭遠爲王鈇家治盜，欲煅煉富民，多取其陪償；王正己爲司理，卒平反之。此皆不畏強禦，節槩可稱。三省詳加訪問其人，如在，可與甄錄。」

77 乙酉，金遣尚書刑部侍郎劉仲淵等廉察宣諭東京、北京等路。

78 是月，命宰相陳康伯兼樞密使。

79 詔吳璘班師。

80 是冬，帝召陳俊卿及張浚子栻赴行在所。浚請臨幸建康以動中原之心，用師淮堧，進舟山東，以遙爲吳璘之援。帝見俊卿等，問浚動靜、飲食、顏貌，曰：「朕倚魏公如長城，不容浮言搖奪。」時金以十萬兵屯河南，聲言窺兩淮，浚以大兵屯盱眙、泗、濠、廬州，金不敢動；第移文索海、泗、唐、鄧、商州及歲幣，浚言金人多詐，不當爲動，卒以無事。

栻之見帝也，卽進言曰：「陛下上念宗社之讎恥，下憫中原之塗炭，惕然於中而思有以振之，臣謂此心之發，卽天理也。願益加省察，稽古親賢以自輔，毋使其少息，則今日之功，可以立成。」帝大異之。

續資治通鑑卷第一百三十八

賜進士及第兵部尚書兼都察院右都御史總督湖北湖南等處地方軍務兼理糧餉世襲二等輕車都尉　畢　沅　編集

宋紀一百三十八 起昭陽協洽（己未）正月，盡閼逢涒灘（甲申）九月，凡一年有奇。

孝宗紹統同道冠德昭功哲文神武明聖成孝皇帝 諱眘，太祖七世孫也。初，太祖少子秦王德芳生英國公惟憲，惟憲生新興侯從郁，從郁生華陰侯世將，世將生慶國公令譮，令譮生子偁，是爲秀王，王夫人張氏，以建炎元年十月戊寅生帝于秀州官舍，命名伯琮。及元懿太子旉，高宗未有後，而昭慈聖獻皇后亦自江西還行在，后嘗感異夢，密爲高宗言之，高宗大悟。紹興二年五月，選帝育于宮中；三年二月，賜名瑗；五年六月，聽讀資善堂；十二年正月，封普安郡王；三月出閤就外第；三十年二月癸酉，立爲皇子，更名瑋；丙子進封建王；三十二年五月甲子，立爲皇太子，改名眘。

隆興元年 金大定三年。（癸未、一一六三）

1 春，正月，壬辰朔，帝朝德壽宮，自是歲如之。

2 立武臣薦舉格。觀察使以上各舉所知之士三人。謀略沈雄，可任大事；寬猛適宜，可使御衆；臨陣驍勇，可鼓士氣；威信有聞，可守邊郡；思智精巧，可治器械；已上五等，令曾立軍功觀察使以上薦舉。通習典章，可掌朝儀；練達民事，可任郡寄；諳曉財計，可裕民力；持身廉潔，可律貪鄙；詞辨不屈，可備奉使；已上五等，令非軍功觀察(使)以上薦舉。被舉之人，成立功效，舉官取旨推賞，敗事亦加責罰。」從之。

既而殿中侍御史胡沂上言：「陛下注意將臣，然武舉唱第名在一二者，固蒙褒擢，餘皆任以榷酤、征商之事。臣觀唐之郭子儀，以武舉異等，初補左衞長史，歷爲振遠、橫塞、天德軍使。祖宗時，中武藝人並赴陝西任使。又，武舉中選人，或除京東抵賊，或邊上任使，或三路沿邊試用，或經略司教押軍隊、準備差使。請取近歲應中武舉之人，分差沿邊備使。」從之。

3 自建炎以來，居位者往往不修職事，而朝廷姑息，莫知所懲。國子司業王十朋，極言其弊之當革；且論人主之大職有三，任賢、納諫、賞罰是也。帝嘉納。

4 以知饒州胡銓爲祕書少監。銓論史官失職者四：一謂：「記注不必進呈，庶人主有不觀史之美。」二謂：「唐制，二史立螭頭之下，今在殿東南隅，言動未嘗得聞。」三謂：「二史立後殿而前殿不立，請於前後殿皆分日侍立。」四謂：「史官欲其直前，而閤門以未嘗預牒，以今日無班次爲辭；請自今直前言事，不必預牒閤門及以有無班次爲拘。」從之。

5樞密副都承旨龍大淵、帶御器械曾覿，皆潛邸舊人，欲擅利權，數言國用當加省察，於是帝數以手詔詰戶部錢穀出入之數。戶部侍郎周葵上言：「陛下新即大位，勞心庶政，臣下傾聽，謂有咨詢必出人意表；今皆微文細故，財利是稽。此不獨陛下未得治道之先務，慮必有小人熒惑聖聰，欲售其私者，不可不察也。」帝爲之色動。

6庚子，以史浩爲尙書右僕射、平章事兼樞密使；張浚進樞密使、都督江淮東西路軍馬，開府建康。浚薦陳俊卿爲江淮宣撫判官。

7丙午，誅殿前司後軍謀變者。

8戊申，詔：「禮部貢院試額增一百人。」

9壬子，金遣客省使烏居仁賞勞河南軍士。

10吳璘奉班師之詔，僚屬交諫曰：「將在軍，君命有所不受。此舉所係甚重，奈何退師？」璘知朝論主和，乃曰：「璘豈不知此！顧主上初政，璘握重兵在遠，有詔，璘何敢違！」至是復詔璘進退可從便宜，而璘已棄德順還河池。金人乘其後，璘軍亡失者三萬三千，部將數十人，連營痛哭，聲振原野。于是秦鳳、熙河、永興三路新復十三州、三軍，皆復爲金取。

11二月，壬戌朔，用史浩策，以布衣李信甫爲兵部員外郎，齎蠟書，間道往中原，招豪傑之據有州郡者，許以封王世襲。

12 甲子，金命太子少詹事楊伯雄等廉問山西路。

13 庚午，金主謂宰相曰：「灤州飢民流散，可移于山西富民贍濟，仍于道路計口給食。」

14 己卯，賑兩淮流民及山東歸正忠義軍。

15 庚辰，金太保、都元帥完顏昂薨。金主輟朝，親臨奠，賻贈甚厚。昂自從太祖開國，累著功績。在正隆時，縱飲沈酣，輒數日不醒。廢主亮聞之，嘗面戒不令飲，得間輒飲如故。及金主卽位，昂還自揚州，妻子爲置酒私第，未數行，輒臥不飲。其妻大氏，廢主亮之從母姊也，怪而問之。昂曰：「我本非嗜酒者，但向時不以酒自晦，則汝弟殺我久矣。今遭遇明時，正當自愛，是以不飲。」昂睦於兄弟，尤喜施予，親族有貧困者，必厚給之。或以子孫計爲言，答曰：「人各有命，但使其能自立爾，何至爲子孫奴耶！」

16 癸未，同知樞密院事黃祖舜罷。

17 丙戌，金趙景元等以亂言伏誅。

18 庚寅，逐秦檜黨人，仍禁輒至臨安。

19 金東京僧法通以妖術亂衆，都統府討平之。

20 三月，壬辰朔，金左副元帥赫舍哩志寧舊作紇石烈志寧，今改。遣人索海、泗、唐、鄧、商州之地及歲幣，致書於張浚曰：「可還所侵本朝內地，各守自來畫定疆界，凡事一依皇統以來舊約，帥府亦當解嚴。如必欲抗衡，請會兵相見。」浚復以書曰：「疆埸之一彼一此，兵家之或勝或負，何常之有！」

先是金人聲言取兩淮，浚請以兵屯盱眙及泗、濠、廬州備之。志寧遣富察（舊作蒲察。）徒穆、大周仁屯虹縣，蕭琦屯靈壁，積糧修城，將爲南侵計。

21 癸巳，以張燾參知政事，辛次膺同知樞密院事。

初，次膺爲右正言，力諫和議，爲秦檜所怒，流落者二十年。帝卽位，召爲中丞。次膺每以名實爲言，多所裨益。帝呼其官而不名。

22 丙申，金中都以南八路蝗，詔尚書省遣官捕之。

23 壬寅，陳康伯上欽宗陵名曰永獻。

24 金命戶部侍郎魏子平等九人分詣諸路明安、舊作猛安，今改。穆昆舊作謀克，今改。勸農及廉問。詔臨潢漢民逐食於會寧府、濟、信等州。

25 乙巳，詔求遺逸。

26 丁未，詔修太上皇帝聖政。

27 己酉，參知政事張燾罷。

初，劉度除右諫議大夫，首論待小人不可無節，因奏潛邸舊僚，宣召當有時，蓋爲龍大淵、曾覿言也。至是遂上疏劾「大淵、覿輕儇浮淺，憑恃恩寵，入則侍帷幄之謀，出則陪廟堂之議，搖脣鼓舌，變亂是非。凡皇闈宴昵之私，宮嬪嬉笑之語，宣言於外，以自夸大。至引北人孫照出入清禁，爲擊毬、胡舞之戲，上累聖德，望亟賜黜逐。」又因進故事，論京房指謂石顯，元帝亦自知之而不能用，蓋公義不勝私欲耳。反覆數百言，尤爲切至。於是詔大淵除知閤門事，覿權知閤門事。度言：「臣欲退之而陛下顧進之，何面目尙爲諫官！乞就貶黜。」中書舍人張震繳其命至再；侍御史胡沂亦論兩人市權招士，請屏遠之，以防其微，不報。給舍金安節、周必大不書黃，且奏曰：「陛下於政府侍從，欲罷則罷，欲貶則貶，獨於此兩人委曲遷就，恐人言紛紛未止也。」明日，宣手詔，謂：「給舍爲人鼓扇，議論羣起，太上時安敢爾！」於是安節、必大退而待罪。會張燾入對，欲以兩人決去就。帝問所從聞，燾曰：「聞之陸游。」帝曰：「游反覆小人，已得罪行遣矣。」燾謝曰：「臣聽言不實，罪也。」遂罷政。

是日，安節、必大再奏，乞竄責，不許。必大入謝，帝曰：「朕察卿舉職；但朕欲破朋黨，明紀綱耳。」時宰輔、臺諫合辭，以爲兩人當去，故帝有朋黨之疑。庚戌，度改權工部侍郎；乙卯，震出知建寧府。帝復申兩人知閤之命，必大格除目不下，史浩以聞。越三日，不獲命，遂請祠去；兩人之命亦寢。

28庚戌，金免去年租稅。

29夏，四月，辛酉朔，金右副元帥完顏思敬召還京師，授北京留守。

30丁卯，金平章政事完顏固雲舊作榖英，今改。罷爲東京留守。固雲宿將，恃功，先在南京，頗瀆貨，不卹軍民。詔使問以邊事，固雲不答，謂詔使曰：「爾何知！俟我到闕奏陳。」及召入，竟無一語及邊事者。在相位，多自專，己所欲輒自奏行之，故罷。

31先是金戶部尚書梁銶上言：「大定以前，官吏、士卒俸粟支帖，眞僞相雜，請一切停罷。」參知政事李石，買已停之支帖，下倉支粟，倉司不敢違，以新粟與之。金主聞其事，以問銶，銶不以實對。金主命尚書左丞翟永固鞫之，得實，銶降知火山軍，石亦坐貶。會御史大夫白彥敬罷，以石代之。

32戊辰，張浚被命入見。帝銳意恢復，浚乞即日降詔幸建康。帝以問史浩，浩對曰：「先爲備守，是謂良規；議戰議和，在彼不在此。儻聽淺謀之士，興不教之師，敵退則論賞以邀功，敵至則斂兵而遁迹，致快一時，含冤萬世。」及退，詰浚曰：「帝王之兵，當出萬全，豈可嘗試以圖僥倖！」復辨論于殿上。浚曰：「中原久陷，今不取，豪傑必起而收之。」浩曰：「中原必無豪傑，若有之，何不起而亡金？」浚曰：「彼民間無寸鐵，不能自起，待我兵至爲內應。」浩曰：「勝、廣以鉏耰棘矜亡秦；必待我兵，非豪傑矣。」浚因內引奏浩意不可回，恐失機會，且謂金人至秋必謀南侵，當及其未發備之，帝然其言，乃議出師渡江，三省、樞密院不預聞。會李顯忠、邵宏淵亦獻擣虹縣、靈壁之策，帝命先圖二城。浚乃遣顯忠出濠州，趨靈壁；邵宏淵出泗州，趨虹縣。

33 壬申，賜禮部進士木待問以下五百三十八人及第、出身。

34 乙亥，王之望罷。

35 壬午，詔戶部、臺諫議節浮費。

36 乙酉，金賑山西明安、穆昆貧民，給六十日糧。

37 是月，金人拔環州，守臣強霓及其弟震死之。

38 金東京留守完顏固雲還延未行，自以失相位，忿忿不接賓客，雖近臣往，亦不見。金主聞之，怒，改爲濟南尹，召數之曰：「朕念卿父有大功於國，卿舊將，亦有功，故改授此職，卿宜知之。若復不悛，非但不保官爵，身亦不能保也！」

39 五月，辛卯朔，金右丞相布薩（舊作僕散。）忠義朝京師，遂以丞相兼都元帥，旋還軍中。

40 乙未，金主以重五如廣樂園射柳，命皇太子、親王、百官皆射，勝者賜物有差；復御常武殿，賜宴，擊毬。自是歲以爲常。

41 辛丑，命左右史日更立殿前。

42 壬寅，張浚渡江視師。

43 李顯忠自濠梁渡淮，至陡溝，金右翼都統蕭琦背顯忠約，用拐子馬來拒。顯忠與之力戰，琦敗走，遂復靈壁。顯忠入城，宣布德意，不戮一人，于是中原歸附者接踵。

時邵宏淵圍虹，久不下。顯忠遣靈壁降卒開諭禍福，金守將富察特默、(本卷20作富察徒穆。)大周仁皆出降。宏淵恥功不自己出；會有降千戶訴宏淵之卒奪其佩刀，顯忠立斬之；由是二將不協。未幾，蕭琦亦降于顯忠。

44 甲辰，李顯忠及邵宏淵敗金人于宿州。

45 乙巳，尙書右僕射、平章事史浩罷。

浩見邵宏淵出兵狀，始知不由三省，徑檄諸將，語陳康伯曰：「吾屬俱兼右府，而出兵不預聞，焉用相爲哉！不去何待！」因奏言：「陳康伯欲納歸正人，臣恐他日必爲陛下子孫憂。張浚銳意用兵，若一失之後，恐陛下不得復望中原。」因力乞罷。王十朋論浩八罪，曰懷姦，誤國，植黨，盜權，忌言，蔽賢，欺君，訕上，帝爲出浩知紹興。十朋再疏，謂：「陛下雖能如舜之去邪，未能如舜之正名定罪。」遂改與祠。

太府丞史正志，與浩異族，拜浩而父事之，十朋論正志傾險姦邪，宜黜之以正典刑；林安宅出入浩與龍大淵門，盜弄威福，十朋疏其罪；皆罷去。

46追復司馬康右諫議大夫。

47丙午，李顯忠兵薄宿州城，金人來拒，顯忠大敗其衆，追奔二十餘里。邵宏淵至，謂顯忠曰：「招撫眞關西將軍也！」

顯忠閉營休士，爲攻城計，宏淵等不從。顯忠引麾下楊椿上城，開北門，不踰時拔其城；宏淵等殿後，趣之，始渡濠登城。城中巷戰，又斬首數千，擒八十餘人，遂復宿州。捷聞，帝手書勞張浚曰：「近日邊報，中外鼓舞，十年來無此克捷。」

既而宏淵欲發倉庫犒卒，顯忠不可，移軍出城，止以見錢犒士，士皆不悅。

詔以顯忠爲淮南、京東、河北招討使，宏淵副之。

金人恃騎射，夏久雨，膠解，弓不可用，故屢敗。都元帥布薩忠義豫選勁弓萬張於別庫，至是使發汴庫所貯勁弓，給赫舍哩志寧軍。

48丁未，以辛次膺參知政事，翰林學士洪适(遵)同知樞密院。時符離之捷日聞，次膺手疏千餘言，請加持重。

49辛亥，天申節，帝率羣臣詣德壽宮上壽，自是歲如之。

議者以欽宗服除，當舉樂。禮部侍郎黃中曰：「臣事君，猶子事父。禮，親喪未葬不除服；春秋，君弒賊不討，則雖葬不書，以明臣子之罪。況今欽宗實未葬也，而可遽作樂乎？」

事遂寢。

50金更定出征軍逃亡法。尙書省請籍天德間被誅大臣諸奴隸及從斡罕舊作窩斡，今改。亂者爲軍；金主以四方甫定，民意稍蘇，而復簽軍，非長策，不聽。

51壬子，欽宗大祥。帝服衮服，詣几筵，易祥服，行祥祭禮。

52金左副元帥赫舍哩志寧以精兵萬人自睢陽攻宿州，李顯忠擊卻之。金貝薩舊作孛撒，今改。復自汴率步騎十萬來攻，晨，薄城下，列大陣，顯忠與之戰，貝薩退走。既而益兵至，顯忠謂邵宏淵并力夾擊，宏淵按兵不動，顯忠用克敵弓射卻之。宏淵顧衆曰：「當此盛夏，搖扇於清涼之下，且猶不堪，況烈日被甲苦戰乎！」人心遂搖。

志寧麾諸軍力戰，萬戶瓜爾佳清臣舊作夾谷清臣，今改。爲前行，毀顯忠所設行馬，短兵接，顯忠軍亂，金兵乘之。至夜，中軍統制周宏鳴鼓大噪，與邵世雄、劉侁各以所部兵遁。世雄，宏淵之子也。繼而統制左士淵、統領李彥孚亦遁。顯忠敗，入城。統制張訓通、張師顏、荔澤、張淵等，以顯忠、宏淵不協，各遁去。走者自相蹈藉，僵尸相枕，爭城門而入，門塡塞，人人自阻，遂緣城而上，金兵自濠外射之，多墜死隍間。

癸丑，金人乘虛復攻城，顯忠竭力捍禦，斬首二千餘，積尸與羊馬牆平。城東北角，金兵二十餘人已上百餘步，顯忠取軍士所執斧斫之，金兵始卻。顯忠歎曰：「若使諸軍相與掎角，自城外掩擊，則敵帥可擒矣。」宏淵又言：「金添生兵二十萬來，倘不返，恐不測生變。」顯忠知宏淵無固志，勢不可孤立，歎曰：「天未欲平中原耶，何沮撓如此！」遂夜遁。志寧取宿州，甲寅，使清臣等躡之，追至符離，宋師大潰，赴水死者不可勝計。金人乘勝，斬首四千餘級，獲甲三萬。於是宋之軍資殆盡。

時張浚在盱眙，顯忠往見浚，納印待罪。浚以劉寶爲鎮江諸軍都統制，乃渡淮，入泗州，撫將士，遂還揚州，上疏自劾。

53 乙卯，下詔親征。

54 金以北京留守完顏思敬復爲右副元帥。

55 中都蝗。命參知政事完顏守道按問大興府捕蝗官。

56 丁巳，以富察特默爲大同軍節度使，大周仁爲彰國軍節度使，蕭琦爲威塞軍節度使。

57 是月，成都地震三。

58 六月，庚申朔，日有食之。

59 金以刑部尚書蘇保衡爲參知政事。【考異】金史蘇保衡傳：保衡以刑部尚書行戶部於關中，入爲太常卿，遷禮部尚書，拜參知政事，俱在大定二年。今從本紀繫於三年。

60 癸亥，參知政事汪澈罷，尋落職，台州居住，以右諫議王大寶劾其督師荆、襄，不能節制，坐視方城之敗故也。

61張浚乞致仕，且請通好於金；【考異】宋史本紀，張浚上疏請議和，洪稚存據行狀，謂浚生平不附和議，疑本紀或誤。按齊東野語云：浚乞遣使求和，孝宗怒曰：「方敗而求和，是何舉措！」建炎以來朝野雜記，亦謂公乞遣使議和，是實有此請矣。帝不許。

初，宿師之還，士大夫皆議浚之非。帝賜浚書曰：「今日邊事，倚卿爲重，卿不可畏人言而懷猶豫。前日舉事之初，朕與卿任之，今日亦須與卿終之。」浚乃以魏勝守海州，陳敏守泗州，戚方守濠州，郭振守六合，治高郵、巢縣兩城爲大勢，修滁州關山以扼敵衝，聚水軍淮陰，馬軍壽春，大飾（飭）兩淮守備。

帝召浚子栻入奏事，浚附奏曰：「自古有爲之君，必有心腹之臣，相與協謀同志以成治功。今臣以孤蹤，動輒掣肘，陛下將安用之！」因乞骸骨。帝覽奏，謂栻曰：「朕待魏公有加，雖乞去之章日上，朕決不許。」帝對近臣言，必曰「魏公」，未嘗斥其名。每遣使至督府，必令視浚飲食多少，肥瘠如何。至是帝以符離師潰，乃議講和。

丁卯，召湯思退爲醴泉觀使兼侍讀。戊辰，召虞允文。以兵部侍郎周葵參知政事。癸酉，下詔罪己。於是尹穡附思退劾浚，遂降授浚江淮東西路宣撫使。邵宏淵降官階，仍前建康都統制。

王十朋疏言：「臣天資愚戇，獨抱孤忠，昔在草茅，聞京師陷沒，未嘗不痛心疾首，與敵人有不共戴天之仇。及聞秦檜用事，辱國議和，嘗思食其肉，以快天下神人之憤。臣素不識張浚，聞其誓不與敵俱生，心實慕之。前因輪對，言金必敗盟，乞用浚，陛下嗣位，命督師江淮。今浚遣將取二縣，一月三捷，皆服陛下任浚之難，及王師一不利，横議遙起。臣謂今日之師，爲祖宗陵寢，爲二帝復讎，爲二百年境土，爲中原弔民伐罪，非前代好大生事者比，亦當內修，俟時而動。陛下恢復志立，固不以一衄爲羣議所搖，然異論紛紛，浚既待罪，臣豈可尙居風憲之職！乞賜竄殛。」因言：「臣聞近日欲遣龍大淵撫諭淮南，信否？」帝曰：「無之。」又言聞欲以楊存中充御營使，帝嘿然。改除吏部侍郎，十朋力辭，出知饒州。

62 戊寅，參知政事辛次膺罷。

次膺以疾祈免，且言：「王十朋雖上親擢，天下皆知臣嘗薦其賢；湯思退召將至，亦知臣嘗疏其姦。臣不引避，人其謂何！」遂以資政（殿）學士奉祠。陛辭，帝甚惜其去，次膺曰：「臣與思退理難同列。」帝曰：「有謂思退可用者。」次膺曰：「今日之事，恐非思退能辦。思退固不足道，政恐有誤國家耳！」

63 己卯，貶李顯忠筠州安置，尋再責徙潭州。

64 金太師、尙書令張浩，久以疾告，金主許其入朝毋拜，設坐殿陛之東，遇有咨謀，然後進退，省中大事，就第裁決。浩求退益力，乃除判東京留守。病不能赴，甲申，聽其致仕。

65 戊子，以蕭琦爲檢校少保、河北招撫使。

66 金主聞宿州之捷，詔赫舍哩志寧曰：「卿雖年少，前征契丹，戰功居最，今復破大敵，朕甚嘉之。」以御服金線袍、玉兔鶻賓鐵佩刀，使伊喇道舊作移剌道，今改。就軍中賜之；有功將士遷賞有差。

67 秋，七月，庚寅朔，以虞允文爲湖北、京西制置使。

68 癸巳，以湯思退爲尚書右僕射、平章事兼樞密使。

69 丙申，罷江淮宣撫使便宜行事。

70 太白晝見，經天。【考異】金史世宗紀，太白晝見在庚戌日，且不言經天，今從宋史孝宗本紀。

71 乙巳，以旱、蝗、星變，詔侍從、臺諫、兩省官條上時政闕失。

胡銓上書數千言，謂政令之闕有十，而上下之情不合亦有十，且言：「堯、舜明四目，達四聰，雖有共、鯀，不能塞也。秦二世以趙高爲腹心，劉、項橫行而不得聞；漢成帝殺王章，王氏移鼎而不得聞；靈帝殺何（竇）武、陳蕃，天下橫潰而不得聞；梁武信朱异，侯景斬關而不得聞；隋煬帝信虞世基，李密稱帝而不得聞；唐明皇逐張九齡，安、史胎禍而不得聞。陛下自卽位以來，號召逐客，與臣同召者，張燾、辛次膺、王大寶、王十朋。今燾去矣，次膺去矣，十朋去矣，大寶又將去，惟臣在爾。以言爲諱，而欲塞災異之源，臣知其必不能也。」

初，張浚復起爲都督，大寶力贊其議，符離失律，羣言洶洶。已而湯思退議罷督府，力請講和，大寶奏：「今國事莫大於恢復，宰相以符離軍潰，名額不除，意欲覈軍籍，減月給，臣恐不惟邊鄙之憂，而患起蕭牆矣。」章三上，除兵部侍郎。至是銓奏入，帝曰：「十朋力自引去，朕留之不能得。大寶論思退太早，今爲兵部侍郎，豈容復聽去！」

72 丁未，詔徵李顯忠侵欺官錢金銀，免籍其家。

73 庚戌，金以太子太師宗憲爲平章政事，以孔總襲封衍聖公。

74 戊午，給還岳飛田宅。

75 八月，丙寅，陳俊卿以張浚降秩徙治，上疏言：「若浚果不可用，宜別屬賢將；如欲責其後效，降官示罰，古法也。今削都督重權，置揚州死地，如有奏請，臺諫沮之，人情解體，尚何後效之圖！議者但知惡浚而欲殺之，不復爲宗社計。願下詔戒中外協濟，使得自效。」疏入，帝悟，卽復浚都督江淮軍馬，浚遂以劉寶爲淮東招撫使。

76 丙子，以飛蝗、風水爲災，避殿，減膳，罷借諸路職田之令。

77 契丹餘黨未附於金者尚衆，北京、臨潢、泰州民不安，金主命參知政事完顏守道佩金符往安撫之。守道善於招致，契丹內附，民以寧息。

78 戊寅，金赫舍哩志寧復以書貽三省、密院，索海、泗、唐、鄧四州地，及歲幣、稱臣、還中原歸正人，卽止兵，不然，當俟農隙進戰。帝以付張浚，浚言金強則來，弱則止，不在和與不和也。時湯思退當國，急於求和，遂欲遣使持書報金，而陳康伯、周葵、洪遵等亦皆上言，謂敵意欲和，則我軍民得以休息爲自治之計，以待中原之變而圖之，萬全之計也。工部侍郎張闡獨曰：「彼欲和，畏我耶？愛我耶？直款我耳！」力陳六害，不可許。帝曰：「朕意亦然，姑隨宜應之。」

79 癸未，復以龍大淵知閤門事，曾覿同知閤門事。

80 乙酉，金主如大房山。

81 丙戌，遣淮西幹辦公事盧仲賢齎書報金帥，大略謂：「海、泗、唐、鄧等州，乃正隆渝盟之後，本朝未遣使前得之。至於歲幣，固非所較，第兩淮凋瘵之餘，恐未能如數。」仲賢陛辭，帝戒以勿許四郡，而思退等命許之。張浚奏：「仲賢小人多妄，不可深信。」不聽。

張栻入見，帝引見德壽宮。上皇問：「曾見仲賢否？」對曰：「臣已見之。」又問：「卿父謂何如？莫便議和否？」對曰：「臣父職在邊隅，戰守是謹。此事在廟堂，願審處而徐議之，無貽後悔。」上皇曰：「說與卿父：今日國家舉事，須量度民力、國力。聞契丹與金相攻，若契丹事成，他日自可收卞莊子刺虎之功。若金未有亂，且務卹民治軍，待時而動可也。」

82 丁亥，金主薦饗於睿陵；戊子，還宮。
83 九月，丁酉，金主以重九拜天於北郊。
84 冬，十月，戊午朔，命廷臣議金帥所言四事，其說不一。帝曰：「四州地及歲幣可與，名分、歸（正）人不可從。」
85 辛酉，御殿，復膳。
86 甲子，金大饗於太廟。
87 丙子，立賢妃夏氏爲皇后。
帝初納郭直卿之女爲妃，生鄧王愭、慶王愷、恭王惇、邵王愭而薨。袁州宜春人夏協有女，奇之，以貲納于宮中，爲吳太后閤中侍御。郭妃薨，太后以夏氏賜帝，至是立爲后。協既納女，貲匱歸，客袁氏僧舍死，后訪得其弟執中，補閤門祗候。執中與其妻至京，宮人諷使出之，擇配貴族，欲以媚后，執中不爲動。他日，后親爲言，執中以宋宏語對，后不能奪。執中既貴，始從學，作大字頗工，復善騎射。帝聞其才，將召用之，執中謝曰：「他日無累陛下保全足矣。」人以此益賢之。
88 丁丑，地震。
89 辛巳，升洪州爲隆興府。

90 詔：「江淮軍馬調發應援，從都督府取旨，餘悉以聞。」

91 是月，召朱熹至，對於垂拱殿　其一言：「陛下舉措之間，動涉疑貳，聽納之際，未免蔽欺，由不講乎大學之道，而未嘗隨事以觀理，卽理以應事。」其二言：「非戰無以復讎，非守無以制勝。」末言：「古先聖王所以攘外之道，其本不在威強而在德業，其備不在邊境而在朝廷，其具不在兵食而在紀綱。願開納諫諍，黜遠邪佞，杜塞倖門，安固邦本。四者爲先務之急，庶幾形勢自強而恢復可冀矣。」

92 盧仲賢至宿州，布薩忠義懼之以威。仲賢惶恐，言歸當稟命，遂以忠義遺三省、密院書來。其畫定四事：一，欲通書稱叔姪；二，欲得唐、鄧、海、泗四州；三，欲歲幣銀絹之數如舊；四，欲歸彼叛臣及歸正人。十一月，己丑，仲賢還，以書奏，帝大悔之。

93 庚寅，太白經天。【考異】宋史不書，今據金史世宗紀書之。

94 庚子，湯思退請以王之望充金通問使，龍大淵副之，許割棄四州，求減歲幣之半。

初，之望爲都督府參贊軍事，雅不欲戰，請入朝，因奏：「人主論兵，與臣下不同，惟奉承天意而已。竊觀天意，南北之形已成，未易相兼，我之不可絕淮而北，猶敵之不可越江而南也。移攻戰之力以自守，自守既固，然後隨機制變，擇利而應之。」思退悅其言，故奏遣之。

右正言陳良翰言：「前遣使已辱命，大臣不悔前失而復遣王之望，是金不折一兵而坐收四千里要害之地，決不可許。若歲幣，則俟得陵寢然後與，庶爲有名。今議未決而之望遽行，恐其辱國不止於盧仲賢，願先馳一介往，俟議決行，未晚也。」

95 丙午，張栻奏盧仲賢辱國無狀，擅許四州，下大理寺，奪三官。

96 陳康伯等言：「金人求通和，朝廷遣盧仲賢報之，其所論最大者三事：我所欲者，削去舊禮，彼亦肯從；彼所欲者，歲幣如數，我不深較；其未決者，彼欲得四州，而我以祖宗陵寢、欽宗梓宮爲言，未之與也。請召張浚咨訪，仍命侍從、臺諫集議。」帝從之。羣臣多欲從金人所請，張浚及湖北·京西宣諭使虞允文、起居郎胡銓、監察御史閻安中上疏力爭，以爲不可與和。湯思退怒曰：「此皆以利害不切于己，大言誤國，以邀美名。宗社大事，豈同戲劇！」帝意遂定。

浚在道，聞王之望行，上疏力辯其失曰：「自秦檜主和，陰懷他志，卒成前年之禍。檜之大罪未正於朝，致使其黨復出爲惡。臣聞立大事者，以人心爲本。今內外之議未決，而遣使之詔已下，失中原將士四海傾慕之心，他日誰復爲陛下用命哉！」

97 庚戌，金百官請上尊號；金主不許。

98 詔：「中都、平州及饑荒地并經契丹剽剠有質妻賣子者，官爲收贖。」

99 金尙書左丞翟永固乞致仕，不許；壬子，罷爲眞定尹。尙書省奏：「永固自執政爲眞定尹，其織蓋當用何制度？」金主曰：「用執政制度。」遂著爲令。

100 癸丑，以胡昉、楊由義爲使金通問國信所審議官。

101 金罷貢金線段匹。

102 甲寅，金以尚書右丞赫舍哩良弼爲左丞，吏部尚書石琚參知政事。琚固辭，金主曰：「卿之才望，無不可者，何以辭爲！」

103 十二月，己未，尚書左僕射、平章事陳康伯罷。

104 乙丑，張浚入見，力言金未可與和，請帝幸建康以圖進兵。帝乃手詔王之望待命境上，令胡昉等先往諭金帥以四州不可割之意；如必欲得四州，則當追還使人，罷和議。

105 戊辰，除朱熹爲武學博士。

時湯思退等主和議，近習曾覿、龍大淵用事。熹三劄所陳，不除前所上封事之議，而語益剴切，思退等皆不悅，故除是職。尋與洪适論不合而歸。

106 丁丑，以湯思退爲尚書左僕射，張浚爲右僕射，並同中書門下平章事兼樞密使，浚仍都督江淮東西路軍馬。

107 金主獵于近郊，以所獲薦山陵，自是歲以爲常。

108 辛巳，金以蘇保衡爲尚書右丞。

109 除胡銓爲宗正少卿；乞補外，不許。時金將富察特默、舊作蒲察徒穆，今改。大周仁、蕭琦降，並爲節度使。銓言：「受降自古所難。今金三大將內附，優其部曲以繫中原之心，善矣。然處之近地，萬一包藏禍心，或爲內應，後將噬臍。願勿任以兵柄，遷於湖廣以絕後患。」

110 永康陳亮上中興五論，力排和議，不報。

111 金太師、尚書令張浩薨。金主輟朝一日，謚文康。

先是近侍有請罷科舉者，金主曰：「吾見太師議之。」浩入見，金主曰：「自古帝王有不用文學者乎？」浩對曰：「有。」曰：「誰歟？」浩曰：「秦始皇。」金主顧左右曰：「豈可使我爲始皇乎！」議遂寢。

112 是歲，兩浙大水、旱、蝗，江東大水，悉蠲其賦。

隆興二年 金大定四年。（甲申、一一六四）

1 春，正月，丁亥朔，詔曰：「朕恭覽乾德元年郊祀詔書，有云：『務從省約，無至勞煩。』仰見事天之誠，愛民之仁。朕祗膺慈詔，嗣守皇祚，今歲冬日至，當郊見上帝，可令有司，除事神儀物、諸軍賞給依舊制外，其乘輿服御及中外支費，並從省約。」

2 戊子，金罷路、府、州元日及萬春節貢獻。

3 金主謂侍臣曰：「秦王宗翰有功於國，何乃無嗣？」皆未知所對。金主曰：「朕嘗聞宗翰在西京，坑殺降者千人，得非其報耶？」

4 癸巳，帝謂侍臣曰：「近日士大夫奔競之風少息否？」宰相湯思退等曰：「方欲措置。」帝曰：「卿等留意政事，當立紀綱，正法度，不可困於文書。」

5 金羣臣再請上尊號，金主不許。

6 丙申，命虞允文調兵討廣西諸盜。

7 知潭州黃祖舜，言江、湖之間，私鑄輕薄沙錢，請申嚴私鑄之刑。戶部契勘私鑄毛錢及磨錯翦鑿并博易私錢行使，各有立定條法，下諸路提刑司，行下所部切嚴約束，從之。

8 丁酉，金主如安州春水。壬寅，至安州，大雪。詔扈從人舍民家者，人日支錢一百與其主。

9 丙午，金布薩忠義復以書來。

10 庚戌，申嚴卿、監、郎官更出迭入之制。

11 辛亥，金主獲頭鵝，遣使薦山陵，自是歲以爲常。

12 壬子，賑歸正人。

13 是月，福建諸州地震。

14 二月，丁巳，金免安州今年賦役，凡扈從人嘗止其家者亦復一年。庚午，還中都。

15丙子，減文武官及百司吏郊賜之半。
16庚辰，金以北京粟價踴貴，詔悉免今年課。
17乙酉，胡昉自宿州還。

初，昉至金，金人以失信執之。帝聞昉被執，謂張浚曰：「和議不成，天也。自此事當歸一矣。」既而布薩忠義以書進金主，金主覽之，曰：「行人何罪！」卽遣還。邊事令元帥府從宜措畫。」

18三月，丙戌朔，詔張浚視師江淮。王之望等以幣還。

初，湯思退恐和議不成，請以宗社大計奏稟上皇而後從事，帝曰：「金無禮如此，卿猶欲議和。今日敵勢，非秦檜時比，卿議論，秦檜不若！」思退大駭，陰謀去浚，遂令之望等騂奏兵少糧乏，樓櫓器械未備，又言委四萬衆以守泗州非計，帝惑之。會戶部侍郎錢端禮言：「兵者凶器，願以符離之潰爲戒，早決國是，爲社稷至計。」乃詔浚行視江淮。

時浚所招徠山東、淮北忠義之士，以實建康、鎭江兩軍，凡萬二千人；萬弩營所招淮南壯士及江西羣盜又萬餘人，陳敏統之，以守泗州。凡要害之地，皆築城堡，其可因水爲險者，皆積水爲匱，增置江、淮戰艦，諸軍弓矢器械悉備。金人方屯重兵以脅和，聲言刻日決戰，及浚復視師，淮北之來歸者日不絕。浚以蕭琦契丹望族，欲令盡領降衆，且以檄諭契丹，約爲應援，金人患之。吏部郎龔茂良言于浚曰：「本朝禦敵，景德之勝，本于能斷；靖康之禍，在于致疑。願仰法景德之斷，勿爲靖康之疑。」浚深然之。

19 丁亥，詔荆襄、川陝帥臣嚴邊備，毋先事妄舉。

20 盧仲賢除名，械送郴州編管。

21 庚子，金中都地震。

22 壬寅，詔知光州皇甫倜毋招納歸正人。

23 金百官三請上尊號，不許。

24 夏，四月，丁巳，金平章政事完顏元宜罷，爲東京留守，請還所賜甲第，從之。未幾，致仕，死於家。

25 庚申，召張浚還朝。

26 戊辰，罷江淮都督府。

27 甲戌，金出宮女二十一人。

28 丁丑，尙書右僕射、同平章事張浚罷。

湯思退諷右正言尹穡論浚跋扈，且費國不貲，奏令張深守泗不受趙廓之代爲拒命。復論督府參議官馮方，罷之。浚乃請解督府，詔以錢端禮、王之望宣諭兩淮而召浚還。端禮入奏，言兩淮名曰備守，守未必備，名曰治兵，兵未必精，蓋詆浚也，浚留平江，凡八上疏乞致仕，帝察浚之忠，欲全其去，乃命以少師、保信節度使判福州。

左司諫陳良翰，侍御史周操，言浚忠勤，人望所屬，不當使去國，皆坐罷。

29 癸未，言者論宰執徇欺之弊，命書置政事堂。

30 五月，丙申，詔吳璘毋招納歸正人。

31 辛丑，詔劉寶量度泗州輕重取舍以聞。

32 貶江西總管邵宏淵，南安軍安置，仍徵其盜用庫錢。

33 癸卯，金以旱，赦有司審冤獄，禁宮中音樂，放毬場役夫。

34 乙巳，帝率羣臣詣德壽宮賀天申節，始用樂。

35 壬子，金討平斡罕餘黨富蘇合。舊作蒲速越，今改。

36 六月，甲寅朔，日有食之。

37 辛酉，以淫雨，詔州縣理滯囚。

38 庚午，金初定五岳、四瀆禮。

39 戊辰，太白晝見。（校者按：此條應移上38前。）

40 壬申，命虞允文棄唐、鄧，允文不奉詔。

41 庚辰，金詔陝西元帥府議入蜀利害以聞。

42 丁丑，賑江東、兩淮被水貧民。（校者按：此條應移41前。）

43 秋，七月，乙酉，召虞允文還，以戶部尚書韓仲通爲湖北、京西制置使。

44 丁亥，同知樞密院事洪适（遵）罷，尋落職。

45 壬辰，金故衞王襄妃及其子和尙，以妖妄伏誅。

46 庚子，太白經天。

47 金以左丞赫舍哩良弼爲平章政事。

48 詔：「內外文武官年七十不請致仕者，遇郊毋得蔭補。」

49 乙巳，命海、泗二州撤戍。

50 丁未，雨雹。

51 癸丑，以江東、浙西大水，詔廷臣言闕政急務。

52 八月，甲寅朔，帝以災異，避殿，減膳。

53 戊午，金以參知政事完顏守道爲尙書左丞，大興尹唐古（舊作唐括。）安禮爲參知政事。

54 壬申，金主謂宰臣曰：「卿每奏皆常事，凡治國安民及朝政不便於民者，未嘗及也。如此，則宰相之任，誰不能之！」

55己卯，金主如大房山；越二日，致祭於山陵。

56庚辰，以資政殿大學士賀允中知樞密院事。

57辛巳，判福州、魏國公張浚薨。

初，浚既去，朝廷遂決和議。浚猶上疏言尹穡姦邪，必誤國事，且勸帝務學親賢。或勸浚勿復以時事爲言，浚曰：「君臣之義，無所逃於天地間。吾荷兩朝厚恩，久居重任，今雖去國，惟日望上心感悟。苟有所見，安忍弗言！上如欲復用浚，浚當即日就道，不敢以老疾爲辭，如若等言，是誠何心哉！」聞者聳然。

行次餘干，得疾，手書付二子栻、杓曰：「吾嘗相國，不能恢復中原，雪祖宗之恥，即死，不當葬我先人墓左，葬我衡山下足矣。」數日而卒。贈太保。

浚不主和議，爲時所重。所薦虞允文、汪應辰、王十朋、劉珙等，皆爲名臣。唯以吳玠故殺曲端，與李綱、趙鼎不協而又詆之，頗爲公論所少。

58壬午，湯思退奏遣宗正少卿魏杞如金議和。帝面諭杞曰：「今遣使，一正名，二退師，三減歲幣，四不發歸附人。」杞條陳十七事擬問對，帝隨事畫可。陛辭，奏曰：「臣將旨出疆，豈敢不勉！萬一無厭，願速加兵。」帝善之。

59兵部侍郎胡銓上書，以賑災爲急務，議和爲闕政。其諫議和之言曰：「自靖康迄今，凡四十年，三遭大變，皆在和議，則金之不可與和彰彰矣。今日之議若成，則有可弔者十，請爲陛下極言之：

眞宗時，宰相李沆謂王旦曰：『我死，公必爲相，切勿與契丹講和。』旦殊不以爲然，既而遂和，海內乾耗，旦始悔不用李沆之言。可弔一也。中原謳吟思歸之人，日夜引領望陛下拯溺救焚；一與敵和，則中原絕望，後悔何及！可弔二也。海、泗，今之藩籬、咽喉也。彼得海、泗，且決吾藩籬以瞰吾室，扼吾咽喉以制吾命，則兩淮決不可保；兩淮不保，則大江決不可守；大江不守，則江、浙決不可安。可弔三也。紹興戊午，和議既成，秦檜建議遣大臣分往南京交割歸地；一旦渝盟，遂下親征之詔，金復請和。其反覆變詐如此，檜猶不悟，奉之如初，卒有前年之變，驚動輦轂，太上謀欲入海，行朝居民一空。覆轍不遠，忽而不戒，臣恐後車又將覆矣。可弔四也。紹興之和，首議決不與歸正人，口血未乾，盡變前議，一切遣還，如程師回、趙良嗣等，聚族數百，幾爲蕭牆之憂。今必盡索歸正人，與之則反側生變；不與則敵不肯但已，必別起釁端。可弔五也。自檜當國二十年間，竭民膏血以奉金人，迄今府庫無旬月之儲，千邨萬落，生理蕭然，重以蝗蟲、水潦。自今復和，則蠹國害民殆有甚焉。可弔六也。今日養兵之外，又有歲幣；歲幣之外，又有私覿；私覿之外，又有正旦、生辰之使；正旦、生辰之外，又有泛使。生民疲於奔命，帑廩涸於將迎。可弔七也。側聞金人嫚書，欲書御名，欲去國號大字，欲用再拜，議者以爲繁文小節，不必計較。臣切以爲議者可斬也。夫四郊多壘，卿大夫之辱；楚子問鼎，義士之所深耻；獻納二字，富弼以死爭之。今強敵横行，與多壘孰辱？國號大小，與鼎輕重孰多？獻納二字，與再拜孰重？臣子欲君父屈己以從之，則是多壘不足辱，問鼎不必耻，獻納不必爭。可弔八也。臣恐再拜不已，必至稱臣；稱臣不已，必至請降；請降不已，必至納土；納土不已，必至銜璧；銜璧不已，必至輿櫬；輿櫬不已，必至如晉帝青衣行酒，然後爲快。可弔九也。事至於此，求爲匹夫，尙可得乎？可弔十也。

竊觀今日之勢，和決不成。儻陛下毅然獨斷，追回使者魏杞、康湑等，絕請和之議以鼓戰士，下哀痛之詔以收民心，如此，則有可賀者亦十：省數千億之歲幣，一也。專意武備，足食足兵，二也。無書名之恥，三也。無去大之辱，四也。無再拜之屈，五也。無稱臣之忿，六也。無請降之禍，七也。無納土之悲，八也。無銜璧、輿櫬之酷，九也。無青衣行酒之慘，十也。

去十弔而就十賀，利害較然，而陛下不悟。春秋左氏謂無勇者爲婦人，今日舉朝之士，皆婦人也。如以臣言爲不然，乞賜流放竄殛，以爲臣子出位犯分之戒。」

60 太學正興國王質上疏曰：「陛下卽位以來，慨然起乘時有爲之志，而陳康伯、葉義問、汪澈在廷，陛下皆不以爲才，於是先逐義問，次逐澈，獨徘徊於康伯，不遽黜逐，而意終鄙之，遂決意用史浩；而浩亦不稱陛下意，如〔於〕是決用張浚；而浚又無成，於是決用湯思退，今思退專任國政又且數月，臣度其終無益于陛下。夫宰相之任一不稱，則陛下之意一沮。前日康伯持陛下以和；和不成，浚持陛下以戰；戰不驗，浚又持陛下以守；守既困，思退又持陛下以和。陛下亦嘗深察和、戰、守之事乎？李牧之在雁門，法主於守，守乃所以爲戰；祖逖之在河南，法主於戰，戰乃所以爲和；羊祜之在襄陽，法主於和，和乃所以爲守；是和、戰、守本殊塗而同歸者也。今陛下之心志未定，規模未立，或告陛下金弱且亡，而吾兵甚振，陛下則勃然有勒燕然之志；或告陛下吾力不足恃而金人且來，陛下即委然有盟平涼之心；或告陛下吾不可進，金可入，陛下又蹇然有割鴻溝之意。臣今爲陛下謀，會三者爲一，天下惡有不定哉！」帝心以其言爲然，而忌者共排之，以爲年少好異，遂罷去。

61 九月，癸未，金主還都。

62 內侍李珂卒，贈節度使，諡靖恭。

右正言龔茂良諫曰：「中興賢相如趙鼎，勳臣如韓世忠，皆未有諡。如朝廷舉行，亦足少慰忠義之心，今施於珂爲可惜。」甲申，罷珂賜諡。

63 乙酉，金主謂宰臣曰：「形勢之家，親識訴訟，請屬道達，官吏往往屈法徇情，宜一切禁止。」

64 己丑，金主謂宰臣曰：「北京、懿州、臨潢等路，嘗經契丹寇掠，平、薊二州，近復蝗旱，百姓艱食，父母兄弟不能相保，多冒鬻爲奴，朕甚憫之。可速遣使閱實其數，出內庫物贖之。」

65 時江、浙水利，久不修講，勢家園田，堙塞流水，命諸州守臣按視以聞。於是知湖州鄭作肅，知宣州許尹，知秀州姚憲，知常州劉唐稽，並乞開園田，濬港瀆。甲午，詔湖州委朱夏卿，秀州委曾愭，平江府委陳彌作，常州江陰軍委葉謙亨，宣州太平州委沈樞措置。

66 乙未，金主如鷹房，主者以鷹隼置內省堂上，金主怒曰：「此宰相廳事，豈置鷹隼處耶！」痛責其人，俾置他所。

67 丁酉，詔：「今後命官自盜枉法贓罪抵死，除籍沒家財外，依祖宗舊制決配。」

68 辛丑，以王之望參知政事，即軍中拜之。

69 以久雨，出內庫白金四十萬兩，和糴以賑貧民。尋又詔發江西義倉米二十萬石濟之。

70 壬寅，建康諸軍都統制兼淮西招撫使王彥帥師濟江，屯昭關。

71 癸卯，命湯思退都督江淮東路軍馬，固辭不行。乙巳，復命楊存中爲同都督，錢端禮、吳芾並爲都督府參贊軍事，罷宣諭司。仍易國書以付魏杞。

續資治通鑑卷第一百三十九

賜進士及第兵部尚書兼都察院右都御史總督湖北湖南等處地方軍務兼理糧餉世襲二等輕車都尉畢沅編集

宋紀一百三十九 起閼逢涒灘(甲申)十月，盡柔兆掩茂(丙戌)十二月，凡二年有奇。

孝宗紹統同道冠德昭功哲文神武明聖成孝皇帝

隆興二年 金大定四年。(甲申、一一六四)

1 冬，十月，癸亥朔，金主獵於密雲；丙寅，還都。

2 丁卯，知樞密院事賀允中罷，爲資政殿大學士，致仕。己巳，以周葵兼權知樞密院事，王之望兼同知樞密院事。

3 庚午，詔曰：「朕每聽朝議政，頃刻之際，意有未盡。自今執政大臣或有奏陳，宜于申末間入對便殿，庶可坐論，得盡所聞，期躋于治。」

4 庚辰，蠲京西、湖北運糧所經州縣秋稅之半。

5 湯思退僥倖和議速成，邊備盡弛，金都元帥布薩(舊作僕散。)忠義知其可乘也，遂議渡淮。

始，魏杞行次盱眙，忠義遣趙房長問杞所以來之意，欲觀國書，杞曰：「書，御封也，見主當廷授。」房長馳白忠義，疑國書不如式，又欲割商、秦之地及歸正人，且約歲幣二十萬。杞以聞，帝命盡如初式，許割四州，歲幣亦如其數，再易國書。忠義猶以未如所約，辛巳，與赫舍哩（舊作紇石烈。）志寧分兵自清河口以侵楚州。時知州魏勝，奉詔措置清河口，金人乘間以舟載器甲、糗糧自清河出，勝覘知之，帥兵拒于河口。金兵詐稱欲運糧往泗州，由清河口入淮，勝欲禦之；都統制劉寶以方議和，不可，至是寶遂棄城遁。

十一月，乙酉，金兵攻楚州，魏勝率衆拒戰於淮陽，自卯至申，勝負未決。金圖克坦（舊作徒單。）克寧帥生兵至，勝與力戰，矢盡，依土阜爲陣，謂士卒曰：「我當死此，得脫者歸報天子。」乃令步卒居前，騎兵爲殿，至淮東十八里，中矢，墜馬死。事聞，贈正任承宣使。楚州遂破，金人又破濠州，王彥棄昭關遁，滁州亦破。

6 戊子，以金人侵境，詔郊祀改用明年。

7 湯思退罷都督，召陳康伯。

8 己丑，金封皇子永功爲鄭王。

9 庚寅，命楊存中都督江淮軍馬。

先是湯思退既不行，乃陞存中爲都督軍馬，及事急，復以王之望爲督視，之望力辭，乃陞存中爲都督。

10 詔諭歸正官民云：「朕遣使約和，首尾三載，北師好戰，要執不回。朕志在好生，寧甘屈己，書幣土地，一一曲從。唯念名將、貴臣，皆北方之豪傑，慕中國之仁義，投戈來歸；與夫東土人民，喜我樂土；知其設意，欲得甘心，斷之於中，決不復遣。爾等當思交兵釁隙，職此之由，視之如仇，共圖掃蕩。」

11 辛卯，湯思退除職，奉祠。

言者論其急于和好之成，自壞邊備，罷築壽春城，散萬弩營兵，輟修海船，毀拆水櫃，不推軍功賞典，及撤海、泗、唐、鄧之戍，詔責居永州。行至信州，憂悸而死。

自思退唱和議，欲興大獄以鋤異己者。時參知政事周葵行相事，聞諸生有欲相率伏闕者，奏以黃榜禁之，略云：「靖康軍興，有不逞之徒，鼓倡諸生伏闕上書，幾至生變。若蹈前轍，爲首者重置典憲，餘人編配。」黃榜出，物論譁然。于是太學生張觀、宋鼎、葛用中等七十餘人，上書論湯思退、王之望、尹穡曰：「揚州退敵之後，敵人不敢南下。湯思退首唱和議，之望、尹穡附之，極力擠排。遂致張浚罷去，邊備廢弛，墮敵計中，天下爲之寒心，而思退輩方以爲得計。今敵人長驅直至淮甸，皆思退等三人懷姦誤國，此三人之罪，皆可斬也。願陛下先正三賊之罪以明示天下，仍竄其黨洪适、晁公武，而用陳康伯、胡銓爲腹心，召金安節、虞允文、王大寶、陳俊卿、王十朋、陳良翰、黄中、龔茂良、劉夙、張栻、查籥，協謀同心，以濟大計。」帝大怒，欲加重罪。晁公武及右正言龔茂良同入對，帝怒稍霽，之望亦爲之救解，乃止。

先是侍御史尹穡請置獄，取不肯撤備及棄地者核其罪，庶和議决成，所指凡二十餘人，由是擢穡爲左諫議大夫，而公武亦自殿中侍御史遷侍御史，洪适時以中書舍人兼直學士院。

12 丙申，遣國信所通事王抃使金軍，併割商、秦地，歸被俘人，惟叛亡者不與，餘誓目略同紹興，世爲叔姪之國，減銀絹五萬，易歲貢爲歲幣而已。金人皆聽許。

13 丁酉，詔擇日視師。

14 戊戌，以陳康伯爲左僕射兼樞密使。

15 辛丑，錢端禮賜出身，簽書樞密院事，旋命兼權參知政事。

16 金尚書省火。

17 壬寅，以顯謨閣學士虞允文同簽書樞密院事。

18 詔：「館閣儲材之地，依祖宗舊法，更不立額。」

19 甲辰，步軍司統制崔泉，敗金人于六合。

20 權尚書工部侍郎何俌進對，因及用人事，帝曰：「近日士大夫議論好惡，多不公心。卿所謂其言若善，雖仇怨在所當用，如其不善，雖親故不可曲從，此論是也。」

21 己酉，劉寶落節鉞，爲武泰軍承宣使；王彥落龍神衛四廂都指揮使。

22 庚戌，詔：「方今多事，理宜博謀，侍從、兩省官，每日一到都堂，遇合關臺諫者，亦許會議。」

23 陳康伯力疾詣闕，閏月，甲寅，入見。詔：「康伯間一月（日）一朝，肩輿至殿門，仍給扶，非大事不署。」

24 丙辰，參知政事周葵罷。

25 壬戌，兵部侍郎胡銓、右諫議大夫尹穡並罷。

銓、穡受詔，分往淮東、西措置海道。時金兵號八十萬，濠、滁皆破，唯高郵守陳敏拒敵射陽湖，而李寶預求密詔爲自安計，擁兵不救。銓劾奏之曰：「臣受詔命范榮備淮，李寶備江，緩急相援。今寶視敏弗救，若射陽失守，大事去矣。」寶懼，始出師犄角。會天大雪，河冰皆合，銓先持鐵鎚鎚冰，士皆用命，金人乃退。

銓、穡皆挈家以行，爲言者所劾，遂與祠。

26 乙亥，參知政事王之望罷。

先是金人至揚州，或請擊之，楊存中不敢渡江，固壘以自守。之望與湯思退表裏，專以割地啖金爲得計。至是帝以金人且退，詔督府擇利擊之，時之望視師江上，令諸將不得妄進。朝廷趣行，之望言王抃既還，不可冒小利，害大計。言者論之，遂罷。

27 丙子，以王抃爲奉使大金通問國信所參議官，持陳康伯報書以行。丁丑，金遣張恭愈來迓使者。

28 十二月，戊子，魏杞始自鎭江渡淮。

29 辛卯，以錢端禮參知政事，虞允文同知樞密院事，禮部尚書王剛中簽書樞密院事。

30 丙申，制曰：「比遣王抃，遠抵潁濱，正皇帝之稱，爲叔姪之國，歲幣減十萬之數，地界如紹興之時。憐彼此之無辜，約叛亡之不遣，可使歸正之人，咸起寧居之心。重念數州之民，罹此一時之難，老稚有蕩析之烖，丁壯有係累之苦，宜推蕩滌之宥，少慰凋殘之情。除逃遁官吏不赦外，雜犯死罪情輕者減一等，餘並放遣。」洪适所草也。論者謂前此之貶損，四方蓋未聞知，今著之赦文，殊失國體。

31 遣洪适等賀金主生辰，以後遂以爲常。

32 己酉，朝獻景靈宮。庚戌，朝饗太廟。

33 是歲，金大有年，斷死罪十有七人。

乾道元年金大定五年。（乙酉、一一六五）

1春，正月，辛亥朔，車駕詣圜壇行禮，大赦，改元。

2乙卯，金主命於泰州、臨潢接境設邊堡七十，駐兵萬三千。

3丁巳，淮西安撫使韓璡，勒停，賀州編管，以部將孔福、頓遇棄城逃避故也。福伏誅，遇刺配吉陽軍牢城。【考異】韓璡編管賀州，聖政草作乙亥，今從宋史作丁巳。

4己未，通問使魏杞等賫國書至金，書式爲「姪宋皇帝眘，謹再拜致書於叔大金聖明仁孝皇帝闕下」，歲幣二十萬。金人復書「叔大金皇帝」，不名，不書「謹再拜」，但曰「致書于姪宋皇帝」，不用尊號，不稱「闕下」，自是爲定式。

5辛酉，召楊存中還。

6丁卯，起居舍人王稽中言：「臣每念國朝罕有世家；惟將家子能世其家，有曹彬之子瑋，种世衡之子諤，諤之子師道，皆世爲良將。近日將臣子弟，皆以武弁爲恥。」帝曰：「此言甚合朕意。」稽中曰：「今國家閑暇，正當選將。萬一用武，倉卒不可得之。」帝曰：「卿言甚當。」稽中請於大將之家，選武勇能世其家者尊顯之，萬一用武，不至無將；若其無虞，不妨陰壯國勢。帝曰：「此論深得今日之切務。」稽中又言：「陛下留意北人，然北人皆負陛下。如賀允中老不知退，遭陛下簡罷；王之望謀國，前後反覆異詞；尹穡姦邪，與湯思退陰結死黨，使季南壽往來傳遞言語，士大夫目之爲『肉簡牌』，其爲欺君誤國，弛去邊備，鈎致敵人渡淮，幾危社稷。」帝曰：「如尹穡尤可罪。朕初以腹心待之，乃姦邪至于如此！」稽中又曰：「如王逑雖未甚有施設，然多與尹穡屏人切切細語，士大夫皆謂之邪姦，賴陛下先知其姦，乃併逐之，士大夫尤服聖聽。」

7 以王抃使金有勞，加五官，抃由是見知於帝。後與曾覿、甘昪相結，時論惡之。

8 庚午，詔曰：「館職所以招延天下之英俊，以待顯擢，苟不親吏事，知民情，則將來何以備公卿之任！今後更迭補外，歷試而出，以稱朕樂育眞才之意。」

9 辛未，立兩淮守令勸民種桑賞格。

10 金以和議成詔中外；復命有司，旱、蝗、水溢之處，與免租賦。

11 壬申，詔兩浙振流民；以紹興流民多死，罷守臣徐嚞及兩縣令。

12 癸酉，蠲沿邊殘破州軍賦一年。

13 金命元帥府諸新舊軍，以六萬人留戍，餘並放還。以宋國歲幣賞諸軍。

14 甲戌，貶劉寶瓊州安置。

15 乙亥，罷兩淮招撫司及陝西、河東宣撫招討司。

16 召提舉太平興國宮陳俊卿入對，帝勞撫之。因極論朋黨之弊，且論人材當以氣節爲主，氣節者少有過差，當容之；邪佞者甚有才，當察之；帝善其言。除吏部侍郎，同修國史。

17 二月，庚辰朔，朝德壽宮，從太上皇、太上皇后如四聖觀。帝親扶上皇上馬，都人歡呼，以爲所未嘗見。

18 癸巳，移濠州戍兵於藕塘。

19 庚子，以楊存中爲寧遠、昭慶軍節度使。

20 壬寅，金罷納粟補官令。

21 甲辰，以久雨，避殿，減膳，蠲兩淮災傷州縣身丁錢絹，決繫囚。

22 命鎭江、建康、鄂州、荆南都統並兼提舉措置屯田，兩淮、湖廣總領、淮南、湖北、京西帥漕兼提舉措置屯田，守臣兼管內屯田事。

23 丁未，尙書左僕射陳康伯薨。

紹興末，有與子之意，康伯密贊大議；及行內禪禮，以康伯奉册。帝卽位，禮遇優渥，但呼丞相而不名。嘗謂輔臣曰：「陳康伯有氣量，朕扈從太上在金陵，其從容不迫，可比晉謝安。」至是奏事出，至殿廬而疾作，輿至第，薨。贈太師，謚文恭，御書「旌忠顯德之碑」表其墓。

24 三月，庚申，以虞允文參知政事（兼同知樞密院事），王剛中同知樞密院事。

25癸亥，同知樞密院事黃祖舜卒，謚莊定。
26壬申，金羣臣上尊號曰應天興祚仁德聖孝皇帝。
27乙亥，太白經天。
28詔舉制科。
29是春，湖南盜起，入廣東，焚掠州縣，官軍討平之。
30夏，四月，丙申，詔廬州兵馬都監郭璘，特令再任，以金人渡淮，保守焦湖舟船無虞也。
31庚子，金報問使完顏仲等入見。
32癸卯，金西京留守壽王京，以謀反安置嵐州。

京妻公壽，嘗召日者孫邦榮推京祿命，邦榮言：「留守官至太師，爵封王。」京問：「此上更無有否？」邦榮曰：「止于此。」京曰：「然則所官何爲？」邦榮察其意，詐爲圖讖，作詩以獻于京。京曰：「後誠如此乎？」遂受其詩，再使卜之，邦榮詭稱得卦有吉兆，京復使邦榮推金主當生年月。家人孫胥格（舊作小哥。），妄作謠語誑惑京，如邦榮指，京信之。公壽具知其事。

至是邦榮上變，詔刑部侍郎高德基等往鞫之，京等皆款伏。金主曰：「海陵無道，使光英在，朕亦保全之，況京等哉！」于是京夫婦特免死，杖一百，除名，嵐州樓煩縣安置，以婢百口自隨，官給土田。詔諭京曰：「朕與汝皆太祖之孫，海陵失道，翦滅宗支。朕念兄弟無幾，於汝尤爲親戚；汝亦自知之，何爲而懷此心？朕念骨肉，不思盡法。汝若尙不思過，朕雖不加誅，天地豈能容汝也！」

33 乙巳，金都元帥完顏思敬罷。

34 吳璘來朝，尋進封新安郡王，判興元府。

35 五月，己酉朔，帝諭輔臣曰：「今邊事少寧，卿等當爲朕留意人材。」錢端禮言：「人主之職，惟當辨君子小人。若朝廷所任純朴厚重之士，則浮僞自革，實效可成。」帝曰：「固知如此。君臣之間，須相警戒。」

36 庚戌，中書舍人洪适進對，帝曰：「卿所繳秦塤差遣甚當。向後有合繳事，不須劄子，但批敕以進。」又曰：「如有出自朕意，事不可行者，卿但繳進。」

初，秦塤陳乞宮觀，适繳奏：「秦檜藏姦稔惡，金珠充牣其家。塤乃其不肖之孫，華屋後藏，輒稱累重仰祿。公然欺世，玩侮朝廷」故也。

37 辛亥，帝諭錢端禮等曰：「早朝，與卿等每不從容。今後晚間少暇時，當召卿等款曲論治道。」端禮等既退，又遣中使傳旨，每遇晚，召于東華門入，請選德殿奏事。

38 甲寅，臣僚言：「唐任劉晏二十載。今之戶部，始用也未必擇之精，既用也未必任之久，多不一歲，少或半歲，已徙職而去矣，孰能爲國家周慮實、究源流而圖善後之計哉！望陛下略依唐故事，博選中外之臣，其材之可用者，而試以財計之任，又觀其稍有所成，而付之版曹之職。苟稱其職，雖數遷而至乎二府，職固不徙也。勿奪其權，使之得以號令州縣，而趣督倚辦焉；勿拘其制，使之得以權衡低昂，而通融流轉焉。夫然後國之有無，軍之裕乏，民之利害，皆得而責之。彼亦將朝思夕計，畢精竭慮，自任而不辭矣。」從之。

39 金元帥布薩忠義朝京師，金主勞之曰：「宋國請和，偃兵息民，卿之力也！」丁巳，以忠義爲左丞相，赫舍哩志寧爲平章政事。

40 辛酉，中書舍人洪适進仁宗久任許元故事。帝曰：「洪适所進故事，切當今日之弊。今後非因昏懦不職，不得遽有遷易。其興利除害，績用修舉，並依故事旌擢顯用。」

41 乙丑，金以平章政事宗憲爲右丞相。

42 壬申，詔：「法令禁姦，理宜畫一。比年以來，傍緣出入，引例爲弊，殊失刑政之中。應今後犯罪者，有司並據情款，直引條法定斷，更不奏裁。內刑名有疑，令刑部、大理寺看詳，指定聞奏，永爲常法，仍行下諸路遵守施行。其刑部、大理寺見引用例冊，令封鎖架閣，更不引用。」

43 癸酉，金罷山東路都統府，以其軍各隸總管府。

44丙子，遣李若川使金，賀上尊號。

45是月，宗正丞林卲言：「祖宗玉牒，昨緣南渡，散失不存。前後修纂爲太祖一朝事迹，已經安奉；太宗玉牒雖已成書，尚未進入；太上、今上玉牒，自今見修；自眞宗至欽宗凡七世，並未下筆。緣近來體例，每修一朝玉牒，必取旨開局，方始修纂，十年方許一進，則是列聖之書，雖百年而未備。臣今自修眞宗玉牒十年，計四十卷，望令玉牒館安奉。」從之。

46郴州盜李金復作亂，詔以劉珙爲湖南安撫使，兼知潭州。抵境，聲言發郡縣兵討擊，而移書制使沈介，請以便宜出師，曰：「擅興之罪，吾自當之。」介即遣田寶、楊欽以兵至。珙知其暑行疲怠，發夫數程外迎之，又代其負任，至則犒賞過望，車〔軍〕士感奮。珙知欽可用，檄諸軍皆受節制。下令募賊黨相捕斬詣吏者，除罪受賞。欽與寶連戰破賊，追至莽山，賊黨執金以降。

47六月，癸未，同知樞密院事王剛中卒，謚恭簡。

剛中在成都日，以萬歲池廣袤〔袤〕十里，溉三鄉田，歲久淤澱，因集三鄉夫共疏之，累土爲防，上植榆柳，表以石柱。蜀人久而思之。

48丙戌，以翰林學士洪适簽書樞密院事。帝謂錢端禮、虞允文曰：「三省事可與洪适共議。」自是東西府始同班奏事。

49壬辰，淮南運判姚岳，奏蝗自淮北飛度，皆抱草木自死，仍封死蝗以進，帝曰：「岳敢以爲嘉祥，更欲錄付史館，可降一官，放罷，爲中外佞邪之戒。」

50甲辰，罷湖北、京西制置司。

51丙午，臣僚言：「科舉之制，州郡解，額狹而舉子多；漕司解，其數頗寬。取應者往往捨鄉貫而圖漕牒，至于冒親歲（戚）、詐注籍而不之卹。且牒試之法，川、廣之士用此可也，福建密邇王都，亦復漕試；見任官用此可也，而待闕得替官，一年內亦許牒試；本宗有服親用此可也，而中表緦麻之親亦許牒試。或宛轉請求，或通間屬托，至有待闕得替官一人而牒十餘名者，請申嚴詐冒之禁。其見行條法，付有司重詳損益，立爲中制。」從之。

又言：「國家三歲科舉，集草茅之士，親策于庭，其間豈無一事之可行！然有司攷試，多以文采爲上，攷在前列者，始經御覽。其間有言及諸郡軍民利害實迹，偶文辭不稱，置之下列，往往壅于上聞，誠爲可惜！請自今，有論及州郡軍民利害事實，令初攷、遺（覆）攷、詳定所，各節錄緊要處，俟唱名日，各類聚以聞。」從之。

52是日，金中都地震。

53秋，七月，戊申朔，金中都地復震。

54金罷陝西都統府，徙陝西元帥府于河中。

55庚戌，知池州魯訔，申稱本州管下竹生穗，實如米，飢民采食之，仍圖竹實之狀，緘裹其物以獻。臣僚論：「歉歲飢民食其不當食之物，誠出于飢餓迫切而已。今池之民采竹實而食，其亦迫切甚矣。訔任在牧民，顧以爲美事，不謂之姦諛不可也。較其罪與姚岳同科，望予罷斥。」詔從之。

56辛亥，王大寶言：「理財宜務本抑末。農者，天下之本也；而邊賈逐末，競利日繁，宜抑之以助農。如前月免行之令，偶因曹泳建言廢罷，請講明損益以復前制。」帝曰：「曹泳所行，唯免行一事，至今人以爲是。民不可擾，難以施行。」

57臣僚言：「守臣之弊，重內輕外；宜更出迭入。若未歷州縣，不得居清要；未任監司，不得居郎曹。外有治效，擢之內職；內有實績，擢之外任。庶幾官宿其業，人效其職，無因循苟簡之意矣。」詔令中書省置籍。

58癸丑晚，御選德殿。御坐後有金漆大屏，分畫諸道，各列監司、郡守爲兩行，以黃簽標居官者職位姓名，常指示洪适等曰：「朕新作此屏甚便，卿等于都堂亦可依此。」

59乙丑，臨安府奏結斷鋪翠、銷金事，帝曰：「聞外間翠羽甚多，若申嚴指揮，未必禁得。治一足以警衆。」錢端禮曰：「今宮禁旣不用，自然外間可革。」

60是月，詔：「諸路監司、帥臣，將見任老疾守臣，限一月公共銓量聞奏。知縣，守臣體訪，申取朝廷指揮。如監司、守臣互爲容隱，御史臺覺察以聞。」

61鑄當二錢。

62八月，己卯，帝曰：「永豐圩見隸建康行宮，藏收米三萬餘石，其撥付建康軍中以助軍食。」

63金殺前宿州防御史烏陵呵喇薩，舊作烏林答剌撒，今改。謂其與李顯忠交通也。

64錢端禮等奏：「前日面得指揮，減省權攝使臣及額外人吏。有承旨司謝褒，再三須要存留王興祖等四人，蓋有謝梓是其子。」帝曰：「吏何得如此！可重作行遣。」乃詔：「謝褒送處州編管。」

65乙酉，立鄧王愭爲皇太子。大赦。

66丁亥，參知政事虞允文罷。

金使完顏仲來，有所議，偃蹇不敬，允文請斬之，廷有異議，不果。會錢端禮受李宏金〔玉〕帶，事連允文，爲御史所論，奉祠而歸。

67己丑，以洪适爲參知政事，並權知樞密院事；吏部侍郎葉顒簽書樞密院事，並權參知政事。

68庚寅，詔：「應今後文武知州軍、諸路釐務、總管、副總管、鈐轄、都監見辭，並令上殿，批入料錢文歷。如托避免對，並不得差除赴任。委臺諫、監司常切按察，以違制論。」

69 癸巳，臣僚言：「去歲江西湖口和糴，其弊非一：不問家之有無，例以稅銀均敷，此一弊也。州縣各以水腳耗折爲名，收耗米什之二三，此二弊也。公吏斛腳，百方乞覓，量米則有使用，請錢則有糜（縻）費，此三弊也。以闕、會償價，許之還以輸官，然所在往往折價，至輸官則不肯受，此四弊也。」詔：「逐路委漕臣並提舉，往來巡按，務盡和糴之意以革四弊。」

70 參知政事錢端禮罷。

時久不置相，端禮以首參，覬之甚亟。鄧王愭夫人，端禮女也。侍御史唐堯封論端禮帝姻，不可任執政，坐遷太常少卿，館閣士相與上疏排端禮者皆被斥。端禮遣人密告陳俊卿，言已即相，當引共政，俊卿叱之；會進讀寶訓，因言本朝家法，戚屬不預政，最有深意，陛下所宜謹守，帝納其言。端禮憾之，出俊卿知建寧府。至是王立爲太子，端禮不得已，乃引嫌以資政殿大學士提舉萬壽宮。

71 乙巳，洪适等言：「近來士風奔競，爭圖換易舊制，已有差遣人，不許入國門，新授差遣人，限半月出門。今請令宰執不許接見已有差遣之人。」帝曰：「如此則失之隘，但在卿等力行。」

72 洪适奏浙東鹽司久闕官，請用宋藻，帝曰：「卿等曾諭宋藻支還亭戶錢否？聞鹽司所至，又要掊斂錢物送胥吏，至有六七百千，首須丁寧鈐束。」

73 九月，戊申，金主秋獵。

74 時有獻書者，洪适等言係編類之書，舉子所用，欲與免一解，葉顒言獻言者大率圖僥倖，帝曰：「亦無如之何。若不采納，便塞獻言之路。」

75 癸酉，洪适等言：「近有湖南漕臣任詔，均州守臣戴之邵，皆自請討賊。臣等不識之邵，陛下尚省記其人否？」帝曰：「其人亦誕妄，今不須留在極邊，可召赴行在，別與差遣。」

76 甲戌，金主還都。

77 冬，十月，丁卯朔，金地震。

78 甲申，臣僚言：「私鹽之不可禁者，其弊三：亭戶煎鹽入官，官不以時給直，往往寄居爲之干請而後予之，至有分其大半者，一也。煎煉之初，必須假貸于人，而監司類多乘時放債，以要其倍償之息，及就場給直，往往先已尅除其半，而錢入于亭戶之手者無幾，二也。鹽司及諸場人吏，類多積私鹽以規厚利，亭戶非不畏法，以有猾胥爲之表裏，互相蒙庇，三也。請申嚴禁戢。」從之。

79 戊子，劉蘊古伏誅。

蘊古之始降也，辨舌泉涌，廷臣多奇之。吳山有伍員祠，蘊古妄謂祈禱有驗，新易扁額，刻其官位姓名於旁。市人莫測其意，有右武大夫魏仲昌獨曰者（者，獨曰）：「是不難曉。他人之歸正者，僥倖富貴而已，蘊古則眞細作也。夫牒（諜）來不止一人，榜其名，欲使後至者知其已至耳。」至是遣僕北歸，有告者，搜其書，皆刺朝廷陰事也，乃誅之。【考異】宋史作歸正人右通直郎劉蘊古，坐以軍法式送北境伏誅。據桯史，則蘊古所刺，皆陰事也，今從桯史書之。

80 乙未，金主冬獵，旋還都。

81 丁酉，金遣王衎等來賀會慶節，以後每歲如之。

82 乙巳，淮北紅巾賊踰淮劫掠，立賞格討捕之。已而知楚州胡則，遣巡尉擊殺其首盧榮。

83 十一月，丙午朔，金主謂宰臣曰：「朕在位日淺，未能徧識臣下賢否。今六品以下，殊乏人材，卿等何以副朕求賢之意？」

84 己未，詔：「後省抽上書可采者，撮其樞要，斷章取義，立爲篇目，繕寫進呈，以牙牌一面，鐫吏、戶、禮、兵、刑、工、贓吏字，疏事目于下方。」帝曰：「朕已令製造數副，記朝廷事，省部亦當依此以備遺忘。」

85 癸亥，金立諸路通檢地土等第稅法。

86 金主之初立也，事多權制，至是詔有司删定，謂宰臣曰：「凡已奏之事，朕嘗再閱，卿等毋懷疑懼。朕於大臣，豈有不相信者！但軍國事不敢輕易，恐或有誤也。」布薩忠義對曰：

「臣等豈敢竊意陛下，但智力不及耳，陛下留神萬幾，天下之福也。」

87辛未，遣龍大淵撫諭兩淮，措置屯田，督捕盜賊。

88十二月，戊寅，以洪适爲尚書右僕射、同平章事兼樞密使，汪澈爲樞密使。

89庚寅，以葉〔顒〕爲參知政事兼同知樞密院事。

近習梁俊彥，請稅江、淮沙田、蘆場，可助軍餉，帝以問顒。顒對曰：「蘆場臣未之詳。沙田者，乃江濱出沒之地，水激於東則沙漲於西，水激於西則沙復漲於東，其田未可以爲常也。辛巳兵興，兩淮之田租並復，至今未征，況沙田乎！」帝大悟，卽罷之。顒退至中書，召俊彥，切責之曰：「汝言利求進，萬一淮民怨咨，爲國生事，雖斬汝萬段，豈足塞責！」俊彥惶恐，免冠謝，始釋之。

90起居郎、權中書舍人蔣芾奏曰：「中書政本之地，舍人之職，不特掌行詞命而已，故事，亦許繳駁。臣雖暫時兼攝，亦不敢以承乏而怠于職事。倘政令之有過舉，除授之有失當，不免時犯天聽，尚賴陛下容納。」帝曰：「正欲卿如此，不特政事與除授之間，雖人主有過失，亦可論奏。」

91是歲，遣方滋等賀金主正旦。金亦遣烏庫哩（舊作烏古論。）忠弼來賀正旦。以後，歲如之。

乾道二年 金大定六年。（丙戌、一一六六）

1春，正月，丙辰，宰執進呈陞差人數，帝曰：「須立定年限，方可杜其私意。」

2辛酉，省六合戍兵，以所墾田給還復業之民。

3壬戌，建康都統劉源，繳納到逃亡事故横行拱衞大夫至副尉、軍兵、將校、都虞候等付身二萬有餘，帝以問宰執，洪适等言：「果有此數，見今委都司毀抹。」帝曰：「此事甚不可得。」于是詔武略大夫、忠州團練使劉源，特轉武顯大夫、高州防禦使。

4甲子，汪應辰請優卹利州路運糧百姓，漕臣亦具奏，請運糧二石，人支錢引三道，計合降度牒八十餘道。帝曰：「中間亦曾免一處。」洪适等言：「成、和等四州，已嘗免夏、秋二稅一年，京西路諸州，亦免二稅一半。」帝曰：「利路運糧，每石與二千，可紐計度牒支降。」

5庚午，金敕有司：「宮中張設，毋以塗金爲飾。」

6二月，丙子，詔：「侍從、臺諫、兩省官舉監司、郡守，可依薦舉舊法，如犯入已贓當同罪，餘皆略之，庶多薦引以副任使。」

7丁丑，罷盱眙屯田。賑兩浙、江東饑。

8庚辰，臨安府勘到殿前司軍兵盜取錢物，洪适等言訓練隊將，專管一隊，不爲無罪，帝曰：「統制官如何無罪！須各與降一官。」适等言：「統制乃王公述，兼帶御器械，陛下行罰，雖親近不免，天下安得不畏服邪！」

9丁亥，金左丞相、沂國公布薩忠義薨。金主親臨，哭之慟，輟朝奠祭，命參知政事唐古（舊作唐括。）安禮護其喪事，葬祭俱從優厚，官給，謚武壯（莊）。忠義謙以接下，敬儒重士，與人交，侃侃如也。善馭將卒，能得其死力。爲宰輔數年，知無不言。故由外戚兼任將相，能以功名終。

10壬辰，戶部措置每月官兵俸料，減支見錢分數，月中可省二十萬緡，帝曰：「不若且依舊例。事稍動衆，不可輕改。」

11三月，甲辰，吏部申安穆皇后堂姪女夫沈巘補官，方十二歲，年未及格，又，趙氏乞收故夫郭咸恩澤，與康汝濟等岳廟差遣，帝曰：「補官事，三年無甚利害，可待年及。恩例既不合換岳廟，只可依條。」洪适等言：「陛下以至公存心，雖懿親不爲少回，況臣等豈得用私意邪！」

12乙巳，禁京西、利州路科役保勝義士。

13壬子，詔曰：「比年以來，治獄之吏，大率巧持多端，隨意援引，而重輕之故，有罪者與邪而不乖者罹酷，朕甚患焉。卿等其革玩習之弊，明審克之公，使姦不容情，罰必當罪，用迪于刑之中。」

14甲寅，金主如西京。

15丁巳，洪适等言殿前司陞差將副，但以年限，殊不較量能否，合亦呈試事藝，帝曰：「拘以年限，自是國家法令。今後遇有陞差，卿等可間點三二人就堂下審驗，與之語言，能否自可見矣。」

16戊午，殿中侍御史王伯庠請裁定奏薦，詔三省、臺諫集議。又詔：「縣令非兩任，毋除監察御史；非任守臣，毋除郎官。著爲令。」

17甲子，給事中魏杞等，劄言皇太子已講授孟子徹章，帝曰：「可講尚書。治國之道，莫先于此。君臣更相警戒，無非日所行事。朕每無事，必看數篇。」

18丁卯，賜禮部進士蕭國梁以下四百九十有三人及第、出身。榜首本趙汝愚，以故事降居第二。

19庚午，金主朝謁太祖廟。

20辛未，尙書右僕射、平章事洪适罷。适以文學受知，自中書舍人，半載四遷至右相，然無大建明以究其所學。會霖雨，适引咎乞罷，從之。

21李信父上書，略謂守令不得人，且舉其所見聞之一方者言之，如「蠶未成絲，已催夏稅，禾未登場，已催冬苗，陛下固申加禁止矣。近蓋有今年而追來年之租，謂之預借者；荒郡僻邑，有先二年而使之輸者。如編戶差役，官吏全不究實，陛下固申警有司矣。今則受財鬻法，以合差役者隱焉；其不應役之家，則自甲至癸，以次相及，使致賄求免。如節次減免租賦，何嘗不巧作追呼也；如粳稻不得收稅，而今之收稅者自若也。如過犯不得入役，今之入役者自若也。常賦之外，泛科名色，容或循習。訟牒不問大小輕重，或罰使輸金，或抑使買鹽。頃歲小不登，鄉曲小民，十百爲羣，持仗剽奪，借艱食之名以逞其私憾，倒廩傾囷，所在皆有，官不能禁也。」帝曰：「李信父書，詞理甚可取。」汪澈等言守令得人，即無此弊，于是詔：「戶、刑部檢見行條法，申嚴約束，如有違戾，監司按劾聞奏。」

22 癸酉，以給事中、權吏部尚書魏杞同知樞密院事兼權參知政事。

23 丁丑，罷和糴。

24 夏，四月，甲戌朔，宰執言劉珙等措置李金事畢，宜推賞，帝曰：「近時儒者多高談，無實用，珙能爲朝廷了事，誠可賞也。」

25 金禁月朔屠宰。

26 丁丑，帝諭執政：「卿等當謹法令，無創例以害法。如胥輩兼局之類，切不可放行。」

27 戊寅，詔：「淫雨爲沴，害及禾麥，可令侍從、臺諫講究所宜以聞。其臨安府并諸路郡縣見禁刑獄，立限結絕，委官分詣檢察。」旋命減繫囚罪。

28 庚辰，詔兩浙漕臣王炎開平江、湖、秀圍田，以壅水害民田故也。

29 甲申，太白晝見。【考異】金史作辛丑。

30 乙丑，臣僚言：「訪問昨御營司招收弓手，所管三千三百人，見在殿司。以殿司而有弓手之名，色目不類。又聞王琪招一千四百人，專充養馬幷輜重。都頭大率游手，不妨在外營趁。又聞馬司逐月勘支效用軍兵一萬六千三百餘人，與密院兵籍房數目不同，請付密院審實，銷落虛數。所有弓手幷養馬軍兵，並行揀閱，將強壯堪披帶之人收附以充戰士，尫羸老弱，並行揀汰。」詔委都承、檢詳揀閱。于是檢詳晁公武取會殿前、馬、步三司在外諸統帥之兵，各開具置籍聞奏。帝曰：「朕令殿帥王琪措置三軍，有掌記，將各人武藝注于下，甚易見也。」

31 乙未，樞密使汪澈罷。

澈在政府，好汲引人才，其自奉清約，貴賤弗渝。

32 丁酉，莫濛、程逖、司馬倬等，奏知荆南府李道，所爲乖謬，政出胥吏，妄用經費，專意營私，盜賊羣起，不即擒捕，帝曰：「李道輒恃戚里，敢爾妄作，可與放罷。」葉顒對曰：「陛下行法不問戚里，天下聞之，孰不畏服耶！」

33 己亥，臣僚言：「祖宗留意考課之法，王安石始罷之。望遵太宗故事，應監司、郡守朝辭曰，別給御前印紙歷子。至于興某利，除某害，各爲條目，每考令當職官吏從實批書，任滿精覈。」詔：「經筵官參祖宗法與見行條制，務要適中，可以久行。」

34 五月，甲辰，葉顒等薦俞翊爲饒州守，言其作邑有聲，但資格尚淺，帝曰：「選材治劇，不須較資格也。」

35 戊申，資政殿大學士、提舉萬壽觀并侍讀、致仕張燾卒。燾外和內剛，帥蜀有惠政，民祠之不忘。謚忠定。

36 金主如華嚴寺觀故遼主諸銅像，詔主僧謹視之。

37 己酉，罷權借職田。

38 庚戌，參知政事葉顒罷，以魏杞參知政事，右諫議大夫林安宅同知樞密院事兼權參知政事，中書舍人蔣芾簽書樞密院事。

39 壬子，金詔雲中大同縣及警巡院給復一年。

40 癸丑，太白經天。罷修建康行宮。

41 丁巳，帝諭宰執曰：「近臣僚多言大臣不任事，卿等更宜勉力。如朕有不至處，或事不可行，但來執奏。」

42 庚申，命未任守臣者不得除郎官。魏杞奏：「監司人應否除授？」帝曰：「監司，察州縣者也，事同一體。」

43 丙寅，詔：「今後看詳四方投獻書劄文字，擬等第以上。」

44 丁卯，詔：「諸路監司、守臣預講荒政，如水旱無備，必置于罰；備預有方，當議推賞。」

45 六月，甲戌，罷兩浙路提舉市舶司。

46 戊寅，詔：「制科權罷注疏出題；守臣、監司亦許解送。」

47 庚辰，封皇孫挺爲榮國公。

48 辛巳，太白經天。【考異】宋史不書，今從金史。

49 壬午，林安宅、蔣芾言：「臣等備員宥地，所職在于兵將。如二三大將，陞（陛）下所深知。偏裨間有才者亦多，但臣等素不相識，無以知其才否，欲自此與之相見。」帝曰：「卿等當于陞差時審察之。」

50 丙戌，廢永豐圩。

51 庚子，金主獵于銀山。

52 知秀州孫大雅代還，言：「州有柘湖、澱山湖、陳湖，支港相貫，西北可入於江，東南可達於海。旁海農家，作壩以郤鹹潮，雖利及一方，而水患實害鄰郡；設疏導之，則又害及旁海之田。若於諸港浦置牐啓閉，不惟可以洩水，而旱亦獲利。然工力稍大，欲率大姓出錢，丁戶出力，於農隙修治之。」于是以兩浙轉運副使姜詵與守臣視之。詵尋與秀州、常州、平江府、江陰軍條上利便，詔：「秀州華亭縣張涇牐并澱山湖，俟今年十一月興修；常州江陰軍蔡涇港及申港，明年春興修；利港俟休役一年興修；平江府姑緩之。」

[53]秋，七月，己酉，調泉州左翼軍屯許浦鎮。

[54]甲寅，以鎮江都統制戚方爲武當節度使。

[55]八月，癸酉，武鋒軍隸步軍司。

[56]庚辰，金主獵於望雲之南山。

[57]丙戌，林安宅罷。

初，安宅爲御史，請兩淮行鐵錢，葉顒力言不可，安宅忿然。既入樞府，乃劾顒子受宣州富人錢百萬，御史王伯庠亦論之，顒乞辨明。及顒罷參、樞，帝下其事于臨安府尹王炎親鞫，置對無跡。帝以安宅、伯庠風聞失實，並免官，仍貶安宅筠州安置。召顒赴闕，帝勞之曰：「卿之清德，自今愈光矣。」

[58]戊子，以魏杞兼同知樞密院事，蔣芾權參知政事。

[59]甲午，詔：「諸軍將士，與金人戰禦立功之人，其功效顯著者，無以示別。今將顯著戰功十三處，立定格目。張俊明州，韓世忠大儀鎮，吳玠殺金坪、和尚原，劉錡順昌，五處依紹興

十年指揮。李寶密州膠西唐島，劉錡揚州皁角林，王琪、張振等建康釆石渡，邵宏淵眞州胥浦橋，吳珙、李道光化軍茨湖，張子蓋解圍泗州，趙撙蔡州，王宣確山，八處依紹興三十二年指揮。」【考異】玉海載會要所列十三處戰功。復載李璧（壁）中興十三處戰功錄，則戰功與人名互有同異。璧（壁）所錄者，一曰張俊明州，二曰吳玠和尚原，三曰吳玠饒風嶺，四曰吳玠殺金坪，五曰韓世忠大儀，六曰劉錡順昌，七曰張子蓋解圍海州，八曰李寶海道，九曰邵宏淵胥浦橋，十曰虞允文釆石，十一曰李道光化茨湖，十二曰劉錡皁角林，十三曰王宣、汲靖確山，列於銓法，以比漢時令甲。較諸會要，有饒風嶺而無蔡州也。今以會要爲據，仍附見璧（壁）所錄於此。王應麟謂藕塘之戰，因破僞齊而不與其列，然岳飛郾城之捷，亦未及與，知當日指揮固多不審矣。

60 乙未，詔吳璘復判興州。

61 丙申，升宣州爲寧國府。

62 九月，辛丑朔，金主還都。

63 甲辰，上元知縣李允升，坐贓，決配惠州。建康守臣王佐，坐縱容出境，追兩官，勒停，建昌軍居住。（知）鄂州汪澈，以濫舉降兩官。提刑袁孚，以失按降一官。

64 辛亥，賑溫州水災。

65 金澤州刺史劉德裕等，以盜用官錢伏誅。

66 癸丑，金右丞相宗憲薨，年五十九。金主悼惜久之，賻賜甚厚。

67司農少卿莫濟言於帝曰：「爲治在於任人，任人在於責實。任人而不能久，則賢而能者無以見其長，惡而不肖者得以逃其罪，雖有責實之政，將安所施！今輔相大臣，或數月而已罷，寺·監丞、簿、郎曹、卿、監，不踰歲而輒遷，恐進退人材似乎稍驟也。」帝稱善。

68辛酉，追封皇子愭爲郡王，謚悼肅。

69己巳，魏杞等上神宗、哲宗、徽宗三朝帝紀、上皇聖政。

70祕書少監汪大猷，請「諸帥不拘部曲，各精擇三兩人，必實言其或智、或勇，或知其有某材可用，或舉其任某事可取，悉以名聞。分命文武禁近之臣，更迭接見，與之談論兵家之務；然後賜對便殿，略其言語儀矩之失，取其材力謀略，審其可用，試之以事。立功則舉者同賞，敗事則罰亦如之。」詔從之。

71是月，太白屢晝見。

72冬，十月，乙亥，以陳俊卿爲吏部尚書。

俊卿言：「臣典選事，但當謹守三尺，檢柅吏姦。至于愚暗，見或未到，亦望聖慈宣諭，時時訓敕。君臣之分雖嚴，而上下之情不可不通。」帝曰：「卿言是也。朕或有過，卿亦宜盡言。」俊卿曰：「古惟唐太宗能導人使諫，所以致貞觀之治。」帝曰：「每讀太宗事，未嘗不慕之。若德宗之忌克不樂人言，未嘗不鄙之。」時帝未能屏鞠戲，又將遊獵白石。俊卿旋上疏力諫，至引漢桓、靈、唐穆、敬及司馬相如之言爲誡，帝喜曰：「備見忠讜，朕決意用卿矣。」

73 甲申，金朝饗太廟。詔免雄、莫等州租。

74 知溫州劉孝韙，言本州大水之後乞修築塘堤事，帝因言：「朕近覽神宗實錄，是時災異甚多，何也？」魏杞對曰：「天出災異譴告人君，正如父訓飭；爲人子者，不必問自己有過無過，但常恐懼修省而已。」帝曰：「卿之言甚善，若不恐懼修省，自取滅亡之道也。」

75 己丑，臣僚言：「役法科擾，有透漏禁物之責，有捕獲出限之罰，有將迎擔擎之差，有催科換代之責，有應付按檢之用，有承判追呼之勞。凡此之類，皆法之所深懼，若蒙朝廷約束，無復如前科擾，天下幸甚。」詔令監司覺察。

76 壬辰，太白經天。

77 丁酉，金主如安肅州冬獵。

78 十一月，丙午，金主還都。

79 太師、致仕、和義郡王楊存中卒。【考異】聖政草，存中歿於乾道元年，今從宋史作二年。

存中祖宗閔、父震及母張，皆死難。存中既顯，請於朝，宗閔謚忠介，震謚忠毅，賜廟曰顯忠。祖母劉流落蜀、隴，存中日夜禱祠訪問，間關數千里，卒奉以歸。存中又以家祭器爲請，許祭五世。御軍寬而有紀。須髯如戟而善逢迎。宿衛出入四十年，最寡過。帝以爲上皇舊臣，尤禮異之，常呼郡王而不名，追封和王，謚武恭。【考異】省齋文集、日記：存中多須而善逢迎，號曰「髯閣〔閤〕」；宋史本傳又稱其宿衛寡過；今酌書之。

80 癸丑，金主謂宰臣曰：「朝官當慎選其人，庶可激勵其餘者。若不當，則生覬覦之心。卿等知其優劣，當舉實才用之。」

81 丁巳，殿中侍御史單時言：「伏覩制旨，監司于所部保明郡守，郡守于所屬保明知縣，縣令治狀顯著，令中書、門下省籍記，取旨甄擢。然人之才術，各有分量，吏之治迹，未易稽考。願訓敕監司、郡守，列其所舉之人治狀之目，詳著于薦書。然後大明賞罰，舉得其實則受上賞，舉失其實則置重憲，庶幾選舉之法復矣。」從之。

82 庚申，太白經天。

83 甲子，幸候潮門外大教場，次幸白石教場。

84 丁卯，金參知政事石琚，以母憂罷。

85 戊辰，築郢州城。

86 是月，詔汰冗兵，從步軍帥陳敏言也。

87 起居舍人洪邁言：「臣幸得以文字薄伎，待罪屬車間，每侍清閒之宴，獲聞玉音，凡所摛論，莫非中的，徽言善道，可為世法。退而執筆，欲行編次，而考諸起居注，皆據諸處關報，始加修纂，雖有日曆、時政記，亦莫得書，使洋洋聖謨，無所傳信。伏覩今月五日給事中王曮進講春秋莒人伐杞，言周室中微，諸侯以強淩弱，擅相攻討，殊失先王征伐之意，上曰：『春秋無義戰。』周執羔進讀三朝寶訓，論文章之弊，上又曰：『文章以理爲主。』陳巖叟等奏刑部事，上曰：『寬則容姦，急則人無所措手足。』此數端，皆承學之臣，日夜探討，累數百語所不能盡，而陛下蔽以一言，至明至當。然記言動之臣，弗能宣究。恐非所以命侍立本意。望令講讀官，自今各以日得聖語關送修注官，仍請因今所御殿，名曰祥曦記注。庶幾百世之下，咸仰聖學，以迹聰明文思之懿。」從之。

88 十二月，甲戌，金詔：「有司每月朔望及上七日毋奏刑名。」

89 己卯，以資政殿學士葉顒知樞密院事。

90 辛巳，詔：「免進欽宗日曆，送國史院修纂實錄。」

91 甲申，以葉顒爲尙書左僕射，魏杞爲右僕射，並平章事；蔣芾參知政事，陳俊卿同知樞密院事兼參知政事。

顒首薦汪應辰、王十朋、林光朝等可備執政、侍從、臺諫，帝嘉納之。又言自古明君用人，使賢，使愚，使姦，使貪，唯去太甚，帝曰：「固然。虞有禹、皋，亦有共、驩，周有旦、奭，亦有管、蔡，在用不用。」顒曰：「誠如聖諭。但今日在朝雖未見共、驩，然亦有竊弄威福者，臣不敢隱。」帝問爲誰，以龍大淵對。時大淵與曾覿怙恩竊柄，俊卿奉命與大淵同館伴北使，公見外不交一語，大淵等納謁亦不接。

92 庚寅，左司諫陳良祐言：「今言利者多要生財，乃所以病民，國用愈見不足。願取見一歲賦入之數，其取于民者已過，則從而蠲免之，以寬民力；取見所養官吏與兵之數，其可省者從而省之；常令財用十分，以七分養兵與官吏，三分以備非常，如此則上下兼足。」帝曰：「朕常有志放免和買及折帛等錢以寬民力，但于今未暇。」良祐曰：「舊來本無此錢，皆是軍興時科取，講和之後，依舊不除。今取于民者竭矣，若制節國用，令出入有度，稍有蓄儲，即可行陛下之志矣。」帝曰：「因卿之言，當定經制。」

辛卯，詔曰：「朕惟理國之要，裕財爲重。夫百姓既足，君孰與不足！量入爲出，可不念哉！自今宰相可帶兼制國用使，參政可同知國用事，庶幾上下同德，永底阜康。」

93 丙申，以江東兵馬鈐轄王忭爲帶御器械。

94 金以平章政事赫舍哩良弼爲尚書右丞相，赫舍哩志寧爲樞密使。

95 丁酉，起居舍人洪邁言：「天下萬務，出命于中書，審于門下，行于尚書，所以敬重政令，期于至當而已，初無文武二柄、東西二府之別也。今三省所行，事無巨細，必先經中書晝黃，宰執書押，當制舍人書行，然後過門下，而給事中書讀；如給舍有所建明，則封黃具奏，以聽上旨。惟樞密院既得旨，即畫黄過門下，而中書不預，則封繳之職，微有所偏。況今日宰相、樞臣，兩下兼領，因而釐正，不爲有嫌。請詔樞密院，自今以往，凡已被旨文書，門下依三省式畫黄、書讀，以示欽重出命之意。」詔從之。然樞院機速事，則不由中書，直關門下省，謂之「密白」，時不能改。

續資治通鑑卷第一百四十

賜進士及第兵部尚書兼都察院右都御史總督湖北湖南等處地方軍務兼理糧餉世襲二等輕車都尉　畢　沅　編集

宋紀一百四十 起強圉大淵獻（丁亥）正月，盡著雍困敦（戊子）十二月，凡二年。

孝宗紹統同道冠德昭功哲文神武明聖成孝皇帝

乾道三年 金大定七年。（丁亥、一一六七）

1 春，正月，甲辰，詔：「廷尉大理官，毋以獄情白宰執，探刺旨意爲重輕。」

2 庚戌，置三省戶房國用司。初以國用匱乏，罷江州屯駐軍馬，至是復留之。

3 壬子，金主服兗（袞）冕，御大安殿，受尊號册寶禮，大赦。

4 癸丑，何逢原除金部郎官。帝曰：「儒者不肯留意金穀，可諭何逢原令留意職事。」

5 庚申，金以元帥左監軍圖克坦喀齊喀 舊作徒單合喜，今改。爲樞密副使。

6 度支郎唐瑑言：「自紹興三十一年印造會子，止乾道二年七月，共印造二千八百餘萬道；至乾道三年正月六日以前措置收換外，尚有八百餘萬貫在民間未收。緣諸路綱運，依近降指揮並要十分見錢，州縣不許民戶輸納會子，致在外會子壅滯不行，商賈低價收買，輻湊四集，所以六務支取，擁併喧鬨。今請給降度牒及諸州助教帖各五千道付榷貨務，召人依見立價例，全以會子進納，庶幾少息擁併之弊，而會子在民間，亦不過數月便可收盡。」詔先次給降度牒并助教帖各五百道，候出賣將盡，接續給降。

癸亥，中書、門下省言：「昨來支降交子付兩淮行使，緣所降數目過多及銅錢并會子不許過江，因致民旅未便。今措置銅錢、會子，依舊任便行使，應官司見在未支交子，令差人管押赴左藏庫交納。」

7 二月，壬申，諭曰：「自後宮禁內人并百官、將較（校）、軍兵、諸司人，每月初五日，國用房開具前月支過以上五項請給數目，并非泛支用，造册進呈。外路軍馬，可降式樣付諸路總領，逐月開具。著爲令。」

帝謂輔臣曰：「蔣芾理會財用，已見根源。」初，蔣芾因謝新除，留身奏云：「方今費財最甚者，無如養兵。近見陳敏揀汰二千人，戚方揀汰四千人。大汰兵固良法，然今日之兵，多是有官人，與之外任，依舊請劵錢，又添供給，雖減之于內，添之于外，亦未見其益。既減六千人，必又招六千人塡格，則是添六千人耗蠹財用矣。契勘在內諸軍，每月逃亡事故，常不下四百人。若權住招，一年半內，可省三百八十萬貫。俟財用稍足，可逐旋招收強壯，訓練而用之，不惟省費，又可兵精。」因奏紹興以來初分五軍并內外諸軍分合添減之數，帝以爲然，故有此諭。

8 知閤門事龍大淵、權知閤門曾覿，竊弄事權，屢致人言，帝不省。一日，起居舍人洪邁過陳俊卿曰：「聞鄭國〔聞〕將除右史，邁當遷西掖，信乎？」俊卿曰：「何自得之？」邁以大淵、覿告。俊卿即以語葉顒、魏杞，而已獨奏之，且以邁語質於帝前曰：「臣不知此等除目，兩人實預聞乎？抑密揣聖意而播之於外，以竊弄威福也？」帝曰：「朕何嘗謀及此輩，必竊聽而得之。卿言甚忠，當爲卿斥逐。」癸酉，出大淵爲江東總管，覿爲淮西副總管，中外快之。甲戌，大淵改浙東，覿改福建。

9 乙亥，架閣衞博，論用人宜錄所長，棄所短。帝曰：「用人不當求備，知禮者不必知樂，知樂者不必知刑。若得其人，不當數易，宜久任以責成功。」

10 罷成都、潼州〔潼川〕路轉運司輪年銓試，以其事付制置司。

11 辛巳，以端明殿學士虞允文知樞密院事。

12 壬午，起居舍人洪邁言：「兩省每日行遺錄黃文書，盈于几閣，多有常程細故，不足以煩朝廷專出命者。使中書之務不澄，無甚於此。」帝曰：「朕嘗見通鑑載唐太宗謂宰相聽受辭訟，縈於簿書，日不暇給，因敕尚書細務屬左右丞。朕見欲理會。」

又諭葉顒曰：「可進武臣薦舉兵將官冊，朕欲用知其人。」顒曰：「宜於無事(時)詢訪，以備緩急。」陳俊卿曰：「陛下曾記王存否？其人似尚可用。」帝曰：「朕識之，粗暴之人，老矣，智力皆無所用也。」

13 乙酉，以武經龜鑑、孫子賜鎮江都統戚方、建康都統劉源，仍令選擇兵官，各賜一本。

14 金尚書右丞蘇保衡以疾求退，金主不許，遣敬嗣暉傳詔曰：「卿以忠直，擢居執政，齒髮未衰，遽以小疾求退！善加攝養，俟病間視事。」庚寅，保衡卒。金主將放鷹近郊，聞之，乃還，輟朝，賻贈，命有司致祭。時已起復參知政事石琚，丙申，以琚爲尚書右丞。

15 戊戌，諫議陳天麟言：「近探北人聚糧增戍，宜擇將帥，預講禦備之策。」帝曰：「此今日急務。昨王琪請築揚州城，卿等見文字否？」魏杞言：「淮東之備，宜先措置清河、楚州、高郵，庶可遏敵糧道。」帝曰：「若守定高郵，不放過糧船，則敵不能留淮上，自當引去。」

16 三月，庚子，宰臣葉顒請抽回江州兵馬，帝曰：「此豈得已！近來招兵練兵皆易，惟養兵最難。他時財賦有餘，自可增招。」顒又言：「陳敏知地理，且有志立功。」帝曰：「陳敏守高郵甚善，別選步帥，亦難得人。」

17 丁巳，詔：「四川宣撫司創招千人，置司所在屯駐。」

18 壬戌，秀王夫人張氏薨，帝所生母也。

19 夏，四月，戊辰朔，日有食之。【考異】宋史不書是年日食，今從金史書之。

20 癸酉，爲秀王夫人成服於後苑。

21 丙子，宣殿前司選鋒等軍五百八十二人，車二十四兩，入內教場。右軍統制張平入對，帝曰：「兵謀務要決勝，不得輕發。有功者雖仇與賞，有罪者雖親與罰。」

22 丁丑，併利州東、西爲一路，以吳璘爲安撫使兼四川宣撫使，兼知興元府。璘尋薨。

初，璘病，呼幕客草遺表，命直書其事曰：「願陛下無棄四川，無輕出兵。」不及家事。人稱其忠。

璘爲人，剛毅靖深，喜大節，略苛細，讀史傳，曉大義。其御軍，恩威兼濟，士卒樂爲之用；每出師，指麾諸將，風采凜然，無敢犯令者，故所向多捷。自吳玠死，璘爲大將，守蜀捍敵，餘二十年，隱然爲方面之重，威名亞于玠。其選諸將多以功；有告以薦材者，璘曰：「兵官非嘗試，難知其才。今以小善進之，則僥倖者獲志，而邊人宿將之心怠矣。」故所用後多知名。

23 壬辰，金御史大夫李石，拜司徒兼太子太師，御史大夫如故，賜第一區。

24 五月，丙午，金大興獄空，詔賜錢三百貫爲宴樂之用以勞之。

25 戊申，葉顒言近日州官被論，有陰遣家屬，納短卷於臺諫以相挾制者，陳俊卿曰：「近來此風頗盛，是使監司不敢按郡守，郡守不敢按縣官。」帝曰：「此風誠不可長。」

26 庚申，命四川制置使汪應辰主管宣撫司事，移司利州。

27 修揚州城。

28 辛酉，王炎言：「近來士大夫議論太拘畏。且如近詔王琪至淮上相度城壁，朝士皆紛然以爲不宜。」帝曰：「儒生之論，眞不達時變。昔徐庶言通世務者在乎俊傑，朕與卿等當守此議論，他不足恤。」

29 壬戌，大減三衙官屬。

30 是月，賑泉州水災。

31 安奉太宗、眞宗玉牒及三祖下仙源積慶圖、哲宗寶訓。

32 六月，己巳，命汪應辰權節制利州路屯駐御前軍馬。

33 辛未，復分利州東、西路爲二。

34 癸酉，帝曰：「朕欲依祖宗故事，先令有司具囚情款，前數日進入，朕親閱之，可釋者釋之，可罪者罪之，庶不爲虛文。今後並依祖宗典故。」

35 金主命地衣有龍文者罷之。

36 判度支趙不敵言：「將帥未必知兵，徒務聲勢，今日添使臣，明日招效用，但資冗墮，未見精雄。」帝曰：「此正中今日將帥膏肓。」

37 甲戌，以虞允文爲資政殿大學士、四川宣撫使，代吳璘也。帝謂允文曰：「璘既卒，汪應辰恐不習事，無以易卿。凡事宜親臨，無效張浚迂闊。」旋復命以知樞密院事充四川宣撫使。帝親書九事戒之。允文尋言：「房州義士、金州保勝軍見管七千餘人，皆建炎、紹興之初，自相結集，固守鄉閭，最爲忠義。而州縣全不加卹，分占白直，又有都統司差役科擾。乞差皇甫倜爲利州東路總管，金州駐劄，令專一主管，于農隙往來教閱，或緩急有警，可責令分守諸關。」從之。

38 己丑，金遣使來取被俘人。詔：「實俘在民間者還之，軍中人及叛亡者不預。」

39 辛卯，皇后夏氏崩，謚安恭。

40 秋，七月，己亥，立薦舉改官格。

41 壬寅，以皇太子疾，減雜囚，釋流以下。乙巳，皇太子愭薨，謚莊文。

42 戊申，金禁服用金線，其織賣者皆抵罪。

43 辛亥，臣僚言：「戶部申請，諸路並限一季出賣官產，拘錢發納。且以江東、西、二廣論之，村疃之間，人戶彫疎，彌望皆黃茅、白葦，膏腴之田，耕猶不徧，豈有餘力可買官產！今州縣迫于期限，且冀有厚賞，不免監錮保長，抑勒田鄰。乞寬以一年之限，戒約州縣，不得抑勒。」從之。

44 癸丑，諫議大夫陳良祐言：「民間傳邊事，多是兩岐，爲備雖不得已，要不可招敵人之疑。如近日修揚州城，衆論以爲無益。」帝曰：「爲備如何無益？」良祐曰：「萬一敵人衝突，兵不能守，則是爲敵人築也。今進二三萬人過江，敵人探知，恐便成釁隙。」帝曰：「若臨淮則不可，在內地亦何害？」良祐曰：「今日爲備之要，無過選擇將帥，收蓄錢糧，愛民養士。」帝曰：「然。」

45 甲寅，帝曰：「淮東備禦事，此須責在陳敏。萬一有警，恐推避誤事，卿等宜熟與之謀。」魏杞言：「臣等昨與陳敏約，敏亦自任此事，朝廷但當稍應付之而已。」

46 閏七月，丙寅朔，帝諭曰：「朕欲江上諸軍，各置副都統一員，令兼領軍事，豈惟儲他日統帥，亦使主帥有顧忌，不敢專擅。」【考異】宋史作辛未，今從全文。

47 戊辰，金進封越王永中爲許王，鄭王永功爲隨王，封永成爲瀋王。

48 甲戌，金命祕書監伊喇舊作移剌，今改。子敬經略北邊。

49 戊寅，郭剛除鎮江副都統。

帝曰：「郭剛之除，聞鎮江軍中甚喜。」葉顒曰：「剛甚廉，軍中素所推服。」

50 庚辰，帝諭葉顒等曰：「朕常思祖宗創立法度以貽後人，惜後世子孫不能保守。」又曰：

「創之甚難，壞之甚易。」蔣芾曰：「臣嘗記元祐間，李常寧廷試策云：『天下至大，宗廟、社稷至重，百年成之而不足，一日壞之而有餘。』」帝曰：「誠爲名言。」芾曰：「所謂壞者，非一日遽能壞也。人主一念之間不以祖宗基業爲意，則馴至敗壞。故人主每自警戒，常恐一念之失。」帝曰：「朕非獨自警戒而已，且憂後世子孫不能保守爲可惜也。」

51 癸未，臣僚言：「閩中鹽筴之弊有五：官糴浩瀚而本錢積壓不支，間或支俵而官吏尅減，計會糜〔縻〕費，貧民下戶皆不樂供官，而大半糶于私販，一也。綱運之人，非巨室則官吏，載縣官之舟，藉縣官之重，影帶私鹽出糶，二也。州縣斥賣，多置坊局，付之胥徒，其權稱之減尅，泥沙之雜和，官皆不之問，私價輕而官價重，官民大半食私鹽，故官糶不行，三也。巡尉未嘗警捕，但日具巡曆，申於官長，月書所到，置于驛壁，私販猾吏，莫之誰何，四也。今之邑敷賣官食鹽與夫借鹽本錢者，多是給虛券，約冊到數日支給。甚至拋敷賣之數，付之耆保，攤及僑戶，其見在鹽，卻封樁不得支出，謂之『長生鹽』；若人戶不願請鹽，只納敷數之半，以貼陪官，將官鹽貯之別所以作後日之數，謂之『還魂鹽』；猾吏攬撲民戶貼陪錢，請鹽出賣，出息則與邑均分，謂之『請鈔鹽』；五也。況閩中崇岡峻嶺，淺灘惡瀨，商旅興販，流轉實難，故鈔鹽之法不可行也。宜講究利害以革前弊。」從之。

52 癸巳，劉珙自湖南召還，首論：「獨斷雖英主之能事，然必合衆智而質之以至公，然後有以合乎天理人心之正而事無不成。若棄僉謀，徇私見，而有獨御區宇之心，則適以蔽其四達之明，而左右私昵之臣將有乘之以干天下之公議者矣。」又論羨餘之弊曰：「州縣賦入有常，大郡僅足支遣，小郡往往匱乏。而近者四方尙有以羸餘獻者，不過重折苗米或倍稅商人，至有取新賦以積餘錢，捐積逋以與州郡。州郡無以自給，不過重取於民，此民之所未便一也。和糴之弊，湖南、江西爲尤甚，朝廷常下蠲免之令，遠方之民擧手相賀，曾未數月，又復分拋。州縣旣乏緡錢，將何置場收糴！倘有已革綱運之弊，自可減和糴之數，此民之所以（校者按：以字衍。）未便二也。望詔止之。」帝嘉納。尋以珙爲翰林學士。

珙嘗從容言于帝曰：「世儒多病漢高帝不悅學，輕儒生，臣竊以爲高帝之聰明英偉，其所不悅，特腐儒之俗學耳。誠使當世之士有以聖王之學告之，臣知其必將竦然敬信，而其功烈之所就，不止于是而已。蓋天下之事無窮，而應事之綱在我，惟其移于耳目，動於意氣，而私欲萌焉，則其綱必弛，而無以應夫事物之變。是以古之聖王無不學，而其學也必求多聞，必師古訓，蓋將以明理正心而立萬事之綱，則雖事物之來，千變萬化，而在我常整而不紊矣。惜乎當時學絕道喪，未有以是告高帝者。」帝亟稱善。

[53]鎭江軍帥戚方，刻剝役使，軍士嗟怨，言者及之。陳俊卿言外議內臣中有主方者，帝曰：「朕亦聞之。方罪固不可貸，亦當併治左右素主方者以警其餘。」卽詔罷方。八月，丁酉，以

內侍陳瑺、李宗回付大理，究其賄狀。瑺決配循州；宗回除名，編管筠州；方安置潭州。于是詔戒兵將官交結內侍，公行苞苴，自今有違戾，必罰無赦。

帝又諭輔臣，以「建康劉源亦嘗有賂於近習，方思有以易之。今且欲遣王抃至彼檢察姦弊，留數月而後歸，庶新帥之來，不至循習。」俊卿又言：「今但遴選主帥，則宿弊當自革矣。」帝曰：「政患未得其人耳。」俊卿曰：「苟未得人，更得精擇。既已委之，則當信任。未得其人，已先疑之，似非朝廷所以待將帥之體。且軍中財賦，所以激勸將士，但主帥不以自私，則其他當一聽之。今檢柅苛細，動有拘礙，則誰復敢出意繩墨之外，爲國家立大事乎！況朝廷所以待將帥者如此，使有氣節者爲之，心必不服；其勢必將復得姦猾之徒，則其巧思百出，弊隨日滋，又安得而盡革耶！今不慮此，而欲獨任一介單車之使以察之，政使得人，猶失任而無益，況不得人，則其弊又將不在將帥而在此人矣。」帝罷抃不遣。

54 癸丑，金尚書右丞相、監修國史赫舍哩（舊作紇石烈。）良弼進太宗實錄。

55 甲寅，葉顒等以久雨求罷，不允。詔內外察獄，令大官早晚並進素膳。戊午，慮囚。

56 己未，金主如大房山。

57 壬戌，以知建康府史正志兼沿江水軍制置使，自鹽官至鄂州沿江南北及沿海十五州水軍悉隸之。

58 金主致祭於睿陵。九月，乙丑朔，金主還宮。

59 己巳，金右三部檢法官韓贊，以捕蝗受賂除名。詔：「吏人但犯贓罪，雖會赦，非特旨不敍。」

60 丁丑，劉珙進讀三朝寶訓，至太宗謂太祖實錄或云多漏落，當命官重修，因歎史官才難。蘇易簡曰：「大凡史官宜去愛憎。近者扈蒙修史，蒙爲人怯懦，多疑忌，故其史傳多有脫落。」帝曰：「善惡無遺，史臣之職。」珙曰：「史官以學識爲先，文采次之。苟史官有學識，安得怯懦疑忌！」帝曰：「史官要識、要學、要才，三者兼之。」

61 庚辰，金地震。

62 乙酉，金主出獵；庚寅，次保州，詔修起居注王天祺察訪所過州縣官。

63 臣僚言：「檢視災傷，官司未嘗遵承，每差州縣官到，隨行征求，皆有定例。然後擇村疃中近年瘠薄之田，先往視之，名曰『應破』；又擇今歲偶熟之處，再往視之，責以妄許，名曰『伏熟』；重爲民困。望詔守臣選差練曉清強官，公心考覈，申飭鹽（監）司，嚴行按舉，所差官汚廉、勤惰、公正、誣罔，悉以上聞。」從之。

64 是秋，以四川旱，賜制置司度牒四百，備賑濟。

陳良翰言：「昨立住賣度牒，二十餘年，人民生聚，不爲無益。辛巳春，邊事既作，用度浸廣，乃始放行。令下之初，往往爭買，其備〔價〕則五百千，其限則三個月，其數不過萬道，未足以病民。今則減價作三百千，展限已二十餘次，總數計十萬三千餘道，民甚病之。且唐人有言，十戶不能養一僧，今放行者與舊所度者無慮三四十萬，是三四百萬戶不得休息也。不知國之所利者能幾何，而令三四百萬戶不得息肩？且又暗損戶口，侵擾齊民，奚止千萬，此其爲害豈淺哉！」

65 申嚴獻羨餘之禁，從劉珙奏也。

66 冬，十月，乙未朔，金主謂侍臣曰：「近聞朕所幸郡邑，嘗宴寢堂宇，後皆避之。此甚無謂，可諭仍舊居止。」

67 壬寅，帝曰：「昨日有從官奏云，邊事規舉〔摹〕未定。」葉顒言：「臣等日夕講究，且徐措置。」帝曰：「維揚築城已畢，更得來年一冬無事，足可經略。」陳俊卿言：「淮上規摹，須久任守臣，遲責其效。其不職者，早宜易之。」帝然之。

68 戊戌，修眞州城。

69 戊申，金主還都。

70 丁巳，金以孟浩參知政事。

金主謂宰臣曰：「近聞蠡州同知伊喇延壽在官汙濫，問其出身，乃正隆時鷹房子。如鷹房、廚人之類，可典城牧民耶？自後如此局分，勿授臨民職任。」

71 辛酉，金主敕有司于東宮涼樓前增建殿位，孟浩諫曰：「皇太子雖爲儲貳，宜示以儉德，不當與至尊宮室相侔。」乃罷之。

72 十一月，乙丑朔，金主謂宰臣曰：「聞縣令多非其人，其令吏部考察善惡，明加黜陟。」

73 丙寅，郊，雷雨，望祭于齋宮。

時金使來賀會慶節，上壽在郊禮散齋之內，不當用樂。陳俊卿請令館伴以禮諭之，而議者慮其生事，請權用樂者，俊卿言：「必不得已，則上壽之日設樂而宣旨罷之，及宴使客，然後復用。庶幾事天之誠得展，而所以禮使人者亦不爲失。」帝可其奏，且曰：「進御酒亦毋用樂，惟于使人乃用之。」議者不決，俊卿又言：「適奉詔旨，有以見聖學高明。然竊謂更當先令館伴以初議喻使人，再三不從，乃用今詔，則于禮爲盡，而彼亦無詞，不可遽自失禮以徇之。」蔣芾猶守前說，俊卿曰：「彼初未嘗必欲用樂，我乃望風希意而自欲用之，彼必笑我以敵國之臣而虧事天之禮，他時輕侮，何所不至！此尤不可不留聖慮。」帝嘉納。

74 己巳，詔戒士大夫因循苟且、誕謾奔競之弊。

75 癸酉，葉顒、魏杞并罷，以郊祀雷災故也。以陳俊卿參知政事，劉珙同知樞密院。

俊卿言于帝曰：「執政之臣，惟當爲陛下進賢、退不肖，使百官各任其職。至于細務，宜歸有司，庶幾中書之務稍清，而臣等得以悉力于其當務之急。」帝許之。既而審察吏部所涖知縣有老不任事者，俊卿判令吏部改注，吏白例當奏知，俊卿曰：「此豈足以勞聖聽！」明日取旨：「自今此等請勿以聞。」

76 丁丑，詔臺諫、侍從、兩省官指陳闕失。

帝顧輔臣議恢復，劉珙曰：「復仇雪恥，誠今日之先務；然非內修政事，有十年之功，臣恐未可輕動也。」廷臣或曰：「漢之高、光，皆起匹夫，不數年而取天下，安用十年！」珙曰：「高、光身起匹夫，以其身蹈不測之危而無所顧。陛下躬受宗社之寄，其輕重之寄〔際〕，豈兩君比哉！臣竊以爲自古中興之君，陛下所當法者，惟周宣王。宣王之事見于詩者，始則側身修行以格天心，中則任賢使能以修政事，而於其終能復文、武之境。則其積累之功至此，自有不能已者，非一旦率然僥倖之所爲也。」帝深然之。

77 丁亥，金樞密副使圖克坦喀齊喀罷，爲東京留守，同判大宗正事完顏默音舊作謀衍，今改。出爲北京留守，殿前右衞將軍富察（舊作蒲察。）通爲肇州防禦使。

78 十二月，丙申，增修六合城。

79 戊戌，金圖克坦喀齊喀等朝辭。金主御便殿，賜喀齊喀及默音以衣帶、佩刀，慰之曰：「卿等年老，以此職優佚，宜勉之。」亦賜富察通以金帶，諭曰：「卿雖有才，然用心多詐。朕左右須忠實人，故命卿補外。賜金帶者，答卿服勞之久也。」又顧左宣徽使敬嗣暉曰：「如卿不可謂無才，所欠者純實耳！」又嘗戒嗣暉曰：「人臣上欲要君之恩，下欲干民之譽，必兩虧忠節。卿宜戒之。」

80 甲辰，金以北京留守完顏思敬爲平章政事。

81 乙巳，置豐儲倉，增印會子。

82 甲寅，詔：「諸路訓練兵官，藝高身強爲上，藝高身弱爲中，餘皆爲下；限一月置册申樞密院。」

83 是歲，定薦舉改官人額，四川換改官以二十人爲額。

84 金斷死四二十人。

乾道四年金大定八年。（戊子、一一六八）

1 春，正月，乙丑，金主謂宰臣曰：「朕治天下，方與卿等共之，事有不可，卽當面陳，以輔朕之不逮，愼無阿順取容。卿等致位公相，正行道揚名之時；苟或偸安自便，雖爲今日之幸，後世以爲何如？」

2 戊辰，籍荆南義勇民兵。

先是前知荆南府王炎奏：「荆南七縣主客佃戶共四萬有奇，丁口一十餘萬。臣依舊籍，雙丁以下及除官戶並當差戶人外，淨得八千四百有奇，每歲於農隙只教閱一月。若比以贍養官軍八千四百人，歲餘錢四十萬貫，米一十一萬石，紬絹布四萬餘匹。今纔歲費一萬四千石，錢二萬緡，獲此一軍之助，利害豈不較然易見！」

3辛未，金主謂祕書監伊喇子敬等曰：「昔唐、虞之時，未有華飾，漢惟孝文務爲純儉。朕於宮室惟恐過度，其或興修，卽損宮人歲費以充之，今亦不復營建矣。如宴飲之事，近惟太子生日及歲元飲酒，亦未嘗至醉。至于佛法，尤所未信；梁武帝爲同泰寺奴，遼道宗以民戶賜寺僧，加以三公之官，其惑深矣。」

4壬午，奪秦塤、秦堪郊祀恩蔭。

5壬辰，提舉太平興國宮葉顒卒，謚正簡。

顒爲人，淸介有守，仕至宰相，居處不改其初。

6二月，甲午朔，詔：「福建路建、劍、汀、邵武四州軍，科賣官鹽，騷擾民戶，可將本路鈔鹽盡罷，轉運司每歲合拘發鈔鹽錢二十二萬貫並蠲免。卻令本司於八州軍增鹽錢，並將樁留五分鹽本錢抱認七萬貫，充上供起發。今後州縣不得更以賣鈔鹽爲名，依前科敷騷擾。」初，臣僚極言鹽法之弊。詔令前漕臣沈度、陳彌詳察以聞，遂有是命。

未幾，沈度入對，帝曰：「前日觀卿所奏鹽事，已盡蠲十五萬緡以寬民力。」且曰：「朕意欲使天下盡蠲無名之賦，悉還祖宗之舊，未能如朕志耳。」又言：「四川有鈔鹽綱，有歲計鹽綱。鈔鹽綱者，爲抱納鈔鹽錢窠名；歲計鹽綱者，每斤除分隸增鹽錢、鹽本等錢外，其餘係州縣所行市利錢，卽以充納上供銀錢等用。今鈔鹽窠名已盡行除放，州縣只是搬賣一色；歲計綱須今置場出賣，不得科抑於民。」

7 金制子爲改嫁母服喪三年。

8 戊戌，置和州鑄錢監。

9 己亥，以參知政事蔣芾爲尙書右僕射、同中書門下平章事兼樞密使兼制國用使。以觀文殿大學士史浩爲四川制置使，浩辭不行。

10 庚子，詔蔣芾常朝贊拜不名；芾辭，許之。

11 乙巳，賜王炎出身，簽書樞密院事。

12 癸丑，五星皆見。

13 三月，癸亥朔，詔舉制科。

14 己巳，以職官子補令史。

15 庚午，以敷文閣待制晁公武爲四川安撫制置使。

16 夏，四月，丙午，金主詔曰：「馬者，軍旅所用；牛者，農耕之資。殺牛有禁，馬亦何殊！

共〔其〕令禁之。」

17 己亥，置郢州轉般倉。

18 癸卯，賑綿、漢等州饑。尋以饒、信及建寧府等州饑，遣司農寺丞馬希言同提舉常平官賑濟。

19 戊申，金主擊毬常武殿，司天馬貴中諫曰：「陛下爲天下主，繫社稷之重。又春秋高，圍獵擊毬，宜悉罷之。」金主曰：「朕以示習武耳。」

20 甲寅，蔣芾等上欽宗實錄。

21 丙辰，禮部員外郎李燾上續資治通鑑長編，自建隆元年至治平四年，一百八卷。

22 戊午，詔：「販牛過淮者，論如興販軍需之罪。」

23 五月，壬戌朔，詔常平官歲按倉儲。

時崇安縣饑，值浦城盜發，人情震恐。朱熹請於府，貸粟六百斛，籍戶口散給之，民賴以生。及冬，有年，民願償粟於官；知府王淮，俾留里中而上其籍於官。社倉之法始此。

24 甲子，金主命戶工兩部，自今宮中之飾，勿用黃金。

25 乙丑，金主如涼陘。

26 甲申，諡趙鼎曰忠簡。

27夏國相任得敬專政，欲謀亂。是月，遣間使至四川宣撫司，約發兵攻西蕃。虞允文報以蠟書。【考異】宋史孝宗紀作「任敬德」，今據夏國傳及金史作「得敬」。又，夏國傳繫於乾道三年五月，今從本紀作四年五月。

28六月，甲午，詔：「諸路漕司，今後水旱須以實聞，州縣隱蔽者，並置于法。」

29辛亥，判度支趙不敵言：「方今一歲內外支用之數，大概五千五百萬緡有奇。又以一歲所入計之，若使諸路供億以時，別無蠲減拖欠，場務入納無虧，則足以支一歲之用。然賦入之科名猥多，分隸於户部之五司，如僧道、免丁、常平、免役、坊場、酒課之類則左、右曹掌之，上供、折帛、經總、無額茶、鹽、香、礬之類則金部掌之，度支則督月樁，倉部則專糴本。催理雖散于五司，悉經於度支。稽之古人量入爲出之義，則度支一司，安可以不周知其所入之數哉！臣因置爲都籍，會稽窠名，總爲揭貼，事雖方行，簿書草具，而條目詳備，固已粲然易攷。望付之本曹，自兹爲始，歲一易之，庶幾有司得以久遵，不惟財賦易以稽攷，抑使胥吏無所容姦。」從之。

30丙辰，詔：「守臣罪狀顯著或職事不舉，而按司不即按劾，卻因他事發覺，三省具姓名取旨。守臣不按知縣，亦如之。」

31是月，金河決李固渡，水入曹州。

32秋，七月，壬戌，以劉珙兼參知政事。

33臣僚言：「臨安府風俗，自十數年來，服飾亂常，習爲邊裝，聲音亂雅，好爲北樂，臣竊傷悼！中原士民，延首企踵，欲復見中朝之制度者，三四十年，卻不可得；而東南之民，乃反效於異方之習而不自知，甚可痛也！今都人靜夜十百爲羣，吹鷓鴣，撥洋琴，使一人黑衣而舞，衆人拍手和之，傷風敗俗，不可不懲。」詔禁之。

34詔：「諸路運司行下所屬，各選清強官親驗災傷，盡與撿放。或不實不盡，有虧公私，被差官并所差不當官司，並重作行遣。」

35親錄繫囚。先是詔以「疎決並爲文具，令有司具祖宗典故，朕當親閱」，至是後殿臨軒決遣罪人。

36右僕射蔣芾以母喪去位。陳俊卿兼知樞密院事，言於帝曰：「臣自叨執政之列，每見三省、密院被內降指揮，苟有愚見，必皆密奏，多蒙開納，爲之中止。然比及如此，已爲後時。今以參預首員，奉行政令，欲乞自今內降恩澤，有未允公議者，容臣卷藏，不示同列，卽時繳奏，或次日面納。」帝曰：「卿能如此，朕復何憂！」俊卿每勸帝親忠直，納諫諍，抑僥倖，肅紀綱，講明軍政，寬卹民力。異時統兵官不見執政，俊卿日召三五人從容與語，察其材智所堪而密記之，以備選用。於是帝嘉俊卿之言，多所聽從，政事復歸中書矣。

37甲子，金制：「盜羣牧馬者死，告者給錢三百貫。」

38龍大淵既死，帝憐曾覿，詔召之。劉珙諫曰：「此曹奴隸爾，厚賜之可也。引以自近，使得與聞政事，非所以增聖德，整朝綱也。」陳俊卿曰：「自陛下出此兩人，中外無不稱誦聖德。今欲召還，恐大失天下望。臣願先罷去。」遂止不召。

39戊辰，金主謂平章政事完顏思敬等曰：「朕思得賢士，寤寐不忘。自今朝臣出外，即令體訪廉能之吏及草萊之士可以助治者，具姓名以聞。」

40戊寅，贈王悅官。

悅知衢州，死之日，百姓巷哭，即爲立祠於徐偃王廟。其喪出城，百姓號慟，聲振原野。悅愷悌慈祥，視民如子。是春乏食，悅發廩勸分，使百姓不至失所。自五月闕雨，悅竭誠祈禱，早晚一粥，凡月餘。題壁間，有「乞爲三日之霖，願減十年之壽」之語，竟以是卒。詔贈直龍圖閣，仍宣付史館。

41金主秋獵，己卯，次三叉口。金主諭點檢司曰：「沿途禾稼甚佳，其扈從人稍有蹂踐，則當汝罪。」

42八月，乙巳，度支郎官劉師尹，論頃年因軍須額外創添賦入，請漸次裁減以寬民力，帝曰：「朕未嘗妄用一毫以爲百姓病。」又論漢宣帝時，吏稱其職，民安其業，帝曰：「宣中興，只此數語。今吏不稱職，所以民未受實惠。」

43乙未，頒祈雨雪之法於諸路。

44癸丑，知溫州胡與可，以支常平錢五百貫幷係省錢五百貫賑濟被水人戶自劾，帝曰：「國家積常平米，政爲此也，可放罪。」

45乙卯，金主還都。

46是月，行乾道曆。

初，以統元、紀元曆與劉孝榮所獻新曆委官測驗，互有疎密，遂令太史局參照新舊行用。尋以禮部侍郎程大昌言，新除曆官互有異同，而新曆比舊曆則爲稍密，遂詔太史局施行新曆，以乾道曆爲名。

未幾，禮部員外郎李燾言：「曆久必差，自當改法。統元曆行之既久，其與天文不合固宜。況曆家皆以爲雖名統元，其實紀元，若紀元又多歷年所矣。曆術精微，莫如大衍，大衍用於世亦不過三十四年，後學膚淺，其能行遠乎！隨時改曆，此道誠不可廢。抑嘗聞曆不差不改，不驗不用。未差無以知其失，未驗無以知其是，失然後改之，是然後用之，此劉珙要言至論也。舊(曆)差失甚多，不容不改，而新曆亦未有明效大驗，但比舊稍密爾。厥初最密，後猶漸差；初已小差，後將若何！故改曆不可不重也。謹按仁宗用崇天曆，自天聖至皇祐，其四年十一月月食，曆家言曆不效，詔以唐八曆及本朝四曆參定。曆家皆以景福爲密，遂欲改曆，而劉羲叟獨謂，崇天曆頒行踰三十年，方將施之無窮，兼所差無幾，不可偶緣天變，輕議改移；又謂古聖人曆象之意，止於敬授人時，雖則預考交會，不必脗合辰刻。辰刻或有遲速，未必獨是曆差。仁宗從羲叟言，詔復用崇天曆。羲叟曆學，爲本朝第一，歐陽修、司馬光輩皆遵承之。崇天曆既復用又十三年，至治平三年始改用明天曆。後三年，課熙寧三年七月月食不效，又詔復用崇天曆。崇天曆復用至熙寧八年，始更用奉元曆。奉元曆議，沈括實主之。明年正月月食，奉元曆遽不效，詔問修曆人姓名，括具奏辨，故曆得不廢。先儒蓋謂括强解，不深許其知曆也。然後知羲叟所稱止於敬授人時，不必輕議改移者，不亦至言要論乎！請朝廷察二劉所陳及崇天、明天之興廢，申飭曆官，加意精思，勿執今是舊非，能者孰復討論，更造密度，使與天合，庶幾善後之策也。」詔送太史局，仍詔求訪精通曆書之人。

47九月，辛酉，金主諭右丞石琚、參知政事孟浩曰：「聞蔚州采地蕈，役夫數百千人。朕所用幾何，而擾動如此！自今差役，凡稱御前者，皆須稟奏。」

48壬申，禮部員外郎李燾論科舉等事，帝曰：「科舉之文，不可用老、莊及佛語。若自修於山林何害！倘入科場，必壞政事。」

49癸酉，金主諭宰臣曰：「卿等舉用人才，凡己所知識，必使他人舉奏，朕甚不喜。如其果賢，何必以親疏爲避忌也！」

以魏子平參知政事。

50甲戌，戶部郎官曾逮言：「任賢使能，周室中興。於賢曰任，於能曰使，則賢能之任使固不同。今以刀筆之小才，奔走之俗吏，謂之使能，此不可不辨。」帝然之。

51辛巳，金主謂御史大夫李石曰：「臺憲固在分別邪正；然內外百司，豈謂無人！惟見卿等劾人之罪，不聞舉善。自今宜令監察御史分路刺舉善惡以聞。」

將軍大磐訪求良弓，而磐多自取護衞。洛索舊作婁室，今改。以告，金主命點檢司鞫磐。磐妹爲宮中寶林，磐屬內侍言之寶林，寶林以聞。金主杖內侍百，出磐爲隴州防禦使。

52癸未，權發遣衢州劉風入對，論朝廷不當顓以才取人，帝曰：「才有君子之才，有小人之才。小人而有才，虎而翼者也。人主之要，在於辨邪正。」

53冬，十月，己丑朔，金以戒諭百官貪墨詔中外。

54辛卯，前四川制置使汪應辰面對，讀劄子至畏天愛民，帝曰：「人心易怠，鮮克有終，當以爲戒。」又曰：「朕日讀尙書，於畏天之心尤切。」應辰曰：「堯、舜、禹、湯、文、武皆聖人，然尙書中君臣更相警戒。言語雖多，皆不出此。」

55 乙未，金命涿州刺史兼提點山陵，每以朔望致祭，朔則用素，望則用肉，仍以明年正月爲始。又命圖畫功臣於太祖殿，其未立碑者立之。

56 金主謂宰臣曰：「海陵時修起居注，不任直臣，故所書多不實，可訪求得實，詳而書之。」孟浩曰：「良史直筆，君舉必書，古帝王不自觀史，意正在此。」

57 庚子，蔣芾起復左僕射，陳俊卿右僕射。芾旋辭，乞終喪，詔許之。

先是殿前指揮使王琪按視兩淮城壁還，薦和州教授劉甄夫，帝命召之。俊卿與同列請其所自，帝曰：「王琪稱其有才。」俊卿曰：「琪薦兵將官乃其職。教官有才，何預琪事？」帝曰：「卿等可召問之。」俊卿召琪責之，琪惶恐不知所對。會揚州奏：「昨琪傳旨增築州城，今已訖事。」俊卿請于帝，則初未嘗有是命也。俊卿曰：「若爾，即琪爲詐傳聖旨，非小利害也。」退，至殿廬，召琪詰之。琪叩頭汗下。俊卿亟奏曰：「王琪妄傳聖旨，移檄邊臣，增修城壁。此事係國家大利害，朝廷大紀綱，而陛下之大號令也。人主所恃者，紀綱、號令、賞罰耳。今琪所犯如此，此而不誅，則亦何所不爲也！按律文，『詐爲制書者絞。』惟陛下奮發英斷，早賜處分。」於是削琪官而罷之。

先是禁中密旨直下諸軍者，宰相多不與聞，有張方者，因事發覺，俊卿乃與同列奏請：「自今百司承受御筆處分事宜，並須奏審，方得施行。」至是因琪事復以爲言，帝悅而從之。

事下兩日，又收還前命，俊卿語同列曰：「反汗如此，必關牒至內諸司，有不樂者爲之耳。」卽奏曰：「三省、密院，所以行陛下詔命也，百官庶府，所以行朝廷號令也。詔命一出於陛下，號令必由於朝廷，所以謹出納而杜姦欺也。祖宗成憲，著在令甲，比年以來，漸至隳紊。臣等昨以張方之事，輒有奏聞，及此踰月，又因王琪姦妄之故，陛下赫然震怒，然後降出，聖慮亦已審矣，聖斷亦已明矣，中外傳聞，莫不歎服。而昨日陛下諭臣等曰：『禁中欲取一飲一食，必得申審，豈不留滯！』而又有此指揮。夫臣等所慮者，命令之大。如令三衙發兵，則密院不可不知；令戶部取財，則三省不可不知耳，豈爲此宮禁細微之事哉！況朝廷乃陛下之朝廷，臣等偶得備數其間，出內陛下之命令耳。凡事奏審，乃欲取決于陛下，臣等非敢欲專之也。況此特申嚴舊制，亦非創立新條，而已行復收，中外惶惑。且將因循觀望，并舊法而廢之，爲後日無窮之害，則臣等之大罪〔罪大〕矣。或恐小人因此疑似，陰以微言上激雷霆之怒，更望聖明體察。」翌日面奏，帝色甚溫，顧謂俊卿曰：「朕豈以小人之言而疑卿等耶！」

先是劉珙進對語切，忤帝意，旣退，御筆除珙端明殿學士、在外宮觀。俊卿卽藏去，密奏言：「前日奏劄，臣實草定，珙與王炎略更一兩字。以爲有罪，則臣當先罷；若幸寬之，則珙之除命，臣未敢奉詔。」明日，復前申請，且曰：「陛下卽位以來，容納諫諍，體貌大臣，皆盛德事。今珙乃以小事忤旨而獲罪如此，臣恐自此大臣皆以阿諛順指爲持祿固位之計，非國之福也。」帝色悔。久之，又言：「珙正直有才略，肯任怨，臣所不及，願且留之。」帝曰：「業已行之，不欲改也。」俊卿曰：「珙無罪而去，當與大藩以全進退之禮。」乃以珙爲江西安撫使。

俊卿退，又自劾草奏抵突，被命稽留之罪，帝手札留之。俊卿請益堅，帝不許，且曰：「卿雖百請，朕必不從。」帝於是有意相俊卿矣，不數日而有是命。

58 甲辰，大閱于茅灘，帝親御甲冑，指授方略。

59 十二月，戊子朔，金遣武定軍節度使伊喇按招諭準布。舊作阻䪁，今改。

60 先是諸司薦建寧布衣魏掞之，召赴行在，甲辰，入對，帝曰：「治道以何者爲要？」掞之言治道以分臣下邪正爲要。詔：「掞之議論可采，賜同進士出身，除太學錄。」將釋奠孔子祠，職當分獻先賢之從祀者，掞之先事白宰相曰：「王安石父子，以邪說惑主聽，溺人心，馴致禍亂，不應祀典。而河南程氏兄弟，倡明絕學以幸來今，其功爲大。請言於帝，廢安石父子勿祀，而追爵程氏兄弟使從食。」不聽。又言太學之教，宜以德行爲先；其次尤當使之通習世務以備效用。

掞之敢直言，每抗疏，盡言以諫，至三四，帝皆不見省，遂移書杜門，以書咨責宰相，語尤切，因以迎親告歸。行數日，罷爲台州教授。掞之少有志於當世，晚而遇主，謂可以行其學。然其仕不能半歲而不合以歸，尋以病卒。

先是福建諸司薦興化軍仙游林彖行義，召不至。諸司又薦彖行義，授迪功郎，添差本軍教授。

61 甲戌，蠲廣德軍月樁錢。

62 湖廣總司申江、鄂、荆、襄諸處軍馬歲約用凡百八萬四千餘貫。

63 四川宣撫使虞允文奏：「興、洋之間，紹興初義士係籍者以七萬計。今所籍興元、洋州、大安軍共二萬三千人有奇，其金、房等州雖未申到，約亦可得三萬人，則西師之勢壯矣。歲可免六七百萬之費，而獲四五萬人之用，其爲利便甚明。」

64 有以四明銀鑛獻者，帝命守臣詢究，且將召冶工，卽禁中鍛之，陳俊卿曰：「陛下留神庶務，克勤小物，然不務帝王之大而屑屑乎有司之細，臣恐有識之士有以窺陛下也。況彼懼其言之不副，則其鑿山愈深，役民愈衆，而百姓將有受其害者。夫天地之產，其出無窮，若愛惜撙節，常如今日，則數年之後，自當沛然。但願民安歲稔，國家所少者，豈財之謂哉！請直以其事付之明州，使收其贏餘以佐國用，則亦不至於擾民矣。」

65 西遼承天太后布沙堪，舊作普速完，今改。與都爾本舊作朵魯不，今改。弟博果濟薩里舊作朴古只沙里，今改。通，出都爾本爲東平王而殺之。都爾本之父額哩喇（舊作斡里剌。）以兵問罪，殺布沙堪及博果濟薩里，迎仁宗次子珠勒呼舊作直魯古，今改。立之，改元天禧。

續資治通鑑卷第一百四十一

賜進士及第兵部尚書兼都察院右都御史總督湖北湖南等處地方軍務兼理糧餉世襲二等輕車都尉　畢沅　編集

宋紀一百四十一　起屠維赤奮若（己丑）正月，盡上章攝提格（庚寅）七月，凡一年有奇。

孝宗紹統同道冠德昭功哲文神武明聖成孝皇帝

乾道五年金大定九年。（己丑、一一六九）

1春，正月，辛酉，金主與宣徽使敬嗣暉、祕書監伊喇（舊作移刺。）子敬論古今事，因曰：「亡遼日屠食羊二（三）百，豈能盡用，徒傷生耳！朕雖處至尊，每當食，輒思貧民飢餒，猶在己也。彼身爲惡而口祈福，何益之有！如海陵以張仲軻爲諫議大夫，何以得聞忠言！朕與大臣論議一事，非正不言，卿等不以正對，豈人臣之道哉！」

2庚午，金詔：「諸州縣和糴，毋得抑配百姓。」

3甲戌，新知無爲軍徐子實陳屯田利害，帝以其言可采，遂除大理正，措置兩淮屯田官。

4是月，金命都水監梁肅往視決河。

河南統軍使宗敍上言：「大河所以決溢者，以河道積淤，不能受水故也。今曹、單雖被其害，而兩州本以水利爲生，所害農田無幾。今欲河復故道，不惟大費工役，卒難成功；縱能塞之，他日霖潦，亦將潰決，則山東河患，又非曹、單比也。況沿河數州之地，驟興大役，人心動搖，恐宋人乘間搆爲邊患。」

肅亦言：「新河水六分，舊河水四分。今若障塞新河，則二水復合爲一，如遇猛漲，南決則害于南京，北決則山東、河北皆被其害，不若于李固南築隄，使兩河分流，以殺水勢。」金主從之。【考異】金史宗敍、梁肅傳俱不繫年，今從河渠志。

5 二月，乙未，命楚州兵馬鈐轄羊滋專一措置沿海盜賊。先是海州人時旺，聚衆數千來請命。旺尋爲金人所獲，其徒渡淮而南者甚衆，故命滋彈壓之。

6 戊戌，贈張浚太師，謚忠獻。

7 庚子，金以中都等路水，免稅；又以曹、單二州被水尤甚，給復一年。

8 壬寅，以給事中梁克家簽書樞密院事。

9 甲辰，以王炎參知政事。

10 辛亥，中書舍人汪涓言：「中書舍人於制敕〔敕〕有誤，許其論奏，而給事中又所以駁正中書違失，各盡所見，同歸於是。近年以來，間有駁正，或中書舍人、給事中列銜同奏，是中書、門下混而爲一，非神宗官制所以明職分，正紀綱，防闕失之意。」壬子，詔：「自今詔令未經兩省書讀者，毋輒行；給、舍駁正，毋連銜同奏。」

11 甲寅，金詔：「女直人與諸色人公事相關，止就女直理問。」

12 三月，丁巳朔，詔趣修廬、和二州城。

13 丁卯，金命御史中丞伊喇道廉問山東、河南。

14 尚書省議綱捕走獸抵徒罪，石琚曰：「以禽獸之故而抵民以徒，是重禽獸而輕民命，恐非陛下意？」金主曰：「然。自今有犯，可杖而釋之。」

15 辛未，金禁民間稱言「銷金」，條理內舊有者，改作「明金」字。

16 乙亥，召四川宣撫使虞允文還，陳俊卿薦其才堪將相故也。以王炎代爲宣撫使，仍參知政事。

17 丙子，賜禮部進士鄭僑等三百九十二人及第、出身。

18 辛巳，金以大明（名）路諸明安、（舊作猛安。）民戶艱食，遣使發倉廩，減價糶之。

19 壬午，賜洛陽郭雍號沖晦處士，以湖北帥張孝祥薦其賢，召而不至也。

20 淮西副總管王公述進對，帝曰：「到任應有事，與郭振同深議。淮甸義兵，可依時教閱，不可久勞，有妨種耕。如修城竣工，可同往逐州軍按閱廂、禁軍，或見淮甸有興利事，即以聞。」

21 癸未，臣僚言：「國家置武學養士，皆月書、季考以作成之；而武臣登第，止許參選，入監當錢穀之任。銓部積壓猥多，差遣艱得，後雖許通注沿邊親民巡尉，往往皆遠惡去處，多不願受。是故武臣及第之後，所用非所養，甚非朝廷教育作成之意。請將前後武舉及第之人，其間有兵機練達，武藝絶倫，可爲將佐者，許侍從薦舉，即賜召對，量材擢用，或令注授屯駐諸軍機幕幹辦，參贊軍謀，庶幾有以激勸。」詔令監司、帥臣、管軍、侍從已上薦舉。

22 夏，四月，己丑，金主謂宰臣曰：「朕觀在位之臣，初入士(仕)時，競求聲譽以取爵位，亦既顯達，即徇默苟容，爲自安計，朕甚不取。(宜)宣諭百官，使知朕意。」

23 辛卯，議者言：「楚州係極邊重地，路當衝要。州東地名皃魚溝，北接淮海，與山東沿海相對。宜將本州兵馬鈐轄羊滋移往其地，置廨舍警察奸盜。元管海船二百餘，集般運海州軍糧、間探之類，甚爲濟用。其射陽湖通濟地分闊遠，闕官拘轄，宜創置使臣二員，專充管轄海船、譏察淮海盜賊，聽羊滋使令。」從之。

24 壬辰，以梁克家兼參知政事。

25 癸巳，金遣使分詣河北西路、大名、河南、山東等路勸農。

26 庚戌，修襄陽府城。

27 辛亥，賑衢、婺、饒、信四州流民。

28 五月，癸亥，刑部侍郎汪大猷言：「國家立保正之法，願兼耆長者聽，故數十年來，承役之初，縣道必抑使兼充。蓋保正一鄉之豪，官吏有須，可以仰給，故樂於並緣以爲己利。凡有差募，互相對糾。請令諸路常平司相度，或別有所見可行者，限一月條具來上，本部參以見行條法，立爲定制。」從之。

29 戊辰，金尚書奏越王永中、隨王永功二府有所興造，發役夫，金主曰：「朕見宮中竹有枯瘁者，欲令更植，恐勞人而止。二王府各有引從人力，又奴婢甚多，何得更欲〔役〕百姓！爾等但以例爲請，海陵橫役無度，可盡爲例耶？自今在都浮役，久爲例者仍舊，餘並官給傭直，重者奏聞。」

30 詔：「後省官置言事籍，看詳臣僚士庶言事，詳擇其可行者條上。」

31 是月，金牒取俘獲人，王抃議盡遣時旺餘黨；陳俊卿持不可，帝然之。

32 詔：「有司議獄以法，不得作情重奏裁。」

33 六月，金冀州張和等謀反，伏誅。

34 戊戌，帝御便殿。

初，帝御弧矢，以弦激致目眚，至是始愈。陳俊卿密疏曰：「陛下經月不御外朝，口語藉藉，由臣輔相無狀，不能先事開陳，以致驚動聖躬，虧損盛德。臣聞自昔人主處富貴崇高之極，志得意滿，道不足以制欲，則游畋、聲色、車服、宮室，不能無所偏溺，而不得爲全德之君。陛下憂勤恭儉，清淨寡欲，凡前世英主所不得免者，一切屏絕，顧於騎射之末，猶有未能忘者。臣知陛下非有所樂乎此，蓋神武之略，志圖恢復，故俯而從事於此，以閱武備，激士氣耳。陛下誠能任智謀之士以爲腹心，仗武猛之材以爲爪牙，明賞罰以鼓士氣，恢信義以懷歸附，則英聲義烈，不出樽俎之間，而敵人固已逡巡震疊於千萬里之遠，尚何待區區馳射於百步之間哉！」又曰：「古之命大臣，使之朝夕納誨以輔德，繩愆糾繆以格非，欲其正君之過于未形。唐太宗臂鷹將獵，見魏徵而遽止；憲宗蓬萊之游，憚李絳而不行。臣人微望輕，無二子骨鯁強諫之節，致陛下過舉彰聞于外。今誅將及身而後言，亦何補於既往之咎哉！」又曰：「弓矢之技，人所常習而易精，然猶不免今日之患；況毬鞠之戲，本無益于用武，而激射之虞，銜橛之變，又有甚於弓矢者。間者陛下頗亦好之，臣屢獻言，未蒙省錄。今茲之失，蓋天之仁愛陛下，示以警懼，使因其小而戒其大也　陛下試以弦斷之變思之，則向之盛氣馳騁於奔踶擊逐之間，無所蹉跌，蓋亦幸矣，豈不爲之寒心哉！太祖皇帝嘗以墜馬之故而罷獵，又以乘醉之誤而戒飲，遷善改過，不俟旋踵，此子孫帝皇萬世之大訓也。臣願陛下克己厲行，一以太祖爲法，則盛德光輝，將日新于天下，而前日之過，何傷日月之明哉！」

右諫議大夫單時亦上疏諫，帝面諭曰：「卿言可謂愛朕。」前此時爲侍御史，嘗上封事言飲酒、擊毬二事，帝大喜之，詔輔臣曰：「擊毬，朕放下多時；飲酒，朕自當戒。」

35 金主以久旱，命宮中毋用扇。庚子，雨。

36 己酉，以虞允文爲樞密使。

37 是月，賜孔璨官，宣聖四十九世孫也。

38 秋，七月，乙卯朔，金罷東北路采珠。

39 乙丑，以福建副總管曾覿爲浙東總管。

覿垂滿，陳俊卿恐其入，預請以浙東總管處之。虞允文亦言覿不可留，帝曰：「然。留則累朕。」遂有是命。

40 丙寅，宰執請以近日上書論邊事者悉送編修官，擇其可行者與可去者或可留存者，各以其類相從，置簿錄上，以備他日采擇。

41 八月，甲申朔，日有食之。

42 己丑，以陳俊卿爲尚書左僕射，虞允文爲右僕射，並平章事兼樞密使、制國用使。俊卿以用人爲己任，獎廉退，抑奔競；允文亦以人才爲急，嘗籍爲三等，號材館錄；故所用多得人。

43 乙未，中書、門下省言：「寺判、丞、簿、學官、大理寺直、密院編修之類，謂之職事官，朝廷所以儲用人才。比年以來，往往差下待闕數政，除授猥雜，賢否混淆，何以清流品？何以厚風俗？望特降指揮，令職事官須見闕方得除人，其已差人，卻恐待次之久，無闕可授，請朝廷稍復諸州添差，釐正通判、簽判、教授、屬官等闕以處之。他時職事官有闕，卻從朝廷於曾差下人內選擇召用。庶幾內外之職稍均，朝廷紀綱稍正。」詔從之。

44 九月，甲寅朔，金罷皇太子月料，歲給銀〔錢〕五萬貫。

45 金主謂臺臣曰：「比聞朝官內有攬中官物以規貨利者，汝何不言？」皆對曰：「不知。」金主曰：「朕尚知之，汝有不知者〔乎〕？朕若舉行，汝將安用！」

46 丁巳，中書、門下省勘會諸路監司近來多不巡按，官吏貪惰，無所畏憚。間有出巡去處，又多容縱隨行公吏等乞覓騷擾，理宜約束。詔：「諸路監司，今後分上下半年依條巡按，詢訪民間疾苦，糾察貪惰不職官吏，仍具請實以聞。如敢依前容縱公吏等乞覓騷擾，當置重典。」

47 己未，新江東運副程大昌朝辭，帝諭曰：「近來監司多不巡歷，朕期卿徧行諸州，察守令臧否，民情冤抑，悉以聞。」

48 壬戌，金主秋獵。

49 甲子，詔侍從、臺諫集議欽宗配饗功臣。

50 丙寅，起居郎林機，論諸郡守臣欲郡計辦集，而不卹縣之匱乏，以致橫斂及民，帝曰：「甚不體朕寬卹之意。且如稅賦太重，朕欲除減，但有所未及，當以次第爲之。」機又曰：「諸處有羨餘之獻，皆移東易西以求恩倖。」帝曰：「今之財賦，豈得有餘！今後若有獻，朕當卻之。」

51 壬申，詔：「三衙諸軍應有違軍律弊事，統兵官特與放罪，差主帥措置，日下盡行除勒。其軍校有因教閱損壞軍器，官爲修補。軍身務令飽，不得多斂錢米，卻行減尅。借差軍兵戰馬，多破白直，諸處窠役回易，私占官兵，悉行拘收入隊教閱，務須軍政整肅。諸處送到官員月給并應副索客及諸般名色，掊斂、減尅、陪填、贏落以爲私用，並計贓論罪。私借人馬，亦計庸科斷。其違戾統制、統領、將、佐，從主帥按劾以聞，當重置典憲；主帥失於糾舉，亦重作行遣。」先是樞密院奏：「國家撫養戰士，全藉主兵官督責教閱，以備緩急。近來三衙諸軍統兵官，循習私意，恣爲不公，有害軍政。」遂條具十一事，乞行懲革，故有是詔。

52 命淮西安撫司參議官許子中措置淮西山水砦招集歸正人墾官田。

53是月，復監司選本貫法。

54是秋，令監司、帥臣臧否守令。

55太常少卿林栗等言：「竊惟祀帝于郊，在國之南，就陽位也。國家舉行典禮，歲中祀上帝者四：春祈、夏雩、秋饗、冬報，其二在南郊圓壇，其二在城西惠照院望祭齋宮。蓋緣在京日，孟夏大雩，別建雩壇於郊丘之左；季秋大饗，有司攝事，就南郊齋宮端誠殿。今城西望祭齋宮，於就陽之義無所依據，欲望詳酌，除三歲親祠自有典故外，其有司攝事，歲中四祭，並即圓壇以遵舊制。」從之。

續禮部侍郎鄭聞等言：「國初沿襲唐制，一歲四祭昊天上帝於郊丘，謂祈穀、大雩、饗明堂、祀圜丘也。惟是明堂當從屋祭，元祐六年，從太常博士趙叡之請，有司攝事，乃就齋宮行禮，至元符元年，又寓于齋宮端誠殿。竊見今郊丘之隅有淨明寺，請遇明堂親饗，則遵依紹興三十一年已行典禮；如常歲，有司攝事，則當依元祐臣僚所陳，權寓淨明寺行禮，庶合明堂之義。」從之。

56冬，十月，丁亥，金主還都。

57戊子，賑溫、台二州被水貧民。以守臣不上聞，各降官、落職放罷，監司各降一官。

58庚子，臣僚言：「陛下臨御之初，約束州縣受納苗米多收加耗，法禁嚴甚。而近年以來，所收增多，逮朝廷抛降和糴，卻以出剩之數虛作糴到，所得價錢，盡資妄用。乞戒州縣杜絕弊倖，庶寬民力。」從之。

59 辛丑，金以尚書右丞相赫舍哩舊作紇石烈，今改。良弼爲左丞相，樞密使赫舍哩志寧爲右丞相。

60 （金）詔：「宗廟之祭，以鹿代牛，著爲令。」

丙午，金大饗於太廟。

61 辛亥，金以平章政事完顏思敬爲樞密使。

62 十一月，癸丑朔，復置淮東萬弩手，名神勁軍。

63 甲寅，守起居郎兼權中書舍人林機，論司馬光有言君子以德勝才，小人以才勝德之辨，願陛下察之。帝曰：「朕於此未嘗不加察，但恐有所未盡。漢高祖名知人，謂陳平智有餘，難獨任，周勃重厚可屬大事，蓋得此道。」丁巳，御書御製用人論，賜宰臣陳俊卿等。

64 己未，林機言：「本朝慶曆三年，歐陽修建言：『臣僚奏事退，令少留殿門，候修注官出，面錄聖語。』至七年，王贄始請只令備錄關報，遂爲定制。是以仁宗皇帝之朝，道德教化之源，禮義刑政之具，載在國史，最爲詳悉，由史官得職也。近世以來，臣僚奏事，例以不得聖語爲報。伏覩在京通用令，諸進對臣僚，有親聞聖語，應記注者，限一日親錄，實封報門下、中書後省；事干機密，難于錄報者，止具因依申知；又敕應記注事不報門下、中書後省者，以違制論。請降付兩省檢舉前件條令，庶幾得以大書特書，垂信萬世。」詔檢見行條法申行。

65 金以尚書左丞完顏守道爲平章政事，右丞石琚爲左丞，參知政事孟浩爲右丞。

金主問宰臣曰：「古有居下位能憂國爲民，直言無忌者，今何無之？」琚對曰：「是豈無之！但未得上達耳。」金主曰：「宜盡心采擢之。」

66 壬戌，金主冬獵。

67 以明州定海縣水軍爲御前水軍。

68 辛未，給事中兼侍讀胡沂進對，論朝廷命令當謹之于造命之初，帝曰：「三代盛時如此。卿職當繳駁，事有當言，勿謂拂主上、拂宰相而不言。」

69 壬申，復成閔慶遠軍節度使、鎮江諸軍都統制。

70 丙子，金主還都。

71 十二月，丙戌，金賑臨潢、泰州、山東東路、河北東路諸明安民。

72 金以東京留守圖克坦喀齊喀舊作徒單合喜，今改。爲平章政事。喀齊喀奏睿宗收復陝西功數事，金主嘉納，藏之祕府。

嗒齊嗒之從子子溫，爲安化軍節度使，贓濫不法，御史大夫李石劾奏之。方石奏事，宰相下殿，立俟良久，既退，宰相或問石奏事何久，石正色曰：「正爲天下姦汚未盡除爾。」聞者悚然。

73 丁酉，復李顯忠威武軍節度使。

74 甲辰，祕書監兼史院編修李燾言：「臣見太平興國三年，初修太祖實錄，命李昉等同修而沈倫監修，五年成書。及咸平元年，眞宗謂倫所修事多漏略，乃詔錢若水等重加刊修，呂端及李沆監修，二年書成，視前錄爲稍詳，而眞宗猶謂未備。大中祥符九年，復詔趙安仁等同修，王旦監修，明年書成。太宗實錄初修于至道，再修于大中祥符九年，神宗實錄三次重修，哲宗實錄亦兩次重修。神宗、哲宗兩朝所以屢修，則與太祖、太宗異，蓋不獨於事實有所漏略，而又輒以私意變亂是非，故紹興初不得不爲辨白也。其誣謗雖辨白，而漏略固在，然猶愈乎近所修徽宗實錄，蓋徽宗實錄疎舛特甚。近詔修四朝正史，夫修正史當據實錄，實錄倘差誤不可據，則史官無以準憑下筆。請用太祖、太宗故事，將徽宗實錄重加刊修，並不別置私局，只委史院官取前所修實錄仔細看詳，是則存之，非則去之，闕則補之，誤則改之。實錄先具，正史便當趣成。」又言：「臣近進續資治通鑑長編，自建隆迄治平，自合依詔旨接續修進，乞許臣專意討論徽宗一朝事迹纂述。長編既具，即可助成正史。」

75 乙巳，復置成都路廣惠倉。

76 丙午，金制：「職官犯公罪，在京已承伏者，雖去官猶論。」

77 是日，張栻新除嚴州，入見，上言：「欲復中原之土，必先收中原百姓之心；欲得中原百姓之心，必先有以得吾境內百姓之心。求所以得吾境內百姓之心者無他，不盡其力，不傷其財而已。苟中原之人，聞吾君愛惜百姓如此，又聞百姓安樂如此，則其歸孰禦！」帝曰：「誠當如此。況中原之人，本吾赤子，必襁負其子而至矣。」栻又言：「今日誕謾之風不可長，至如邊事，須委忠實不欺之臣。不然，豈不誤陛下倚任！」帝曰：「若誕謾，必至誤國事。」栻又言：「先聽其言，卻考其實，此所謂敷奏以言，明試以功。」栻至郡，問民疾苦，首以丁鹽絹錢太重爲請，詔蠲其半。

78 降會子二十萬貫付兩淮漕司收換銅錢，兩淮州郡並以鐵錢及會子行使。

79 金司徒、御史大夫李石，司憲既久，年寖高，御史臺奏事，有在制前斷定乞依新條改斷者，金主曰：「若在制前者，豈可改也！」金主御香閣，召中丞伊喇道謂之曰：「李石耄矣，汝等宜盡心。向所奏事甚不當，豈涉於私乎？」他日，又謂石曰：「卿近累奏皆常事，臣下善惡邪正，無語及之。卿年老矣，不能久居此。若能舉一二善士，亦不負此職也。」

乾道六年 金大定十年。（庚寅、一一七〇）

1春，正月，癸丑，雅州沙平蠻寇邊，焚碉門砦，四川制置使晁公武調兵討之，失利。

2乙卯，修楚州城。

朝議欲戍清河口，左驍衞上將軍陳敏言：「金兵每出清河，必遣人馬先自上流潛渡。今宜修楚州城池，蓋楚州爲南北襟喉，彼此必爭之地。長淮二千餘里，河道通北方者五，清、汴、渦、潁、蔡是也；通南方以入江者，唯楚州運河耳。北人舟艦自五河而下，將謀渡江，非得楚州運河，無緣自達。昔周世宗自楚州北神堰鑿老鸛河，通戰艦以入大江，南唐遂失兩淮之地。由此言之，楚州實爲兩淮司命，願朝廷留意。」遂使敏城之，而移守焉。

3禮部侍郎致仕黃中，年七十餘，帝思之，召赴闕。中言：「比年以來，言和者忘不共載〔戴〕天之讎，固非久安之道；言戰者復爲無顧忌大言，又無必勝之策。必也暫與之和而亟爲之備，內修政理而外觀時變，則庶乎其可。」帝皆聽納。除兵部尚書兼侍讀。

中知無不言，其大者則迎請欽廟梓宮，罷天申錫宴也。中前在禮部論止作樂事，中去踰年，卒用之。是年，又將錫宴，中奏申前說，且曰：「三綱、五常，聖人所以維持天下之要道，不可一日無。欽宗梓宮，遠在沙漠，臣子未嘗一言及之，獨不錫宴一事僅存，如魯告朔之餼羊爾。今又廢之，則三綱、五常掃地而盡，陛下將何以責天下臣子之盡忠孝於君親哉！」

中未滿歲，卽乞告老，且陳十要道之說以獻曰：「用人而不自用者，治天下之要道也；以公議進退人才者，用人之要道也；察其正直納忠、阿諛順旨者，辨君子、小人之要道也；廣開言路者，防壅之要道也；考覈事實者，聽言之要道也；量入爲出者，理財之要道也；精選監司者，理郡邑之要道也；痛懲贓吏者，卹民之要道也；求文武之臣，面陳方略者，選將帥之要道也；稽考兵籍者，省財之要道也。」

4 甲子，詔：「眞州六合縣大火，統制官錢卓救撲不力，降三官。」

5 金命宮中元宵毋得張燈。

6 乙丑，增築豐儲倉。

7 甲戌，金以司徒、御史大夫李石爲太尉、尙書令。【考異】李石傳作九年，今從本紀作十年。詔曰：「太后弟惟卿一人，故令領尙書事。軍國大事，議其可否，細事不煩卿也。」進封平原郡王。

8 丙子，建康都統制郭振言：「已降指揮，令振同淮西總領相度揀選屯田，堪披帶人充入隊帶甲，不堪披帶人且令依舊屯田，於所得子利內，約度支給養贍。契勘屯田官兵共約三千餘人，其每年所收物斛大段數少，若將不堪；披帶官兵止於所得子利內支給養贍，委是不給。請將屯田諸莊內，除巢縣界柘皋莊各召歸正人耕作外，其和州界屯田並罷，將見占官兵拘收歸軍。」詔罷和州屯田。

9二月，辛卯，四川宣撫使王炎遣人約沙平蠻歸部，稍捐邊稅與之。

10金安化軍節度使圖克坦子溫，旣以贓濫爲李石所劾，甲午，伏誅；並誅其副使老君努。（舊作老君奴。）

11戊申，金主謂近臣曰：「護衞以後皆是親民之官，其令教以讀書。」

12曾覿除浙東總管月餘，帝復以墨詔進覿一官爲觀察使，中書舍人繳還，以爲不因事除拜，必有人言，帝不聽。陳俊卿曰：「不爾，亦須有名。」會汪大猷爲賀金正旦使，俾覿副之。比還，進一官，而竟申浙東之命，且戒閤門吏趣覿朝辭，覿怏怏而去。【考異】建炎以來朝野雜記云：乾道五年七月丁丑，覿除浙東總管。又月餘，上復以墨詔進覿一官爲觀察使。十月十六日，覿副汪仲嘉使金賀正旦，六年二月庚戌進一官，而竟申浙東之命。仲嘉，大猷字也。宋史本紀作二月庚戌以曾覿爲福州觀察使，蓋誤，今從雜紀。

13是月，詔均役限田，略曰：「朕深惟治不加進，夙夜興懷，思有以正其本者。今欲均役法，嚴限田，抑游手，務農桑，凡是數者，卿等二三大臣，深思熟計，爲朕任此而力行之。其交修一心，毋輕懷去留以負委托。」

14三月，壬子朔，戶部侍郎葉衡言：「三務場每歲所收入納茶鹽等錢，依指揮，比較如有增羨，方與理賞。或恐將別色應數，請立定歲額，行在八百萬貫，建康一千二百萬貫，鎭江四百萬貫。收趁及額，方得推賞。」

15 乙卯，省諸司吏員。

16 司馬伋等賀生辰，至金，丙辰，金主命護衛中善射者與宋使宴射，伋等中五十，護衛纔中其七。金主謂左右將軍曰：「護衛十年，出爲五品職官，每三日上直，役亦輕矣，豈徒令飽食安臥而已！弓矢未習，將焉用之！」

17 丁巳，起復王抃知閤門事，專一措置三衙揀選官兵。

18 戊午，金以河南統軍使宗敍爲參知政事。

19 乙丑，以晁公武、王炎不協，罷四川制置使歸宣撫司。

20 庚午，金主謂宗敍曰：「卿昨爲河南統軍時，言黃河隄埽利害，甚合朕意。朕每念百姓差調，官吏互爲姦弊，不早計料，臨期星火率斂，所費倍蓰，爲害非細。卿既參朝政，皆當革弊，擇利行之。」

又諭左丞相（校者按：相字衍。）石琚曰：「女直人徑居達要，不知閭閻疾苦。卿等自丞、簿至是，民間何事不知，凡有利害，宜悉敷陳。」

21 戊寅，以知紹興府史浩爲校檢太（檢校少）傅、保寧軍節度使。

22 己卯，以新知成都府史正志爲戶部侍郎，江、浙、京、湖、淮、廣、福建等路都大發運使，江州置司；尋降緡錢三百萬貫，均輸和糴之用。

23 夏，四月，辛巳朔，罷鑄錢司，以其事歸轉運使。

24 以敷文閣直學士張震知成都府，充本路安撫使。

25 乙未，校書郎劉焞，奏蜀中毀錢以爲銅，乃欲摧其銅以鑄錢，帝問：「蜀中可出銅否？」焞曰：「蜀中銅山，但有名耳。祖宗時嘗榷有銅額，不過三百餘斤。」帝曰：「所出只如此？」焞曰：「沈該作相，建議令榷銅山之時，王之望爲轉運使，風采震動一路，然竟不能，但科敷民間以應朝廷之令而已。」帝曰：「如此，可罷之。」

焞又論崇、觀以後政事多不要其終，曰引法，曰鈔法，曰方田，曰水利，曰官田，曰水運，曰開邊，帝曰：「此皆崇、觀創爲之與？」焞曰：「崇、觀以紹述爲名，小人乘時獻言，多取更張。」帝曰：「言者固迎合，聽之亦未審。」

焞又言治平以來，君子、小人之消長，帝曰：「朕念治平以前，海內無事。自王安石變法，章惇、蔡卞繼之，至靖康間，大臣尤庸繆，以至敗亂。」焞曰：「君子消盡，小人雖退，不免用庸人。」帝曰：「朕以爲戒，嘗誦古語云：『不察察以爲明，不穆穆以爲恭。』能不使小人迎合，斯可矣！」

26 戊戌，吏部尚書汪應辰罷。

應辰正直多言，立朝務革弊政，多不喜之者，內侍尤側目。先是應辰擧李垕應制科，有旨召試。權中書舍人林機，言屋詞業未經後省評奏，且獨試非故事，陳俊卿言元祐中嘗有獨試，機蓋爲人所使耳。詔俊卿詰之，乃機與諫官施元之密議，以是沮應辰者，於是機、元之並罷。

時上皇方甃石池，以水銀泛金鳧魚于上，帝過之，上皇指示曰：「水銀正乏，此買之汪尚書家。」帝怒曰：「汪應辰力言朕建房廊與民爭利，乃自販水銀耶！」會應辰三上疏論發運司，遂出知平江府。然水銀實非買之應辰家也。【考異】文忠集有平江謝上表，不言去位之由。齊東野語云：汪公應辰自蜀召還，爲天官兼學士，鄉柄用矣。近習多不悅之，朝夕伺間。一日，內宿，召對，天顏甚喜，曰：「欲與卿款語。」方命坐賜茶，汪奏：「臣適有白事。」上欣然問何事。時德壽宮建房廊於市廛，董役者不識事體，凡門闔輒題德壽宮字，下至委巷廁溷皆然。汪以爲非所以示四方，袖出劄子極言之，且謂：「陛下方以天下養，有司無狀，褻慢如此。天下後世，將以陛下薄於奉親，而使之規規然營間架之利，爲聖孝之累不小。」上事德壽謹，汪言頗過激，聞之，變色曰：「朕雖不孝，殆未至是！」汪曰：「臣愛陛下切至，不欲使陛下負此名，故及此。」上終不懌。奏畢，請退，上頷之，不復坐，自是眷頗衰。此卽孝宗所云言建房廊與民爭利之事也。野語又云：德壽宮市蜀燈籠錦，詔求之，不獲。他日，上詣宮言其故，太上曰：「比得之。」上問所從來，曰：「汪應辰家物也。」上還，卽詔應辰與郡。此卽買水銀之事，傳者互異，其爲內侍中傷則一也。全文以爲與右相議不合而去，恐非事實。

27 詔：「淮東萬弩手，候秋成日，依淮西路一體教閱。」

時陳俊卿建議：「揚州、和州各屯三萬人，預爲守計，仍籍民家，三丁者取其一，以爲義兵，授之弓弩，教以戰陣，農隙之時，聚而教之。沿江諸郡亦用其法，要使大兵屯要害必爭之地，待敵至而決戰。所募民兵各守其城，相爲掎角以壯聲勢。」又言於帝曰：「國家養兵甚費，募兵甚難，此策可守邊面，可壯軍勢；而樂因循、憚改作之人，皆以擾民爲詞。夫天下之事，欲成其大，安能無小擾！但守臣得人，公心體國，自不至大擾矣。」帝意亦以爲然，詔卽行之。然竟爲衆論所持，俊卿尋亦去位，不能及其成也。

28 五月，癸丑，臣僚奏：「每遇大禮，凡所須之物，動以千萬計。有司但依例拋降近處州郡收買，州郡則責辦於屬邑，屬邑則取之於平民，並不支還價直。又，輦運所費不貲，交納之際，老姦宿贓，邀阻乞取，人受其弊，無不怨嗟。臣謂三歲一舉希闊之典，豈不能捐數十萬緡錢，選清強官於近便去處置場和買！或許客旅販買，依時價交易，嚴立賞罰，絕去姦弊，變怨嗟爲謳歌。如此，則人心悅而天意得，和氣不召而自至矣。」從之。

29 己卯，金主如柳河川。

30 己未，陳俊卿、虞允文等上神宗、哲宗、徽宗、欽宗四朝會要、太上皇玉牒。

31 辛酉，校書郎蕭國梁，論漢武帝承富庶之後而有虛耗之弊，蓋用之者多，不止爲征伐也。帝曰：「不獨武帝爲然，自古人君當艱難之運，未有不節儉；當承平之後，未有不奢侈。

朕他無所爲，止得節儉。」又論鹽鐵、商車、緡錢等事皆取民無藝，帝曰：「正不必如此。」又論今日坑治不必搜，茶鹽不必多爲之法，帝曰：「祖宗茶法已盡善，誠不必更變。」

32甲子，前知廣州龔茂良進對，帝曰：「廣南在祖宗朝，多以重臣分鎮，後來士夫乃以入南爲憚。南方農事，近來如何？」茂良言：「嶺外土曠人稀，亦多不耕之田，蓋緣頃歲湖寇侵擾廣東，人戶流移。今漸次復舊。」因論聽納之道，當以功效成否責言者，若未見功效而遽賞之，恐好言利害之人紛然競進，帝曰：「『敷納以言，明試以功，車服以庸，』豈可未見效便賞言者？」茂良曰：「下言『帝不時，敷同日奏罔功』，蓋恐反此，復爲預防之說以告舜耳。」帝曰：「然。」

庚午，戶部言：「已奉指揮，自行在至建康府，沿路征稅頗繁，可省者省之。今措置臨安府自北郭稅務至鎮江府沿路一帶稅場內，地理接近收稅繁併去處，合行省罷，庶幾少寬商賈。」詔從之。

33癸酉，新知泉州胡銓進對，讀劄子至「臣嘗恭聞聖訓，有及于唯禮不可以已之說。如不欲平治天下則已，如欲平治天下，捨禮何以哉！」帝曰：「朕憶曾與卿言，禮之用甚大。」於是詔胡銓可與在京宮觀兼侍講。

34甲戌，詔曰：「朕嗣承大業，所賴薦紳大夫，明憲度，總方略，率作興事，以規恢遠圖。

屬者訓告在位，申飭檢押，使各崇尚名節，恪守官常。而百執事之間，翫歲愒日，苟且之俗猶在，誕謾之習尚滋。便文自營以爲智，模棱不決以爲能，以拱默爲忠純，以繆悠爲寬厚，隆虛名以相尚，務空談以相高。見趨事赴功之人，則舞筆奮辭以阻之；遇矯情沽譽之士，則合縱締交以附之。甚者責之事則身媮，激之言則氣索，曾微特立獨行之操，安得仗節死義之風！豈廉恥道喪之日久，而浸漬所入者深歟，抑告戒懇惻，未能孚於衆也？繼自今，其洒心易慮，激昂砥礪，毋蹈故常，朕則爾嘉。或不從朕言，罰及爾身，弗可悔。」

35 乙亥，臣僚言：「保正之役爲良民之害，願行耆老之法，募民之有產者爲之，罷去保正之役。」臺諫、戶部看詳，言：「檢會元豐八年十月指揮，耆、戶長、壯丁之役皆募充，其保正、甲承帖人並罷。請下兩淮路，權依此給直募耆、戶（長）、壯丁。」從之。

36 戊寅，詔：「舊設兩省言路之臣，所以指陳政令得失，給、舍則正于未然之前，臺諫則救於已然之後，故天下事無不理。今任是官者，往往以封駁章疏太頻，憚於論列。今後給、舍、臺諫，凡封駁章疏之外，雖事之至微，少有未當，隨時詳具奏聞，務正天下之事。」

37 左僕射陳俊卿罷。

虞允文之始相也，建議遣使金國，以陵寢爲請，俊卿面奏以爲未可，復手疏言之，允文至是復申前議。一日，帝以手札諭俊卿曰：「朕痛念祖宗陵寢淪于荆棘者四十餘年，今欲遣使往請，卿意以爲如何？」俊卿曰：「陛下痛念陵寢，思復故疆，臣雖疲駑，豈不知激昂憤切，仰贊聖謨，庶雪國恥！然性質頑滯，於國家大事，每欲計其萬全，不敢輕爲嘗試之舉。是以前日留班面奏，欲俟一二年間，彼之疑心稍息，吾之事力稍充，乃可遣使。往返之間，又一二年，彼必怒而以兵臨我，然後徐起而應之，以逸待勞。此古人所謂應兵，其勝十可六七。茲又仰承聖問，臣之所見，不過如此，不敢改詞以迎合意指，不敢依違以規免罪戾，不敢僥倖以上誤國事。」繼卽杜門上疏，以必去爲請，三上，乃以觀文殿大學士出知福州。陛辭，猶勸帝遠佞、親賢，修政事以復仇讐，泛使未可輕遣。其後遣使，竟不獲其要領。

38 召辛棄疾入對延和殿。帝銳意恢復，棄疾因論南北形勢及三國、晉、漢人才，持論勁正，不爲迎合。作九議幷應問三篇、美芹十論獻於朝，言順逆之理，消長之勢，技之長短，地之要害甚備。以和議既定，不行。

39 夏主仁孝之嗣位也，國內多亂。任得敬，其外祖也，捍禦有功，遂相夏國，專政二十餘年，陰蓄異志，誣殺宗親大臣，仁孝不能制。得敬嘗遣使至蜀，旣而知宋不足恃。閏月，庚辰，脅仁孝上表於金，請分西南路及靈州囉龐嶺地封得敬自爲國。金主以問宰臣，尚書令李石等曰：「事繫彼國，我何預焉！不如因而許之。」金主曰：「有國之主，豈肯無故分國！此必權臣逼奪，非夏主本意。況夏國稱藩日久，一旦逼於賊臣，朕爲四海主，寧容此耶！若彼不能自正，當以兵誅之，不可許也。」乃卻其貢物。賜仁孝詔曰：「先業所傳，自當故〔固〕守，今茲請命，事頗乖常，未知措意之由來，續當遣使以詢。」得敬懼。仁孝乃謀誅之。

40壬午，詔廣東（轉運）判（官）劉凱特降兩官，以凱嘗奏曾造之最，至是造犯贓，凱以失舉坐罪也。

造前知潮州，以贓敗，除名勒停，編管南雄州，仍籍沒家財。又，前知橫州皇甫謹，以侵盜官物入己，特貸命，刺配梧州。

41戊子，以起居郎范成大爲金國祈請使，求陵寢地及更定受書禮。

初，紹興約和，禮文多可議者，而受書之儀特甚。凡金使者至，捧書升殿，北面立榻前跪進，帝降榻受書，以授內侍。及再和，仍循其例，帝頗悔之。至是虞允文議遣使，帝問誰可使者，允文薦李燾及成大。退，以語燾，燾曰：「今往，金必不從，不從必以死爭之，是丞相殺燾也。」更召成大告之，成大卽承命。臨行，帝謂之曰：「卿氣宇不羣，朕親加選擇。聞官屬皆憚行，有諸？」成大曰：「臣已立後，爲不還計。」帝曰：「朕不發兵敗盟，何至害卿！嚙雪餐氈或有之。」成大請國書併載受書禮一節，弗許，遂行。

兵部尚書黄中從容言於帝曰：「陛下聖孝及此，天下幸甚。然今欽廟梓宮未返，朝廷置而不問，則有所未盡於人心，且敵人正以此而窺我矣。」

辛卯，吏部尚書陳良祐言：「遣使乃啓釁之端，萬一敵騎南侵，供輸未有息期。將帥庸鄙，類乏遠謀，孰可使者？臣未敢保其萬全。且今之求地，欲得河南，曩歲嘗歸版圖，不旋踵而失之。如其不許，徒費往來；若其許我，必邀重幣。陛下度可以虛聲下之乎？況止求陵寢，地在其中；曩亦議此，觀其答書，幾於相戲。若必須遣使，則請欽宗梓宮，差爲有詞。」詔以良祐妄興議論，不忠不孝，貶筠州居住，尋改信州。

42 癸巳，以梁克家爲參知政事兼(同知)樞密院事。

43 己亥，臣僚言：「方今重征之弊，莫甚於沿江，如蘄之江口，池之鴈汊，自昔號爲大小法場，言其征取酷如殺人。比年不止兩處，凡泝流而上，至於荊、峽，虛舟往來，謂之『力勝』；舟中本無重貨，謂之『虛喝』；宜征百金，先抛千金之數，謂之『花數』；騷擾不一。請行下沿江諸路監司，嚴行禁革，及刷沿江置場繁併處取旨廢罷。」從之。

44 壬寅，詔：「江東諸郡多被水，漕臣黃石不卽躬親按視，可降兩官。」

45 癸卯，詔：「建康、太平被水縣，今年身丁錢並與放免。」

46 甲辰，資政殿學士、提舉洞霄宮辛次膺卒，謚簡穆。

次膺以禮自防，雖崎嶇亂離，貧不自聊，而一介不妄受。立朝謇諤，仕宦五十五年，無絲毫挂吏議。爲政貴清靜，先德化，所至人稱其不煩。

47是月，置舒州鐵錢監，從發遣使史正志之請也；每歲以五十萬貫爲額。

48六月，丁卯，尚書吏部員外郎張栻言：「近日陛下治徐考叔請託之罪，幷及徐申罷之，英斷赫然。臣爲諸臣言，陛下懲姦不私于近，有君如此，何忍負之！」帝曰：「朕意正欲羣臣言事，如其不言，是負朕也。」又言：「謀國當先立一定之規，周密備具，按而行之，若農服田力穡，以底于成。」帝曰：「弈者舉棋不定，猶且不可，況謀國而無定規乎？」

49癸酉，置蘄州蘄春監、黄州齊安監鑄鐵錢。

50乙亥，趙鄜權發遣江南東路兵馬鈐轄回，論治軍務要嚴整，又論州兵須以正兵夾習，帝曰：「嚴整乃治軍之要；州兵當兼正兵同赴功。」

51張栻上疏曰：「臣竊謂陵寢隔絕，言之至痛。然今未能奉辭以討之，又不能正名以絕之，乃欲卑詞厚禮以求于彼，則於大義爲已乖。而度之事勢，我亦未有必勝之形。夫必勝之形，當在於早正素定之時，而不在于兩陣決戰之日。今但當下哀痛之詔，明復讐之義，修德立政，用賢養民，選將練兵，以內修外攘、進戰退守之事通而爲一。且必治其實而不爲虛文，則必勝之形，隱然可見矣。」

先是栻見帝，帝曰：「卿知敵中事乎？」對曰：「不知也。」帝曰：「敵中饑饉連年，盜賊日起。」栻曰：「敵中之事，臣雖不知；然境中之事，則知之詳矣。」帝曰：「何事？」栻曰：

「比年諸道歲饑民貧，而國家兵弱財匱，小大之臣，又皆誕謾不足倚仗。正使彼實可圖，臣懼我之未足以圖彼也。」帝默然久之。

52 秋，七月，壬午，金主秋獵，放圍場役夫。詔：「扈從糧食並從官給。縱畜牧蹂踐禾稼者，杖之，仍償其直。」

53 癸巳，詔鄂州建岳飛祠宇，以忠烈廟爲額，從州人之請也。

54 甲午，臣僚言：「省官不如省事，古之格言也。國家循襲近世文敝之極，宜及中外正無事時，早計所以更革，省去繁文，漸就簡質。望博訪官司，凡有行遣迂回者，各令日下條具，早爲更革。事既漸簡，日多閒暇，則以圖回萬務，有餘裕矣。」從之。

55 丙午，權戶部侍郎王佐言：「今之戶部，即祖宗時三司之職，國之會計出納，無所不統。比年朝廷創立南庫，本以豐儲蓄，備緩急，而不知者以爲割戶部經常之費爲別庫樁積之資。殊不知財之在南庫，與戶部一也。今欲將戶部所入，根攷括責，造成簿籍，勾稽驅磨，俾無滲漏。月終以實收支之數申奏，歲終會計其盈虛。或經常用度之餘，有趲〔攢〕積剩數，除量留一月約支外，盡以歸之朝廷；或朝廷有非泛支用，亦合聽戶部開具申陳取撥。不惟事切一體，形跡不存，亦使有無相通，不誤緩急。」詔專委王佐攢造簿籍，陸之望同措置。

續資治通鑑卷第一百四十二

賜進士及第兵部尚書兼都察院右都御史總督湖北湖南等處地方軍務兼理糧餉世襲二等輕車都尉　畢沅　編集

宋紀一百四十二　起上章攝提格（庚寅）八月，盡重光單閼（辛卯）十二月，凡一年有奇。

孝宗紹統同道冠德昭功哲文神武明聖成孝皇帝

乾道六年　金大定十年。（庚寅、一一七〇）

1 八月，己酉，權發遣衡州韓堅常，請廣糴常平，帝曰：「若一州得二十萬石常平米，雖有水旱，不足憂矣。」新福建轉運副使沈樞，言州郡水旱，請留轉運司和糴米接續常平賑糶，帝曰：「卽行之。」

2 庚戌，宰相虞允文請早建太子，帝曰：「朕久有此意，事亦素定；但恐儲位既正，人心易驕，卽自縱逸，不勤於學，浸有失德。朕所以未建者，更欲其諳練庶務，通知古今，庶無後悔耳。」

3 癸丑，復置詳定一司敕令所。

4戊午，新權知筠州葛祺論恢復大計，帝曰：「盛衰，理之必然。」又論東南之兵可用，帝曰：「會稽八千人破秦，在用之如何耳！」又論建康戰船宜修葺添造，月具數目申奏，帝曰：「已令修葺矣。」

5新權知饒州江璆進對，帝曰：「卿向來所陳鹽利甚善。廣南田可耕否？何不勸誘？鄱陽，近地大郡，卿宜加意治之如二廣。」帝又曰：「鄱陽所出瘠薄，宜拊卹之。」

6己未，金主至自柳河川。

7丙寅，置閤門舍人十員。

8臣僚言：「比年監司、郡守，近朝廷者固已極一時之選，而地遠者未能悉稱陛下講求之意。今畿甸之民，州縣一不得其情，則之臺之省，以至撾鼓，必徹而後已。遠方之民，縣不見省，愬之州；州不見省，愬之監司；監司又不見省，則死且無告矣。望陛下除授遠地監司、郡守比近地爲加審，委臺諫訪聞糾劾比近地爲加嚴。」詔從之。

9癸酉，太學正薛元鼎，言周之名將南仲，爲武成王同時之人，請改配食武成王，帝喜，以謂南仲之孫皇父，猶爲宣王中興之將，便可施行。又言太學釋奠，輪差南班宗室陪位觀禮，帝曰：「亦使之知。」

10知寧國府姜詵劄言：「今合于十月內措置修圩，濟養圩戶飢民，已委官相視，料度工役，得所壞圩岸，比之紹興年內所費多減省，兼有合行開決除廢者，見行相度。」詔：「其餘州軍有圩岸損壞，守臣依此措置修整，仍具申尚書省。」

11 壬申，金遣參知政事宗敍北巡，宗敍尋請置沿邊壕塹，左丞相赫舍哩舊作紇石烈，今改。良弼曰：「敵國若來伐，此豈可恃哉！」金主曰：「卿言是也。」

12 甲戌，右朝請大夫呂游問進對，論祖宗成法，帝曰：「言事者未必盡知利害，豈可便與更張！」

13 是月，虞允文上乾道敕令格式。

14 夏任得敬以謀篡伏誅。

15 金左丞相赫舍哩良弼，練達朝政，金主所咨詢，盡誠開奏，多稱旨。以母憂去位，九月，庚辰，起復。

16 壬辰，賜蘇軾謚文忠。

17 壬寅，新權發遣衢州施元之進對，論用人責小過太詳，帝曰：「今日之弊正在此。」

18 詔：「役法爲下三等戶之害，並以官民戶通差。」

19 池州都統吳總朝辭，帝曰：「將帥難得人，故文臣中擇卿爲將帥，須先民事，後統軍。」

20 是月，范成大自金還。

初，成大至金，密草奏，具言受書式幷求陵寢地，懷之入。方進國書，成大忽奏曰：「兩國既爲叔姪，而受書禮未稱，臣有疏。」搢笏出之。金主曰：「此豈獻書處耶？」左右以笏標起之。成大必欲書達，既而歸館。金太子欲殺成大，或勸止之。

其復書略云：「和約再成，界山河而如舊；緘音遽至，指鞏、洛以爲言。援昔時無用之文，瀆今日既盟之好。既云廢祀，欲申追遠之懷；止可奉遷，即俟刻期之報。至若未歸於旅櫬，亦當並發於行塗。抑聞附請之詞，欲廢受書之禮，出於率易，要以必從，於尊卑之分何如？顧信誓之盟安在？事當審處，邦可孚休。」於是二事皆無成功。帝以成大爲忠，有大用意。【考異】宋史全文載金人復書，詳略互異。今從大金國志。

21 冬，十月，戊申，權發遣興元府王之奇奏：「歸正官承信郎劉湛、右迪功郎劉師顏父子等，深念祖宗德澤，保護陵寢，不畏敵人凶暴，力阻盜伐，逮年繫獄，子死婦亡，而湛父子含笑受之。非天資忠義，何以至此！」詔：「承信郎劉湛，特轉兩官，劉師顏改右承務郎，陞擢差遣，其親黨秦世輔，特轉一官，陞充正將。」

22 癸丑，湖南轉運副使黃鈞，論士大夫風俗不振，帝曰：「君相不當言命，士大夫不當言風俗，士大夫，風俗之本也。」

23 甲寅，金主如霸州冬獵。

24丙辰，知信州林機進對，因論：「昔曹彬下江南，太祖斬一節度使不予。近世爲將者，未嘗有戡難破敵之功，爵賞過厚，至於極人臣之位。願陛下鑒是爲駕馭之術，庶可責效於異日。」帝曰：「此實人主礪世之術也。」

25丁巳，權知襄陽府司馬倬，爲其父故試兵部侍郎樸乞謚，賜謚忠潔。

26甲子，禮部尚書劉章言：「臣聞李德林在隋開皇初，與修敕令，請於朝，謂欲有更張者，當以軍法從事。夫法之弊也故修之，修之而未必皆當，與衆共議之可也，乃欲脅之以軍法，其亦不仁甚矣。陛下清明遠覽，命官取新舊法幷前後敕旨緝而修之，越歲書成，迺以奏御。其間有未便于人情、未安于聖心者，莫不朱黃識之，稍或可疑，必加改定，然後頒行。欲播告中外，惟新書是遵。」帝曰：「朕已覽之，亦異乎隋高祖之事矣。」

27乙丑，金主謂大臣曰：「比因校獵，聞固安縣令高昌裔不職，已令罷之。霸州司候成奉先，奉職謹恪，可進階，除固安令。」

28辛未，金主謂宰臣曰：「朕凡論事，有未能深究其利害者，卿等宜悉心論列，毋爲面從而退有後言。」

29癸酉，帝諭江西轉運判官芮煇曰：「卿當先正士大夫風俗，次則民間訟牒，早與裁決，漕運又其次也。」

30甲戌，起居舍人趙雄，請置局議恢復，詔以雄爲中書舍人。

31知烏程縣余端禮言：「謀敵制勝之道，有聲有實。敵弱者，先聲後實以讋其氣；敵強者，先實後聲以俟其機。漢武乘匈奴之困，親行邊陲，威振朔方，而漠南無王庭者，讋其氣而服之，所謂先聲而後實也。越謀吳則不然。外講盟好，內修武備，陽行成以種、蠡，陰結援於齊、晉，教習之士益衆，而獻遺之禮益密，用能一戰而霸者，伺其機而圖之，所謂先實而後聲也。今日之事，異於漢而與越相若，願陰設其備而密爲之謀，觀變察時，則機可投矣。古之投機者有四：有投隙之機，有擣虛之機，有乘亂之機，有承弊之機。因其內釁而擊之，若匈奴困于三國之攻而漢宣出師，此投隙之機也。因其外患而伐之，若吳夫差牽於黃池之役而越兵入吳，此擣虛之機也。敵國不道，因其離而舉之，若晉之降孫皓，此乘亂之機也。敵人勢窮，躡其後而蹙之，若漢高祖之追項羽，此乘弊之機也。機之未至，不可以先；機之已至，不可以後。以此備邊，安若泰山；以此應敵，動如破竹；惟所欲爲，無不如志。」帝曰：「卿可謂通事體矣。」

32是月，復武臣提刑。

先是陳俊卿在相日，詔依祖宗舊制，復置武臣提刑，俊卿言此職自景德以來，廢置不常，今用文臣一員，亦無闕事，員外增置，徒爲煩擾，乃止。至是復置之。【考異】宋史本紀載在五日，今從聖政草。

33 造會計錄，從都大發運使史正志之請也。

34 十一月，丁丑朔，詔淮南轉運司嚴使人往來載錢過界之禁。

35 辛巳，金制：「盜太廟物者，與盜宮中物同論。」

36 壬午，合祀天地於圜丘，大赦。

37 乙酉，臣僚劄言：「伏見郊祀，陰雨連日，自致齋酌獻景靈宮天霽，回鑾太廟又雨。至夜漏四刻，星斗燦然，行朝饗之禮焉。明日，駕如青城亦晴。道旁觀瞻甚盛，霏微涷雨還作。將祭之夜，駕幸大次更衣，數星現雲表。及登壇樂作，四郊雲陰尙盛，獨歲星中天，靈光下燭，禮成不雨。行禮之次，差官巡仗至城門，雨大霔，獨泰壇無有。此皆聖上寅畏格于上天，天意昭答，宜宣付史館。」許之。

張栻言：「陛下之心，卽天心也。欲定未定，故上天之應乍陰乍晴。天人一體，衆類無間，深切著明，有如此者。臣願陛下毋以此爲祥瑞，而於此存敬戒之心。試思夫次日御樓肆赦之際，日光皎然，四無纖翳，天其或者何不早撤雲陰于行事之時，使聖懷坦然無復憂慮，而必示其疑以爲悚動？然則丁寧愛陛下之意深矣。天意若曰：今日君子、小人之消長，治亂之勢有所未定，皆在陛下之心如何耳。若陛下之心嚴恭兢畏，常如奉祠之際，則君子、小人終可分，治道終可成，強敵終可滅，當如祀事終得成禮。惟陛下常存是心，實天下幸甚！」

38 己丑，國子錄姚崇之言：「大將而下，有偏裨、準備將之屬，豈無人才可膺主帥之任！請驟加拔擢，如古人拔卒爲將。」帝曰：「苟得其人，不拘等級。」

39 權通判建康府許克昌，請命兩省、侍從更宿禁中，賜以宴間從容以盡天下之事，帝首肯。於是詔許克昌與知州、軍差遣。又請命郡守以治兵爲殿最，武臣提刑按閱郡兵，帝然之。又論揀汰使臣及歸正人，州郡拊之不至，帝曰：「卿典郡，正當如此。」

40 乙未，召浙東總管曾覿提舉佑神觀。

時陳俊卿已去位，覿旋擢用，無復有阻其入者矣。

41 是月，遣趙雄等賀金主生辰，別函書請更受書之禮。略云：「比致祈懇，旋勤誨緘，欲重遣于軺車，恐復煩於館舍。惟列聖久安之陵寢，既難一旦而驟遷，則靖康未返之衣冠，豈敢先期而獨請！再披諒諭之旨，詳及受書之儀。蓋今叔姪之情親，與昔尊卑之體異。敢因慶禮，薦布忱誠；倘冀允從，式符期望。」

42 十二月，戊申，大閱於白石。

43 戊午，太學錄袁樞輪對，因論今日圖恢復，當審察至計以圖萬全之舉，帝然之。

44庚申，禮部尚書劉章言：「當今邑縣之任，出於苟且，爲令者惟知以官錢爲急，月解無欠，則守臣、監司必喜之，而民訟不理，皆置不問。」帝曰：「豈可取其辦錢而不察其政！」

45甲子，置江州廣寧監，臨江軍豐餘監，撫州裕國監，鑄鐵錢。

46丙寅，金主謂宰臣曰：「比體中不佳，有妨朝事。今觀所奏事，皆依條格，殊無一利國之事。若一朝行一事，歲計有餘，則其利溥矣。朕居深宮，豈能悉知外事，卿等尤當注意。」

47癸酉，詔：「史正志職專發運，奏課誕謾，廣立虛名，徒擾州郡；責授團練副使、永州居住，其轉（發）運司罷之。」

48是歲，兩浙、江東、西、福建水旱。

49高麗王晛弟翼陽公晧，廢晛自立。

乾道七年金大定十一年。（辛卯、一一七一）

1春，正月，丙子朔，加上太上皇帝尊號曰光堯壽聖憲天體道太上皇帝，太上皇后尊號曰壽聖明慈太上皇后。

2丁丑，金封皇子永行爲徐王，永蹈爲滕王，永濟爲薛王。

3壬午，金詔：「職官年七十以上致仕者，不拘官品，並給俸祿之半。」

4癸未，帝諭輔臣曰：「前日奉上册寶，太上甚悅，翌日過宮侍宴，實邦家非常之慶。朕以敵讎未復，日不遑暇，如宮中臺殿，皆太上時爲之，朕未嘗敢增益。太上到宮，徘徊周覽，頗訝其不飾也。」輔臣言：「陛下不以萬乘爲樂而以中原爲憂，早朝晏罷，焦勞如此，誠古帝王所不及也。」帝曰：「朕無他嗜好，或得暇，惟書字爲娛爾。」因顧內侍，取題郭熙秋山平遠詩以賜虞允文。

先是允文復請建太子，帝曰：「朕既立太子，卽令親王出鎭外藩，卿宜討論前代典禮。」允文尋擬詔以進。

5 戊戌，金尚書省奏汾陽節度副使牛信昌生日受饋獻，法當奪官，金主曰：「朝廷行事，苟不自正，何以正天下！尚書省、樞密院，生日節辰，饋獻不少，此而不問；小官饋獻，卽加按劾，豈正天下之道！自今宰執、樞密饋獻，亦宜罷去。」

6 己亥，帝作敬天圖，謂輔臣曰：「無逸一篇，享國久長，皆本于寅畏。朕近日取尚書中所載天事，編爲兩圖，朝夕觀覽，以自儆省。」虞允文言：「古人作無逸圖，猶誇大其事。陛下盡圖書中所載敬天事，又遠過之。惟聖人盡躬行之實，敬畏不已，必有明效大驗。」帝曰：「卿言誠然。」

7 泉州左翼軍統制趙渥，招到軍兵一千人，不支軍中物，帝曰：「渥當旌賞。」虞允文言：「且與一遙郡。」帝曰：「賞宜從重。設使職事有闕，罰亦不輕。可與遙郡團(練)使。」

8 庚子，臣僚言郎曹多闕員，帝曰：「昨召數人皆未至，可令寺、監丞兼權。曾有人言，近日自郡守爲郎，間有不曾歷職事官者，卻似太驟。此言有理。」虞允文曰：「近來館、學、寺、監，拘礙資格，遷除不行，故有自縣便爲郎者，是館、學、寺、監反不如州縣之捷也。」帝又曰：「此又失之外重矣。」梁克家曰：「元立資格，所以重郎選。歷者一旦得之，郎選卻輕矣。」帝曰：「然。今後除授，正不可令超躐。」

9 癸卯，進呈三衙舊司禁軍人數，帝曰：「祖宗時，上四軍分，止是支數百料錢。」梁克家言祕閣中有太祖御札，禁軍劵錢至親筆裁減一二百者，帝曰：「雖一麻鞋之微，亦經區處。祖宗愛惜用度如此。」克家曰：「凡賜予尤不可輕。韓昭侯非靳一敝袴也，不以予無功之人。」帝曰：「予及無功，則人不知勸。」克家曰：「豈惟無功者不勸，有功者且解體矣。」帝顧虞允文曰：「昨遣內侍往江上，欲就令撫問，以卿言而止，正爲此也。」允文曰：「郭子儀所得上賜甘蔗幾條，柑子幾顆，人主以此示恩意爾。今諸將受陛下厚恩，未有以報。」帝曰：「郭子儀有大功于唐，今諸將若有郭子儀功，賜予誠不可輕也。」

10 金主謂宰臣曰：「往歲清暑山西，近路禾稼甚廣，殆無畜牧之地，因命五里外乃得耕懇〔墾〕。今聞民乃去之他所，甚可矜憫，其令依舊耕種。事有類此，卿等宜即告朕。」

11 是月，復置鑄錢司。

12二月，癸丑，立恭王惇爲皇太子。大赦。初，莊文太子卒，慶王愷以次當立，帝以恭王惇英武類己，越次立之，而進封愷爲魏王，判寧國府。

帝謂輔臣曰：「古人以教子爲重，其事備見于文王世子，須當多置僚屬，博選忠良，使左右前後罔匪正人。不然，一薛居州，亦無益也。」問：「舊來官屬幾人？」虞允文等曰：「詹事二人，庶子、諭德兼講讀者二人。」帝曰：「宜增二員。誰可當此選者？」允文等舉恭邸講讀官李彥穎、劉焞，帝曰：「焞有學問，彥穎有操履。卿等更選取數人。」及進呈，帝覽之曰：「王十朋、陳良翰二人俱可。十朋舊爲小學教授，性極疎快，但臨事堅執耳。」允文曰：「賓僚無他事，惟以文學議論爲職，不嫌于堅執也。」帝曰：「十朋、良翰誠是忠蹇，可並除詹事。」帝又問：「焞兼侍讀，彥穎卻兼侍講，何也？」允文等曰：「李彥穎既兼左諭德，以侍講無人，併令兼之。」帝曰：「侍講可別選人。」乃命焞爲司業兼侍讀。

工部侍郎胡銓，亦請飭太子賓僚朝夕勸講，帝曰：「三代長且久者，由輔導太子得人所致；末世國祚不永，皆由輔導不得其人。」銓前以除知泉州入對，遂留侍經筵。尋有忌銓敢言者，掎其細故，雜他朝士併言之，銓遂與禮部侍郎鄭聞、樞密院檢詳文字李衡、祕書丞潘慈明並罷。

13尙書左司郎中兼侍講張栻講詩葛覃，進說曰：「治生于敬畏，亂起于驕淫。使爲國者每念稼穡之勞，而其后妃不忘織紝之事，則心之不存者寡矣。周之先后勤儉如此，而其後世猶有休蠶織而爲厲階者。興亡之效，如此可見。」因推廣其事，上陳祖宗自家刑國之懿，下斥今日興利擾民之害。帝歎曰：「王安石謂人言不足卹，所以誤國。」栻又言本朝治體以忠厚仁信爲本，因及熙、豐、元符用事大臣，帝曰：「祖宗法度，乃是家法，熙、豐之後，不合改變耳。」

14 丁巳，帝諭宰執曰：「祖宗時，數召近臣爲賞花釣魚宴，朕亦欲暇日命卿等射弓飮宴。」虞允文等言：「陛下昭示恩意，得瞻近威顏，從容獻納，亦臣等幸也。」帝曰：「君臣不相親，則情不通。早朝奏事，止頃刻間，豈暇詳論治道！故欲與卿等從容耳。」

15 庚申，帝諭曰：「近世廢弛之弊，宜且糾之以猛，他日風俗變易，卻用寬政。譬之立表，傾則扶之，過則正之，使之適中而後已。」虞允文曰：「古人得衆在寬，救寬以猛。天地之心，生生不窮，故陰極于剝則復。」帝曰：「天地若無肅殺，何以能發生！」梁克家曰：「殺之乃所以生之，天地之心，歸于仁而已。」帝曰：「然。」

16 壬戌，帝曰：「去秋水潦，朕甚以百姓之食爲憂。今卻無流移之人。」虞允文言：「監司、守臣，類能究心荒政，故米不翔貴。」帝曰：「亦賴支官中米斛。」梁克家言：「數年來，常平樁積，極留聖意。不然，今日豈有米斛可以那撥！」帝曰：「如此理會，尙且不足。」允文等因言：「諸郡守臣若得人，遇歲水旱，寧致上勤聖慮！」帝曰：「當擇其有顯效者旌之。」

17甲子，詔寺觀毋免租稅。

18三月，己亥朔，趙雄至金，所請皆不許。雄辭還，金主遣人宣諭曰：「汝國既知鞏、洛陵寢歲久難遷，而不請天水郡公之柩，於義安在？朕念天水郡公嘗爲宋帝，尙爾權葬，深可矜憫。汝國既不欲請，當爲汝國葬之。」無一語及受書事。雄歸奏：「金主庸人耳，於陛下無能爲役。中原遺黎，日望王師，必有簞食之迎。」帝甚悅。時金國大治，民安其業，而雄虛詞相飾如此。【考異】聖政草載在歲末，今從宋史載在三月。又會要載金人宣諭甚詳，今酌書之。

19詔訓習水軍。

20丙子，立恭王夫人李氏爲皇太子妃。妃，慶遠軍節度使道之女也，相士皇甫坦言其當母天下，聞於太上皇，遂爲恭王聘之，至是立爲妃。妃性妬悍，嘗訴太子左右於太上皇，太上皇意不懌，謂太上后曰：「是婦將種，吾爲皇甫坦所誤。」

21己卯，以知閤門事張說簽書樞密院事。

說妻，太上后女弟也，說攀援擢拜樞府。時起復劉珙同知樞密院事，珙力辭不拜。命下，朝論譁然，未有敢訟言攻之者，左司員外郎兼侍講張栻上疏切諫，且詣朝堂責虞允文曰：「宦官執政，自京、黼始；近習執政，自相公始。」允文慙憤不堪。栻復奏曰：「文武誠不可偏。然今欲右武以均二柄，而所用乃得如此之人，非惟不足以服文吏之心，正恐反激武臣之怒。」帝雖感悟，尙未寢成命。時范成大當制，久不視草，忽請對，乃出詞頭納榻前，帝色遽厲，成大徐曰：「臣有引喩，閤門官日日引班，乃郡典謁吏耳。執政大臣，倅貳比也。苟州郡輟拔客將使爲通判，官屬縱俛首，吏民觀聽謂何？」帝霽威，沈吟曰：「朕將思之。」明日，說罷爲安遠軍節度使、提舉萬壽觀。

說語人曰：「張左司平時不相樂，固也；范致能亦奚爲見攻？」指所坐亭材植曰：「是皆致能所惠也。」後月餘，成大求去，帝曰：「卿言事甚當，朕方聽言納諫，乃欲去耶？」成大竟不安其位，以集賢修撰知靜江。致能，成大字也。

22 辛巳，帝曰：「戶部所借南庫四百萬緡，屢諭曾懷，不知何以撥還？」虞允文曰：「不過措準折帛爾。」梁克家言：「今左帑無兩月之儲。」帝曰：「戶部有擘畫否？」允文言：「其一給典帖，其二賣鈔紙，衆論未以爲然。」帝曰：「此兩事旣病民，且傷國體，俱不可行。」

23 是日，金命有司葬欽宗於鞏、洛之原，以一品禮。【考異】宋史孝宗紀作五月庚寅，金人葬欽宗於鞏原。徐氏後編曰：此蓋金主以三月辛巳命葬，而葬禮則成於五月庚寅也。今按宋人紀金事多傳聞之誤，今從金史作三月辛巳。

24 戊戌，虞允文言：「胡銓早歲節甚高，今縱有小過，不宜遽去朝廷。」帝曰：「朕昨覽臺章，躊躇兩日，意甚念之。但以四人同時論列，不欲令銓獨留。」梁克家曰：「銓流落海上二十餘年，人所甚難。」帝曰：「銓固非他人比。」乃除寶文閣待制兼侍講。銓求去益力，以敷文閣直學士與外祠。

25庚子，徽猷閣待制、知處州胡沂言盜馬者，帝曰：「治以罪。」虞允文因言帥臣有誘山寨人盜馬，已而殺其人者，人情甚不安。梁克家曰：「邀功生事邊臣，不可輕貸。且如知沅州孫叔傑，以兵攻徭人，致王再彤等聚衆作過，驚擾邊民，幾成大患。前日放罷，行遣太輕。」帝曰：「可更降兩官。」

26是月，復將作監。

27申嚴閉糴。

28夏，四月，乙巳朔，詔：「春季拍試，藝高者特與補轉兩資。」虞允文言本司兵民須略與推恩，帝曰：「軍中既有激賞，人人肯學事藝，何患軍政不修！若更本官亦復推賞，尤見激厲。」

29丁未，金歸德民臧安兒謀反，伏誅。

30金駙馬都尉圖克坦貞舊作徒單貞，今改。爲咸平尹，貪汚不法，累贓鉅萬；徙眞定，事覺，金主使大理卿李昌圖鞫之，貞即引伏。昌圖還奏，金主問之曰：「停職否？」對曰：「未也。」金主怒，杖昌圖四十。復遣刑部尚書伊喇道舊作移剌道，今改。往眞定問之，徵其贓還主。有司徵給不以時，詔：「先以官錢還其主而令貞納官。凡還主贓，皆準此例。」降貞爲博州防禦使，降貞妻爲淸平縣主。

31 戊申，擢曾覿爲安德軍承宣使。時太子新立，謂其有伴讀勞也。

32 庚戌，帝謂宰執曰：「朕於聽言之際，是則從之，非則違之，初無容心其間。」梁克家言：「天下事，唯其是而已。是者，當于理之謂也。」帝曰：「然。太祖問趙普云：『天下何者最大？』普曰：『惟道理最大。』朕嘗三復斯言。」

33 癸亥，金參知政事魏子平罷，爲南京留守，未幾致仕。

34 甲子，詔皇太子判臨安府。

35 己巳，詔舉任刑獄、錢穀及有智略、吏能者。

36 庚午，有告統兵官掊尅不法者，帝令付大理寺治之。虞允文言恩威相須乃濟，帝曰：「威克厥愛，允濟；愛克厥威，允罔功。蘇軾乃謂堯、舜務以愛勝威，朕謂軾之言未然。」梁克家曰：「先儒立論，不可指爲一定之說，如崔寔著政論，務勸世主馭下以嚴。大抵捄弊之言，各因其時爾。」帝曰：「昔人以嚴致平，非謂深文峻法也，紀綱嚴整，使人不敢犯耳。譬如人家，父子、兄弟，森然法度之中，不必須用鞭扑然後謂之嚴也。」

37 辛未，皇太子領臨安尹，以晁公武爲少尹，李穎彥、劉焞兼判官。

38 先是高麗使人告於金，謂王晛讓國於弟晧。金主曰：「讓國，大事也，其再詳問。」是月，高麗以王晛讓國表來上，金主疑之，以問宰執。左丞相嚇〔赫〕舍哩良弼曰：「此不可信。晛有子生孫，何故讓弟？晧嘗作亂而晛囚之，何以忽讓其位？且今茲來使，乃晧遣而非晛遣，是晧實簒兄，安可忍也！」右丞孟浩曰：「詢彼國士民，果推服，當遣封。」金主命卻其使。旋遣吏部侍郎靖往問其故。

39 五月，丁亥，劉珙起復同知樞密院事，爲荆襄宣撫司。

珙凡六疏辭，引經據禮，詞甚切至，最後言曰：「三年通喪，先王因人情而節文之，三代以來，未之有改。至于漢儒，乃有金革無避之說，此固已爲先王之罪人矣。然尙有可諉者，曰魯公伯禽有爲爲之也。今以陛下威靈，邊陲幸無犬吠之警，臣乃欲冒金革之名以私利祿之實，不又爲漢儒之罪人乎？」

帝以義當體國責之，珙乃手疏別奏，略曰：「天下之事，有其實而不露其形者，無所爲而不成；無其實而先示其形者，無所爲而不敗。今德未加修，賢不得用，賦斂日重，民不聊生，將帥方割削士卒以事苞苴，士卒方飢寒窮苦而生怨謗，凡吾所以自治而爲恢復之實者，大抵闊略如此。而乃外招歸正之人，內移禁衛之卒，規算未立，手足先露，其勢適足以速禍而致寇。且荆襄，四支也；朝廷，腹心元氣也。誠使朝廷施設得宜，元氣充實，則犂庭掃穴，在反掌間耳，何荆襄之足慮！如其不然，則荆襄雖得臣輩百人，悉心經理，顧足恃哉！臣恐恢復之功未易可圖，而意外立至之變，將有不可勝言者，唯陛下圖之！」帝納其言，爲寢前詔。

40 遣知閤門事王抃點閱荆襄軍馬。梁克家言：「近諸將御下太寬，今統制官有敢鞭統領官以下者否？太祖皇帝設爲階級之法，萬世不可易也。」帝曰：「二百年來，軍中不變亂，蓋出于此。」虞允文曰：「法固當守，主兵官亦要以律己爲先。」帝曰：「誠然。前日一二主兵官不能制其下，反爲下所告者，端以不能律己故耳。」

41 癸巳，金以南京留守伊喇成爲樞密副使。

42 辛丑，帝語及臨安事，因曰：「韓彥古在任時，盜賊屛迹；比其罷也，羣盜如相呼而來。以此知治盜亦不可不嚴。惜乎彥古所以治民者，亦用治盜之術！治盜當嚴，治民當寬，難以一律。」

43 六月，丙午，復主管馬軍司公事李顯忠爲太尉。

44 己酉，金主詔曰：「諸路常貢數內，同州沙苑羊非急用，徒勞民耳，自今罷之。朕居深宮，勞民之事，豈能盡知！似此，當具以聞。」

45乙卯，張權言淮西麥熟，秋成可望，帝謂宰相曰：「時和歲豐，卿等協贊之力。朕當與卿等講求其未至者。」虞允文言聖德無闕，帝曰：「君臣之間，正要更相儆戒。朕有過，卿等悉言之；卿等有未至者，朕亦無隱；庶幾君臣交修，以答天貺。」

46丙辰，太常寺丞蕭燧，論人君聽言必察其可用之實，所言與所行相副，然後可信，帝曰：「所論甚當，人誰不能言！但徒能言之而已，要當觀其所行。書所謂『敷奏以言，明試以功』是也。」

47甲子，金平章政事圖克坦喀齊喀舊作徒單合喜，今改。卒。金主方擊毬，聞訃，遂罷，厚賻之，錄其孫。【考異】金史喀齊喀傳作十年，今從紀作十一年。

48秋，七月，甲申，金參知政事宗敍卒，遺表言朝政得失及邊防利害。金主傷悼，謂宰臣曰：「宗敍勤勞國家，他人不能及也。」輟朝，遣宣徽使敬嗣暉致祭賻。

49乙未，梁克家言：「近時兩事，皆前世不及。太上禪位，陛下建儲，皆出于獨斷。」帝曰：「此事誠漢、唐所無。朕常恨功業不如唐太宗，富庶不如漢文、景耳。」虞允文曰：「陛下以儉爲寶，積以歲月，何患不及文、景！如太宗功業，則在陛下日夜勉之而已。」帝曰：「朕思創業、守成、中興，三者皆不易，早夜孜孜，不敢迨遑，每日昃無事，則自思曰，豈有未至者乎？反覆思慮，惟恐有失。」又曰：「朕近于几上書一『將』字，往來尋繹，未得擇將之道。」虞允文曰：「人才臨事方見。」帝曰：「然。唐太宗安市之戰，始得薛仁貴。」

50庚子，以王炎爲樞密使、四川安（宣）撫使。

興元府有山河堰，世傳漢蕭何所作。嘉祐中，提舉史照上修堰法，降敕書刻之堰。紹興以後，戶口凋斂，堰事荒廢，炎委知興元府吳拱修復，發卒萬人助役，盡修六堰，濬大小渠六十五里，南鄭、褒城之田大得沃溉。詔獎諭拱。

51是月，免兩淮民戶丁錢，兩浙丁鹽絹。

帝諭輔臣曰：「范成大言處州丁錢太重，遂有不舉子之風；有一家數丁者，當重與減免。」尋又蠲旱傷路戶稅。

52八月，癸卯朔，金主詔朝臣曰：「朕嘗諭汝等，國家利便，制（治）體遺闕，皆可直言。外路官民亦嘗言事，汝等終無一語。凡政事所行，豈能皆當！自今直言得失，無有所隱。」

53乙巳，金主謂宰臣曰：「隨朝之官，自謂歷三考則當得某職，歷兩考則當得某職，第務因循碌碌而已。自今以外路官與內除官，察其奮勤則弁用之；但苟簡於事，不須任滿，便以本品出之。賞罰不明，豈能勸勉！」

54丙午，殿司左軍劫馬軍司使臣家被獲，帝曰：「不當以治百姓之法治之。」虞允文曰：「劫盜已不可貸，況軍人乎！」

55庚戌，金主詔曰：「應因斡罕舊作窩斡，今改。被掠女直及諸色人，未經刷放者，官爲贖放。隱匿者，以違制論。其年幼不能稱說住貫者，從便住。」

56己未，進呈兩浙漕臣糴樁積米，帝因宣諭曰：「洪範八政，以食爲先，而世儒乃不言財穀。邦之有儲蓄，如人之有家計，欲不預辦，得乎！」

57庚午，帝謂宰執曰：「朕近日無事時過德壽宮，太上頤養愈勝，天顏悅好。朕退，輒喜不自勝。」虞允文曰：「神器之重，得所付托，聖懷無事，自應如此。」

58金主謂宰臣曰：「五品以下，闕員甚多，而難于得人。三品以上，朕則知之，五品以下，不能知也，卿等曾無一言見舉者。欲畫久安之計，興百姓之利，而無良輔佐，所行皆尋常事耳，雖日日視朝何益！卿等宜勉思之。」

59九月，壬申朔，帝曰：「江西、湖南旱歉，宜可募兵兩路，各且募千人。」梁克家言外路募兵，多憚所費，虞允文曰：「撥截上供亦可。」帝曰：「然。所募之人，發赴三衙恐太遠，當與分撥。」允文言江西去江、池爲近，湖南去鄂渚爲近，帝曰：「可便降指揮，仍與分撥。」

60戊寅，帝謂宰臣曰：「漢高祖初年，專意馬上之事；世祖增廣郊祀，亦在隴、蜀既平之後。昔人規恢遠略，罔不在專，繁文末節，蓋未暇問。」梁克家曰：「高帝創業，世祖中興，今日之事，乃兼守成。祖宗二百年來典禮畢備，當以時舉。」帝曰：「典禮何可盡廢！抑其浮華而已。自今卿等每事當先務實，稍涉浮文，必議錮省。」

61 壬午，湖北、京西總領兼措置屯田呂游問，言本所管營田、屯田內官兵闕人耕種之處，請依舊頃畝，出榜召百姓依元額承佃，從之。

62 癸未，金主獵於橫山。

63 丁亥，命措置襄陽寨屋，梁克家曰：「將徙荆南之屯否？」帝曰：「欲令移去，如何？」虞允文曰：「荆南之人，歲歲更戍，自此可免道塗往返之勞。然有二不便。」帝曰：「襄陽極邊，驟添人馬，對境必致驚疑。」允文曰：「此正是一不便。又，自荆南至襄陽，水運千餘里，河道淺狹，難于餽糧，此二不便。以臣愚見，不如先移軍馬，餘續議之。」帝稱善。

64 庚寅，金主還都。

65 是月，進呈六部長貳歲舉改官人，皆是後來許依職司收使，今合依舊法，帝然之。梁克家言在京選人，無外路監司薦舉，若六部長貳又不許作職司，必不得改官，帝曰：「舊法既然，當使人從法，不可以法從人也。」虞允文曰：「舊法，京局不以選人爲之，故六部長貳不作職司亦可。今皆用選人，後來磨勘不行，必重申請，卻須更改。」帝曰：「此事續議施行。」

66 冬，十月，壬寅朔，金以左宣徽使敬嗣暉參知政事。

67 甲寅，金主謂宰臣曰：「朕已行之事，卿等以爲成命不可復更，但承順而已，一無執奏。

且卿等凡有奏，何嘗不從！自今朕旨雖出，宜審而行，有未便者，卽奏改之。或在下位，有言尙書省所言未便，亦當從而改之。」

68 壬戌，金主使烏凌阿天錫舊作烏林答天錫，今改。來賀會慶節，要帝降榻問金主起居，帝不許。天錫跪不起，虞允文請帝還內，命知閤門事王抃諭之曰：「大駕已興，難再御殿，使人以明日見。」天錫沮退。癸亥，隨班入見。

69 甲辰，虞允文言：「兩司增加斛力事藝，升進者千餘人，費不過千餘貫。昨有錫金椀者，軍中歡呼，無不欣豔。」帝曰：「聞其載椀乘馬而歸，道路聚觀，如此，見者必勸矣。」

70 丙寅，金左丞相赫舍哩良弼進睿宗實錄。

71 戊辰，金主謂宰臣曰：「衍慶宮圖畫功臣，已命增爲二十人。如丞相韓企先，自本朝興國以來，憲章法度，多出其手，至于關決大政，但與大臣謀議，終不使外人知覺，漢人宰相，前後無比。若褒顯之，亦足以示勸，愼勿遺之。」

72 是月，賑饒州饑。

帝因覽知州王秬賑濟畫一，曰：「饑歲民多遺棄小兒，已付諸路收養。如錢不足，可于內藏支降。」

73 罷紹興府宗正行司，以其事歸大宗正司。

故事，宗室皆聚于京師，熙、豐間始許居于外，崇寧間始即河南、應天置西、南二敦宗院。靖康之禍，在京宗室無得免者，而睢、雒二都得全。建炎初，將南幸，于是大宗正司移江寧，而西、南外初寓于揚州及鎭江，復移于泉、福二州。而居會稽者，乃紹興初以行在未有居第，權分宗室居之。及恩平郡王璩出居會稽，遂以爲判大宗正司，至是省之。

74 十一月，戊寅，金主幸東宮，謂太子曰：「朕爲汝措天下，當無復有經營之事。汝惟無忘祖宗仁厚之風，以勤修道德爲孝，明信賞罰爲治而已。昔唐太宗曰：『吾伐高麗不克終，汝可繼之。』如此之事，朕不以遺汝。如遼之海濱王，以國人愛其子，嫉而殺之，所爲如此，安得不亡！唐太宗又嘗謂高宗曰：『爾于李勣無恩，今以事出之。我死，宜即授以僕射，彼必致死力矣。』君人者安用僞爲！受恩于父，焉有忘報于子者乎！」

75 丙戌，金主饗太廟；丁亥，有事於圜丘，大赦。

76 是日，臣僚請改和州西路花裝隊，帝曰：「三衙舊亦結花裝隊，昨已更改。與其臨敵旋行抽摘，不若逐色團結之有素也。」

77 癸巳，金羣臣加上尊號曰應天興祚欽文廣武仁德聖孝皇帝。

78 甲午，虞允文言：「舊法，黃甲不曾到部人，在銓試下等人之上。」帝曰：「可依舊法。」又曰：「改法不當，終有窒礙；不如詳審于初，則免改更于後也。」

79 是月，策制科眉山布衣李垕入第四等，賜制科出身。

80 十二月，癸卯，金主冬獵。乙卯，還宮。

81 丙辰，金參知政事敬嗣暉卒。

82 先是軍人王俊，自稱八廂，詐取軍中錢物，配廣南，帝曰：「御前從來無八廂差出，可擬指揮行下諸路，如有自稱八廂之人，即收捉根勘。」戊午，詔行之。帝顧虞允文曰：「卿昨言，若眞八廂，對人自稱，亦所當罪，此言甚當。」

83 庚申，詔：「閤門舍人依文臣館閣，以次輪對。」王抃用事故也。

84 辛酉，金進封皇子永中爲趙王，永成爲豳王，永升爲虞王，永蹈爲徐王，永濟爲滕王。乙丑，永中與曹王永功俱授明安（舊作猛安。），仍命永功親治事以習爲政。

85 丙寅，詔：「都統制歲舉所知二人，統制歲舉一人，以智勇俱全爲上，善撫士卒爲次，專有膽勇又爲次，將校士卒惟其所舉。」從臣僚之請也。

86 金吏部侍郎靖之使高麗也，欲宣金主詔於王晛，而晛已爲晧囚於海島，托言：「晛已避位，出居他所，病有加無損，不能就位拜命，往復險遠，非使者所宜往。」靖竟不得見。晛乃以詔授晧，轉取表附奏，仍以讓國爲言。

靖還，金主問大臣，皆曰：「晛表如此，可遂封之。」赫舍哩良弼、完顔守道曰：「待晧祈請，未晚也。」

是月，晧遣其禮部侍郎張翼明等請封於金。

87 是歲，移馬軍司屯於建康府。

88 金河決王村，南京、孟、衞州界多被其害。

續資治通鑑卷第一百四十三

賜進士及第兵部尚書兼都察院右都御史總督湖北湖南等處地方軍務兼理糧餉世襲二等輕車都尉 畢沅 編集

宋紀一百四十三 起玄黓執徐(壬辰)正月，盡昭陽大荒落(癸巳)十二月，凡二年。

孝宗紹統同道冠德昭功哲文神武明聖成孝皇帝

乾道八年 金大定十二年。(壬辰、一一七二)

1 春，正月，庚午朔，頒乾道敕令格式。

2 莫濛充金國賀正使。故事，正月三日錫宴，前後使者循行無違，濛獨以本朝國忌，不敢簪花聽樂爲辭，爭辨久之。伴使以白金主，許就館賜食。

3 戊寅，太常博士楊萬里輪對，論及人材，帝曰：「人材須辨實僞，分邪正，最不可以言取人。孔子大聖，猶曰：『始吾於人也，聽其言而信其行；今吾於人也，聽其言而觀其行。』故以言取人，失之宰予。」

4 金主詔有司曰：「凡陳言者，皆國政利害。自今言有可行，以其本封送祕書監，當行者錄副付所司。」

5乙酉，太常少卿黃鈞言：「國莫重於禮，禮莫嚴於分。伏見四孟月景靈宮朝獻，皇帝與羣臣俱拜於庭心，竊疑之。退而求之禮經，攷之儀注，有所不合。問之掌故，則渡江之後，羣吏省記者失之也。曲禮曰：『君踐阼，臨祭祀。』禮器曰：『廟堂之上，罍樽在阼。』又曰：『君在阼。』正義曰：『阼，主人階也。』神宗元豐間，詳定郊廟禮文，明堂、太廟、景靈宮行禮，兼設皇帝拜位於東階之上。今親郊之歲，朝獻景靈宮，朝饗太廟，皇帝拜上，羣臣拜下矣；獨四孟朝獻，設褥位於阼階之下，則是以天子之尊而用之大夫士臨祭之位，非所以正禮而明分也。請遵元豐之制，每遇皇帝孟月朝獻，設褥位於東階之上，西嚮。以禮則合，以分則正。」詔從之。

6丙戌，宰執請討論上丁釋奠、皇太子入學之儀。帝曰：「禮記文王世子篇載太子入學事甚詳。」梁克家曰：「入學以齒，則知父子、君臣、長幼之道，古人所以教世子如此。」虞允文曰：「此事備於禮經，後世罕舉行者。」帝曰：「可令有司討論以聞。」

7丙申，金以水旱免中都、西京、南京、河北、河東、山西、陝西去年租稅。

8二月，壬寅，金主召諸王府長史諭之曰：「朕選汝等，正欲勸導諸王，使之爲善。如諸王所爲有所未善，當力陳之；倘或不從，則具每日行事以奏。若阿附不言，朕惟汝罪也。」

9乙巳，詔曰：「朕惟帝王之世，輔弼之臣，其名雖殊，而相之實一也。厥後位號定於漢，而稱謂汩於唐，以僕臣而長百僚，朕所不取。且丞相者，道揆之任也，三省者，法守所自出也。今舍其大而舉其細，豈責實之議乎！肆朕稽古，釐而正之，蓋名正則言順，言順則事成，爲政之先務也。其改尚書左·右僕射、同中書門下平章事爲左·右丞相。」

10己酉，詔以判太史局李繼宗供奉德壽宮，應轉三官，許回授其子安國補太史局保章正，充曆算科。臣僚言：「保章從八品，與宣義、承忠郎等，使其精於曆算，雖特命之可也，用其父之回授則不可。雖曰以三官易一命，若異時羣臣近習有不知事體、不顧廉恥，皆乞用此例，陛下何以拒之？」遂寢其命。

11庚戌，金主如順州春水。

12辛亥，以虞允文爲左丞相，梁克家爲右丞相，並兼樞密使。尋詔：「已正丞相之名，其侍中、中書令、尚書令，尚存虛名，雜壓可删去，以左右丞相充其位。」

13癸丑，以安遠(慶)軍節度使張說、吏部侍郎王之奇並簽書樞密院事。

時張栻已出知袁州，侍御史李衡，右正言王希呂，論說不可執政；禮部侍郎兼直學士院周必大，不草答詔；給事中莫濟，封還錄黃。帝令翰林學士王曮草制，給事中姚憲書行，必大、濟並與外宮觀。旋以希呂合黨邀名，責遠小監當；衡言稍婉，左遷起居郎。都人作四賢詩以紀之。【考異】宋史紀寘王希呂在丙辰，罷李衡在丁巳，今從佞倖傳〔傳〕連書之。未幾，囑擢學士承旨，憲賜出身爲諫議大夫。於是說勢赫然，無敢攖之者。

著作佐郎趙汝愚不往見說，乞祠，不報。會其祖母卒，不俟報，即日歸省父，因自劾。帝不罪，就除知信州。

14 是日，金主還都。

15 金主詔曰：「自今官長不法，其僚佐不能糾正，又不言上者，並坐之。」戶部尚書高德基濫支朝官俸四十萬貫，杖八十。

16 丙寅，戶部尚書曾懷，賜出身，參知政事。

17 三月，己巳朔，主管馬軍司公事李顯忠，請兌換民田充都教場，有司以民間不願，請每畝支錢五貫文收買。帝曰：「馬官諸軍，皆未有教場否？」虞允文曰：「雖有之，但未有都教場以備合教。」帝曰：「建康管軍馬，自有大教場，每遇合教，可以時暫教閱。」允文曰：「聖意殆不欲取民田耳。」帝曰：「然。」

18 乙亥，金詔尚書省：「贓汚之官，已被廉問，若仍舊職，必復害民，其遣使諸道，即日罷之。」

19 丁丑，金遣宿直將軍烏庫哩舊作烏古論，今改。思列册封王晧爲高麗國王。

20壬午，帝念及邊備，謂虞允文曰：「士大夫難得任事之人。」允文曰：「承平時，前輩名臣如范仲淹、韓琦等在邊，尙猶難之。」帝曰：「當時戰多失利，蓋由未甚知兵。」允文曰：「非不知兵，但不教之兵難以禦敵。」帝曰：「西夏小邦，當時亦自枝梧不及，所以馴致丙午之恥。朕今孜孜不倦，期與卿等共雪之。今聞金人上驕下惰，朕所以日夕磨厲，必欲令今日我之師徒如昔日金人之兵勢，蓋思反之也。」

21壬辰，宰執請點檢諸軍戰船，帝曰：「舟楫正是我之所長，豈可置而不問！鄂州、荆南、江州，可令姜詵前去，池州以下，委葉衡具數奏聞。」

22癸巳，金以前西北路招討使伊喇舊作移剌，今改。道爲參知政事。

23丙申，詳定一司敕定所奏修正三公、三少法，太師、太傅、太保爲三公，左、右丞相爲宰相，少師、少傅、少保爲三少，詔從之。

24丁酉，金北京曹貴等謀反，伏誅。

25夏，四月，庚子，賜禮部進士黃定等三百八十九人及第、出身。

26癸卯，金尙書右丞孟浩罷，爲眞定尹。金主曰：「卿年雖老，精神不衰，善治軍民，毋遽言退。」以通犀帶賜之。

27丙午，進呈宰臣制國用事，帝曰：「官制已定，丞相事無不統，所有兼制國用，更不入銜。」

28己酉，殿中侍御史蕭之敏，劾虞允文擅權不公，允文請罷政，許之。翌日，帝過德壽宮，上皇曰：「采石之戰，之敏在何處？毋聽允文去。」遂復留。出之敏提點江東刑獄。

29甲寅，戶部侍郎楊倓言：「義倉，在法夏、秋正稅，每一斗別納五合，即正稅不及一斗免納，應豐熟一縣九分已上，即納一升，惟充賑給，不許他用。今諸路州縣常平義倉米斛不少，間有災傷去處，支給不多，皆是擅行侵用。請下諸路常平官，限半月委逐州主管官，取索五年的實收支數目，逐年有無災傷檢放及取給過若干，見在之數實計若干，目今在甚處樁管，申部稽攷。」從之。

30丁巳，金西北路納哈塔齊錦舊作納合七斤，今改。謀反，伏誅。

31己未，宣示賜新進士御書益稷篇。梁克家言：「益稷首載治水播奏艱食，末載君臣更相訓飭之意。學者因宸翰以味經旨，必知古人用心矣。」帝曰：「如所載『無若丹朱傲』等語，見古者君臣儆戒之深。」允文曰：「舜與皋陶賡歌之詞，舜則曰『股肱喜，元首起』，皋陶則曰『元首明，股肱良』，又繼以『元首叢脞，股肱惰』之語，君臣之間，相稱譽，相警戒，自有次序如此，所以能致無爲之治。」帝曰：「然。此篇首言民之粒食，則知務農爲治之本。至于告臣隣之言，則曰『庶頑讒說，若不在時，侯以明之，撻以記之』，又曰『格則承之，庸之，否則威之』，是古聖人待天下之人，未嘗不先之以教，及其不格，則必以刑威之。今爲書生者，多事虛文而忽茲二事，是未究古聖人之用心也。」

32 癸亥，金以久旱，命禱祀山川。詔宰臣曰：「諸府少尹多闕員，當選進士，雖資敍未及而有政聲者，皆擢用之。」

33 臣僚言：「役法之均，其法莫若限民田，自十頃以上至於二十頃，則爲下農；自二十一頃以上至於四十頃，則爲中農；自四十一頃以上至於六十頃，則爲上農。上農可使三役，中農二役，下農一役。其嘗有萬頃者，則使其子孫分析之時，必以三農之數爲限。其或詭名挾戶，而在三農限田之外者，許人首告，而沒田於官。磨以歲月，不惟天下無不均之役，亦且無不均之民矣。」

34 乙丑，金大名尹荆王文，以贓罪奪爵，降授德州防禦使，僚佐皆坐不矯正解職。文，宗望之子，京之弟也。

35 丙寅，金右丞相赫舍哩（舊作紇石烈。）志寧薨，謚武定。金主嘗宴羣臣於太子宮，顧志寧謂太子曰：「天下無事，吾父子今日相樂，皆此人力也。」及歿，甚悼惜之，曰：「志寧臨敵，身先士卒，勇敢之氣，自太師梁王後，未有如此人也。」

36 五月，己巳，提點江東刑獄蕭之敏乞祠，帝不允。

虞允文言：「前日之敏言臣，是其職事。臣雖不知其所論，竊自揣度，罪無可疑者。既蒙聖恩，復令暫留，如之敏之端方，願召歸舊班，以闢敢言之路。」帝曰：「今以監司處之，亦自甚優。」顧曾懷曰：「丞相之言甚寬厚，可書之時政記。」

37 癸酉，金主如百花川。

38 甲戌，金命賑山東路饑。

39 丁丑，金主次準居，（舊作阻居。）久旱而雨。

40 戊寅，金主觀稼，禁扈從蹂踐民田，禁百官及承應人不得服純黃油衣。

41 癸未，金主謂宰臣曰：「朕每次舍，凡秣馬之具，皆假於民間，多亡失，不還其主，此彈壓官不職，可擇人代之。所過卽令詢問，但亡失民間什物，並償其直。」

42 乙酉，金給西北路人戶牛。

43 戊戌，詔福建鹽行鈔法，從轉運陳峴之請也。仍支借十萬貫作本。

知福州陳俊卿移書宰執曰：「福建鹽法與淮、浙不同。蓋淮、浙之鹽，行八九路、八十餘州，地廣數千里，故其利甚博。福建八州，惟汀、邵、劍、建四州可售，而地狹人貧，土無重貨，非可以他路比也。今欲改行鈔法，已奪州縣歲計，又欲嚴禁私販，必虧稅務常額；而貧民無業，又將起而爲盜。夫州縣闕用，則必橫斂農民；稅務旣虧常額，則必重征商旅。盜賊既起，則未知所增三十萬緡之入，其足以償調兵之費否也！將來官鈔或滯不行，則必科下州縣；州縣無策，必至抑配民戶。本以利民而反擾之，恐皆非變法之本意也。」當時不能用，然鈔法果不行。

44 丙申，立宗室銓試法。

45 六月，庚子，以武德郎令擡爲金州觀察使，封安定郡王。

46 辛丑，帝曰：「雨止，歲事有望。」虞允文曰：「麥已食新，米價日減。」帝曰：「今歲再得一稔，想見粒米狼戾，更得一二年，便有三年之蓄。仍須嚴切戒約，只置場和糴，聽百姓情願入中，不得纖毫科擾。」

47 壬寅，蠲兩淮歸正人撮收課子。淮東巡尉有縱逸歸正戶口過淮者，奪官有差。

48 國子司業劉焞，嘗移書宰相，言張說不當用，出爲江西轉運判官。朝辭，論州縣窮空無備及當今利害，帝曰：「江西旱荒之餘，州縣亦是無備，亦多由官吏非其人。」旋命賑江西饑。

49 丙午，傅自強言父察遇害於燕山，乞賜謚，特賜謚忠肅。

50 甲寅，金主如金蓮川。

51 秋，七月，己巳，臣僚言：「祖宗馬政，茶馬司並專用茶、錦、絹博易，蕃、漢皆便，近茶馬司專用銀幣，甚非立法之意。況茶爲外界必用之物，銀寶多出外界，甚非中國之利。」詔四川宣撫司參舊法措置。

52 癸未，以曾覿爲武泰軍節度使。

53 庚寅，知光州滕瑞奏：「遇天申聖節，臣自書『聖壽萬歲』四字，約二丈餘，兼造三棚，高三丈餘，凡用絹五十四，標背投進。」帝曰：「滕瑞不修郡政，以此獻諛，特降一官。」

54 是月，知廬州趙善俊言：「朝廷頃者分兵屯田，其不可者有三。臣謂罷屯田有三利：習熟戰陣之兵，得歸行伍，日從事於教閱，一利也。無張官置吏，坐以槩（糜）稍，無買牛散種以費官物，二利也。屯田之田，悉皆膏腴，牛具屋廬，無一不具，以資歸正人，使之安居，三利也。」詔：「廬州見屯田官兵並行廢罷，其田畝牛具，令趙善俊盡數拘收，給付歸正人請佃及募人租種。」

55 金罷保安、蘭安榷場。金主謂宰相曰：「夏國以珠玉易我絲帛，是以無用易我有用也。」命罷之。

56 八月，庚子，度支朱儋言：「經總制錢，頃自諸州通判專收，歲入至一千七百二十五萬緡，繼命知州、通判同掌，而歲虧二百三十萬緡。故向者版曹奏請專屬通判，其後又因臣僚乞委守臣，於是有知、通同共拘催分授酬賞之制。夫州郡錢物，常患爲守者侵欺，經制錢分隸之數，而多收係省以供妄費，今使知、通同掌，則通判愈不得而誰何。請仍舊委之通判而守臣不預。」從之。既而戶部尙書楊倓言：「若令通判拘催，恐守臣不能協力。宜照乾道二年指揮，令知、通同共任責分賞。」從之。

57辛丑，臣僚言：「州縣被差執役者，率中下之戶，產業微薄，一爲保正，鮮不破家。昔之所管者，不過煙火、盜賊而已，今乃至於承文引，督租賦焉；昔之所勞者，不過橋梁、道路而已，今乃至於備修造，供役使焉。方其始參也，饋諸吏則謂之『辭役錢』，知縣迎送僦夫腳則謂之『地理錢』，節朔參贊則謂之『節料錢』，官員下鄉則謂之『過都錢』，月認醋額則謂之『醋息錢』。復有所謂『承差人』，專一承受差使，又有所謂『傳帖人』，各在諸廳白直，實不曾承傳文帖，亦令就顧而占破。望申嚴州縣，今後如敢令保正、副出備上件名色錢物，官員坐以贓私，公吏重行決配。如充役之家不願親身祗應，止許顧承差人一名，餘所謂傳帖之類並罷。」從之。

58壬子，浙東提舉鄭良嗣，言收糴常平尙少錢五萬三千二十餘貫，詔禮部紐計度牒給降。

59乙卯，帝謂輔臣曰：「昨因檢唐書李吉甫傳，見栖筠爲常州刺史，値荐饑，浚渠，厮流江，境內遂豐稔。不知流江遠近，可令浙漕及常州攷求古迹以聞。」

60癸亥，兵部侍郎黃鈞，論知人善任使，當察其人而取之，量其材而用之，帝曰：「朕以無心處之。無心則明，無心則不偏，無心則無私。」

61甲子，著作佐郎丁時發，言人君須平日奉天，得天助然後可以立大事，帝曰：「朕日夜念此，所謂『某之禱久矣』。」時發言近日多竭民力以事不急，陛下當卹民以固本，帝曰：「朕非特圖建功業，如漢文獨天下租賦事，亦欲次第行之。」

62是月，四川水災，命賑之。

63九月，戊辰，定江西四監鐵錢額，每歲共鑄三十萬貫，江州廣寧監、興國軍富民監各十萬貫，臨江軍豐餘監、撫州裕國監各五萬貫。

64壬申，帝曰：「近時民俗，多尚奢侈，纔遇豐年，稍遂從容，則華飾門戶，鮮麗衣服，促婚嫁，厚裝奩，惟恐奢華之不至，甚非所宜。今年豐登，欲使民間各務儲積，仍趣時廣種二麥，以備水旱之用。」

65乙亥，詔王炎赴都堂治事。

66丙子，金主還都。

67初，帝命選諫官，虞允文以李彥穎、林光朝、王質對，三人皆鯁亮，有文學，爲時所推重；帝不報，而用曾覿所薦者。允文、梁克家爭之，不從，允文力求去。戊寅，以允文爲少保、武安軍節度使、四川宣撫使，封雍國公。

68丁亥，金鄜州李方等謀反，伏誅。

69己丑，賜虞允文家廟祭器。

允文入辭，帝諭以進取之方，刻日會師河南。允文言異時或內外不甚應，帝曰：「若西師出而朕遲回，卽朕負卿；若朕已動而卿遲回，卽卿負朕。」帝用李綱故事，御正衙，酌巵酒賜之；卽殿門乘馬持節而出。

70冬，十月，丙辰，罷借諸路職田。

71十一月，辛未，遣官鬻江、浙、福建、二廣、湖南分路官田。

72甲戌，金主謂宰相曰：「宗室中有不任官事者，若不加恩澤，於親親之道有所未廣。朕欲授以散官，量予廩祿，未知前代何如？」左丞石琚曰：「陶唐之親九族，周家之內睦九族，見於詩、書，皆帝王美事也。」

73臣僚言：「在法，光祿大夫、節度使已上，旣合定謚，議於太常，覆於考功，苟其人行應謚法而下無異詞，則以上於朝廷而行焉。紹興間，以守臣捍禦，臨難不屈，死節昭著，而其官品或未該定謚，于是有特許賜謚指揮，故以定謚者給敕而以賜謚者給告。近來請謚之家，卻有官品合該定謚，茲緣紹興指揮，輒經朝廷陳乞賜謚，不議於太常，不覆於考功，獨舍人命詞行下。是太常、考功二職俱廢，而美謚乃可以幸得，此則法令之相戾者也。大凡命詞給告，皆三省官奉制宣行，列名於其後。今特恩賜謚，禮命優重，冠王言於其首，而宰相、參政、給、舍並不入銜，獨吏部長、貳、考功郎官於後押字，殊不類告，甚非所以尊王命，嚴國家也。況舍人掌詞命之官，猶不入銜，賜謚初不議於功考〔考功〕，乃亦押字，理有未安，此則制度之可疑者也。請今後定謚、賜謚，一遵舊典；至於告命之制，亦乞令禮官、詞臣攷尋舊章詳議。」續中書後省、禮部、太常寺議上：「今後若有官品合該定謚，即仰其家經朝廷陳乞，下有司遵依定謚條法議謚，給敕施行。如係守臣守禦，臨難不屈，死節昭著，并應得蘊德丘園，聲聞顯著條法指揮陳乞賜謚之人，或奉特旨賜謚者，即依紹興三年指揮，命詞給告施行。」從之。

74 十二月，乙未朔，金命大理少卿張九思赴濟南鞫獄。濟南尹劉萼，彥宗之子也，先爲定武軍節度使，淫縱無行，所至貪墨狼籍，廉使劾之，故遣九思就鞫。萼既就逮，不測所以，引刃自刺，不死。詔削官一階，罷歸田里，尋卒。

75 丁酉，金遣官及護衛二十人，分路選年二十以上、四十以下，有門地才行及善射者充護衞，不得過百人。

76 金冀州王瓊等謀反，伏誅。

77 戊戌，蠲兩淮明年租賦。

78 辛丑，金出宮女二十餘人。

79 甲辰，詔：「京西招集歸正人，授田如兩淮。」

80 己酉，金樞密副使尹（伊）喇（舊作移剌，今改。）成罷。

81 辛亥，金詔：「金銀坑冶，聽民開采，毋得收稅。」

82 金禁審錄官以宴飲廢公務。

83 癸丑，金以殿前都點檢圖克坦（舊作徒單，今改。）克寧爲樞密副使，兼知大興府事。

84 甲寅，命四川試武舉。

85 己未，金詔：「自今除名人子孫，有在仕者，並取奏裁。」

86 是月，金德州防禦使文，以謀反伏誅。

文既失職，居常怏怏，日與家奴舒穆嚕（舊作石抹，今改。）哈珠（舊作合住，今改。）爲怨言。哈珠揣知其意，因言：「南京路明安（舊作猛安。）阿庫哈珠、（舊作阿古合住。）穆昆（舊作謀克。）尼楚赫（舊作銀朮可，今改。）與大王厚善，果欲舉大事，彼皆願從。」文信其言，乃召日者康洪占休咎，密以謀告洪。洪言來歲甚吉，文厚謝洪。使家僮剛格（舊作剛哥，今改。）以書幣往南京約阿庫等，剛格見阿庫等，不言其本來之事，還，紿文曰：「阿庫從大王矣。」文乃造兵仗，畫陣圖，爲反計。

家奴重喜詣河北東路上變。遣人至德州捕文，文夜與哈珠等亡去。金主謂宰臣曰：「海陵翦滅宗室殆盡，朕念太祖子孫，存者無幾，曲爲寬假，而文曾不知幸，尚懷異圖，何狂悖如此！其督所在捕之。」文亡命凡四月，至是被獲，伏誅；康洪論死，餘皆坐如律。釋文妻，以其家財賜文兄子耀珠。（舊作歐住。）下詔曰：「德州防禦使文、北京曹貴、鄜州曹（李）方皆因術士妄談祿命，陷於大戮。凡術士多務苟得，肆爲異說。自今宗室、宗女有屬籍者及官職三品以上，除占問嫁娶、修造、葬事，不得推算祿命；違者徒三年，重者從重治之。」

87 金尚書省奏言：「河移故道，水東南行，其勢甚大。可自河陰、廣武山循河而東，至原武、陽武、東明等縣，孟、衞等州，增築堤岸。」從之。

88 是歲，劉珙免喪，復除湖南，過闕，言曰：「人君能得天下之心，然後可以立天下之事；能循天下之理，然後可以得天下之心。然非至誠虛己，兼聽並觀，在我者空洞清明而無一毫物欲之蔽，亦未有能循天下之理者也。」因引其意以傅時事，言甚切至。帝加勞再三。

乾道九年 金大定十三年。（癸巳、一一七三）

1 春，正月，辛未，簽書樞密院事王之奇罷，爲淮南安撫使。

2 癸酉，金尚書省言南客車俊等因榷場貿易誤犯邊界，罪當死，金主曰：「本非故意，可免罪發還，無令本國知之，恐復治其罪。」

3 乙亥，以張說同知樞密院，戶部侍郎沈夏簽書樞密院事。

4 辛巳，以刑部尚書鄭聞簽書樞密院事。【考異】宋史本紀作戊寅，今從宰輔表。

5 壬午，詔曰：「夫部刺史之官，所以周行郡國，頒宣風化，總方略而一統類者也。今則不然。守土之官出於其部，監司之任，最爲近而易察者也，而求其淩厲風節，建立事功，疾惡如讎，奉公不撓者，蓋僅僅而有焉。甚則朋比苟且，訖無舉奏。民瘼不聞於上，上意不孚於下，朕何望焉！繼自今，其悉乃心，毋冒於憲。凡在厥位，明體朕懷。」

6 己丑，樞密使王炎罷，爲觀文殿大學士、提舉洞霄宮。【考異】宋史本紀作辛未，與王之奇同日，今從宰輔表。

7 是月，中書門下省言：「福建鹽自來止是州軍分立綱數，自行般運出賣以辦歲計，近改爲鈔法，聽從客販州郡緣住般賣，卻致支用不足，切慮數擾以爲民害。」詔：「罷鈔法。諸州、軍綱鹽，並依舊分撥，官般官賣。所有本司元借本錢一十萬貫，并已賣到鈔面錢一十九萬貫，并續賣鈔面錢，並拘收，赴左藏庫交納。」

8 起居舍人留正言：「所修記注，自紹興十五年以後，多有未修月分，久之文字散失，所得疎略，愈難修纂。請令二史將承受諸處關牒、施行政事并臣下所得聖語，隨月編纂。仍將紹興十五年以後未修月分，併修一月，並於次月上旬送付史官。」從之。

9 閏月，丁酉，鄂州都統制吳挺，奏前任秦琪冒請馬料及朝廷降錢修造軍器，皆不堅利，所降錢琪輒營運自私，今已立式製造。帝曰：「軍器不葺，錢乃自私，秦琪不可不治。」行下吳挺定罪。

10己亥，馬軍司請陞統領官張遇爲統制，梁克家等言張遇比赴都堂審察，見其人衰老庸謬，帝曰：「統制官不可苟任，異時大帥皆於此選。使其有謀，老固無害；老且謬則無所用矣。」

11庚子，樞密院言諸州軍揀發禁兵，分番赴忠銳軍教閱，衣甲、軍器不備，請行下州軍增葺，梁克家曰：「非特諸州爲然，近吳挺所申鄂州軍亦如此。恐三衙江上諸軍，軍器亦壞，理合點檢。」帝曰：「須不時閱視，則無得而隱。」克家曰：「步司統制官王世雄，交割之初，見甲皮多斷爛，弓弩脫壞，常與臣等言之。」帝曰：「此世雄能留意職事也。」

12庚申，以久雨，命大理、三衙、臨安府及兩浙州縣決繫囚，減雜犯死罪一等，杖以下釋之。

13壬子，金主詔太子詹事曰：「東宮官屬，尤當選用正人；如行檢不修及不稱職者，具以名聞。」

14乙卯，修廬州城。

15丁巳，進呈赦令所條目。元旦，皇帝御大慶殿受賀。其奏祥瑞表并讀表者，差執政官；其奏雲物祥瑞請付史館者，差本職官。帝曰：「此皆文具，不須立法，可盡删去。」梁克家曰：

「聖世不言祥瑞，眞盛德事。」

16戊午，太子詹事李彥穎奏：「皇太子在東宮，惟講學足以增益見聞，養成道德。臣自庚寅歲入侍王邸，以及升儲，既更四載，纔講尙書終篇。今始進講周易，非三四年不能竟一經。眞宗皇帝在東宮，日講尙書至七八徧，禮記等書亦皆數四。祖宗之聖，雖得於生知，亦講學不倦，是以聖而亦〔益〕聖。今宮僚粗備，得遇上堂，除講讀官外，餘官不過陪侍坐席，須臾而退。請以庶子或諭德一員兼講官，於春秋、二禮，令添講一經。」詔令庶子、諭德輪講禮記。

17辛酉，幸玉津園宴射。

18金洛陽縣賊聚衆攻盧氏縣，殺縣令李應才，亡入南界。

19二月，己巳，帝曰：「前日內閱忠銳軍，射藝可觀。此本諸州烏合士卒，訓練有方，遂成紀律。主兵官當議推賞。」

20乙亥，青羌努爾吉舊作奴兒結，今改。寇安靜砦，推官黎商老戰死，夔州轉運判官趙不恴攝制帥以討之。

努爾吉，吐蕃之種也，時遣其首領率數千人入漢地二百餘里，成都大震。不恴靜以鎭之，召僚屬飲，夜，遣步將領飛軍徑赴沈黎，又徙綿州兵戍邛州爲援，戒之曰：「堅守不出，密檄諸蕃部，生獲吐蕃一人賞十縑，殺一人二縑。」於是邛部川諸部落大破吐蕃於漢源，殺其首領，凡十六日而平。不悳，嗣濮王宗暉曾孫也，居官所至有聲。每宴宮中，帝必顧太子曰：「此賢宗室也。」

21 戊寅，宰執奏事，因論及古之朋黨，帝曰：「朕嘗思之，朋黨不能破，不必問其人，但是是非非，惟理之所在而已。」

22 丁亥，特贈蘇軾爲太師。

23 三月，甲午，禁北界博易銀絹。

24 乙巳，侍御史蘇嶠言：「廣南提舉官廖容劄子：『廣州都鹽倉，有積存鹽本銀計錢十一萬有餘。又點檢得本路諸州府逐年拘催常平諸色寬剩錢五萬貫，欲行起發，助朝廷經費，』得旨『赴南庫送納』。陛下卽位以來，屢卻羨餘之獻，故近年監司、州縣稍知遵守，此盛德之事。而小人急於自進，時以一二嘗試朝廷。自乾道七年，提舉官張潭獻錢二十萬貫，以此特轉一官，不及期年，擢廣西運判。廖容實繼其後，故到官未幾，便爲此舉。聞此錢並係鹽本錢，潭到任時有三四十萬緡，皆是前官累政儲積，潭取其半以獻。今容獻十一萬緡，已是竭澤，所餘無幾，後人何以爲繼！異時課額不登，誰任其咎！望卻而不受，卽以此錢付之本司，依舊充鹽本。內常平寬剩錢，亦乞樁留本路，爲水旱賑貸之備。」詔從之。

25丙辰，給事中林機，經筵講禹貢畢，言：「孔子謂『禹非飲食而致孝乎鬼神，惡衣服而致美乎黻冕，卑宮室而盡力乎溝洫』，言其克勤于邦，克儉于家者如此。觀禹貢立爲經常之制，亦其勤儉之德有以先之。故此篇之末，言『咸則三壤，成賦中邦』，而繼之以『祗台德先，不距朕行』，蓋有深意。後世之君，窮奢極侈，若漢武帝，常賦之外至於算及緡錢、舟車，所宜深戒，常以大禹勤儉之德爲懷，治效不難到也。」帝曰：「人主苟有貪心，何所不至！」

26乙卯，金主謂宰臣曰：「會寧乃國家興王之地，自海陵遷都，永安女直人寖志（忘）舊風。朕及見女直風俗，迄今不忘。今之燕飲、音樂，皆習漢風，蓋以備禮也，非朕心所好。東宮不知女直風俗，第以朕故尙存之；恐異時一變此風，非長久之計。甚欲一至會寧，使子孫一見舊俗，庶幾習效之。」

27金太子詹事劉仲晦請增東宮牧人及張設，金主曰：「東宮諸司局人，自有常數，張設已具，尙何增益！太子生於富貴，惟當導以淳儉。朕自卽位以來，服御器物，往往仍舊。卿以此意諭之。」

28是春，以王楫、李大正並爲提點坑冶鑄錢，於饒、贛州置司，江東、淮南、兩浙、潼川、利州路分隸饒州司，江西、湖廣、福建分隸贛州司。除潼川府隸路坑冶銅寶係逐路轉運司拘催發納鑄錢司外，依舊以江、淮、荊、浙、福建、廣南路提點坑冶鑄錢司爲名。兩司行移，連銜按察。

29 夏，四月，己巳，金制：「出繼子所繼財產不及本家者，以所繼與本家財產通數均分。」

30 庚午，帝諭曰：「忠武軍已內教，人材少壯，不減殿前司諸軍，武藝亦習熟。」梁克家曰：「人無南北，惟教習而用之如何耳。」帝曰：「然。」

31 金主御睿思殿，命歌者歌女直詞，顧謂太子及諸王曰：「朕思先朝所行之事，未嘗暫忘，故時聽此詞，亦欲令汝輩知之。汝輩自幼惟習漢俗，不知女直純實之風，至于文字語言或不通曉，是忘本也。汝輩當體朕意，至于子孫，亦當遵朕教誡也。」

32 乙丑，起居舍人趙粹中言：「祖宗盛時，儲養邊帥之才，所以料敵制勝，罕有敗闕。請詔宰執、侍從，歲舉可充帥任者各一人，被舉者赴都堂審察。如委可任，籍姓名聞奏，差充邊方帥司及都統司屬官或倅貳以儲其材，候任滿，或陞之機幕謀議，入爲寺、監、郎曹，出爲監司、邊郡，俾之習熟邊圉利害。他時邊帥有闕，即於數內選擢。其資歷稍高，入爲卿、監、侍從，遇有邊事，以備詢訪，如祖宗時。仍請嚴詔丁寧，詳擇其人，勿徇私請；如有顯效，亦當推薦賢之賞。如此，十年之後，帥臣不勝用矣。」帝曰：「帥臣自是難得，卿此論甚允。若然，則不待十年，得人多矣。」

33 五月，壬辰朔，日有食之。

34 癸巳，龔茂良言馬驛利害，并及買象事，梁克家等曰：「樞密院見差使臣趙璧往邕州催買。」帝曰：「郊祀大禮，初不繫此。其差去使臣可喚回。」

35 戊戌，金禁女直人毋得譯爲漢姓。

36 壬寅，金眞定尹孟浩卒。

37 甲辰，金尙書省奏鄧州民范三毆殺人當死，而親老無侍，金主曰：「在醜不爭謂之孝，孝然後能養。斯人以一朝之忿忘其身，而有事親之心乎！可論如法。其親，官與養濟。」

38 己未，左迪功郎朱熹辭免召命，乞差岳廟，梁克家言朱熹博學有守，而安於靜退，屢召不起，執政俱稱之。或曰：「熹學問淹該，但泥於所守，差少通耳。」帝曰：「士大夫雖該博，然亦須諳練疏通。如朕在潛邸，但知讀書爲文。及即位以來，今十有餘年，諳歷物情世故，豈止讀書爲文，須有用乃可耳。朱熹今以疾辭，然安貧樂道，廉退可嘉。特改宣教郎、主管台州崇道觀。」熹以求退得進，於義未安，再辭；踰年，乃拜命。

39 是月，皇太子免尹臨安。【考異】宋史本紀載在四月，今從聖政草。

40 洪、吉等郡水災，命賑之。

41 六月，己巳，臣僚言：「近年州郡例皆窮匱，不能支吾。言其凋弊之因，有揀汰之軍士，有添差之冗員，有指價和糴米之備償，有綱運水腳錢之縻〔糜〕費，有打造歲計之鐵甲，有拋買非泛之軍器，有建造寨屋之陪貼，有收買竹木之科敷，有起發揀中廂禁上軍、弓手之用度，有教閱民兵、保甲之支費；郵傳交馳，使者旁午，是皆州郡之蠹，所以致闕乏之繇也。陛下灼見其弊，已除去七八。惟是揀汰軍人并離軍人及歸正添差不釐務，州郡甚以爲苦，日增月添，無有窮已，則賦入有限而增添之費無窮。請特降指揮，下吏、兵部、三衙、在外諸軍都統、總領司，凡揀汰軍人并離軍使臣諸色添差不釐務人，各相照應，自來立定人數員缺，不得過數差注分撥，令共理之臣得以留意收養。」詔從之。

42 詔：「令諸路監司、郡守，不得非法聚斂，並緣申請，妄進羨餘，違者重置典憲。」

43 是月，置蘄州、蘄春鐵錢監，歲以十萬貫爲額，仍減舒州同安監歲額一十萬貫。

44 金樞密使完顏思敬卒。金主輟朝，親臨喪，哭之慟，曰：「舊臣也。」賻贈加厚，葬禮悉從官給。

45 秋，七月，庚子，金復以會寧府爲上京。

46 庚戌，金罷歲課雉尾。

47 八月，丁卯，金以判大興尹趙王永中爲樞密使。

48 金明安、穆昆舉賢能者，金主命賞之。

49 癸酉，內批龍雲、陳師亮添差，梁克家等言於指揮有礙，帝嘉其守法，因曰：「僥倖之門，蓋在上者多自啓之，故人生覬覦心。漢晝一之法，貴在能守。」

50丙子，臣僚言江西連歲荒旱，不能預興水利爲之備，乃降詔曰：「朕惟旱乾、水溢之災，堯、湯盛時有不能免，民未告病者，備先具也。豫章諸郡，但阡陌近水者，苗秀而實；高仰之地，雨不時至，苗輒就槁。意水利不修，失所以爲旱備乎？今諸道名山，川源甚衆，民未知其利。然則通溝瀆，瀦陂澤，監司、守令顧非其職歟？其爲朕相丘陵原隰之宜，勉農桑，盡地利，平繇行水，勿使失時，朕將卽勤惰而寓賞罰。」

51己卯，金御史大夫璋罷。

52癸未，合荆、鄂二軍爲一，以吳挺充都統制。

53九月，丙申，梁克家等上中興會要、太上皇及皇帝玉牒。

54庚子，命盱眙軍以受書禮移牒泗州，示金生辰使，金使不從。

55辛亥，金主還都。大名府僧李智究等謀反，伏誅。

56冬，十月，臣僚言：「浙東諸郡旱傷，如溫、台二州，自來每遇不稔，全賴轉海般運浙西米斛，粗能贍給。聞浙西平江、秀州邊海諸縣不令放出，於荒歉之處爲害甚大，請嚴禁遏糴。」從之。

57辛未，右丞相梁克家罷。克家時獨相，貴戚權幸，不少假借，而外濟以和。以與張說議使事不合，遂求去，乃罷爲觀文殿大學士、知建寧府。

58甲戌，以曾懷爲右丞相，鄭聞參知政事，張說知樞密院事，沈夏同知院事。

59丙子，金以前南京留守唐古（舊作唐括。）安禮爲尙書右丞。

時以南路女直戶頗有貧者，議簽漢戶入軍籍，金主嘗以問安禮曰：「於卿意如何？」安禮對曰：「明安人與漢戶今皆一家，彼耕此種，皆是國人。卽日簽軍，恐妨農作。」金主責之曰：「朕謂卿有知識，每事專效漢人。若無事之時，可移農作，度宋人之意，且起爭端。國家有事，農作奚暇！卿習漢字，讀詩、書，姑置此以講本朝之法。前日宰臣皆女直拜，卿獨漢人拜，是耶非耶？所謂一家者，皆一類也。女直、漢人，其實則二。朕卽位東京，契丹、漢人皆不往，惟女直人偕來，此可謂一類乎？」又曰：「朕夙夜思念，使太祖功業不墜，傳及萬世，當使女直人不困。卿等悉之！」

60乙酉，臣僚言：「州郡水旱，往往諱言，雖有陳奏，未必能盡其實。遂至下之疾苦壅於上聞，上之德意抑於下究。蓋諱言水旱者，慮朝廷罪其失政也；不盡其實者，慮州用之闕而不繼也。屬縣申請，至於取問者有之，必欲其不問而後已；民間告訴，抑令伏熟者有之，必欲其無所陳而後已。欺天罔上，其罪可勝言哉！望申嚴行下，凡有旱傷，必須從實檢放，不得亂有沮抑，致奸和氣。仍乞令逐路常平提舉官躬親巡歷，同帥漕之臣覺察按劾以聞。庶幾民被實惠。」詔從之。

61丁亥，金使完顏襄等來賀會慶節，別函申議受書之禮。仍示虞允文，速爲邊備。

62十一月，【考異】全文載是月庚寅朔，日有食之，而金、宋二史俱不書。按是年五月壬辰朔日食，次年十一月甲申朔日食，則連歲三食也。文獻通考於乾道九年止書五月，而不言十一月日食，今從之。辛卯，詔樞密院：「除授及財賦，事關中書、門下省，其邊機軍政，更不錄送。」

63金主謂宰臣曰：「外路正五品職事多闕員，何也？」太尉李石曰：「資考少有及者。」金主曰：「苟有賢能，當不次用之。」

64戊戌，合祀天地於圜丘，大赦。改明年爲淳熙元年。

65辛亥，臣僚言：「今歲旱傷，非特浙東被害，如江西諸州，例皆闕雨，禾稻不收，而贛、吉二州尤甚。江東之太平、廣德，淮西之無爲軍、和州，多是先被水患，繼之以旱。其間州郡，或有諱言境內災傷，不卽申陳，致失檢放條限；或有雖曾申聞，指(措)置賑濟事件，朝廷未與行下。救荒之政，譬如拯溺救焚，勢不可緩，今欲從朝廷專委逐路提舉官躬親巡歷，如委係失收，不曾檢放或檢放不實者，仰將今年苗米依合減分數，權行停閣，令候來年秋熟帶納。其有和糴米斛、拋降馬料及諸色科買，並權與住罷一年。應合賑糶、賑濟者，許提舉官將一路見管常平義倉米通融撥借應副。其有諸州已條畫到措置賑濟事件，朝廷速降指揮。庶幾官吏使可奉行，百姓早被實惠。」詔從之。

66 壬子，金吏部尚書梁肅請禁奴婢服羅綺，金主曰：「近已禁其服明金，行之以漸可也。且教化之行，當自貴近始。朕宮中服御常自節約，卿等宜更從儉素，使民知所效也。」

67 漢州什邡縣楊村進士陳敏政家，特賜旌表門閭。自敏政高祖母王氏遺訓，至今五世同居，並以孝友信義著。王氏年十八歸於陳，歲餘夫卒，守志不嫁，事舅姑甚孝，教子孫篤學有聞。本州以事來上，故有是命。

68 十二月，乙（己）未朔，戒飭沿邊諸軍，毋輒遣間諜，招納叛亡。

69 甲子，同知樞密使沈夏罷。乙丑，以御史中丞姚憲簽書樞密院事。

70 癸酉，廣西鹽復官賣法，從帥臣范成大之請也。二廣鹽法，自靖康間，行官般官賣法。至紹興八年後，因臣僚言其利爲甚博，遂改行鈔法，節次更廢不一。至乾道六年，逐司互有申陳，遂自八年詔令兩路通販官鈔九十萬貫，同認歲額，然實於西路歲計不便。遂詔：「廣西鹽住行鈔法，撥還運司，均與諸州官般官賣，以充歲計。」

71 乙酉，金遣完顏璋等來賀明年正旦，以議受書儀不合，詔俟改日；以太上皇有旨，姑聽仍舊。丁亥，璋等入見。

72 是歲，減紹興府、嚴、處州丁絹額。

續資治通鑑卷第一百四十四

賜進士及第兵部尚書兼都察院右都御史總督湖北湖南等處地方軍務兼理糧餉世襲二等輕車都尉 畢沅 編集

宋紀一百四十四 起閼逢敦牂(甲午)正月，盡旃蒙協洽(乙未)十二月，凡二年。

孝宗紹統同道冠德昭功哲文神武明聖成孝皇帝

淳熙元年 金大定十四年。(甲午、一一七四)

1 春，正月，庚子，帝以衢州措置會子比他州稍緩，提刑趙彥端特降兩官，曾懷言：「賞信罰必，要當如此。」帝曰：「有功不賞，有罪不誅，雖唐、虞猶不能化天下也。」

2 己酉，詔曰：「已令殿前司主帥於二月就茅灘合教諸軍。聞舊來每遇大閱，主帥例設酒食，如待客之禮，可專劄下王友直，毋令循習，務令軍容整肅。」

3 庚戌，交趾入貢，帝嘉之。尋詔賜國名安南，以南平王李天祚爲安南國王。【考異】安南之封，宋史作正月，聖政草作二月，蓋以正月入貢，二月始賜國名，封王爵也，今連書之。

4 二月，戊午朔，江西安撫司上言：「準紹興三十年指揮，將諸路禁軍，以十分爲率，取五分專一教習弓弩手，帥司每歲春秋選將官諸州教閱。乾道新法按閱條內不曾修立，宜令敕令所修立成法。」帝曰：「諸路揀中禁軍上軍弓手，須常令教閱，責在守臣。如有違例，當坐其罪。」

5 辛酉，籍平江府將魏壽卿家產，以其知無爲軍巢縣，移易軍錢入己也。

6 壬戌，金以完顏璋之來宋，使人就館，奪其書而重賂之，杖璋百五十，除名，仍以所受禮物入官。

7 庚午，金以太尉、尚書令李石爲太保，致仕。

8 廷議欲以沿海制置司幹當使臣員闕改作文臣幹辦公事，以曹冠充；以冠前有差遣，屢經駁繳，帝頗憐之也。帝曰：「此卻不可。古者爲官擇人，未嘗爲人擇官。今乃因冠而改窠闕，近於爲人擇官也。可別尋闕次處之。」

9 癸酉，四川宣撫使、雍國公虞允文薨。

先是帝嘗謂允文曰：「丙午之恥，當與丞相共雪之。」允文許帝以恢復，使蜀一載，未有進兵期。帝密詔趣之，允文言軍需未備，帝不樂。至是遣二介持御札賜之，而允文已歿，不知其所言。其後帝大閱，見軍皆少壯，歎曰：「此虞允文行沙汰之效也！」尋贈太傅，謚忠肅。

10 庚辰，詔：「州郡循習舊弊，巧作名色饋送，及虛破兵卒，以接送爲名，多借請受，并假官、權攝支請、供給之類，又聞諸司與列郡胥吏、牙校月有借請，蠹財困民，其令諸路監司、帥臣覺察。」

11 辛巳，爲郭浩立廟於金州。

12 三月，辛卯，召步軍司中軍弩手射鐵垜蓮，赴內教。

13 臣僚言用人之弊：「一曰上下之分未嚴，二曰義利之說未明。夫任賢使能，人主之柄；助人主進賢退不肖，大臣之職。近世一官或闕，自衒者紛至，始則悉力以求之，不則設計以取之；示以好惡而莫肯退聽，限以資格而取求不已，未聞朝廷有所懲戒也。居官思職，義也；背公營私，利也。今中外求官者，惟計職務之繁簡，廩稍之厚薄，旣得之，則指日而望遷，援例而欲速，公家之事，未嘗爲旬月計也。願明詔大臣，深思致弊之由，共圖革弊之術，使士風稍振，百官奉職。」從之。

14 浙西漕帥言進士施浦等各出米五千石賑濟，欲遵格補官，帝曰：「朕不鬻爵以淸入仕之源；今以賑濟補官，爲百姓爾。」

15 甲午，金主謂大臣曰：「海陵純尙吏事，當時宰執，止以案牘爲功。卿等當思經濟之術，不可狃於故常也。」

16 丙申，以參知政事鄭聞爲資政(殿)大學士、四川宣撫使。

17 甲辰，金主更名雍，詔中外。

18 金完顏璋之獲罪也，羣臣紛議，謂午年必用兵。金主以問宰相，赫舍哩（舊作紇石烈。）良弼對曰：「太祖以甲午年伐遼，太宗以丙午年克宋。今茲宋人奪我國書，而適在午年，故有此語，未必然也。」因遣刑部尚書梁肅爲宋國詳問使。

其書略曰：「盟書所載，止於帝加皇字，免奉表稱臣、稱名、再拜，量減歲幣，便用舊儀，親接國書。茲禮一定，於今十年。今知歲元國信使到彼，不依例引見，輒令迫取于館。姪國體當如是耶？往問其詳，宜以誠報。」

癸丑，肅入見，帝仍立接國書，肅還，附書謝。金主大喜，欲以肅爲執政，良弼曰：「梁肅可相，但使宋還卽爲之，宋人自此輕我矣。」乃止。

19 建隆以來，因唐舊制，分別流品，不相混淆，故有出身、無出身及進士上三名、賢良方正、曾任館閣、省府之類，遷轉皆不同，犯贓及流外、納粟，尤不使汙士流，蓋不特分左右也。元豐官制行，始一之，然猶有一官而分左右者，徒以少優進士出身而已。至元祐中，遂自金紫光祿大夫至承務郎，皆以有出身、無出身分左右，至犯贓則併去左右字，論者尤以爲當。紹聖以後，復去之。紹興初，方務行元祐故事，故左右之制亦復行之。（至）是趙善俊建言，以爲本范純仁偏蔽之論，請復省去，從之。

20丙辰，太白、歲星並見，經天。

21是春，言者論：「淮南安撫使王之奇，好爲大言，備位無補，欲爲脫身之計，遂請分閫之行。淮上荒殘之餘，首建招誘，耕鑿荒田，多請官錢、空名綾紙而去。所招之人，間以妄包已墾熟田，計爲頃畝，以補官者。」遂罷之。之奇既罷，淮南復分爲東、西路。

22夏，四月，乙丑，金主諭宰臣曰：「聞愚民祈福，多建佛寺，雖已條禁，尚多犯者。宜申約束，無令徒費財用。」

23戊辰，金有事於太廟，以皇太子攝行事。

24乙亥，金主謂太子諸王曰：「人之行莫大於孝弟。自古兄弟之際，多因妻妾離聞〔間〕，以致相違。且妻者乃外屬耳，若妻言是聽而兄弟相違，甚哉（非理也）！」太子對曰：「思齊之詩云：『刑于寡妻，至于兄弟，以御于家邦。』臣等愚昧，願相勵而修之。」因引常棣花萼相依，脊令急難之義，爲文見意，以誡兄弟焉。

25己卯，以姚憲參知政事，戶部尚書葉衡簽書樞密院事。

26戊子，金以樞密副使圖克坦舊作徒單，今改。克寧兼大興尹。

27宗正寺請訓宗室名：翼祖下「廣」字子連「繼」字，太祖下「與」字子連「孟」字，太宗下「必」字子連「良」字，親賢宅「多」字子連「自」字，棣華宅「茂」字子連「中」字，魏王下「時」字子連「若」字。

28 詔舉制科。

29 是月，命工部尙書張子顏等如金報聘，仍請改受書之儀。金主與大臣議，左丞相赫舍哩良弼曰：「宋國免稱臣爲姪，免奏表爲書，爲賜亦多矣。今又乞免親接國書，是無厭也。必不可從。」平章政事完顏守道、參知政事伊喇（舊作移剌，今改。）道從良弼議。右丞相石琚，右丞唐古（舊作唐括。）安禮，以爲不從所請，必至於用兵，金主謂琚等曰：「卿等所議非也，所請有大於此者，亦從之乎？」遂從良弼議，答書責以定分，其授受禮儀仍不改。

30 六月，甲午，金主如金蓮川。

31 丙申，臣僚言：「伏見六部及諸寺監官，同共討論勘當文字，多取辦臨時，遂致考究未盡，供報稽緩。請今後令所轄所隸官司會議。」帝曰：「此用西漢故事，甚爲得體。」

32 己亥，葉衡言：「兵權繫於將帥，民命寄於牧守，二者之患，每在數易。望自今精加選擇，使材稱其職，然後力行牧守久任之說，以破數易之害。」從之。

33 甲寅，著作郎木待問言：「士大夫氣節不立，惟在陛下涵養作成。如奔競之習，最壞氣節，不可不改。」帝曰：「當如卿言，必見之賞罰，使之懲戒。」

34 六月，丙辰朔，詔以王友直、吳挺，持身甚廉，治軍有律，凡所統御，宿弊頓除，可並與建節鉞。武功大夫、榮州刺史、提舉台州崇道觀秦琪，身任帥臣，蠹壞軍政，專事阿附，貪墨無厭，可責授舒州團練副使、漳州安置。

35戊午，詔曰：「累降指揮，已有差遣人不得干求換易。比來約束寖弛，日益奔競。今後可依已降指揮，三省具名聞奏，當議黜降。其已授差遣人，朝辭訖，限半月出門。」

36以興州都統制吳挺爲定江軍節度使。

37癸酉，改江陵府爲荆南府。

38戊寅，右丞相曾懷罷。

先是臺官詹亢宗、季棠論事，因中懷；懷遂求退，且乞辨明誣謗。大理根究無實，乃貶亢宗及棠。

言者追論參知政事姚憲，與亢宗等通謀，陷懷以取相位，乃罷憲，甲申，落職奉祠。以葉衡參知政事。

39是月，詔議祫祭東嚮之位。

初，吏部侍郎趙粹中言：「前代七廟異宮，祫祭則太祖東嚮。紹興五年，董弅建議，請正藝祖東嚮之尊，謂：『太廟世數已備，而藝祖猶居第四室。乞遵典禮，正廟制，遇祫祭則東嚮。』下侍從、臺諫集議。既而王普復有請。當時集議，如孫近、李光、折彥質、劉大中、廖剛、晏敦復、王俁、劉寧止、胡交修、梁汝嘉、張致遠、朱震、任申先、何㲄、楊晨、莊必強、李弼直，皆以其義悉合於禮。時臣叔父渙任將作監丞，奏陳益力，據引詩、禮正文，乞酌漢太公立廟萬年、南頓君立廟章陵故事，別建一廟，安奉僖、順、翼、宣四祖，禘、祫、烝、嘗，並行特祀；而太祖皇帝神主，自宜正位東嚮，則受命之主，不屈其尊，遠祖神靈，永有常祀。光堯皇帝深以爲然，卽擢董弅爲侍從，叔父渙爲御史。是時趙沛爲諫議大夫，以議不己出，倡邪說以害正論，而欲祫饗虛東嚮。今若稽之六經典禮、三代之制度，定藝祖爲受命之祖，則三年一祫，當奉藝祖東嚮，始尊開基創業之祖。其太廟常饗，則奉藝祖居第一室，永爲不祧之祖，若漢之高祖；其次奉太宗居第二室，永爲不祧之宗，若周之武王。若僖、順、翼、宣，親盡而祧，別議遷祔之所，則臣亦嘗考之：祔於德明、興聖之廟，唐制也；立太公、南頓君別廟，漢制也。前日王普旣用德明、興聖之說，而欲祔於景靈宮、天興廟，朱震亦乞藏於夾室。今若別建一廟爲四祖之廟，或祔天興殿，或祗藏太廟西夾室，每遇祫饗，則四祖就夾室之前別設一幄，而太祖東嚮，皆不相妨。庶得聖朝廟制，盡合典禮。」詔禮部、太常寺討論。旋別建四祖廟，正太祖東嚮之位，從禮部侍郎李燾議也。

40 秋，七月，丁亥，復以鄭聞爲參知政事。罷四川宣撫使，以成都府路安撫使薛良朋爲四川安撫制置使。

41戊子，詔曰：「朕惟天下治亂，繫乎風俗之媺惡，風俗媺惡，繫乎士夫之好尚。蓋士夫者，風俗之表，而天下所賴以治者也。故上有禮義廉恥之風，則下有忠厚醇一之行；上有險怪婾薄之習，則下有乖爭陵犯之變。朕嘗戢姦貪，黜浮靡，躬節儉以示天下，而歷紀踰久，治效未進，意在位者未能率德改行，以厚風俗，故廉士失職，貪夫長利，將何以助朕興化致理，無愧於古乎？部使者、郡守，其爲朕察郡邑廉吏來上，朕將甄奬，待以不次。其或持祿養交，崇飾虛譽，應詔不以實，使積行之君子壅於上聞，時汝之辜，必罰無貸！」

42壬辰，復以曾懷爲右丞相兼樞密使。

43甲午，有司言：「乾道元年災傷，倚閣錢物，浙東路自淳熙元年爲始，作三年帶納；江東路候豐熟，作兩年帶納。」帝曰：「既是災傷，即與倚閣，稅賦亦無從出，可與蠲放。」

44丁酉，詔罷諸路州縣市令司官司，及在任官收買物色，並依民間市價支錢，不得科抑減尅。

45癸卯，中書、門下省奏關外四州、沿邊諸路及金州上津皆有歸正人，詔四川安撫制置司下都統司常切存撫，毋令失所。

46甲辰，詔沿江被水之家，守臣胡與可躬親巡問。既聞被水貧乏者六百餘家，于左藏南庫每家支錢五貫，仍許於沿江地指射蓋屋。

47戊申，江東提舉潘甸言：「被旨，所部州縣措置修築濬治陂塘，今已畢工，計九州、軍、四十三縣，共修治陂塘溝堰凡二萬四千四百五十一所，可灌田四萬四千二百四十二頃有奇。」詔劄下諸路，依此具聞。

48己酉，姚憲責南康軍居住。

49八月，己未，知樞密院張說罷，以徽猷閣學士楊倓簽書樞密院事。

帝廉知說欺罔數事，命侍御史范仲芑究之，遂以太尉提舉隆興府玉隆觀。

50庚辰，帝曰：「密院差除，切須公當，如親舊有乞差遣者，須明具資格，待朕處置。」

51壬午，帝諭宰執曰：「朕用人才，初不因其薦引之人而爲之去留，惟其當而已。若薦者偶以罪去，被薦者相與爲姦，則當併逐；若初不阿附，而有才能，當依舊用之。」又曰：「鯀之爲人，初不害禹之成功。」楊倓曰：「此誠堯、舜之用心矣。」

52九月，乙酉朔，以曾覿開府儀同三司。

53丁亥，金主還都。

54戊子，帝謂曾懷等曰：「前日詣德壽宮，太上飲酒樂甚。太上年將七十，步履飲食如壯年，每侍太上行苑囿，登降皆不假扶掖。朕見太上壽康如此，回顧皇太子侍側，三世同此安榮，其樂有不可形容者。」懷等稱賀。

55 壬辰，詔：「江西、湖南路累經災傷，上供米斛逐年已減放外，今年雖豐，尚慮民力未甦，所有第四等、五等人戶合納淳熙元年秋苗，特與蠲放一半。」

56 乙未，淮東安撫司奏榷場安靜，楊倓因言金主本無他，其臣下或妄生事，帝曰：「不可以此爲喜。於理固當安靜，然非我君臣之志也。」

57 知隨州蔡戡奏論唐太宗貞觀諫錄，帝曰：「從諫正是太宗所長。此書置之座右，可爲規鑒。」

58 丁未，以張薦受賄，追三官，勒停，郴州居住。右武大夫、果州團練使李川，私通饋遺，降授武功大夫、吉州刺史。右武大夫、楚州團練使王公述，輒以財請求軍職，降授武功大夫、貴州刺史，放罷。左武大夫、貴州刺史宋受，降授右武大夫，修武郎、閤門祗候劉士良，降授保義郎，並放罷。薦係武經大夫、文州刺史，特於遙郡階官上追三官。

59 冬，十月，乙卯朔，金圖畫功臣於衍慶宮。金主思太祖、太宗創業艱難，求當時羣臣勳業最著者二十一人，圖畫於衍慶宮聖武殿之左右廡：遼王杲，金源郡王薩哈，舊作撒喝，今改。遼王宗幹，秦王宗翰，宋王宗望，梁王宗弼，金源郡王實布納，舊作習不失，今改。金源郡王鄂囉，舊作斡魯，今改。金源郡王希尹，金源郡王洛索，舊作婁室，今改。楚王宗雄，魯王棟摩，舊作闍母，今改。金源郡王尼楚赫，舊作銀朮可，今改。隨國公鄂蘭哈瑪爾，舊作阿離合懣，今改。金源郡王實古訥，（舊作習古乃。）豫國公富嘉努，舊作蒲家奴，今改。金源郡王杲，兗國公劉彥宗，特進鄂嚕哈齊，（舊作斡魯古。）齊國公韓企先，特進迪實。（舊作習不失。）【考異】宗幹於大定二十一年去帝號，則十四年圖畫功臣，不應稱爲遼王也。豈當時仍帝制，而後來改正，史從其後而書之乎？紀、傳俱未詳言，今姑仍其舊。

60壬戌，詔：「自今違法賣易恩澤及薦舉授賂之人，因事敗露，有司定罪外，更取特旨，重作行遣。」

61癸亥，以積雨命中外決繫囚。

62丙寅，參知政事鄭聞薨。

63戊辰，命紹興府上供米與蠲放，以守臣張宗元言諸縣旱傷故也。

64壬午，皇子〔子〕判寧國府魏王愷徙判明州。愷在治二十年，甚有恩惠。

65十一月，甲申朔，日有食之。

66丙戌，楊倓言：「近因奏事，論及時政，蒙諭曰：『待敵當用詭道，在朝當用誠實。』百餘年來，嘗患敵國強而中國弱，正緣反是。待敵既無奇策，動則爲敵所窺。在朝以術數相傾，以躁競取進，風俗之弊，當救正之。』聖諭切中時宜，望宣付史館。」從之。

67戊戌，以禮部侍郎龔茂良參知政事。【考異】聖政草作甲辰，今從宋史。楊倓罷，以葉衡兼權知樞密院事。

甲辰，帝召衡及茂良，賜坐，曰：「兩參政皆公議所與。」衡等起謝。帝復從容曰：「自今諸事不可徇私，若鄉曲親戚，且未須援引。朕每存公道，設有未是，卿等宜力爭，君臣之間，不可事形迹。房、杜傳無可書之事，蓋其輔贊彌縫，不見於外，所以能然。」衡曰：「臯陶、稷、契在唐、虞之朝，其見於後世者，都、俞、吁、咈數語而已。」茂良曰：「大臣以道事君，遇有不可，自當啓沃，豈當使迹見於外！」

68 金主諭尚食局使曰：「大官之食，皆民脂膏。日者品味太多，徒爲虛費，自今進可口者數品而已。」

69 丙午，曾懷罷，除職奉祠，懷以疾自請也。

戊申，以葉衡爲左丞相兼樞密使。衡由知縣不十年至宰相，進用之驟，人謂出於曾覿云。

70 己酉，著作佐郎鄭僑，言祖宗朝每日召見講讀官，至仁宗朝始有間日一講之制，帝曰：「自太宗、眞宗始置侍讀講官，於聖學尤爲留意。」

71 壬子，江西漕臣錢佃等奏：「興國軍以公使庫酸敗酒抑勒百姓高價收買，臣等雖已禁止，請嚴行禁約。」帝語葉衡、龔茂良曰：「奉行法令，在下不可不嚴。事既上聞，卻當從寬，然後各得其宜。今屬郡違戾，監司已置不問，而請朝廷嚴行禁約，事體不順。」乃詔本路監司開具散酒當職官吏姓名申尚書省。

72 十二月，丁巳，以吏部尚書李彥穎簽書樞密院事。

73 甲子，以鹽官縣旱，減放苗租。

74 丙寅，罷鐵錢，改鑄銅錢。

75 壬申，葉衡等上眞宗玉牒。

76 以資政殿學士、知荊南府沈夏加大學士，爲四川宣撫使；新四川制置使范成大，改管內制置使。

77 戊寅，金以平章政事完顏守道爲右丞相，樞密副使圖克坦志寧爲平章政事。

78 是月，修吏部七司法。龔茂良言：「官人之道，在朝廷則當量人才以擢用，在選部則宜守成法以差注。蓋法者一定不易，如規矩、權衡，不可私以方圓、輕重也。夫法本無弊，而例實敗之。法者，公天下而爲之者也；例則因人而立，以壞天下之公者也。昔者之患，在於用例破法；而比者之患，在於因例立法。今吏部七司法者，自晏敦復裁定，有司守之以從事，可以無弊。緣臣僚申明衝改，前後不一，率多出私意，徇人情。向者陛下深知其弊，嘗加戒敕，毋得用例破條，然有司巧於傅會，多作條目。臣謂用例破法者其害淺，因例立法者其害大。宜詔有司講求本末，將新舊法相與參考。舊法非大有所牴牾者，弗可輕去；新立條制，凡涉寬縱，於舊法有違者，一切刊正；庶幾國家成法簡易明白，可以遵守。」從之。

79是歲，淮南復分爲東、西路。

淳熙二年金大定十五年。（乙未、一一七五）

1春，正月，辛巳，前宰相梁克家、曾懷，坐擅改堂除，克家落觀文殿學士，懷降觀文殿學士。

2甲午，廢同安、蘄春監。

3庚戌，籍諸軍子弟爲背嵬軍。

4二月，癸亥，詔：「泉州左翼軍，去朝廷二千里，每事必申密院、殿司，恐致失機。自今遇有盜賊竊發，一時聽安撫（司）節制。」

5三月，己丑，何澹試館職，言：「堂闕歸部，亦有未便。舊法，吏部長貳得以銓量年老不堪釐務之人，今不復有所進退。近來引見選人改官，未聞有不許改官者。」帝曰：「恐所言有可采者，不欲遺之。」既而令吏部從實銓量，并引見選人改官，於進卷內具舉主所薦事狀；如係捕盜人，即詳具所得功賞之因。從之。

6乙巳，詔：「武舉第一人補秉義郎，堂除諸軍計議官。」

7夏，四月，壬子朔，淮東、西兩總領各乞以金銀兌換會子支遣，帝曰：「綱運既以會子中半入納，何故乃爾闕少？」葉衡、龔茂良對曰：「緣朝廷以金銀換收會子，樁管不用，金銀價低，軍人支請折閲，所以思用會子。」帝曰：「更思所以闕用之因。」衡復言：「戶部歲入一千二百萬，其半爲會子。而南庫以金銀換收者四百餘萬，流行於外者纔二百萬，安得不少！」帝曰：「此是戶部之數，不知兩總領所分數入納如何？兩處且各以三十萬與之，兌換金銀。」已而錢良臣申到：「民間入納，闕少會子，并兩淮取換銅錢，已支絕會子，請再給降。」帝曰：「會子直如此少？」茂良曰：「聞得商旅往來貿易，僅用會子，一爲免商稅，二爲省脚乘，三爲不復折閲。以此觀之，大段流通。」帝令應副，因宣諭曰：「卿等講究本末，思爲善後之計。」

8乙卯，賜禮部進士詹騤以下四百三十六人及第、出身。蜀人楊甲對策，言恢復之志不堅者二事：一謂「妃嬪滿前，聖意幾於惑溺」，一謂「策士之始，以談兵爲諱」，帝覽對，不悅，置之第五等。

9是月，茶寇賴文政起湖北，轉入湖南、江西，官軍數敗，命江州都統皇甫倜招之；旋命鄂州都統李川調兵討捕。

10五月，己丑，詔知縣以三年爲任，從知饒州王師愈之奏也。

11辛卯，宴宰執於澄碧堂。帝曰：「自三代而下，至於漢、唐，治日常少，亂日常多，何也？」葉衡對曰：「正爲聖君不常有。如周八百年，所稱極治者，成、康而已。」帝曰：「朕常觀無逸篇，見周公爲成王歷數商、周之君享國久遠，眞後世龜鑑，未嘗不以此爲戒。」衡等曰：「陛下能以無逸爲龜鑑，誠宗廟社稷無窮之福也。」帝又曰：「陸贄之於唐德宗，不爲不遇。朕嘗覽奏議，喜其忠直，次第見於施行。」龔茂良曰：「蘇軾在經筵，繳奏陸贄奏議表云：『人臣獻言，正如醫者用藥。藥須進於醫手，方多傳於古人。』陸贄不遇德宗，今陛下深喜其書，欲推行之，是亦遇也。」帝又曰：「朝廷用人，止論其賢否如何，不可有黨。如唐之牛、李，其黨相攻，四十餘年不解，皆緣主聽不明，所以至此。文宗乃言『去河北賊易，去朝中朋黨難』，朕嘗笑之。爲人主但公是公非，何緣爲黨！」衡等曰：「陛下聖明英武，誠非文宗可比。」帝曰：「此所謂坐而論道，豈不勝如絲竹管絃？」皆起謝。帝又曰：「朝廷所行事，或是或非，自有公議。近來士大夫好唱爲淸議之說，此語一出，恐相師成風，便以趨事赴功者爲猥俗，以矯激沽譽者爲淸高。駸駸不已，如東漢激成黨錮之風，殆皆由此，深害治體，豈可不戒！卿等可書諸紳。」

12 龔茂良與周必大薦宜黃知縣劉淸之，召入對，首論：「民困兵驕，大臣退託，小臣苟媮。願陛下廣覽兼聽，幷謀合智，淸明安定，提要挈綱而力行之。古今未有俗不可變，弊不可革者，變而通之，在陛下方寸之間耳。」又言用人四事：一曰辨賢否，二曰正名實，三曰使材能，四曰聽換授。帝深然之。

13 諭宰相，以朝廷闕失，士民皆得獻言。

14 六月，庚戌朔，定補外帶職格，從左司諫湯邦彥之請也。邦彥言：「陛下憂勤萬務，規恢事功，然而國勢未強，兵威未振，民力未裕，財用未豐，其故何耶？由羣臣不力故也。望自今而後，中外士夫，無功不賞，而以侍從恩數待有功之侍從，以宰臣恩數待有功之宰臣，任侍從、宰相無功而退者，並以舊官歸班。惟能強國治兵、裕民豐財者，則賞隨之，而又視其輕重以爲差等。任侍從而功大，與之宰執恩數可也；任宰相而功小，與之侍從恩數可也。其在外者，雖不曾任侍從、宰執，而其所立之功可以得侍從或宰相恩數者，亦視其功而與之。則天下之士，變求進之心爲立事之心，而陛下之志遂矣。」帝深然之。遂詔：「自今宰臣、侍從，除外任者，非有功績，並不除職；在朝久者，特與轉官；其外任人，非有勞效，亦不除授。」于是曾逮以權工部侍郎出知秀州，不帶職，用新制也。

15 辛酉，罷四川宣撫，復制置使。湯邦彥論：「西蜀復置宣撫，應干舊屬場務，悉還軍中；又，除統制司赴宣司審察外，其餘皆俾都統自差，是與其名，奪其實。與其名，則前日體貌如故；奪其實，則前日事勢不存。以不存之事勢，爲如故之體貌，是必上下皆惡，軍帥不睦，不惟無益而又害之矣。」帝納其言。于是沈夏以同知樞密院事召還朝，而宣撫司遂罷。

16 茶寇勢日熾，江西總管賈和仲擊之，爲其所敗。詔以倉部郎中辛棄疾爲江西提刑，節制諸軍討之，用葉衡之薦也。

17 湯邦彥言：「蔣芾、王炎，始皆言誓死效力以報君父，及得權位，懷私失職，深負使令。」又劾張說姦贓。丁卯，落芾、炎觀文殿學士，芾建昌軍、炎袁州居住。說落節度使，撫州居住。

18 是月，茶寇自湖南犯廣東。

19 秋，七月，乙未，帝謂宰臣曰：「會子通行民間，銅錢日多，可喜。」葉衡言：「諸處會子甚難得，謂宜量行支降。」帝曰：「向來正緣所出數多，致有前日之弊，今須徐議。」

20 辛丑，有星孛於西方。

21 丁未，帝諭葉衡等曰：「賈和仲合行軍法，然其罪在輕率進兵。朕觀漢、唐以來，將帥被誅，皆以逗遛不進或不肯用命。今和仲正緣輕敵冒進，誅之，恐將士臨敵退縮耳。」八月，丙辰，和仲除名，編管賀州。

22 丁卯，蠲湖南、江西被寇州縣租稅。

23 甲戌，廣西經略張栻言：「諸郡賦入甚寡，用度不足。近年復行官般賣鹽，此誠良法，然官般之法雖行，而諸郡之窘猶在。蓋此路諸州，全仰於漕司，漕司發鹽，使之自運，除腳之外，其息固有限；而就其息之中，以十分爲率，漕收其八，諸州僅得其二。逐州所得既微，是致無力盡行般運，而漕司據已撥之數，責八分之息以爲寄樁，則其窮匱何時而已！幸有僅能般到者，高價抑買，豈保其無！乞委本司及提刑鄭丙、漕臣趙善政，公共將一路財賦通融斟酌，爲久遠之計，既於漕計不乏，又使一路州郡有以支吾，見行鹽法不致弊壞。」從之。

24丁丑，遣湯邦彥使金。

帝嘗諭執政選使請河南陵寢地，葉衡言邦彥有口辨，故使之。

25九月，乙卯朔，詔：「揚、廬、荊南、襄、興元、金、興州，依舊分爲七路，每路文臣一人充安撫使以治民，武臣一人充都總管以治兵，三載視其成以議誅賞。」從湯邦彥之請也。

26辛卯，高麗西京留守趙位寵，以慈悲嶺至鴨綠江四十餘城叛附于金。金主曰：「朕懷綏萬邦，豈助叛臣爲虐！」執其使，付高麗。位寵尋伏誅。

27乙酉，賑淮南水旱州縣。

28乙未，葉衡罷。

時湯邦彥奉使，入辭，恨衡擠己，因奏衡有訕上語。帝大怒，罷知建寧府。

29丁酉，知荊門軍黃茂材言：「唐李靖六花陣法，出於武侯，嘗因陛對，畫圖以進。比帥司奉詔，令州軍見管民兵，以七十五人爲一隊，正合李靖兵法。遂將本軍義勇民兵分爲七軍，每軍旗幟各別色號，置造兵器，俟今冬躬自教習，大陣包小陣，大營包小營，隅落鉤連，曲折相對，可以成六花陣。今荆南府差將官前來本軍教閱，恐只沿習軍中之法，請將本軍民兵自教兩月，卻差荆南將官一員閱視。」從之。

30己亥，龔茂良、李彥穎奏省、院各止獨員，事皆不便，帝曰：「朕以未得其人，故遲之。」因泛論中外臣僚，帝曰：「爲宰臣須胸次大，乃能容物。」茂良對曰：「坤之六二，乃大臣爻，其辭云：『直方大，不習，無不利。』直方之德，須大乃能有容。」帝曰：「居此位安可不大！」彥穎曰：「後之爲輔臣者，往往先有忌克之心，以故不能容。」帝曰：「士大夫更歷外職任，未見其短；纔居正〔政〕路，便有此病。」茂良曰：「秦誓言有容及娼疾，蘇軾爲之訓傳，謂『前一人似房元齡，後一人似李林甫。』」帝曰：「然。」又曰：「今士大夫能文者多，知道者少，故平時讀書不見於用。」

31庚子，詔：「階、成、西和、鳳州，當職官以下，令本路帥、漕司於四路在部官同具選辟，并體量見任人委實癃老及不堪倚仗者，並申制置司，申取朝廷指揮。其所辟官，不許辭避。所有邊賞，令吏部看詳，申尙書省。」以知成都府權四川制置使范成大奏也。

32丁未，同知樞密院事沈夏罷。

33 贈趙鼎太傅，進封豐國公。

34 閏月，己酉朔，金定應禁弓箭、刀槍之制，惟品官之家奴及客旅等許帶弓箭。

35 金主謂左丞相赫舍哩良弼曰：「今之在官者，須職位稱愜所望，然後始加勉力。其或稍不如意，則止以度日爲務，是豈忠臣之道耶！」

36 庚戌，詔：「諸路常平司，每歲於秋成之際，取見所部郡縣豐歉，如有合賑糶賑給，卽約度所用，及見管米斛或有缺少，合如何措置移運，並預期審度，仍於九月初旬條具奏聞。」

37 丁巳，以李彥穎參知政事，翰林學士王淮簽書樞密院事。

38 金主謂赫舍哩良弼曰：「武靈時，領省秉德，左丞相言，皆有能名，然爲政不務遠圖，止以苛刻爲事。海陵爲人如虎，此輩尙欲以術數要之，以至賣直取死，得爲能乎！」

未幾，濟南尹梁肅上疏曰：「刑罰世輕世重，自漢文除肉刑，罪至徒者，帶鐐居役，歲滿釋之；家無兼丁者，加杖準徒。今取遼季之法，徒一年者杖一百，是一罪二刑也；刑罰之重，於斯爲甚。今太平日久，當用中典，有司猶用重法，臣實痛之。自今徒罪之人，止居作，更不決杖。」不報。

39 辛酉，浙東提刑徐本中言：「近者州郡，率用私意更易官吏，不申省部，不報監司。移郡之邑，移邑之郡，或以他官而兼攝，或以卑官而任重，往往辭煩就捨〔簡〕，簡〔捨〕薄從厚，請求僥覬，惟利是趨，易置紛然，寖亂舊制，理宜戒飭。」從之。

40金詔百官儒（傔）人所服紅紫改爲黑紫。

41壬戌，詔浙東提舉監司體訪浙西提舉薛元鼎措置印給亭戶納鹽手歷式樣，將合支本錢盡數稱下支給，毋致積壓拖欠。

先是元鼎印給手歷，徧給亭戶，令賫歷就稱下支錢，至是復令浙東行之。

42丁卯，以浙東旱傷，令轉運提舉興修水利。

43辛未，淮南轉運司請濠州鍾離、定遠巡檢耿成令再任，帝曰：「祖宗成法，惟監司及沿邊郡守方許再任。耿成雖有勞效，已經再任，不欲以小官差遣壞祖宗成法。」

44甲戌，金主命年老者無注縣令；若老而任政，擇壯者佐之。

45是月，辛棄疾誘賴文政，殺之，茶寇平。

遂上疏曰：「比年李金、賴文政等相繼竊發，皆能一呼嘯聚千百，殺掠吏民，至煩大兵翦滅。良由州以趣辦財賦爲急，吏有殘民害物之狀而州不敢問；縣以並緣科斂爲急，吏有殘民害物之狀而縣不敢問。田野之民，郡以聚斂害之，縣以科率害之，吏以乞取害之，豪民以兼幷害之，盜賊以剽奪害之，民不爲盜，去將安之！夫民爲邦本，而貪吏迫使爲盜，今年剷除，明年剗盪，譬之木焉，日刻月削，不損則折。望陛下深思致盜之由，講求弭盜之術，無徒恃平盜之兵，申飭州縣，以惠養元元爲意。」帝奬諭之。

46 冬，十月，戊寅朔，詔：「浙東合納內藏庫坊場錢，可依自來立定租額。」

47 賞平茶寇功。湖南、江西、廣東監帥，黜陟有差。

48 壬午，加上德壽宮尊號曰光堯壽聖憲天體道性仁誠德經文緯武太上皇帝，壽聖齊明廣慈太上皇后。

49 乙未，金主冬獵。

50 壬寅，帝諭執政曰：「李川按劾統制官解彥詳等不能平賊，此甚可喜。風俗委靡，務爲姑息以徇人情，此弊非一日。朕每見有能舉職者，須與激勵。李川昨曾降官，今可與復元官，更轉一官。」

51 丁未，金主還都。

52 十一月，庚戌，麗正門火。

53 初，金唐古部族節度使伊喇穆敦舊作移剌毛得，今改。之子殺其妻而逃，金主命捕之。至是梁國公主請赦之，金主謂宰臣曰：「公主婦人，不識典法，罪尚可恕。穆敦請托至此，豈可貸宥！」不許。

54 時命福建造海船，起兩淮民兵赴合肥訓練，李彥穎言：「兩淮州縣，去合肥遠者千餘里，近亦二三百里。今民戶三丁起其二，限三月而罷，事未集，民先失業矣。」帝作色曰：「卿欲盡撤邊備耶！」彥穎曰：「今不得已，令三百里內，家起一丁詣合肥。三百里外，就州縣訓習，日增給錢米，限一月罷。庶不大擾。」從之。

55 戊午，提點坑冶王楫，乞進寬剩錢以裨慶賚，帝曰：「此不可受，令就本處樁管，制造軍器。」

56 癸亥，臣僚言：「祖宗時有會計錄，備載天下財賦，出入有帳，一州以司法掌之，一路以漕屬掌之。紹興七年，臣僚有請倣本朝三司之制，專舉(置)提舉帳司，總天下帳狀，以戶部左曹郎官兼之，積習既久，視爲文具。請詔戶部條畫申嚴措置，俾天下財賦有所稽考，不致失陷。」從之。

57 戊辰，知靜江府張栻奏：「保伍之設，誠弭盜之良法。臣自到官以來，講究措置，施行於靜江境內，頗得其效，近復行於一路。請下有司攷訂斟酌，申嚴而行之。」帝曰：「張栻頗留意職事。」

栻尋又奏：「本路備邊之郡九，而邕管爲最重；邕之所管，輻員數千里，而左右兩江爲重。自邕之西北有牂牁、大理、羅甸，西南有白衣、九道、安南諸國，皆其所當備者。然邕之戍兵不滿千人，所恃以爲籬落者，惟左右兩江，谿峒共八十餘處，民兵不下十萬，首領世襲，人自爲戰，如古諸侯民兵之制。則去邕管近者餘三百里，遠者近千里，所恃以維持撫馭之者，惟提舉盜賊都巡檢使四人，各以戍兵百餘爲谿峒綱領，其職任可謂不輕矣，可不遴選其人，謹護其土，以爲南方久遠之蔽！乞依大觀指揮，許本司奏辟。」從之。

58 己巳，提舉江東潘甸，提舉淮東葉翥，權發遣平江府陳峴，言修治陂塘事，帝曰：「昨委諸路興修水利以備旱乾，今歲災傷，乃不見有灌溉之利，若非修築滅裂，卽是元申失實。江東被傷分數尤甚，潘甸特降一官，落職；葉翥降兩官，陳峴一官。」

59 甲戌，詔：「大臣日見賓客，有妨治事，累有指揮。如侍從、兩省官、三省、樞密院屬官，有職事，於聚堂取稟；私第，除侍從外，其餘呼召取覆等官，每日各止許接見一次。」

60 十二月，丁亥，詔：「近來赴朝臣僚，於殿門內輒行私禮，朝儀不肅，令閤門彈劾。」

61 甲午，行上皇慶壽禮。以太上皇帝來年聖壽七十，預於立春日詣德壽宮行慶壽禮。大赦。

62 是月，更定強盜贓法，比舊法增一倍定罪。

63 併左藏南庫、封樁庫。

提領左藏封樁庫顏度言：「今相度，欲將南上、下庫及封樁上、下四庫併爲二庫，以左藏南庫、左藏封樁爲名，將兩處錢物各行就便對兌，並不用上下二字，不須添置官吏，就用各庫官吏合干人等。」從之。遂以左藏南上庫充左藏封樁〔椿〕庫對兌。

時內旨取撥南庫緡錢，色目寖廣，龔茂良言：「朝廷所急者財用，數十年來講究措置，靡有遺餘，而有司乃以窘匱不給爲言。臣因取其籍，披尋本末源流，具見積年出入之槩。大抵支費日廣，所入不足以當所出之數。至紹興十七年，所積盡絕，每歲告缺不過二百萬緡；至二十四年以後，闕至三百萬緡；而乾道元年、二年，闕六百餘萬緡。爾後卻有增收鹺錢色目，粗可支吾。有司失職，無以爲計，專指南庫兌貸給遣。臣復講求南庫起置之因，其間經常賦入，蓋亦無幾，而屬者支費浩瀚，約計僅可備二三年之用。若繼自今撙節調度，可無倉卒不給之患。」因條具以聞，帝感悟。

64 是歲，江西轉運副使李燾上神、哲兩朝續資治通鑑長編，自治平四年三月，盡元符三年正月。

65 以王楫爲都大提點坑冶；其合差官，令楫奏辟。尋移司饒州，歲鑄以十五萬緡爲額。

續資治通鑑卷第一百四十五

賜進士及第兵部尚書兼都察院右都御史總督湖北湖南等處地方軍務兼理糧餉世襲二等輕車都尉畢沅編集

宋紀一百四十五 起柔兆涒灘(丙申)正月,盡強圉作噩(丁酉)九月,凡一年有奇。

孝宗紹統同道冠德昭功哲文神武明聖成孝皇帝

淳熙三年 金大定十六年。(丙申、一一七六)

1 春,正月,甲寅,以常州旱,寬其逋負之半。賑淮東饑,仍命賑(貸)貧民種。金亦以是日免去年被水旱路分租稅。

2 甲子,金詔:「宗屬未附玉牒者,並與編次。」

3 丙寅,金主與親王宰執論古今興廢事,曰:「經籍之興,其來久矣,垂教後世,無不盡善。今之學者,既能誦之,必須行之,然知而不能行者多矣。女直舊風,最爲純直,雖不知書,然其察(祭)天地,敬親戚,尊耆老,接賓客,信朋友,禮義款曲,皆出自然,其善與古書所載無異。汝輩當習學之,舊風不可忘也。」

4 戊辰，金宮中火。

5 二月，辛巳，帝閱兩浙、福建士兵。帝曰：「軍士皆好身手，敎閱甫三數月，事藝已精熟，弓弩手自可比殿司之數。」因諭輔臣曰：「向來烏珠（舊作兀朮。）南下，陳思恭邀截於平江，官軍乃用長槍不能及，烏珠遂以輕舸遁。韓世忠江上之戰亦然。今次州郡起發禁軍、土軍極整肅，玆及時遣歸，更加激犒，他時調發，必易集也。」

6 甲申，賜韓世忠諡忠武。

7 庚寅，金濬王妃圖克坦（舊作徒單。）氏，以姦伏誅。妃，平章政事克寧之女也。克寧坐是罷。

8 端明殿學士汪應辰卒。

應辰接物溫遜，而遇事特立不回，流落嶺嶠十七年，秦檜死，始還朝，正直敢言。

9 三月，丙午朔，日有食之。是日爲金萬春節，改明日朝賀。【考異】宋史作陰雲不見，今從金史。

10 戊申，金臨潢雨土。

11 辛亥，進上皇日曆。

12 戊午，金主御廣仁殿，太子、親王皆侍。金主從容訓之曰：「大凡資用，當務節省，如其有餘，以周親戚，勿妄費也。」因舉所御服曰：「此服已三年未嘗更換，尙爾完好。汝等宜識之。」

13夏，四月，戊寅，四川總領所請再借四路職田租課十年，充揀汰人請給，帝曰：「昨借諸路職田，尋已給還。四川自當一體，豈可再借！」龔茂良、李彥穎曰：「圭田所以養廉，誠不當借。」帝曰：「卿等可契勘別撥，其職田便與給還。」

14龔茂良等繳進令侍從、臺諫、兩省官薦與（舉）監司、郡守指揮，帝曰：「薦舉本欲得人，又恐干求請托，卻長奔走之風。」茂良等言：「天下事未有無弊，雖三代良法，久亦不免於弊。今陛下既欲精選監司、郡守，非薦舉何由知之！」帝曰：「若令雜舉，則須衆論僉允，庶幾近公。況又經中書攷察而後除授，亦足見朕於人材，博采遴選，非苟然也。」乃詔：「侍從、臺諫、兩省官，參照資格，不以內外，雜舉監司、郡守，歲各五人。」

15辛巳，兩浙運判吳淵，請諸路州郡輸納秋苗，加耗不得過三分。龔茂良等言近年州縣納苗，加耗太重，甚者兩石以上方可納一石，帝曰：「如此則民力安得不困！吳淵既爲漕臣，自當覺察奏劾，重作行遣。」

16靖州猺寇邊，遣兵討捕之。

17丙戌，金京府設學養士，及定宗室、宰相子程試等第。

18戊子，金制：「商賈舟車不得用馬。」

19 金以東京留守崇尹爲樞密副使。

20 己丑，葉衡責居郴州，以言者追論其沈湎于酒，徇私背公也。

21 壬寅，金主如金蓮川。

22 初，湯彥邦〔邦彥〕敢爲大言，虞允文深器之。允文出爲四川宣撫也，辟邦彥以行。允文歿，邦彥還朝，上亦喜其敢言，既，以薦充申議使使金，求陵寑〔寢〕地。邦彥至金，金人拒不納，既旬餘，乃命引見，夾道皆控弦露刃之士，邦彥大怖，不能措一詞而出。及還，帝大怒，詔流新州。帝諭宰臣曰：「敵人既不受本朝禮幣，邦彥乃受敵人所賜。辭受之際，理亦易曉，乃不顧名節，辱命如此！」邦彥既斥不復用，自是河南之議始息，不復遣泛使矣。【考異】京口耆舊傅〔傳〕：邦彥擢左司諫兼侍講，論事風生，權倖側目。上手書以賜，稱其以身許國，志若金石，是邦彥以言事爲孝宗所獎也。宋史李彥穎傳云：左司諫湯邦彥新進，冀幸集事，自許立節。彥穎言邦彥輕脫，必誤國。他日，對便殿，上復語及之。彥穎欲進說，上色動，宰相亟引退，遂以邦彥爲申議國信使。洎邦彥辱命而還，彥穎論其罪，貶新州，是邦彥之出使，由於冀幸集事也。葉衡傳云：上諭執政選使求河南，衡薦司諫湯邦彥有口辨，宜使金，邦彥恨衡擠己，是邦彥之使金，爲衡所擠也。三傳互異，徐氏後編專以葉衡傳爲據，今參酌書之。

23 己亥，詔諸路提刑，歲五月理囚。

24 五月，戊申，權知隆興府呂企中上言：「本路鈐轄錢卓，初到官，權借印記，慍怒形於公移。」龔茂良等言：「祖宗朝，分道置帥以任一面之寄，事權至重。平時分守嚴，則緩急號令得行。一路兵官，於帥臣自有階級，豈容如此！」帝曰：「祖宗立法，具有深意。」卓降一官。

25 金南京宮殿火，留守、轉運兩司官皆抵罪。

26 癸亥，王淮言步軍司宜相度牧馬，帝曰：「前日朕戒牧馬官，以牧馬當如愛身，飢飽勞佚，各隨時調節。若身所不能堪者，馬亦不能堪，但馬不能言耳。」龔茂良曰：「陛下曲盡物情，仁不可勝用矣。」

27 帝以張默爲秀王夫人之親，欲與一添差監當。龔茂良言：「近制，惟宗室、戚里及歸正人方得添差。」帝曰：「朕正不欲先自廢法，可勿行。」遂除國子監書庫官。

28 金翰林學士圖克坦子溫，進所譯史記、西漢書、貞觀政要、白氏策林，金主命頒行之。遂選諸路學生三十餘人，令編修溫特赫吉達舊作溫迪罕諦達，今改。教以古書，習作詩、策。

29 癸丑，合利州東、西路爲一。

30 安南國王李天祚卒，子龍翰〔幹〕嗣。

31 是月，以柴瑾爲殿中侍御史。瑾入對，帝曰：「惟卿不求進，所以有此除。」

32 六月，乙酉，四川制置使范成大奏：「四川酒課，折沽虛額錢四十七萬餘緡，請自淳熙三年爲始減放。」詔以湖廣總領所上供錢內撥還。

83 甲午，龔茂良言：「近奉詔奬用廉退之士，朱熹操行耿介，屢召不起，宜蒙錄用。」詔除祕書郎。熹以改官之命，正以嘉其廉退，乃蒙進擢，力辭。會有言虛名之士不可用者，再辭。即命主管沖祐觀。

34 帝謂執政曰：「魏掞之安在？」龔茂良等言已物故。帝曰：「其人直諒，方欲稍加擢用，不謂已死。朝廷不可無直諒之士，近有鄭鑑，議論亦甚切直，觀其所言，似出肝膽，非矯僞爲之者。因看鄭鑑劄子，頗思魏掞之。」時鑑爲太學正，遂命召試。又曰：「掞之雖死，宜少加旌别，可贈宣教郎、直祕閣。」

35 除呂祖謙祕書郎、國史院編修官，以修撰李燾薦重修徽宗實錄也。

36 是月，金山東兩路蝗。

37 秋，七月，壬子，金夏津縣令伊喇珊珠，（舊作移剌山住。）坐贓伏誅。

38 乙丑，禁浙西圍田。

39 是月，以鄭鑑爲校書郎。帝語執政曰：「鑑試館職，議論切直可取，除校書郎以賞其盡言。」因曰：「策中所言，或是或非，大率剴切不易。」

40 詔奬劉珙。珙時知建康府，以江東荒歉，賑濟有方也。

41 八月，乙亥，以王淮同知樞密院事，禮部尚書趙雄簽書樞密院事。

42庚辰，立貴妃謝氏爲皇后。后，丹陽人，幼孤，鞠於翟氏，冒其姓。及長，選入宮，侍太上皇后，后以賜帝，累位貴妃。夏后崩，中宮虛位，妃侍帝過德壽宮，太上諭帝立之，遂復姓。

43先是詔御史臺六察，許隨事彈奏，至是詔：「近日糾察各揚乃職，臺綱益振，各進一官。」

44戊戌，靖州猺寇平。

45九月，乙巳，金主還都。

46己酉，金主謂赫舍哩（舊作紇石烈。）良弼曰：「西邊自來不備儲蓄，其令所在和糴，以爲緩急之備。」癸丑，又諭之曰：「海陵非理殺戮臣下，甚可哀憫，其遺骸仰逐處訪求，官爲收葬。」

47癸丑，侍讀周必大進讀三朝寶訓，至眞宗嘗擇廣南轉運使，因謂左右曰：「交、廣去朝廷遠，當選操心平允，能安遠人者任之。」帝曰：「於所不聞之處，尤當留意。」

48是月，召宰執，宣示中宮褘衣，帝云：「珠玉之屬，乃就用禁中舊物，所費不及五萬緡。」龔茂良等曰：「不因宣諭，無由得知支用之儉。」帝曰：「朕安肯妄有所費！」因問：「近來風俗奢侈如何？」對曰：「輦轂下似稍侈，皆由貴近之家倣效宮禁，以故流傳民間。彼若知聖意崇樸，亦必觀感而化。」帝曰：「革弊當自宮禁始。」茂良等復言：「仁宗嘗以南海沒入大珠賜溫成皇后，后時爲貴妃，以充首飾，戚里靡然效之，京城珠價至數十倍。仁宗禁中內宴，望見貴妃首飾，不復回顧，曰：「滿頭白紛紛，豈無忌諱！」貴妃惶恐易去。仁宗大喜，命翦牡丹徧賜妃嬪。不數日間，京城珠價頓減。」帝聞之，甚喜。

49 提舉玉隆萬壽觀李浩卒。

浩忠憤激烈，言切時弊，以此取忌於衆，帝察其衷，始終全之。爲大郡，廉潔，奉養如布衣時。嘗論風俗不美者八事，其略曰：「陛下求規諫而臣下專務迎合，貴執守而臣下專務順從，惜名器而僥倖之路未塞，重廉恥而趨附之門尚開，儒術可行而有險詖之徒，下情當盡而有壅蔽之患，期以氣節而偷惰者得以苟容，責以實效而誕慢者得以自售。」帝嘉其直諫云。

50 初，錢良臣以太府少卿爲淮東總領，龔茂良聞戶部歲撥有浮額，總領悉充餽遺，奏遣戶部員外郎馬大同、著作佐郎何萬、軍器少監耿延年，分往昇、潤、鄂三總司驅磨錢物。會良臣以歲用不足請於朝廷，茂良請幷令萬等驅磨。而近習恐賕賂事覺，極力救之，茂良不顧。旣而萬奏總所侵盜大軍錢糧累數十萬，茂良以聞，其事中止。俄中旨召良臣赴闕，漸見柄用，其後茂良之貶，良臣與有力焉。延年亦言湖廣總所有別庫，別歷所收，已行改正，故延年、萬並遷官，卒坐茂良黨罷去；大同獨無所舉，後得補外。蓋三總司苞苴賄賂，根株盤結，一時不能改云。

51是秋，彭州奏：「本州三縣，詔減課額，民間作佛會以報上恩，請以功德疏隨會慶節表疏同進。」帝勿許，令守臣諭以國家裕民之意，并諭執政曰：「前日蠲減蜀中折估錢，人情歡感已如此。若異時兵革偃息，數十年來額外橫賦，盡蠲除之，民間喜可知也。」龔茂良言：「陛下躬行節儉，所不獲已者，養兵之費，勢未能去爾。」帝曰：「自渡江後所增稅賦，比舊如何？」茂良曰：「如茶、鹽、榷酤，皆數倍元額。其最可念者，折帛、月樁等錢，爲江、浙數路之害。陛下念念不忘，若一旦恢復舊疆，則輕徭薄賦，且有日矣。」帝曰：「然。」

52台、婺等州水。

53冬，十月，丙子，御文德殿，册皇后。

帝嘗與侍臣言及中宫辭合得恩數，平居常服澣濯之衣，宰執聞之，進言：「中宫儉德，見陛下齊家之效。」帝曰：「本朝家法，遠過漢、唐，獨用兵不及。」龔茂良對曰：「國家自藝祖開基，首以文德化天下，列聖相承，深仁厚澤，有以固結天下之心。蓋治體似成周，雖似失之弱，然國祚綿遠，亦由於此。漢、唐之亂，或以母后專制，或以權臣擅命，或以諸侯強大，藩鎮跋扈，本朝皆無之，可見祖宗家法，足以維持萬世。」帝曰：「然。大抵治體不可有所偏，正如四時，春生秋殺，乃可以成歲功，若一於肅殺，則物有受其害者。亦猶治天下者，文武並用，則爲長久之術，不可專於一也。」

54乙酉，命臨安守臣禁踰侈。【考異】宋史紀作丁丑，今從宋史全文作乙酉。帝曰：「今日習爲奢侈者，在民間絕少，多是戚里、中宮之家。指揮內須添入『有官者違犯，取旨重作施行』。」

55庚寅，罷鬻爵之令。【考異】宋史孝宗紀作庚辰詔非歉歲不許鬻爵，今從宋史全文作庚寅。詔曰：「鬻爵，非古制也。夫理財有道，均節出入足矣，安用輕官爵以益貨財！朕甚不取。自今除歉歲，民願入粟賑饑，有裕於衆，聽取旨補官，其餘一切住罷。」

56丁酉，吳淵言秀州十年收支，錢數多寡不同，帝曰：「此係累政守臣任內事，不欲深究，今後痛加撙節。大抵州郡用度不節，必至掊斂，惟先能節用，即年例違法妄取之數，可以蠲減，少寬民力。」

57庚子，帝謂宰臣曰：「出令不可不審。書云：『屢省乃成事。』至於屢省，何患不成！凡天下事，朕與卿等立談之間，豈能周盡事情！須是再三詳熟思慮，方爲盡善。前此正緣不審，故出令多反汗，無以取信於天下，比來甚悔也。」

58十一月，壬寅朔，金參知政事王蔚罷。

59癸丑，合祀天地於圜丘，大赦。

60建康都統制郭剛，言車船多壞損，合依海船樣造多槳飛江船，帝曰：「車船，古之艨衝，辛巳用以取勝，豈用改造！可令郭綱約束沿流諸軍，遇有損壞，隨即修葺，不得擅有更易。」

其多槳船，止許逐軍自行創造，不得充新管車船數。」
61庚申，金以吏部尚書張汝弼爲參知政事。汝弼，元妃之弟也。
62十二月，壬申朔，金詔：「諸科人出身，四十年方注縣令，年歲太遠。今後仕及三十二年，別無負犯贓染追奪，便與縣令。」
63丙子，金詔：「諸流移人老病者，官與養濟。」
64金主諭宰臣曰：「凡經奏斷事有未當，卿等勿謂已行，不爲奏聞改正。朕以萬幾之煩，豈無一失！卿等但言之，朕當更改，不可吝也。」
65乙酉，龔茂良等言：「昨者中宮奏，檢照皇后親屬恩澤，裁減外尚餘一十八人，更請裁減八人。臣等檢紹興三年指揮，皇后受册，親屬與恩澤三十人，十三年與二十五人。近制減作十八人，比舊例幾鐫其半，皇后仍謙沖辭免。以中宮之貴而猶務節約，則爲臣下者當如何！望陛下明詔有司，申嚴法禁，凡僥倖冒濫者，必務革去。又詔侍從近臣，各思所以清入仕之源。」從之。
66己丑，黎州蠻寇邊。官軍失利，蠻亦遁去。
67是月，以袁樞所編通鑑紀事賜東宮，令與陸贄奏議熟讀，曰：「治道盡於此矣。」
68禁監司交遺及因行部輒受諸郡折送，計所受悉以贓論。

69是冬，旌蘄州黃梅縣方甫門閭，以三世同居，本路漕臣以其事來上也。

70減徽州稅絹額。

淳熙四年 金大定十七年。（丁酉、一一七七）

1春，正月，丙午，金有司奏高麗所進玉帶，乃石似玉者，金主曰：「小國無能辨識者，誤以爲玉耳。且人不易物，惟德其物，若卻之，豈禮體耶？」

2戊申，詔自今內外諸軍歲一閱試。

3金於衍慶宮西建世祖神御殿，東建太宗、睿宗神御殿。

4金主欲徙斡罕 舊作窩斡，今改。 遺黨，散置之遼東，赫舍哩良弼曰：「此輩已經赦宥，徙之恐生怨望。」金主曰：「此目前利害，朕爲子孫後世慮耳。」遂徙之。

5庚申，詔：「沿江諸軍，歲再習水戰。」

6壬戌，金主以海陵時大臣無辜被戮，家屬籍沒者，並釋爲良。遼豫王、宋天水郡王被害子孫，各葬於廣寧、河南舊塋。其後復詔：「天水郡王親屬於都北安葬外，咸平所寄骨殖，官爲葬於本處。遼豫王親屬未入本塋者，亦遷祔之。」

7丁卯，行淳熙曆。祕書省言：「昨爲紀元、統元、乾道三曆交食不密，令太史局別造新曆。今來測驗，新曆稍密。」帝曰：「自古以來，曆未有不差者；況近世此學不傳，士大夫無習之者，訪求草澤，又難得其人。新曆比舊，所謂彼善於此，其以淳熙爲名。」

8戶部侍郎韓彥古言：「今日國家大政，如兩稅之入，民間合輸一石，不止兩石，納一匹，不止兩匹，自正數之外，大率增倍，然則是欺而取之也。謂宜取州縣大都所入，稍倣唐制，分爲三等，視其用度多寡而爲之制。自上供爲始，上供所餘，則均之留州，留州所餘，則均之送使，送使所餘，則派分遞減，悉蠲於民，朝廷不利其贏焉，然則自朝廷至於郡縣，取於民者皆有成數。整齊天下之帳目，外而責在轉運使，內而責在戶部，量入以爲出，歲攷能否而爲之殿最，州縣不得多取於民，朝廷亦不多取於州縣。上下相卹，有無相通，無廢事，無傷財，貢籍之成，太平之基立矣。」帝曰：「彥古所陳，周知民隱，可擇一才力通敏者，先施行一郡，俟已就緒，當頒降諸路，倣而行之。」尋令吏部郎官薛元鼎前赴秀州，依此將錢絹、米斛等數具帳聞奏。

其後元鼎奏：「驅磨本州財賦，惟憑赤歷，難以稽考。望委戶部行下本州，將州縣應干倉庫場務，每處止置都歷一道，應有收到錢物，並條具上供、州用實數，各立項目抄轉。仍從戶部，每歲委轉運司差官，遇半年一次，索歷檢照，如有虛支妄用，本司按劾。其他州郡，亦乞依此施行。」從之。

9二月，帝將幸太學，臣僚言祖宗朝幸學，皆命儒臣講經，帝曰：「易、詩、書，累朝皆曾講。

如禮記中庸篇言『凡爲天下國家有九經』，最關治道，前此卻不曾講。」龔茂良等曰：「此於治道包括無遺，聖學高明，深得其要。」

10 太〔大〕宗正丞劉溥，言近年諸郡違法預催夏稅，民間苦之。龔茂良、李彥穎曰：「往年諫官曾論其事，方施行間，戶部長貳執奏不行。今年春，言者又及此，版曹復申前說，拘回錄黃，其說謂『遞年四月、五月合到行在及折帛錢共六十一萬貫，指擬支遣，若不預催，恐至期闕誤。』」帝曰：「既違法病民，朝廷須別法處置，安可置而不問！」茂良等因言：「戶部每年八月於南庫借六十萬緡應付支遣，次年正月至三月措還。今若移此六十萬緡於四月、五月支借，則戶部自無闕用，可以禁止預催之弊。」帝曰：「知此措置，不過移後就前，卻得民力稍寬，於公私俱便。」於是詔：「諸路轉運司行下所部州縣，今後須管依條限催理，如有違例，監司覺察按劾。」

11 甲申，臣僚言：「今日之郡守爲民害者，掊克慘酷是也。賦稅有定制，而掊克之吏專意聚斂。下車之初，未問民事，先令所屬知縣均認財賦，且多爲之數，督責峻急。國家法令之設，所以與天下公共者也，而慘酷之吏，非理用刑，或殘人之肢體，或壞人之手足，或因微罪而隕其性命，或罹非辜而破其家業。請詔守臣丁寧戒飭，其取民有定制，毋得掊克以竭人之力；犯法者自有常刑，毋得慘酷以殘民之生。」從之。

12乙亥，幸太學，【考異】聖政草作乙酉，今從宋史。釋菜於先聖，命國子祭酒林光朝講經，賜光朝三品服。

遂幸武學，著作郎傅伯壽上言：「武成之廟，所從祀者出於唐開元間，一時銓次，失於太雜。太祖皇帝嘗見白起之像，惡其詐殺已降，以杖畫而去之，神武不殺之仁，垂訓深矣。太上紹興間，亦以議者之請，黜韓信而陞趙充國，黜李勣而陞李晟，去取之間，皆所以示臣子之大節也。然王翦佐秦，騁狙詐之兵，蓋無異白起；而彭越之臣節不終，亦同韓信。至於王僧辨（辯）雖能平侯景，然反連和於齊；吳明徹雖能因北齊之亂以取淮南，然敗於呂梁，爲周所俘，不能死節；韋孝寬拒尉遲之義兵；楊素開隋室之禍敗；慕（容）恪、長孫嵩、慕容紹宗、宇文憲、王猛、斛律光、于謹，或本生邊陲之裔，或屈節僭僞之邦，縱其有功，豈足多錄！若尹吉甫之伐玁狁，召虎之平淮夷，皆有周中興之名將；陳湯之斬單于，傅介子之刺樓蘭，馮奉世之平莎車，班超之定西域，皆爲有漢之雋功；在晉則有祖逖、謝安，在唐則王忠嗣、張巡，忠義謀略，卓然冠於一時，垂於後代；闕而不錄，似有所遺。宜併詔有司，討論歷代諸將，爲之去取，然後以本朝名將繪於殿廡，使天下士皆曉然知朝廷激義勇而尙忠烈。」起居郎錢良臣亦請取建隆、建炎以來功烈顯著者，參陪廟祀。

13幸祕書省，賜省官宴。

14己卯，詔：「諸軍毋以未補官人任軍職。」

15己丑，知臨安府趙潘老進兩學修造圖，於西北隅建閣安頓太上御書石經，帝曰：「碑石可置之閣下，其上奉安墨本，以『光堯御書石經之閣』爲名。朕當親寫。」龔茂良等曰：「自古帝王，未有親書諸經及傳至數千萬言者，不惟宸章奎畫照耀萬世，其所以崇儒重道，可謂至矣。」

16壬辰，太常少卿顏度言：「籍田合得千畝。自紹興十五年給到五百七十餘畝，以備親耕，續因玉津園等題占撥目，卽祇二百餘畝。今又踏逐御路，將來或舉行典禮，委是窄狹。」帝曰：「御路止是時暫經由，可將見管步畝專充籍田，他司不得親占。」其後籍田令趙監，言御路係在二百一十畝之內，請依舊令人佃種，從之。

17癸巳，知福州陳俊卿乞宮觀，帝曰：「前宰執治郡，往往不以職事爲念。如俊卿在福州，劉珙在建康，於職事極留意，治狀著聞，未可換易，可令學士院降詔不允。」

18戊戌，以新知荊南府胡元質爲四川安撫制置使兼知成都府。

19四川總領所乞降度牒措置備邊，龔茂良言：「四川降牒，自乾道四年至淳熙元年，降過萬餘，不惟失丁口，爲異時患；官賣不行，必至抑配與折估之害。名異實同，請不須更降。」

20召史浩於明州。三月，乙巳，以爲少保、觀文殿大學士、醴泉觀使，兼侍讀。時龔茂良以參知政事行宰相事，因求去，帝曰：「朕以經筵召浩，卿不須疑。」

21丙午，范成大奏關外麥熟，倍於常年，緣朝廷免和糴一年，民力稍舒，得從事於耕作。帝曰：「免和糴一年，民間已如此，乃知民力不可以重困也。」王淮曰：「去歲止免關外，今從李蘩之請，盡免蜀中和糴一年，爲惠尤廣。」

22己酉，龔茂良等上仁宗玉牒、徽宗實錄、皇帝玉牒。

23編修官呂祖謙上言曰：「陛下以大臣不勝任而兼行其事，大臣亦皆親細事務而行有司之事，外至監司守令職任，率爲其上所侵而不能令其下，故豪猾玩官府，郡縣忽省部，掾屬凌長吏，賤人輕柄臣。平居未見其患，一旦有急，誰與指揮而伸縮之耶？陛下於左右荀玩而弗慮，則聲勢寖長，趨附寖多，過咎寖積，內則懼爲陛下所譴而益思壅蔽，外則懼爲公議所疾而益肆詆誹。願陛下虛心以求天下之士，執要以總萬事之機，勿以圖任或誤而謂人多可疑，勿以聰明獨高而謂智足偏察，勿詳於小而忘遠大之計，勿忽於近而忘壅蔽之萌。」旋遷著作郎，卽以疾請祠歸。

24辛亥，金免河北七路去年旱蝗租稅，賑東京三路。金主謂赫舍哩良弼曰：「堯有九年之水，湯有七年之旱，而民不病飢。今三年不登而人民乏食，何也？」良弼對曰：「古者地廣民淳，崇尙節儉，而又惟農事是務，故蓄積多而無饑饉之患。今地狹民衆，又多棄本逐末，耕之者少，食之者衆，故一遇凶歲而民已病矣。」金主深然之，命有司懲戒荒縱不務生業者。

25壬子，貸隨、郢二州飢民米。

26甲寅，修韶州城。

27辛酉，楚州捕賊賞內，隨從捕獲者請支錢三十貫，帝曰：「與五十貫如何？」王淮曰：「凡支折資錢，每一貫折三十貫。今若隨從者支五十貫，亦不足惜，但喜者不過被賞數厚，而不平者千萬人也。」帝曰：「此論甚善。亦如朝廷與人官爵，盡歸至公，人誰敢怨！若徇私輕與，得者固喜而怨者必多。惟至公可以無怨，朕與卿等交修，當謹守此法。密院事少，三省事多，卿等見三省，宜以此意宣諭。」

28乙丑，金尙書省奏三路之粟不能周給，金主曰：「朕嘗語卿等，遇豐年卽廣糴以備凶歉，卿等皆言天下倉廩盈溢，今欲賑濟，乃云不給。自古帝王，皆以蓄積爲國家長計，朕之積粟，豈欲獨用之耶！既不給，可於隣道取之以濟。自今當預備以爲常。」

29司諫蕭燧請節浮費。戊辰，戶部具歲用經常及用度之數，龔茂良言其間有合節省者，欲倣寶元、慶曆故事，命臺諫同戶部詳定，帝曰：「今日用度，多費於養兵。朕嘗覽戶部所具支費，可裁節者不過數千緡，無使臺諫論議。果有節省件目，卿等可自奏陳。」

30是春，閤門舍人應材言：「臺諫之官，在於言天下之大利害，不在於捃摭細故，區區止於言人之短長也。大姦大惡，固不可不爲天下國家誅鋤之，若夫有用之才，豈可以細故而輕壞之！一陷譏議，遂爲廢人，急緩之際，欲人爲用，無復有矣。神宗以程顥爲御史，顥曰：『使臣拾遺補闕，裨贊朝廷則可，使臣掇臣下短長以沽直名則不能。』神宗歎賞，以爲得御史體。劉安世嘗言祖宗之時於人才，長養成就之甚勤也，故其在臺諫，未嘗以細故而輕壞人才。乞令刻之御史臺、諫院，永爲臺諫官之戒。」帝深然之。

31夏，四月，戊寅，金主諭宰臣曰：「郡縣之官，雖以罪解，一二歲後，亦須再用。明安、（舊作猛安。）穆昆，（舊作謀克。）當太祖創業之際，皆勤勞有功，其世襲之官，不宜以小罪奪免。」

32曾覿用事，欲以文資錄其孫，龔茂良以文武官各隨本色蔭補格繳進。茂良入堂，覿令直省官賈光祖等當道不避。街司叱之，光祖曰：「參政能幾時！」茂良上言：「臣固不足道，所惜者朝廷大體。」帝諭覿往謝，茂良正色曰：「參知政事者，朝廷參知政事也。」覿慚退。帝諭茂良先遣人於覿，銜替而後施行，茂良批旨，取光祖輩下臨安府撻之。詔宣問施行太遽，茂良待罪，帝遣使諭復位。

33五月，癸卯，利州提刑、權金州史俁奏：「金州都統司，例私販茶鹽，月科與軍人每名三斤，高立價直，於請糧處尅除。」帝曰：「蜀中軍人貧甚，豈宜更有尅剝！可令契勘。」

34金主如姚郕淀，閱七品以下官及宗室諸局承應人射柳，賞有差。

35己酉，宗正少卿程叔達請宣示敬天圖，帝顧左右取圖至，叔達進觀，帝亦相與誦讀，每至前代王者或不能敬畏修省，則曰：「此圖美惡並著，亦欲以之儆戒。」又至無逸篇，則曰：「無逸一篇，言人君所以享國久長，皆由嚴恭畏敬所致，尤當以爲法。」叔達曰：「此聖德所由日新也。」

36甲子，盱眙軍報淮北多蝗，淮南卻仍歲豐稔，帝曰：「近世士大夫多恥言農事。農事乃國之根本，士大夫好爲高論而不務實，卻恥言之。」王淮等曰：「士大夫好高，豈能過孟子！孟子之論，必曰『五畝之宅，植之以桑；百畝之田，勿奪其時』。」帝曰：「今士大夫微有西晉風，豈知周禮與易言理財，周公、孔子未嘗不以理財爲務。且不獨此，士大夫諱言恢復。不知其家有田百畝，內五十畝爲人所據，亦投牒理索否？士大夫於家事則知之，至於國事則諱言之，何哉！」【考異】孝宗百畝之喻，宋史載在趙雄傳，薛氏通鑑、徐氏後編俱載在三年，據聖政草則係四年論廷臣，非因趙雄論事而及也，今改正。

37戶部員外郎謝廓然，賜出身，除殿中侍御史。廓然，曾覿之黨也。命自中出，中書舍人林光朝不書黃。光朝尋改權工部侍郎，力求去，除知婺州。

38六月，丁丑，龔茂良罷。

謝廓然甫入臺，卽劾茂良矯傳敕旨，斷遣曾覿直省官。而林光朝與茂良同里，光朝旣去，茂良引疾求罷，帝曰：「朕不忘卿，俟議恢復，卿當再來。」因出知建康府，卽令內殿奏事。茂良手疏六事，曰天意，曰人事，曰賦財，曰將帥；而所以用之者，曰謀，曰時。帝曰：「卿五年不說恢復，何故今日及此？」退朝，甚怒，曰：「福建子不可信如此！」【考異】宋史龔茂良傳不載手疏六事之目，今從聖政草書之。傳又云：茂良平生不喜言兵，去國之日，乃言恢復事。或謂曾覿密令人教其言恢復，必再留，茂良信之。後朱熹從其子得副本讀之，則事雖恢復，而其意乃極論不可輕舉，猶平生素論也，深爲之歎息云。按存其事目，則茂良之意已見，不待引朱子言爲證也。

39己卯，以王淮參知政事。

40謝廓然言：「自龔茂良擅權植黨，故朝廷朋比之習未革。望敕臣下合謀輔治，毋黨同以求異，毋阿比以害公，使忠良謇諤之士盡言而不疑，姦險傾巧之徒知退而有懼。」從之。

41金主謂宰臣曰：「朕年老矣，恐因一時喜怒，處置或不當，卿等當執奏，毋爲面從，成朕之失。」

42癸未，升蜀州爲崇慶府。

43甲申，詔：「三省、樞密院所得之旨，朝退卽具奏審，再承畫降，方可施行。」猶以龔茂良爲矯旨也。自是每奏用人，復以黃紙貼簽封入，或有改易，遂爲故事。

44是夏，東宮官請增讀范祖禹唐鑑，從之。

45秋，七月，庚子，右正言葛邲，請令二廣帥臣、監司，將見任郡守每歲精加攷察，守倅見闕去處，元係堂除或部闕，亦請早賜差注，或人所不願，就令廣南諸司公共辟差一次，其已差未到者，催促之任。帝曰：「郡守不得其人，則千里被害。可令二廣帥臣、監司，限兩月體訪所部守臣臧否以聞。」

46己酉，詔：「文宣王從祀，去王雱畫像。武成王廟，升李晟於堂上，降李勣於李晟位次，仍以曹彬從祀。」

47時內批屢出，以閤門舍人黃夷行與郡守，趙雄等言其資歷尚淺，帝曰：「須用資歷，庶免人言。」辛亥，內批：「添差浙西準備將王守忠，任滿日特與再任。」雄曰：「守忠係潛邸祗應，卽非隨龍，依指揮不應添差。」帝曰：「如此則難行。」雄曰：「聖意欲與之，特令依隨龍人例可也。」帝曰：「不若且已。」雄曰：「潛底〔邸〕舊恩，不肯假以添差，臣下何敢用私！」帝曰：「不如此則法不行。」

48壬子，金尚書省奏歲以羊三萬賜西北路戍兵，金主問如何運致，宰臣不能對。金主曰：「朕每退朝，留心政務，不遑安寧。卿等勿謂細務非帝王所宜問，以卿等於國家之事未嘗用心，故問之耳。」

49謝廓然復論龔茂良四罪，言：「茂良行宰相事首尾三年，臣僚奏對，有及邊防利害，必遭譏罵；陛辭之日，方有所論，凡數百言，此其可誅一也。陛下孝誠篤至，兩宮上壽與册立中宮，駕幸二學，皆斷自聖心，茂良乃自謂出其建明，誕謾如此，可誅二也。以己所言，駕爲天語，掠聖訓爲己言，可誅三也。其薦察官以妻黨林慮爲首，擬除後省則用鄉人林光朝，可誅四也。」癸丑，茂良責寧遠軍節度副使，英州安置，父子卒於貶所，皆曾覿所使也。覿前雖預事，未敢肆，至是竄逐大臣，士多側目重足矣。

50甲寅，郭剛申權統領陳鐙，乞落權字，趙雄言：「在外諸軍統領，卻無密院審察，法須從統領揀選，則統制何憂不得人！」帝曰：「善。」雄又曰：「昨聞王友直言，須從訓練官不輕授，則準備將至統制官方皆得人。臣答之云：惟將帥體國者乃肯如此，使人人似殿帥之言，則軍中何患無人！」帝曰：「此方是澄其源，然非體國者不能也。」

51乙卯，吏部言內侍李裕文合轉歸吏部，帝曰：「昨與在京宮觀，元不曾降轉歸吏部指揮。」趙雄曰：「從來內侍寄資官罷內侍差遣，須轉歸吏部。」帝然之。

52戊午，趙雄言蜀中五月得雨，帝曰：「世以鳳凰、芝草、甘露、醴泉爲佳瑞，是皆虛文，不若使年穀屢豐，公私給足，此眞瑞也。」

53吏部郎閻蒼舒言：「馬政之弊，不可悉數。今欲大去其弊，獨有貴茶。蓋敵人不可一日無茶以生，祖宗時，一䭾茶易一上駟。陝西諸州，歲市馬二萬匹，故於名山歲運二萬䭾。今陝西未歸版圖，西和一郡，歲市馬三千匹爾，而併用陝西諸郡二萬䭾之茶，其價已十倍，又不足而以銀絹紬及紙幣附益之。茶既多，則人遂賤茶而貴銀絹紬，而茶司之權遂行於他司。今宕昌四尺四寸下駟一匹，其價率用十䭾茶；若其上駟，則非銀絹不可得。祖宗時，禁邊地賣茶極嚴，自張松大弛永康茶之禁，因此諸蕃盡食永康之茶，而宕昌之茶賤如泥土。且茶愈賤，則得馬愈少，而并令洮、岷、疊、宕之土蕃，逐利深入吾腹心內郡，此路一開，其憂無窮。今後欲必支精好茶而漸損其數，又嚴入蕃茶之禁，則馬政漸舉，而邊境亦漸安矣。」詔令朱佺嚴行禁止。

54金赫舍哩良弼以疾辭相位，不許。告滿百日，屢使中使問疾。良弼在告既久，省多滯事，金主以問宰相，參知政事張汝弼對曰：「無之。」金主曰：「豈曰無之！自今疑事久不能決者，當奏以聞。」

55是月，金大雨，河決。

56八月，辛未，詔：「今後職事、釐務官，並見闕方許差除。」

57壬申，樞密院言：「前令諸州軍，有御前屯駐或分屯軍馬去處，將見教閱禁軍，差官部轄，附大軍一就教閱，所有不係駐劄并分屯軍馬州軍，其禁軍自合逐州教閱，或恐因而廢弛，理宜申飭。」詔：「委兵官將見管禁軍精加教閱。倘差官前試，如有武藝退惰，具當職官姓名按劾。」

58金以監察御史體察東北路官吏輒受訟牒爲不稱職，笞之五十。金主旋謂御史中丞赫舍哩邈曰：「臺臣糾察吏治之能否，務去其擾民，且冀其得實也。今所至輒受訟牒，聽其妄告，使爲政者如何則可也！」

59庚辰，金主謂宰臣曰：「今之在官者，同僚所見，事雖當理，亦以爲非，意謂從之則恐人謂政非己出。如此者，朕甚惡之。今觀大理所斷，雖制有正條，理不能行者，別具情見，朕惟取其所長。夫人能取他人之善者而從之，斯可謂善矣。」又曰：「今下僚豈無人材！但在上者不爲汲引，惡其材勝己故耳。」

60九月，丁酉朔，日有食之。

61己亥，命修海塘。

62辛丑，金封皇子永德爲薛王。

63戊申，金主秋獵。

64己酉，御經筵，侍讀史浩讀三朝寶訓，進曰：「聖人之言遠如天，賢人之言近如地。觀眞眞宗、仁宗與王旦之言，可以見聖賢之遠近也。王旦爲相，欲坐繆舉者之罪，此賢人之言也。眞宗以爲拔十得五，縱使徇私，然朝廷由此得人亦不少矣，此聖人之言也。其言包含廣大，豈不如天之遠耶！」帝曰：「孟子之言最切近，其視孔子之言，則氣象尤大不相侔，此賢聖之分也。」

65 戊午，閱毬於選德殿。

66 甲子，金主還都。改東京留守圖克坦克寧爲南京留守兼河南統軍使，遣使諭之曰：「統軍使未嘗以留守兼之，此朕意也。可過京師入見。」金主將復相之，故有此諭。

續資治通鑑卷第一百四十六

賜進士及第兵部尚書兼都察院右都御史總督湖北湖南等處地方軍務兼理糧餉世襲二等輕車都尉畢沅編集

宋紀一百四十六 起彊圉作噩（丁酉）十月，盡屠維大淵獻（己亥）四月，凡一年有奇。

孝宗紹統同道冠德昭功哲文神武明聖成孝皇帝

淳熙四年金大定十七年。（丁酉、一一七七）

1冬，十月，戊辰，金州副都統制李思齊，請官軍擇有才略智勇人，不次陞擢，帝曰：「專用年限，則才者無以自見；許躐次陞差，則兵官得人矣。」

2己巳，夏國進百頭帳於金，金主詔卻之境上。其使因邊臣求入，乃許之。

3丙子，詔：「陰雨多日，大理寺、臨安府并屬縣及兩浙西路諸州縣見禁罪人，在內委臺官，在外委提刑，躬身檢察決遣；如路遠分委通判。杖已下幷干繫等人，日下並行疏放。」

4丁丑，金制：「諸明安，（舊作猛安。）父任別職，子年二十五以上，方許承襲。」

5己卯，趙雄言：「湖廣總領所，歲有給降度牒定數，不知紹興年間不曾給降，亦自足用。

豈紹興三十年創制以萬人爲額之前，度牒初未行也！」帝曰：「朕甚不欲給降度牒，當漸革之。」

6 庚辰，詔幸茅灘。上抽摘諸軍人馬按教，宰執、管軍、知閤、御帶、環衞官，自祥曦殿戎服起居從駕，餘免。

7 辛巳，金主謂宰臣曰：「今在位不聞薦賢，何也？昔狄仁傑起自下僚，力扶唐祚，使卽危而安，延數百年之永。仁傑雖賢，非婁師德，何以自薦乎！」

8 癸未，金主謂宰臣曰：「近觀上封章者，殊無大利害。且古之諫者，旣忠於國，亦以求名，今之諫者，爲利而已。如戶部尚書曹望之，濟南尹梁肅，皆上書言事，蓋覬覦執政耳，其於國事，竟何所補！達官如此，況餘人乎！昔海陵南伐，太醫使祁宰極諫，至戮於市，本朝以來，一人而已。」

9 十一月，乙亥，金州管內安撫司，申本州管保勝軍見闕衣甲，帝曰：「衣甲不可不理會。舊來主帥，令義士赤肉當敵，此何理也！」

10 丁酉，詔兩淮歸正人爲強勇軍。

11 戊戌，金復以圖克坦克寧舊作徒單克寧，今改。爲平章政事。金主欲以制書親授克寧，主者不知上意。及克寧已受制，金主謂克寧曰：「此制朕欲授與卿，誤授之外也。」又曰：「朕欲盡徙卿宗族在山東者，居之近地。卿族多，官田少，無以盡給之，乃選其最親者。」

12 庚子，以趙雄同知樞密院事。

樞密院進內外諸軍繳申逃亡事故付身，帝曰：「近來軍中之弊，以漸而革。如逃亡事故付身，有家累者批鑿，無家累者焚毀，數年之間，免冒濫者多矣。」趙雄曰：「如軍中陞差與揀汰離軍之人，令赴密院審（察），皆有去取。」帝曰：「行之稍久，主帥自不敢用私，喜怒有所陞黜也。」

13 丙午，李川言：「近不許管軍官接見賓客，川自準聖訓，不敢妄見一人，遂斂衆怨，動生謗議。」帝曰：「李川能如此遵守，誠不易得。可與再行約束，仍獎諭李川，將帥能如此執守，共副朕意，勿卹衆怨，謗議雖起，不足慮也。」

14 戊申，郭鈞乞將右軍統領（校者按：領字衍。）制田世雄改充中軍統制，緣止係改移，非創行陞差，請免赴樞密院審察，帝曰：「初除統制時，曾經審察乎？」趙雄言舊來止是宣撫司陞差，未經審察，帝曰：「審察之法，豈輒可廢！若以爲正當防秋，可令至來年中春準法赴樞密院審察，給降付身。」

15 庚辰，金以尚書左丞石琚爲平章事。

16 金主謂宰臣曰：「朕嘗恐重斂以困吾民，自今諸路差科之煩細者，亦具以聞。」

17 十二月，戊辰，金以渤海舊俗，男女婚娶多不以禮，必先攘竊以奔，詔禁絕之，犯者以姦論。

18 壬申，金以尚書右丞唐古（舊作唐括。）安禮爲左丞，殿前都點檢富察（舊作蒲察。）通爲右丞。金主諭宰執曰：「朕今年五十有五，若踰六十，雖欲有爲而莫之能也。宜及朕康強，凡國家政事之未完與法令之未一者，皆修擧之。卿等開陳，朕不敢怠。」

19 甲戌，臣僚言：「農田之有務假，始於仲春之初，終於季秋之晦，法所明載；州縣不知守法，農夫當耕耘之時而罹追逮之擾，此其害農一也。公事之追鄰保，止及近鄰足矣；今每遇鄉邨一事，追呼干連，多至數十人，經動（動經）旬月，吏不得其所欲，則未肯釋放，此其害農二也。丁夫工技，止宜先及游手，古者所謂夫家之征是也；今則凡有科差，州下之縣，縣下之里胥，里胥所能令者，農夫而已，修橋道，造館舍，則驅農爲之工役，達官經由，監司巡歷，則驅農爲之丁夫，此其害農三也。有田者不耕，而耕者無田，農夫之所以甘心焉者，猶曰賦斂不及也；其如富民之無賴者不肯輸納，有司均其數于租戶，吏喜於舍強就弱，又從而攘肌及骨，此其害農四也。巡尉捕盜，胥吏催科，所至邨疃，雞犬爲空，坐視而不敢較，此其害農五也。」有詔：「州縣長吏常切加意，毋致有妨農務。」

20 乙亥，大閱殿、步兩司諸軍於茅灘。帝登臺，殿帥王友直，步帥田卿，奏人馬成列。擧黃旗，諸軍統制已下呼拜已，乃奏發嚴。舉白旗，聲四鼓，變方陣，次變四頭八尾陣，以禦敵之形，次變大陣方。次舉黃旗，聲五鼓，變圓陣。次舉皁旗，聲二鼓，變曲陣。次舉青旗，聲三鼓，變直陣。次舉緋旗，聲二鼓，變銳陣。管車奏五陣教畢。帝甚悅，因諭友直等曰：「器甲鮮明，紀律嚴整，皆卿等留心軍政，深可嘉尚。」犒賜將士有差。

21 戊寅，前浙東提舉何稱言：「本路措置水利，創建湖浦塘埭斗門二十處，增修開濬溪浦埂堰六十三處，計灌溉民田二十四萬九千二百六十六畝。」詔浙東提舉姚宗之覈實具奏。

22 是歲，知遂寧府杜莘老舉布衣聶山行義，召不至。賜出身，添差本府教授。尋乞致仕。

23 乾道初，定節度使至正任刺史除上將（軍），橫行遙郡除大將軍，正使除將軍，副使除中郎將，使臣以下除左右郎將。正任，謂承宣使至刺史也。遙郡，謂以階官領刺史至承宣使也。正使，謂武義大夫以上也。副使，謂武翼郎以上也。使臣以下，謂訓武郎以下也。至是詔：「今後環衞官，節度使除左右金吾衞上將軍、左右衞上將軍，承宣使、觀察使爲諸衞上將軍，防禦使至刺史、通侍大夫至右武大夫爲諸衞大將軍，武功大夫至武翼大夫爲諸衞將軍，正侍郎至右武郎、武功郎至武翼郎爲中郎將，宣贊舍人、敦武郎以下爲左右郎將。」

24 四川制置使胡元質言：「爲蜀民之病者，惟茶、鹽、酒三事爲最；酒課之弊，近已損減。蜀茶，祖宗時並許通商，熙寧以後，始從官榷，當時課息，歲過四十萬。建炎軍興，改法賣引，比之熙寧，已增五倍。紹興十七年，主管茶事官增立重額，逮至二十五年，臺諫論列，始蒙蠲減。當鄭靄爲都大提舉，奉行不虔，略減都額，而實不與民間盡蠲前官所增逐戶納數。又越二十餘年，其間有產去額存者，有實無茶園，止因賣零茶，官司抑令承額而不得脫者，似此之類不一，逐歲多是預俵茶引於合同官場，逐月督取。張松如〔爲〕都大提舉日，又許〔計〕興、洋諸場一歲茶頁〔額〕，直將茶引俵與園戶，不問茶園盛衰，不計茶貨有無，止計所俵引數，按月追取歲息，以致茶園百姓愈更窮困。欲行下茶馬司，將無茶之家並行停閣，茶少額多之家即與減額。」詔元質與茶司及總領司措置。六年九月丙子，奏減虛額。

元質又言：「鹽之爲害，尤甚於酒。蜀鹽取之于井，山谷之民，相地鑿井，深至六七十丈，幸而果得鹹泉，然後募工以石甃砌。以牛革爲囊，數十人牽大繩以汲取之，自子至午，則泉脈漸竭，乃縋人於繩令下，以手汲取，投之于囊，然後引繩而上。得水入竈，以柴茅煎煑，乃得成鹽。又有小井，謂之『卓筒』，大不過數寸，深亦數十丈，以竹筒設機抽泉，盡日之內，所得無幾。又有鑿地不得鹹泉，或得泉而水味淡薄，煎數斛之泉，不能得斤兩之鹽。其間或有開鑿既久，井老泉枯，舊額猶在，無由蠲減；或井大井損，無力修葺，數十年間，空抱重課；或井筒剝落，土石湮塞，彌旬累月，計不得取；或夏冬漲潦，淡水入井，不可燒煎；或貧乏無力，柴茅不繼，虛失泉利；或假貸資財以爲鹽本，費多利少，官課未償，私債已重;如此之類,不可勝計。欲擇能吏前往,逐州考覈鹽井盈虧之數。先與推排等第,隨其盈虧多寡而增損之,必使上不至於重虧國計,下實可以少舒民力。」詔元質與李蘩共措置條具奏聞。

元質又言:「簡州鹽額最爲重大,近蒙蠲減,折估錢五萬四千餘緡。但官司一時逐井除減,使實惠未及下戶。富厚之家,動煎數十井,有每歲減七千緡者;下等之家,不過一二十井,貨則無人承當,額徒虛欠,官司不免督責。望委制置司,再將向來已減之數,重行均減。其上戶至多者,每數不得減過二千貫,其餘類推,均及下戶。」

淳熙五年金大定十八年。(戊戌、一一七八)

1春,正月,辛丑,侍御史謝廓然言:「近來掌文衡者,主王安石之說,則專尚穿鑿;主程頤之說,則務爲虛誕。虛誕之說行,則日入於險怪;穿鑿之說興,則日趨於破碎。請詔有司公心考校,無得徇私,專尚王、程之末習。」從之。

2庚戌,金修起居注伊喇(舊作移剌)傑言朝奏屏人議事,雖史官亦不與聞,無由記錄,金主以問宰相石琚、右丞唐古安禮,琚等對曰:「古者史官,天子言動必書,以儆戒人君,庶幾有畏也。周成王翦桐葉爲圭,戲封叔虞,史佚曰:『天子不可戲言,言則史書之。』以此知人君言動,史官皆得記錄,不可避也。」金主曰:「朕觀貞觀政要,唐太宗與羣下議論,始議如何,後竟如何，此正史官在側記而書之耳。若恐漏泄機事，則擇愼密者任之。」朝奏屏人議事，記注官不避，自此始。

3 庚申，金免中都、河北、河東、山東、河南、陝西前年被災租稅。

4 壬戌，金主如春水。

5 是月，永康陳同詣闕上書曰：「吳、蜀，天地之偏氣；錢塘，又三吳之一隅。當唐之衰，錢鏐以閭巷之雄，起主其地，自此不能獨立，常朝事中國以爲重。及我宋受命，俶以全家入京師而自獻其土，故錢塘終始五代，被兵最少，而二百年之間，人物日以蕃盛，遂甲於東南。及建炎、紹興之間，爲六飛所駐之地，當時論者固疑其不足以張形勢而事恢復矣。秦檜又從而備百司庶府，以講禮樂於其中，其風俗固已華靡；士大夫又從而治園囿、臺榭，以樂其生於干戈之餘，上下宴安，而錢塘爲樂國矣。一隙之地，本不足以容萬乘，而鎭壓且五十年，山川之氣，亦發洩而無餘。故穀粟桑麻絲枲之利，歲耗於一歲；禽獸魚鼈草木之生，日微於一日；公卿將相，大抵江、浙、閩、蜀之人，而人才亦日以凡下，場屋之士以十萬數，文墨稍異，已足稱雄於其間矣。陛下據錢塘已耗之氣，用閩、浙日衰之士，而欲鼓東南習安脆弱之衆，北向以爭中原，臣有以知其難也。荆、襄之地，東通吳、會，西連巴、蜀，南極湖、湘，北控關、洛，左右伸縮，皆足以爲進取之機。今誠能開墾其地，洗濯其人，以發泄其氣而用之，使足以接關、洛之氣，則可以爭衡於中國矣。

今世之儒者，自以爲得正心、誠意之學者，皆風痹不知痛癢之人也。舉一世安於君父之讐，方且低頭拱手以談性命，不知何者謂之性命乎？陛下接之而不任以事，臣於是服陛下之仁。今世之才臣，自以爲得富國強兵之術者，皆狂惑以肆叫呼之人也。不以暇時講究立國之本末，而方揚眉伸氣以論富強，不知何者謂之富強乎？陛下察之而不敢盡用，臣於是服陛下之明。陛下厲志復讐，足以對天命，篤於仁愛，足以結民心，而又明足以照臨羣臣一偏之論，此百代之英主也。今乃委任庸人，籠絡小儒，以遷延大有爲之歲月，臣不勝憤悱，是以忘其賤而獻其愚。」

同，即陳亮更名。書奏，帝感動，欲榜朝堂以勵羣臣，用种放故事，召令上殿，將擢用之。曾覿知之，將見亮，亮恥爲覿所知，踰垣而逃，覿不悅。大臣尤惡其直言，交沮之，乃命都堂審察。宰相以上旨問以所欲言，落落不少貶，又不合。待命十日，復詣闕上書者再。帝欲官之，亮笑曰：「吾欲爲社稷開數百年之基，寧用以博一官乎！」遂歸。【考異】水心集：陳同甫墓志云：上書至再，天子始欲召見。倖臣恥不詣己，執政尤不樂，不報。墓志所謂倖臣，指曾覿也。所謂執政，蓋指王淮等也。宋史本傳祇言宰相，不明指其人。四朝聞見錄云：上韙其議，使宰臣王淮召至都省，問下手處。陳與考亭先生游，王素不喜考亭，故併陳嫉之。陳至都省，度縱言亦未必盡復於上。翼日，上問亮所欲言者，王對上曰：「秀才說話耳。」上方鄙遠俗儒，遂不復召見。按王淮與朱子本無怨，亦嘗薦朱子。後因朱子劾唐仲友，遂與爲難耳。如謂因朱子而併嫉亮，殊非事實。

6二月，戊辰，臣僚言：「郡縣之政，最害民者，莫甚于預借。蓋一年稅賦支遣不足，而又預借於明年，是名曰借，而終無還期。前官既借，後官必不肯承。望嚴戒州縣。」從之。

7己巳，臣僚言丁稅二弊：「一丁之稅，人輸絹七尺，此唐租庸調所自出也。二十歲以上則輸，六十則止，殘疾者以病丁而免，二十以下者以幼丁而免，此祖宗之法也。比年鄉司爲姦，託以三年一推排，方始除附，乃使久年係籍與疾病之丁，無時銷落，前添之丁，隱而不籍，皆私糾而竊取之，致令實納之人無幾，而官司所入，大有侵弊，此除附之弊也。若其輸納，則六丁之稅，方湊成絹一匹。官司狃於久例，利其重價，及頭子勘合、市例縻（糜）費之屬，必欲單名獨鈔，其已納者，又不即與銷簿，重疊追呼，此輸納之弊也。今欲縣委丞置丁稅一司，遇歲終，許民庶之家長或次丁，自陳其家實管丁若干，老病少壯，悉開列於狀。將舊簿照年實及六十與病廢者悉除之；壯而及令者，重行收附。如隱年者，許人首告。每歲納足，即與銷簿。給鈔計錢絹，從便送納。」從之。

8辛未，申嚴武官程試法。

9丁丑，禁解鹽入京西界。

10 己丑，金主還都。左丞相赫舍哩（舊作紇石烈。）良弼以疾乞致仕，金主慰留；請益力，乃許之，授明安，給丞相俸傔。金主謂宰臣曰：「卿等非不盡心，乃才力不及良弼，所以惜其去也。」

11 庚寅，威州蠻寇邊，討降之。

12 三月，丁未，李彥穎罷，爲資政殿學士、知紹興府。

13 金主謂宰執曰：「縣令最爲親民，當得賢才用之。比在春水，見石城、玉田兩縣令，皆年老，苟祿而已。畿甸尚爾，遠縣可知。」平章政事石琚言：「良鄉令焦旭、慶都令李伯達皆能吏。」金主曰：「如卿言，當擢用之。」

14 己酉，金禁民間創興寺觀。

15 壬子，以史浩爲右丞相，兼樞密使。帝謂浩曰：「自葉衡罷，虛席以待卿久矣。」

16 己未，以王淮知樞密院事，趙雄參知政事。

17 辛酉，四川制置使胡元質言：「蜀折科之額，視東南爲最重。如夏秋稅絹，以田畝所定稅錢爲率，凡稅錢僅及三百，則科絹一匹；不及三百者，謂之畸零，其所輸納，乃理估錢，則準時值。當承平時，每縑不過二貫，兵興以來，每縑乃至十貫，是一縑而取三倍也。陛下軫念遠民重困，每縑裁定作七貫五百。蜀民歡呼鼓舞。然獨成都，自淳熙五年爲額減放，其他州縣，尙仍舊估，請付下約束。」詔：「四川總領所逐同路轉運司，取見諸州軍未盡數，減放裁減。」

18 是春，詔會子以一千萬緡爲一界；尋又詔如川錢引例，兩界相會行。

19 夏，四月，丙寅，以禮部尙書范成大參知政事。

20 己巳，金主謂宰臣曰：「朕巡幸所至，必令體訪官吏臧否。向于玉田，知主簿舒穆嚕沓（舊作石抹沓。）乃能吏也，可授本縣令。」

21 辛未，知紹興府張律，奏支用剩錢四十萬貫，應副御前激賞支用，詔令將所獻錢爲人戶代納今年和買身丁之半。

22 賜禮部進士姚穎四百十有七人及第、出身。

23 己卯，以趙思奉使不如禮，罷起居舍人，仍降二官。

24 丁亥，詔：「給事中專立一司，看詳奏狀、劄子及陳乞數奏者；如有利國便民事，並先參訂祖宗法，委無違戾，方許上籍。」

25 五月，甲午朔，知靜江府張栻除祕撰，令再任。以栻久任帥閫，績效有聞也。

26 庚子，置武學國子員。

27 右丞相史浩奏：「臣蒙恩俾再輔政，惟盡公道，庶無朋黨之弊。」帝曰：「宰職豈當有朋黨！人主亦不當以朋黨名臣下。既以名其爲黨，則安得不結爲朋黨！朕但取賢者用之，否則去之。且如葉衡既去，人以王正己爲其黨，朕固留之。以王正己雖衡所引，其人自賢，則知朕不以朋黨待臣也。」浩曰：「陛下心如止水，如明鏡，賢否皆不得遁，故姦邪不敢名正人以朋黨。漢黨錮、唐白馬之禍，皆人君不明，爲羣邪所惑，遂至於此。」帝曰：「漢、唐朋黨之禍，大抵皆由主聽不明，而其原始於時君不知學。」浩言：「說命三篇，專論聖學，如『終始典于學』，如『學古訓』之類。帝王要道，無先於此。」帝稱善。

28 丙午，金主如金蓮川。

29 丁未，修臨安城。

30 是月，詔：「諸路州縣創立場務者，皆罷之。」

31 六月，庚午，新知南劍州曾植言：「近日公正之道微，請托之風盛。省部之理訴，倉庫之出納，刑獄之決讞，州縣之爭訟，無一不用關節，而望百司舉職，難矣。請戒飭百官內外，皆用公道，毋徇私情。其有不悛，行法自近始。庶幾百官各揚乃職。」從之。

32 金右丞相赫舍哩良弼薨，謚誠敏。

良弼性聰敏忠正，善斷決，雖起寒素，致位宰相，朝夕惕惕，盡心於國，薦舉人材，常如不及。居位幾二十年，輔成太平之治，號賢相焉。

33 乙亥，范成大罷職奉祠，以言者論之也。

34 甲申，詔翰林學士、諫議大夫、給事中、中書舍人，各舉堪御史者二人。

35 以給事中錢良臣簽書樞密院事。

36 壬辰，詔侍御史舉堪任御史者。

37 閏月，丙申，贈強霓、強震觀察使，乃〔仍〕於西和州立廟，賜額旌忠，以知興州吳挺言霓守環州，震爲軍官，並死節不屈也。

38 丁酉，湖廣總領周嗣武奏：「蜀爲今日根本之地，自屯兵蜀口，五十年間，竭全蜀之力，僅足供給軍食。目今歷尾雖管錢引八百萬道，望軫念蜀民力已疲困，乞存留在蜀，以備非常急闕之需。」帝曰：「甚善！」又奏：「蜀中錢引，自天聖間創始，每界初只一百二十五萬餘道，至建炎間，依元符之數，添印至三百七十餘萬道，尚未爲多。目今見行兩界道共四千五百餘萬道，較之天聖之初，何啻數十倍！今四川總領所，又有別造錢銀會子，接濟民間貿易，比折成貫錢引，自是六十三萬道。倘歲歲添印，一旦價例減落，則于四川錢引，所係非輕。」帝曰：「蜀中錢引已多，豈可更有增添！」並從之。

39 大理卿吳交知等奏獄空，獎之。

40 淮東總領言：「高郵、寶應田，歲被水澇者，昔元祐間發運張綸興築長隄二百餘里，爲涵洞一百八十所，石堰、斗門三十六座，以時疏洩，下注射陽湖，流入於海，故年穀屢登。自殘擾之後，盡皆廢壞，湖水漫流。請專委官司守令，于農隙之地，官給米募夫，擇湖水衝要，建石堰、斗門，并管察隄岸之損缺，修築塡補。」旋命淮東領總葉翥核實以聞。

41 戊戌，興州都統吳挺言：「今階、成、西和、鳳州幷長舉縣營田，以三年計之，所得纔四萬九千餘緡，而所費乃百七萬緡。請以其田召民耕佃，將軍兵抽還敎閱。」從之。

42 己亥，利州路復分東、西，以吳挺率〔帥〕西路兼知興州，知興元府程价充東路安撫。

43 辛丑，金賑西南、西北兩路饑。

44 壬寅，置鎭江、建康府轉般倉。

45 秋，七月，甲子，太尉、提舉萬壽觀李顯忠薨，謚忠襄。

46 丙子，金主謂宰臣曰：「職官始犯贓罪，容有錯誤。至於再犯，是無改過之心。自今再犯，不以贓數多寡，並除名。」

47 八月，甲午，詔曰：「近年穀絲豐收，尚念耕夫蠶婦，終歲勤動，買〔賣〕錢不足以償其勞。而郡邑或勿加卹，使倍蓰以輸其直，甚亡謂也！其令諸路監司，嚴戒所部，應民間兩稅，除折帛折變自有常制外，當輸本色者，毋以重價強之折錢。若有故違，按劾置法。可令臨安府刻石遍賜諸路監司、帥臣、郡守。」

43復制科舊法。

49國子博士錢聞詩言：「今日登用武臣，不過於武臣中用有文采者，欲以此激勵武勇，恐反怠其素習。將見將帥子弟，必有習文墨，弄琴書，趨時好尚以倖進用者。」帝曰：「若如此，朕安能得人！」

50丁酉，詔關外西（四）州增募民兵爲忠勇軍。

51乙巳，金主還都。丙辰，以右丞相完顏守道爲左丞相，平章政事石琚爲右丞相。

52戊午，增銓試爲五場，呈試爲四場。

53九月，壬申，幸祕書省，賜祕書監陳騤、少監鄭丙紫章服。

54戊寅，賜岳飛謚曰武穆。

55癸酉，金以左丞唐古安禮爲平章政事。乙亥，以右丞富察通爲左丞，參知政事伊喇道爲右丞，刑部尚書鈕祜祿額特勒舊作粘割斡特剌，今改。爲參知政事。

56陳俊卿入對。時曾覿以使相領京祠，王抃知閤門事，樞密都承旨甘昪爲入內押班，三人相與盤結，士大夫無恥者爭附之。于是鄭鑑爲館職，袁樞爲宗正，因轉對，數爲帝言之。俊卿判建康，因過闕，論「覿、抃招權納賂，薦進人材，而皆以中批行之，此非宗社之福。」且曰：「陛下信任此曹，壞朝廷之綱紀，廢有司之法令，敗天下之風俗，累陛下之聖德。」帝感其言。

俊卿之在建康也，御前多行白劄子，率用左右私人賫送，俊卿因奏曰：「號令出於人主，行於朝廷，布於中外，古今之所同也。間有軍國機密文字或御前批降，則用寶行下，所以信示防僞也。今乃直以白劄處分事宜於數百里之外，其間亦有初非甚密之事，自可附之省部。今白劄既信於天下，則他時緩急，或有支降錢物，調發軍馬，處置邊防，干國家大利害事，其間豈能保其無僞！若嚴重知體之人，必須奏審，則往來之間，或失事機；若庸懦無識之人，卽便施行，則眞僞不分，豈不悞事！况批稟文字，只付差來人，或令回申元承受處，到之與否，不可得知，此於事體尤爲非便。」帝降札獎謝之。

57冬，十月，戊戌，史浩等上三祖下第六世仙源類譜、仁宗玉牒。【考異】宋史全文繫此事於秋末，今從宋史本紀。

58先是曆官推九月庚寅晦，既頒曆矣。而金使來賀生辰者，乃以爲己丑晦，蓋小盡也，於是會慶節差一日。接伴檢詳官邱崈調護久之，金使乃肯用正節日上節（壽）。蓋曆官荆大聲妄改甲午年十二月爲大盡，故後一日也。

59乙卯，奉國節度使、殿前都指揮使王友直，以募兵擾民，降爲武寧軍承宣使，統制以下奪官有差。軍民歡呶者，執送大理寺鞫之。

60戊午，封皇孫擴爲英國公。

61十一月，庚申朔，史浩言：「陛下事親之懿，如朔望駕朝德壽宮，與夫聖節、冬至、正旦上壽，或留侍終日，或恭請宴游，凡所以盡子之道，以天下養者，皆極其至。宜大書於策，以爲萬世法。然自陛下登位以來，至是凡十有七年，其間豈無親聞太上聖訓與夫陛下問對玉音！外庭不得而知，史官不得而書。望陛下以前所聞及自今以後所得太上聖訓，陛下問對玉音，許令輔臣隨時奏請，俾之登載日曆，或宣付史館，別爲一書，則聖子神孫，得以遵承家法。」從之。

62金尚書省奏擬同知永寧軍節度使事阿克舊作阿可，今改。爲刺史，金主曰：「阿克年幼，於事未練，授佐貳官可也。」平章政事唐古安禮曰：「臣等以阿克宗室，故擬是職。」金主曰：「郡守係千里休戚，可不擇人，而私其親耶！若以親親之恩，賜與雖厚，無害於政，使之治郡而非其才，一境何賴焉！」

63丙寅，詔：「大理寺所鞫軍民喧鬨者，並從軍法。」史浩言民不可律以軍法，不聽。復再降王友直爲宣州觀察使、信州居住。于是浩請罷政，甲戌，罷爲少傅，還舊節，充醴泉觀使兼侍讀。

64乙亥，以錢良臣參知政事。

65丙子，金尚書省奏：「崇信縣令石安節，買車材於部民，三日不償其直；削官一階，解職。」金主因言：「凡在官者，但當取其貪汚與清白之尤者數人黜陟之，則人自知懲勸矣。夫朝廷之政，太寬則人不知懼，太猛則小玷亦不免於罪，惟當用中典耳。」

66丁丑，以趙雄爲右丞相，王淮爲樞密使。

67王希呂繳奏：「浙、閩州縣推排物力，至於牛畜，亦或不遺。舊法，即無將舍屋、耕牛紐充作家業之文。」敕令所看詳：「人戶租賃牛畜，雖係營運取利，緣亦便於貧民。乞依所奏，將應民戶耕牛、租牛，依紹興三年五月六日指揮，並與免充家力，行下諸路州縣遵守施行。」帝曰：「國以農爲本，農以牛爲命，牛多則耕墾者廣，豈可指爲家力，因而科擾！監司常切覺察，如有違戾，按劾聞奏。」

68戊寅，詔：「成都一路十六州，除成都自有飛山軍及威、茂、黎、雅、嘉州、石泉軍係沿邊去處兵備不可抽摘外，自餘諸州，各選兵官前去，逐州按試勇壯有武力人，抽摘團結，共取一千人作二隊，如李德裕雄邊子弟，以雄邊軍爲名。」從胡元質請也。

69先是金曹王文學趙承先以姦被杖，除名，旣而復用。金主詰之，宰臣言：「由曹王遣人言其幹敏，故再任之。」金主曰：「官爵擬注，雖由卿輩，予奪之權，當出於朕。曹王之言尚從之，假皇太子有所諭，則其從可知矣。此事因問始知，所不知者更復幾何！且卿等公然受請屬，可乎？」金主又嘗諭宰臣曰：「往者丞相良弼擬注差除，未嘗苟與不當得者，而薦舉往往得人，鈕祜祿額特勒、伊喇慥、費摩舊作斐滿，今改。餘慶皆是也；至於私門請托，絕然無之。」

70 庚辰，復監司互舉法。

71 丙戌，金吏部尚書烏庫哩舊作烏古論，今改。元忠為御史大夫。

元忠嘗知大興府，有僧犯法，皇姑梁國大長公主屬使釋之，元忠不聽。金主聞之，召元忠謂曰：「卿不徇，甚可嘉也。治京如此，朕復何憂！」

72 十二月，辛卯，宰臣進監司、郡守除目，帝曰：「郡守得人，則千里蒙福；監司得人，則一路蒙福。卿等遴選其人，不可輕授。」

73 壬辰，趙彥逾請以南康軍諸魚池為放生池，帝曰：「沿江之民，以魚為生，今禁之，恐妨民也。」

74 庚戌，金封皇孫瑪達格舊作麻達葛，今改。為金源郡王。

75 壬子，金羣臣奉上大金受命萬世之寶。

76 乙卯，知臨安府吳淵，請復置西溪欄稅，帝曰：「關市譏而不征。去城五十里外，豈可復置欄稅！」

77是歲，前知雷州李茀奏：「廣西鹽已行者，曰鈔商興販也，曰官自般賣也，然二者利害不可究。且官自般賣，舊係本路轉運司主其事，行之既便，歲課自充，諸州亦無闕乏。自紹興八年改行鈔法，轉運司所得僅二分，不能給諸州歲計，至於高折秋苗，民被其害。逐年賣鈔所虧之數甚多，陛下灼見其弊，仍舊撥還轉運司，均於諸州官般官賣，盡罷折米招糴之爲民害者，止令轉運司歲認息錢三十一萬貫，自當確守此法，爲永久之利。」詔：「戶部將廣西官般官賣鹽法，申嚴行下，常切遵守。」

78劉珙以屬疾請奉祠；未報，請致仕。帝以珙病亟，遣中使挾侍醫視之。珙知疾不可爲，亟上遺表，首引恭、顯、伾、文以爲近習用事之戒，且曰：「今以腹心耳目寄此曹，故士大夫倚之以媒其身，將帥倚之以飢其軍，牧守倚之以賊其民；朝綱以紊，士氣以索，民心以離，咎皆在是。願亟加黜退，以幸天下。」卒，後謚忠肅。

79知廬州舒城縣余永錫，坐贓，特貸命，編管封州，仍籍其家。

淳熙六年金大定十九年。（己亥、一一七九）

1春，正月，丁卯，金主如春水。

2戊辰，賑淮東饑。

3庚午，太社令葉大廉言：「內侍省遇有取索庫務物，請依舊法，給合同憑由二本，一本付傳宣使臣取索，一本令本省畫時實封，差人置歷付所取庫務官勘驗支供，仍將合同繳奏。」帝從之，曰：「此良法也。」

4 壬申，蠲夔州上供金銀。

5 癸未，趙雄等請光州復置中渡榷場官，御前如有曾在榷場幹事之人，可以差充監官，帝曰：「自來不曾遣人淮上購物，如淮白、北果之屬，官(宮)中並無之。」劉度前守盱眙，嘗獻淮白，卻而不受。近蒙太上賜得數尾，每進膳，即食一小段，可食半月。」雄曰：「陛下豈獨奉養儉素！如珠玉、圖畫之珍，皆不得其門而入。」帝曰：「亦天性不好耳。」

6 甲申，內批：「登仕郎張聞禮，係太上(皇)后姪女夫，特添差浙東安撫司幹辦公事。」趙雄等言：「在法，雖戚里，文臣未經銓試，武臣未經呈試，並不許陳乞添差。」帝曰：「豈可以戚里而廢公法！今後有似此，須執奏。」

7 四川制置胡元質、夔路運判韓㬇奏：「夔路之民最貧，而諸州科買上供金銀絹三色，民力重困。所有大寧監鹽課委有增羨。臣今與總領所及本路轉運司公共措置，已將鹽課趲(攢)剩之錢買金銀，發納總領所及茶馬司，盡蠲免九州民間歲買之幣外，有餘剩錢，可盡免今年夔路諸州一年今科民間買絹之數，餘錢又可與民間每歲貼助之費，民力可以少蘇。」帝曰：「監司、郡守，興利除害，實惠及民，要當如此。」並從之。趙雄曰：「韓㬇為漕臣，措置此錢以免科擾，宣力甚多。」帝曰：「不可不賞。」尋加晚直祕閣。

8是月，郴州賊陳峒等連破道州桂陽軍諸縣。【考異】嘉泰會稽志以陳峒竊發爲正月事，宋史本紀係於三月己巳，蓋竊發在正月，命討在三月也，今從嘉泰志連書之。又，陳峒，齊東野語作「陳豐」，今從宋史。集英殿修撰、知潭州王佐請發荆、鄂精兵三千，詔以本路兵進討，命佐節制。

9二月，己丑朔，幸佑聖觀，即帝儲宮也。皇太子從帝御講宮，顧瞻棟宇，初無改造，顧謂皇太子曰：「近日知通鑑已熟，別讀何書？」對曰：「經、史並讀。」帝曰：「先以經爲主，史亦不可廢。」

10庚寅，參知政事錢良臣，以失舉茹驤改官，自劾。詔：「良臣所奏，乃欲以身行法。國有常憲，朕不敢私，可鐫三官。」

癸巳，詔：「戶部侍郎陳峴，待制張宗元，新知秀州徐本中，饒州居住趙皤老，各降三官。」亦以保舉茹驤也。

先是驤知湖州長興縣，侵盜官錢入己，事發，決台州編管，籍其家，故有是命。

11甲午，太學博士高文虎，論前宰執、侍從帶觀文殿大學士至待制在外者，皆有論思獻納之責，帝曰：「此奏尤爲得體，朕亦有聽納之益，且知州郡間民情。」丙申，詔：「前宰職〔執〕、侍從帶觀文殿大學士至待制及大中大夫以上守郡、奉祠之人，今後如有所見，不時以聞。

其責降官，不在此限。」

12 丁酉，殿前副都指揮使郭棣言：「每遇宣押打毬或蒙賜酒，其諸軍正額、額外統制官內，有于馬上率爾奏事者，及賜酒之際，無指揮宣喚，輒詣榻前奏事，甚失臣子事君之禮。請自今後遇宣押，從本司押束。」從之。

13 癸卯，帝曰：「朕欲將見行條法，令敕令所分門編類，如律與刑統、敕、令、格、試（式）及續降指揮，每事皆聚載一處，開卷則盡見之，庶使胥吏不得舞文。」趙雄等曰：「士大夫少有精於法者，臨時檢閱，多爲吏輩所欺。若分門編類，則遇事悉見，吏不能欺。」乃詔敕令所，將見行敕、令、格、式，倣吏部七司條法總類，隨事分門修纂，別爲一書。若數事共條，即隨門釐入，以淳熙條法事類爲名。

14 丙午，詔：「逃軍犯強盜者無擬貸。」

15 己酉，金主還都。

16 乙卯，詔：「自今歸正官親赴部授官，以革冒濫。」

17 金免去年被水旱民田租稅。

18 呂祖謙詮擇聖宋文海成編，奏御，賜名文鑑，并賜祖謙銀絹。

19 三月，乙丑，金尚書省奏虧課院務官顏葵等六十八人，各合削官一階，金主曰：「以承蔭人主權沽，此遼法也。法敝則當更張，唐、宋法有可行者則行之。」

20丙寅，錄岳飛、趙鼎子孫，賜京秩。

21己巳，金主與宰臣論史事，金主曰：「朕觀前史多溢美。大抵史書載事貴實，不必浮詞諂媚也。」

22己巳，置廣西義倉。

23庚午，知鎭江司馬伋，言用石修砌湖牐門，浚海鮮河，使船有艤泊之所，帝曰：「司馬伋浚河修牐，惠利甚厚，可除寶文閣待制。」

24丁丑，帝諭宰執曰：「諸路漕臣，職當計度，欲其計一道盈虛而經度之也。今則不然，於所部州郡，有餘者取之，不足者聽之，逮其乏事，從而劾之，吾民已被其擾矣。朕今以手詔戒諭之，俾深思古誼，視所部爲一家，周知其經費而通融其有無，廉察其能否而裁抑其耗蠹，庶乎郡邑寬而民力裕也。」趙雄等曰：「責任漕臣，盡於此矣。」于是出手詔以戒諸道轉運，曰：「分道置臺，寄耳目于爾漕臣，職在計度，欲計其一道盈虛而盡度之也。職在按察，欲其早正吏治，毋使至於病民。厥或異此，朕何賴焉！」命兩浙轉運司刻石，徧賜諸路漕臣。

25辛未，金主謂宰臣曰：「姦邪之臣，欲有規求，往往私其黨與，不肯明言，託以他事，陽不與而陰爲之力。朕觀古之姦人，當國家建儲之時，恐其聰明，不利於己，往往以陰事破其議，惟擇昏懦者立之，冀他日可弄權爲功利也。如晉武欲立其弟，而奸臣沮之，竟立惠帝，以致喪亂，此其明驗也。」

26 己卯，金制：「糾彈之官，如犯法而不舉者，減犯人罪一等，關親者許迴避。」

27 金主謂宰臣曰：「人多奉釋、老，意欲徼福，朕早年亦頗惑之，旋悟其非。且上天立君，使治下民，若盤樂怠忽，欲以僥倖祈福，難矣！果能愛養下民，上當天心，福必報之。」

28 乙酉，錢良臣言：「新除太府丞李嶧，爲臣妻之兄弟，恐外人疑臣私於親戚，乞與外祠。」帝曰：「嶧因論薦得擢，不由卿薦。卿既引嫌，可與近見闕知軍差遣。」

29 是月，以高郵、通、泰等州去年田鼠爲災，賑之。

30 夏，四月，己丑朔，金賑西南路招討司所部民。

31 丁酉，帝曰：「州郡間近日添差員數頗多。今後宗室、戚里、歸正官等添差通判、職官等，每州各不得過一員，帥司參議官、諸屬官等此。」

32 己酉，金升祔閔宗於太廟，加謚曰弘基纘武莊靖孝成皇帝。

33 金主將如金蓮川，有司具辦。薛王府掾絳人梁襄上疏極諫，其略曰：「金蓮川在重山之北，氣候殊異，仲夏降霜，一日之間，寒暑交至，與上京、中都不同，非聖躬將攝之所。凡奉養之具，無不遠勞飛輓，其費數倍。至於頓舍之處，車騎塡塞，主客不分，馬牛風逸，臧獲逋逃，奪攘蹂躪，未易禁止。公卿、百官、衞士，富者車帳僅容，貧者穴居露處，輿臺皁隸，不免困踣，飢不得食，寒不得衣，一夫致疾，染及家人，夭殤無辜，何異刃殺！此特細故耳，更有大於此者：

臣聞高城浚池，深居邃禁，帝王之藩籬也；壯士健馬，堅甲利兵，帝王之爪牙也；今行宮之所，非有高殿廣宇城池之固，是廢其藩籬也。挂甲常坐之馬，日暴雨蝕，臣知其必羸瘠；禦侮待用之軍，寒眠冷啖，臣知其必疲瘵；衞宮周廬，才容數人，一旦霖潦，衣甲弓刀，霑濕柔脆，豈堪爲用！是失其爪牙也。秋杪將歸，人已疲，馬已弱矣，裹糧已空，褚衣已敝，猶且遠幸松林，以從畋獵，行于不測之地，往來動踰數月。設烈風暴至，塵埃漲天，宿霧四塞，跬步不辨，以致翠華有崤陵之避，襄城之迷，百官狼狽於道途，衞士參錯於隊伍。所次之宮，草略尤甚，殿宇周垣，惟用氈絺。押宿之官，上番之士，終日驅馳，加之飢渴，已不勝倦，更使徹曙巡警，露坐不眠，精神有限，何以克堪！陛下悅以使人，勞而不怨，豈若不勞之爲愈也！

議者謂北幸已久，每歲隨駕大小，前歌後舞而歸，今之再出，寧遽有不可！臣愚以爲患生於不測者多矣，狃於無虞，往而不止，臣甚懼焉。

議者又謂前世守文之主，生長深宮，畏見風日，彎弓上馬，皆所不能，志氣銷懦，筋力拘柔，臨難戰懼，束手就亡。陛下監其如此，不憚勤身，遠幸金蓮，至於松漠，名爲坐夏打圍，實欲服勞講武。臣愚以爲戰不可忘，畋獵不可廢，宴安酖毒亦不可懷，事當適中，不可過當。今過防驕惰之患，先蹈萬有一危之途，何異無病而服藥也！況欲習武，不必度關，涿、易、雄、保、順、薊之境，地廣且平，畋獵以時，誰曰不可！乞發如綸之旨，回北轅之車，安巡中都，不復北幸，則社稷無疆之休，天下莫大之願也。」

金主納之，遂爲罷行。襄由是以直聲聞。

34 王佐受命討陳峒，念將校無可用者，惟流人馮湛以勇聞，乃許其湔雪，檄權湖南路兵馬鈐轄。選潭州廂禁軍及忠義寨得八百人，命諸縣屯兵悉聽調發。佐以擅發自劾，詔弗問。賊聞湛將至，即遁歸巢穴。轉運使欲緩攻，佐以爲賊巢在宜章，旁接三路七郡，林箐深阻，出入莫測，峒不誅，湖廣憂未艾也，遂親赴宜章，移湛屯何卑山。夜半，發兵分五路進，突入其隘口。賊倉猝出戰，即潰走。【考異】齊東野語云：諜知賊巢所在，乘日晡放飯少休時，遣亡命卒三十執短兵以前，湛自率五百人繼其後，徑入山寨。豐方抱孫獨坐，其徒皆無在者，亟鳴金嘯集，已無及矣，於是成擒。所載小異，今從嘉泰會稽志。進奪空岡寨，斬峒等，郴州平。

續資治通鑑卷第一百四十七

賜進士及第兵部尚書兼都察院右都御史總督湖北湖南等處地方軍務兼理糧餉世襲二等輕車都尉畢沅編集

宋紀一百四十七 起屠維大淵獻（己亥）五月，盡上章困敦（庚子）十二月，凡一年有奇。

孝宗紹統同道冠德昭功哲文神武明聖成孝皇帝

淳熙六年金大定十九年。（己亥、一一七九）

1 五月，甲子，提領封樁庫閻蒼舒，言封樁庫錢貫斷爛之數，乞對閱支遣，帝曰：「錢積之久，必致貫朽。」趙雄曰：「陛下未嘗一毫妄取於民，而府庫充足。」帝曰：「朕不敢妄取，所以有此，待緩急之用也。」

2 戊辰，祕書省言，故事，明堂大禮，太史局合差奏祥瑞官一員，帝曰：「豐年爲上瑞，不必遣官。」

3 庚午，蠲四川鹽課十萬緡。

4 丙戌，帝曰：「王佐以帥臣親入賊巢，擒捕誅剿，與向來捕賊不同，書生中不易得也。」

趙雄曰：「今日成功，皆出宸算。佐初止恃荆、鄂大軍，陛下令將本路將兵、禁軍、義丁、土豪，以之破敵，佐遂專用本路鄉兵。非陛下明見萬里，則佐成功必不如此之速。陛下必欲旌賞之，宜俟佐保明立功之人，先下準賞，然後及佐也。」旋擢佐顯謨閣待制，徙知揚州。馮湛復元官。

5 是月，臣僚言：「諸路州郡截用上供錢物，初令度支點對驅磨，既而復令關帳司驅磨。然而關防滲漏之弊終不能革者，緣其間窠目不一，失於參照，州郡得以容奸。重疊申部，而逐部只是照應大案合催名色，徑行銷豁。今請令度支每歲置簿，如遇承降指揮截使名色錢物之數，所隸部分，候請州申到帳狀，即關會度支回報，方許關帳司驅磨銷豁。」從之。

6 六月，戊子朔，金詔更定制條。

7 甲午，建豐儲倉。

8 丙申，詔特奏名毋授縣令、知縣。

9 戊戌，蠲郴州運糧丁夫今年役錢之半。

10 臨安府勘到李顯忠諸子師說等無禮於繼母，其繼母王氏，令其子師古行財，傾陷異母兄弟。【考異】琬琰集載張掄撰李顯忠行狀：顯忠元配周氏，再醮趙氏，繼室王氏。子十六人，師古爲第九子，師說爲第十一子。師古爲王氏所生，則未知師說之母誰氏也。今從宋史全文書之。帝曰：「師說兄弟呼母爲侍婢，可謂悖禮。其母出財以傾之，亦豈爲母之道！母子皆當抵重罪。朕念顯忠昔日歸朝，頗著勞效，今歿未久，不忍見其家門零落。朕欲悉赦罪，聽其自新，庶幾全母子之情；後或不悛，卽置典憲。」己亥，詔有司一無所問。臨安府追集師說等，宣奉恩旨保全顯忠門戶之意。王氏母子感泣，見者亦以手加額。帝曰：「此非獨保顯忠門戶，亦有補於風教。」

11 辛亥，廣西妖賊李接破鬱林州，守臣李端卿棄城遁，遂圍化州。命經略司討捕之。端卿除名勒停，梅州編管。

12 是月，求四川遺書，以其不經兵火，所藏官書最多也。

13 秋，七月，癸亥，籍郴州降寇隸荆、鄂軍。

14 荆、鄂副都統郭杲奏：「唐、鄧自來積穀不多，襄陽自漢江以北，四向美田，民多蓄積；請密行措置，於秋成收儲，以備緩急。」詔周嗣武、劉邦翰廣行收糴，其合用倉廒，相度措置。

15 辛未，金有司奏擬趙王子實古訥舊作石古乃，今改。人從，金主不許，謂宰相曰：「兒輩尚幼，若奉承太過，使侈心滋大，卒難節抑，此不可長。諸兒入侍，當其語笑娛樂之際，朕必淵默，蒞之以嚴，庶其知朕教誡之意，常畏懼而寡過也。」

16 中書舍人鄭丙言：「近來卿監丞、簿，悉除史官、館職，學館、書局，員數頗多；監司、郡守差至三政，參議、通判添差相踵，歸正、使臣養老將息，塡滿諸郡。東宮徹章，祕書省進書、講官、宮僚及預修官吏，賞之可也，下至雜流厮役、監門邏卒，亦皆霑賞，曰就龍日久，曰應奉有勞；開一河道，修一牐堰，横被醲賞。欲行裁抑。」詔曰：「丙之言是也。賞行除授，積累既多，不即以聞，豈所望於忠益耶！可劄付給、舍。」給事中王希呂、兼權中書舍人李本等皆以失職待罪，帝曰：「謂無罪則不可，放罪則丙不自安，令依舊供職。」

17金密州民許通等謀反，伏誅。

18甲申，臣僚言：「舊制，凡內外官登對者，許用劄，其餘則前宰職、大兩省官以上許用劄，以下並用奏狀。近年他司內郡應用奏狀者，或以劄子上塵乙覽，其間往往詆訐前政，陳説己能，不知大體。請申嚴有司，應帥、漕、郡守、主兵官，如事涉兵機，許用劄子；其餘若不如式，則令退還。并稽攷臣僚章奏，如於公事之外輒以私事瀆聽者，略賜施行，則人知儆畏，各安其分。」從之。

19是月，趙雄等上會要。

20沿海制置司參議官王日休進九丘總要，送祕書省看詳；言其間郡邑之廢置，地理之遠近，人物所聚，古迹所在，物產所宜，莫不詳備。詔特遷一官。

21八月，戊子，重修敕令（所）言舊時馱馬、舟船契書收稅，帝曰：「此等不可删，删之，恐後世有算及舟車之害。」

22 庚寅，罷諸路監司、帥守便宜行事。

23 壬辰，金右丞相石琚致仕。詔以一孫爲閤門祗候。琚卽命駕歸鄉里。久之，金主謂宰臣曰：「知人最爲難事。近來左選多不得人，惟石琚爲相時，往往舉能其官；左丞伊喇（舊作移剌。）道，參政鈕祜祿額特勒，（舊作粘割斡特勒。）舉右選頗得之。朕常以不能徧識人材爲不足，此宰相事也。左右近侍雖常有言，朕未嘗輕信。」

24 先是湖南漕臣辛棄疾，奏官吏貪求，民去爲盜，乞先申飭，續具按奏，帝手詔付棄疾曰：「凡所言在已病之後而不能防於未然之前，其原蓋有三焉：官吏貪求而帥臣、監司不能按察，一也；方盜賊竊發，其初甚微，而帥臣、監司漫不知之，坐待猖獗，二也；當無事時，武備不修，務爲因循，兵卒例皆占破，一聞嘯聚，而帥臣、監司倉庫（皇）失措，三也。國家張官置吏，當如是乎！且官吏貪求，自有常憲，無賢不肖皆共知之，豈待喋喋申諭耶！今已除卿帥湖南，宜體此意，行其所知，無憚豪強之吏，當具以聞。朕言不再，第有誅賞而已。」

25 戊戌，金以大觀錢當五用。

26 辛丑，敕令所言絕戶之家財，許給繼絕者以三千貫，如及二萬貫奏裁，帝命刪之，曰：「國家財賦，取於民有制。今若立法，於繼絕之家，其財產及二萬貫者裁奏，則是有心利其財物也。」

27 壬寅，以知楚州翟畋過淮生事，奪五官，筠州居住。
28 丙午，金濟南民劉溪忠謀反，伏誅。
29 九月，庚申，徐存乞宮觀，帝曰：「徐存胸中狹隘，不耐官職。向因輪對，嘗識其人，可與宮觀。」趙雄等曰：「陛下知人之明，臣下經奏對者，輒知其爲人，一字褒貶，無不曲盡。」帝曰：「立功業，耐官職，須有才德福厚者能之。荀卿曰：『相形不如論心，論心不如擇術。』朕每於臣下，觀其形以知其命，聽其言以察其心。相形論心，蓋兼用之。」
30 癸亥，金主秋獵。
31 丙寅，敕令所言捕盜不獲，應決而願罰錢者聽，帝曰：「捕盜不獲，許令罰錢而不加之罪，是使之縱盜受財也。」
32 丁卯，進監司及知、通納無額上供錢賞格。帝曰：「祖宗時，取於民止二稅而已。今有和買及經總制等錢，又有無額上供錢，既無名額，則是白取於民也。又立賞以誘之，使之多取於民，朕誠不忍，可悉刪去。」帝又曰：「朕不忘恢復，欲混一四海，效唐太宗爲府兵之制，國用既省，則科敷民間諸色錢務，可悉蠲免，止收二稅以寬民力耳。」
33 辛未，大饗明堂，復奉太祖、太宗配。自乾道以後，議者以德壽宮爲嫌，止行郊禮；至是用李燾等議，復行明堂之祭，遂並侑焉。從祀百神，並依南郊禮例。

先是禮部奏：「前禮部侍郎李燾請行明堂禮，並錄連（進）典故：一，熙寧五年，神宗問王安石曰：『宗祀明堂如何？』安石曰：『以古言之，太宗當宗祀，今太祖、太宗共一世，若迭配明堂，於事體爲當。』神宗曰：『今明堂乃祀英宗，如何？』安石曰：『此乃誤引嚴父之道故也。若言宗祀，則自前代已有此禮。』神宗曰：『周公宗祀，乃在成王之世。成王以文王爲祖，則明堂非以考配，明矣。』一，治平元年，知制誥錢公輔、知諫院司馬光、呂誨之議曰：『孝經曰：「嚴父莫大於配天，則周公其人也。」孔子以周公有聖人之德，成太平之業，制禮作樂，而文王適其父也，故引以證聖人之德莫大於孝，以答曾子之問；非謂夫凡爲天子，皆當以其父配，然後爲孝也。近世祀明堂者，皆以其父配五帝，此乃誤認孝經之意而違先王之禮，不可爲法也。』一，天章閣待制兼侍讀李受，天章閣侍講傅卞言：『臣等以爲嚴父者，非專謂考也。孝經曰：「嚴父莫大於配天，則周公其人也。」下乃曰：「郊祀后稷以配天，宗祀文王於明堂以配上帝。」夫所謂大者，謂郊祀配天也；夫所謂帝者，謂五帝之神也；故上云「嚴父配天」，下乃云「郊祀后稷以配天」，則父者，專謂后稷也。且先儒爲（謂）祖爲王父，則知父者不專謂乎考也。』一，乾道六年，李燾爲祕書少監兼權侍立官，奏：『昊天四祭，在春曰祈穀，在夏曰大雩，在秋曰明堂，在冬曰圜丘，名雖不同，其實一也。太祖嘗行大雩之禮於開寶，太宗再行祈穀之禮於淳化、至道，其禮並於圜丘。獨明堂之制，皇祐二年，仁宗始創行之，嘉祐、熙寧、元豐、元祐、紹聖、大觀、政和又繼行之。太上建炎二年，既祀圜丘，紹興元年，即祀明堂，以太祖、太宗並配天地，神祇並饗，統祚綿永。陛下臨御之三年，既親祈穀，七年祀圜丘。竊謂明堂之禮，合宜復行，遠稽祖宗故事，近遵太上慈訓，實爲當務之急。』淳熙三年，三月，燾因轉對，又申前請。」是歲，遂詔禮官、太常羣議而舉行之。

34 癸未，詔：「福建、二廣賣鹽，毋擅增舊額。」

35 金主還都。

36 冬，十月，乙酉朔，蠲連州被寇民租。

37 安南國王李龍翰（幹），加食邑封、功臣號。

38 辛卯，金西南路招討使哲典，以贓罪伏誅。

39 庚子，四川行當二大錢。再蠲四川鹽課十七萬餘緡。

40 辛丑，除紹興府逋賦五萬餘緡。

41 戊申，廣西妖賊平。

42 十一月，乙卯朔，帝製用人論，深原用人之弊及誅賞之法，趙雄等乞宣示，帝曰：「此論欲戒飭臣下趨事赴功而已，豈爲卿等設耶！」

43 辛酉，裁宗子試法。

44 壬戌，金改葬昭德皇后於坤厚陵，諸妃祔焉。

初，金主自濟南改西京留守，過良鄉，使魯國公主葬后於宛平縣之土魯原。至是改葬大房山，太子允恭徒行挽靈車。是日，大赦。

45 癸亥，帝曰：「義倉米專備水旱以濟民，今連歲豐稔，常平米正當趁時收糴。可嚴行，以先降指揮催諸路以常平錢盡數糴米。」時諸路未盡申到故也。

46 壬申，金主如河間冬獵。

47 癸酉，帝諭曰：「近蒙太上賜到倭松，眞如象齒，已於選德殿側蓋成一堂。」趙雄等曰：「陛下不因太上賜到良材，亦未必建此堂也。」帝曰：「朕豈能辦此！木植乃太上之賜，近嘗謝太上，因奏來春和暖，欲邀請此奉觴，太上已許臨幸。」雄曰：「陛下平時，一椽、一瓦未嘗興作；及蒙太上皇帝賜到木植，卽建此堂，此謂儉而孝矣。」

48 戊寅，右正言黃洽，論賞罰必欲當理，帝曰：「賞罰自是欲當。然朕有一言：夫矯枉而過直，則復歸枉矣；故矯枉至於直可也，過於直亦不正也。猛本所以濟寬，然過於猛則不可；蓋過於猛則人無所措手足，濟寬然(而)過於猛，猶矯枉而過其直也。惟立表亦然，所立正則其影直，所立過中則影亦隨之。朕守此甚久，一賞一罰，決不使之過。」趙雄等曰：「執其兩端，用其中於民，此舜事也。」帝曰：「中者，朕朝夕所常行。譬之置器適當，乃合於中，若置之失宜，則非中矣。朕之於臣下，初無喜怒好惡。嘗於禁中宣諭左右曰：『朕本自無賞罰，隨時而應，不得不賞罰耳，初無毫髮之私也。』又常守『愛而知其惡，憎而知其善』兩語，故雖平日所甚親信，苟有過失，必面戒之。而疏遠小臣，或有小善寸長，則稱獎之。」雄曰：「雨露之所生成，雪霜之所肅殺，天豈有心於其間哉！」

49 壬午，詔：「宗室有出身人，得攷試及注教授官。」

50 癸未，金主還都。

51 十二月，丙戌，頒重修敕令格式。

52 己亥，刑部尚書謝廓然奏：「二廣緣去朝廷既遠，舊多烟瘴，又見攝官官差之文，縣或有闕，監司、守臣輒差校、副尉攝，參軍、助教權攝。」帝曰：「遠方用此曹權縣，細民何辜！可令按劾。」

53 詔：「自今鞫贓吏，後雖原貸，毋以失入坐獄官。」

54 辛亥，蠲臨安徵稅百千萬緡。

55 知舒州趙子濛，奏本州支使鄒如愚、司理趙善劭荒廢職事，帝曰：「官無高卑，皆當勤於職事。」又曰：「朕於機務之暇，只好讀書。惟讀書則開發智慮，物來能名，事至不惑，觀前古之興衰，攷當時之得失，善者從之，不善者以爲戒。每見叔世之君，所爲不善，使人汗下，幾代其羞。且如唐季諸君，以破朋黨、去宦官爲難，以朕思之，殊不難也。凡事只舉偏補弊，防微杜漸，銷患於冥冥，若待顯著而後治之，則難矣。」

56是月，臣僚請會計財用之數爲會計錄，帝曰：「向者欲爲此錄，緣戶部取於州縣爲經總制錢者，色目太多，取民太重。若遽蠲則妨經費，須他日恢復之後，使民間只輸二稅，其餘名色乃可盡除之。」

57趙雄薦太學正安陽劉光祖試館職。光祖對策，論科場取士之道，帝批其後，略曰：「用人之弊，患君不能擇相而相不能擇人，每除一人，則曰此人中高第，眞佳士也，終不攷其才行。國朝以來，過於忠厚，宰相而誤國，大將而敗軍，未嘗誅戮。要在君心審擇相，相必爲官得人，懋賞立乎前，嚴誅設於後，人才不出，吾不信也。」

御筆既出，中外大聳。議者謂曾覿視草，爲光祖甲科及第發也。帝遣覿持示史浩，浩曰：「唐、虞之世，四凶止於流竄，而三攷之法，不過黜陟幽明。誅戮大臣，乃秦、漢法耳。太祖制治以仁，待臣下以禮；迨仁宗而德化隆洽，此祖宗良法也。聖訓則曰『過於忠厚』，夫忠厚豈有過哉！臣恐議者以陛下頒行刻薄之政，歸過祖宗，不可以不審也。」趙雄亦爲帝言：「宰相如司馬光，恐非懋賞能誘，嚴誅能脅。」帝悔之，乃改削其詞，宣付史館。

淳熙七年　金大定二十年。（庚子、一一八〇）

1春，正月，甲寅朔，臨安尹進府城內外及諸縣放免牧稅及用內帑等錢對補之數，帝曰：「朕於內帑無毫髮妄用，苟利百姓，則不惜也。」

2戊午，金定試令史館（校者按：館字衍。）格。

3乙丑，劉焞以平李接功，擢集英殿修撰，將佐、幕屬吏士進官、減磨勘年有差。

4己巳，金主如春水。

5丁丑，金以玉田縣行宮之地偏林爲御林，大淀濼爲長春淀。

6己卯，詔：「京西州軍並用鐵錢及會子，民戶銅錢，以鐵錢或會子償之；二月不輸官，許告賞。」

7庚辰，蠲淮東民貸賞（常）平錢米。

8二月，癸未朔，知鎮江府曾逮，言開新河以便行舟，帝曰：「揚子江至險，不可艤舟。」趙雄言：「鎮江舟船輻湊，前此綱運客船漂溺不少。」帝曰：「多開河道，誠善政也。」

9辛卯，魏王愷薨於明州，年三十五。

愷寬慈，爲帝深愛，雖出於外，心每念之，賜賚不絕。及薨，帝泫然曰：「向所以越次建儲者，正爲此子福氣差薄耳。」謚惠憲。

愷治邦有仁聲，明州父老乞建祠立碑以紀遺愛。

10 乙未，詔廣西兵校五百人隸提刑司。

11 乙巳，封子棟爲安定郡王。

12 丙午，帝謂宰臣曰：「察官邇來所察甚有補於事。」趙雄曰：「事之大者論之，小者察官察之，則吏治畢舉，官邪悉去矣。」

13 丁未，金主還都。

14 是月（甲申），右文殿修撰張栻卒。栻病且死，猶手疏勸帝親君子，遠小人，信任防一己之偏，好惡公天下之理。邸吏以庶僚不得上遺表卻之，帝迄不見也。

栻勇於從義，每進對，必自盟於心，不以人主意向，輒有所隨順。帝嘗言伏節死義之臣難得，栻對：「當於犯顏敢諫中求之。若平時不能犯顏敢諫，他日何望其伏節死義！」帝又言難得辦事之臣，栻對：「陛下當求曉事之士，不當求辦事之臣。若但求辦事之臣，則他日敗陛下事者，未必非此人也。」帝後聞其歿，嗟悼之。（校者按：此條應移9前。）

15 三月，丙辰，兵部措置武官（校者按：官字衍。）舉補官差注格法。帝曰：「武舉本欲舉將帥之才。今前名皆令從軍，以七年爲限，則久在軍中，諳練軍政，將來因軍功擢爲將帥，庶幾得人。」

16 己未，金主詔：「有罪犯被問之官，雖遇赦不得復職。」

17 壬辰，詔舉賢良。

18 乙丑，金詔免中都、西京、河北、山東、河東、陝西路去年租稅。

19 庚午，駕詣德壽宮，迎太上皇、太上皇后至大內，開宴於凌虛閣下。帝再拜，捧觴上壽。從至翠寒堂，棟宇不加丹雘。帝曰：「凡此巨材，一椽已上，皆由賜畀，且瑩潔無節目，所以更不彩飾。」酒數行，至堂中路石橋少憩，帝捧觴，太上、壽聖皆釂飲，帝亦滿引。帝奏曰：「苑囿池沼，久已成趣，仰荷積累之勤，臣何德以堪之！」上皇曰：「吾兒聖孝，海內無事垂二十年，安得爲無功！」

20 癸酉，臣僚言：「今京西路均、房州水陸入川商旅、軍兵，附帶銅錢入金州、利州甚多。金州爲川口，與川商接境，舊止用交子、鐵錢，今乃兼用銅錢。乞下四川總所委利路漕臣置場於金州，給以交子，兌換官私銅錢，發赴湖廣總所樁管。」從之。

21 丁丑，詔：「諸州招補軍籍之闕，自今歲以爲常。」

22 己卯，帝問：「三朝寶訓幾時進讀終篇？」史浩、周必大等曰：「陛下日御前後殿，大率日旰方罷朝，隻日又御講筵，恐勞聖躬。」帝曰：「朕樂聞祖宗謨訓，日盡一卷，亦未爲多。雖隻日及休暇，亦當特坐。」自是每講讀，帝必隨事咨詢，率漏下十刻無倦。

23 辛巳，金以圖克坦（舊作徒單。）克寧爲右丞相，烏庫論（舊作烏古論。）元忠爲平章政事。

克寧在相位，持正守大體，至於簿書期會，不屑屑然也。

24夏，四月，丙戌，趙雄等上仁宗、哲宗玉牒。【考異】聖政草載在二月，今從宋史。

25丁亥，金定冒廕罪賞。

26己亥，金太寧宮火。

27癸卯，知南康軍朱熹疏言：「天下之大務，莫大於卹民；卹民之本，又在人君正心術以立紀綱。

今民貧賦重，若不討理軍實，去其浮冗，則民力決不可寬。惟有選將吏，覈兵籍，可以節軍費；開廣屯田，可以實軍儲；練習民兵，可以益關備。今日將帥之選，率皆膏粱子弟，廝役凡流，所得差遣，爲費已是不貲，到軍之日，惟事裒斂刻剝以償債負。總饋餉之任者，亦皆倚附幽陰，交通貨賂，其所驅催東南數十州之脂膏骨髓，名爲供軍，而輦載以輸權倖之門者，不可以數計。然則欲討軍實以舒民力，必令反前所爲，然後可革也。軍籍既覈，屯田既成，民兵既練，州縣事力既舒，然後禁其苛斂，責其寬卹，庶幾窮困之民，得保生業，無復流移漂蕩之患也。

所謂其本在於正心術以立紀綱者，蓋天下之紀綱不能以自立，必人主之心術公平正大，無偏黨反側之私，然後紀綱有所係而立；君心不能以自正，必親賢臣，遠小人，講明義理之歸，閉塞私邪之路，然後乃可得而正。今宰相、臺、省、師傅、賓友、諫諍之臣，皆失其職，而陛下所與親密謀議者，不過一二近習之臣。此一二小臣者，上則蠱惑陛下之心志，使陛下不信先王之大道而說於功利之卑說，不樂莊士之讜言而安於私褻之鄙態；下則招集天下士大夫之嗜利無恥者，文武彙分，各入其門，所喜則陰爲引援，擢置清顯，所惡則密行訾毀，公肆擠排。交通貨賂，則所盜者皆陛下之財；命卿置將，則所竊者皆陛下之柄；陛下所謂卿、相、師傅、賓友、諫諍之臣，或反出入其門牆，承望其風旨。其幸能自立者，亦不過齷齪自守，而未嘗敢一言斥之；其甚畏公議者，乃略能警逐其徒黨之一二，既不能深有所傷，而終亦不敢明言以擣其囊橐窟穴之所在。勢成威立，中外靡然向之，使陛下之號令黜陟，不復出於朝廷，而出於此一二人之門；名爲陛下之獨斷，而實此一二人者陰執其柄，蓋其所壞，非獨壞陛下之紀綱，乃併爲陛下所以立紀綱者而壞之，則民又安可得而卹，財又安可得而理，軍政何自而復，宗廟之讎又何時而可雪耶！」

帝讀之，大怒，諭趙雄令分晰。雄言於帝曰：「士之好名者，陛下疾之愈甚，則人之譽之者愈衆，無乃適所以高之！不若因其長而用之，彼漸當事任，能否自見矣。」帝以爲然，乃置不問。【考異】宋史道學傳云：除知南康軍，熹再辭，不許，至郡明年上疏。薛氏通鑑、徐氏後編俱以上疏爲六年事，殊不知除命在五年，至郡在六年，上疏自在七年也。宋史全文作七年四月癸卯，今從之。

28甲辰，黎州五部蠻犯盤陀砦，兵馬都監高晃以綿、灋大軍與戰，敗走。蠻人深入，大掠而去。

29乙巳，金主謂侍臣曰：「女直官多謂朕食用太儉，朕謂不然。夫一食多費，豈爲美事！貴爲天子，能自節約，正自不惡也。朕服御或舊，常使澣濯，至於破碎，方用更易。向時帳幕長用塗金爲飾，今則不爾。但使足用，何事紛華也！」

30己酉，芮輝言：「吏部選法，小使臣遭喪不解官，給假百日。請除沿邊職任及雜流出身人仍依舊限，此外如蔭補子弟，宜守家法；取應宗室、武舉出身之數，皆自科舉中來，合遵三年之制。」帝從之，曰：「小使臣多是從軍或雜流出身及沿邊職任，所以不以禮法責之。其蔭補子弟、取應宗室、武舉人，豈可不遵三年之制！」

31庚戌，金主如金蓮川。

32五月，丙寅，金中都地震，生黑白毛。

33戊辰，以吏部尙書周必大參知政事，刑部尙書謝廓然簽書樞密院事。

帝謂必大曰：「執政於宰相，固當和而不同，前此宰相議事，執政更無語，何也？」必大對曰：「大臣自應互相可否。自秦檜當國，執政不敢措一詞，後遂以爲當然。陛下虛心無我，人臣乃欲自是乎！惟小事不敢有隱，則大事何由蔽欺！」帝深然之。

34 己卯，申飭書坊擅刻書籍之禁。

35 六月，壬辰，五部落再犯黎州，制置司鈐轄成光延戰敗，官軍死者甚衆，提點刑獄、權州事折知常棄城遁。甲午，制置司益兵，遣都大提舉茶馬吳總任平之。

36 詔：「監司、郡守，所屬官或身有顯過而政害於民者，卽依公按刺；或才不勝其任而民受其弊者，亦詳其不能之狀，俾改祠祿，不得務從姑息。至有民訟方行按劾，若廉察素明而的知其興訟不當者，則當爲別白是否，以明正其妄訴之罪，不得一例文具舉覺。」從太府丞錢象祖請也。

37 乙未，帝諭趙雄等曰：「大臣能持公道，思其艱，圖其易，斯盡善矣。」雄等曰：「居常以盡公相告戒，若曲徇親舊之情，不過得其面譽，安能勝衆人之毁也！」帝曰：「曲徇於人，所悅者寡，不悅者衆；及招人言，親舊雖能致力，不惟無益於國，亦殊不利於身。豈若一意奉公，保無後患！較其利害，孰得孰失耶？」

38 壬寅，祕書郎李巘言：「太平興國元年，詔學究兼習律令而廢明法科，至雍熙二年，復設明法科，以三小經附，則知祖宗之意，未嘗不使經生明法，亦未嘗不使法吏通經也。宜略倣祖宗舊制，使試大法者，兼習一經及小經義共三道爲一場。」帝曰：「古之儒者，以經術決疑獄，若從俗吏，必流於深刻，宜如所奏。然刑與禮相爲用，且事涉科舉，可令禮部條具來上。」既而禮部請第四場經義，大經一，小經二，從之。

39 丁未，三省言：「去歲豐稔，今歲米賤，所在和糴告辦，倉廩盈溢。其江東諸路土〔上〕供米，初令就近赴金陵、鎮江倉，今兩處守臣，皆云無可盛貯，乞依舊發赴行在豐儲西倉。」帝曰：「豐年蒙天祐，惟當增修德政耳。」

40 是月，祕書郎趙彥中疏言：「士風之盛衰，風俗之樞機繫焉。且以科舉之文言之，儒宗文師，成式具在；今乃祖性理之說，以浮言游詞相高。士之信道自守，以六經、聖賢爲師可矣，今乃別爲洛學，飾怪驚愚，外假誠敬之名，內濟虛僞之實，士風日敝，人材日偷。望詔執事，使明知聖朝好惡所在，以變士風。」從之。

41 秋，七月，癸丑，詔：「二廣帥臣、監司，察所部守臣臧否以聞。」

42 壬申，移廣西提刑司於鬱林州。

43 甲戌，杜民表乞罷總領漕司營運，帝曰：「朕欲罷此久矣。內外諸軍，添給累重之人，每歲不過三十餘萬緡，別作措置支給。」於是詔：「兩淮、湖廣、四川總領所，兩浙、四川轉運司營運並罷。」

44 是月，以旱，決繫囚，分命羣臣禱雨於山川。金地亦旱。

45 八月，甲申，以禱雨未應，詔職事官以上各實封言事。是夕，雨。

校書郎羅點上封事言：「今時姦諛日甚，議論凡陋。無所可否，則曰得體；與時浮沈，則曰有量；衆皆默，己獨言，則曰沽名；衆皆濁，己獨淸，則曰立異。此風不革，陛下雖欲大有爲於天下，未見其可也。自旱暵爲虐，陛下禱羣祀，赦有罪，曾不足以感動天心；及朝求讜言，夕得甘雨，天心所示，昭然不誣。獨不知陛下之求言，果欲用之否乎？如欲用之，則願以所上封事反覆詳熟，當者審而後行，疑者咨而後決，如此，則治象日著而亂萌自消矣。」

初，求言之詔將下，宰相謂此詔一下，州縣必乞賑濟，何以應之，約周必大同奏止其事，必大曰：「上欲通下情，而吾儕阻隔之，何以塞公論！」乃止。

46 梁李珩乞宮觀，帝曰：「此人不正，近嘗貽書內侍，昭之以利，內侍以其書繳。」趙雄曰：「暬御之官，皆知精白，不敢徇私，化行之效也。」

47 辛巳，金主秋獵。

48 己丑，臣僚言沿邊人盜販解鹽，私入川界侵射鹽利，詔興州、興元府都統司，開具禁止事件以聞。既而吳挺言已立賞錢，出榜行下沿邊屯戍統兵官，嚴行緝捕，從之。

49 辛卯，臣僚言：「執政、臺諫之臣，身居要地而子孫從仕遠方，監司、郡守趨承從風而靡於四方，觀瞻所損甚大。請今後見任執政、臺諫子孫，並與祠廟差遣，特許理爲攷任。」從之。

50 己亥，帝謂輔臣曰：「漕河猶未通行，聞平江府月供闕米，皆僱夫陸運，當此秋旱，深恐勞民。可權於百司內支供，雖糙無害。他時水生，卻令幷輸。」

51甲辰，五部落犯黎州，左軍統領王去惡拒卻之。折知常重賂蠻帥，使之納款。

52是月〔庚寅〕，端明殿學士致仕黃中卒，謚簡肅。中病革，遺表猶以山陵欽宗梓宮爲言，以人主之權不可假之左右爲戒。（校者按：此條應移49前。）

53置湖南飛虎軍，帥臣辛棄疾所創也。尋詔撥隸步軍司，遇盜賊竊發，專聽帥臣節制，仍以一千五百人爲額。

54九月，壬戌，金主還都。

55癸亥，詔：「每日常朝，可同後殿之儀，不必稱丞相名。」趙雄辭曰：「君前臣名，禮也，臣豈敢當此！」帝曰：「蘇洵嘗論此，謂名呼而進退之，非體貌大臣。丞相不須多辭。」續又詔：「除朝賀幷人使在庭依議，其餘並免宣名；內樞密使日參，如遇押班，亦免宣名。」

56丙寅，詔：「知縣成資，始聽監司薦舉。」

57壬申，禁諸路遏糴。

58詔：「印會子百萬緡，均給江、浙，代納旱傷州縣月樁錢。」是歲，二浙、江東·西、湖北、淮西傷旱，檢放並販〔賑〕濟，計合二百萬緡斛。

先是帝諭宰執曰：「近來會子與見錢等。」趙雄等曰：「曩時會子輕矣。聖慮深遠，不復增印，民間艱得之，自然貴重。又緣金銀有稅錢，費擕帶，民間尤以會子爲便，卻重於見錢也。」帝曰：「朕若不愛惜會子，散出過多，豈能如今日之重耶！」

59 冬，十月，庚辰朔，金詔：「西北路招討司，每進馬馱鷹鶻等，輒率斂部內，自是並罷之。」

60 壬午，金主謂宰臣曰：「山後之地，皆爲親王、公主權勢之家所占，轉輸於民，皆由卿等察之不審。朕亦知察問細微非人君之體，以卿等殊不用心，故時或察問；卿等當盡心勤事，無令朕之煩勞也。」

61 明州觀察使張說卒。擬贈承宣使，與恩澤。帝曰：「前日給事陳峴駁其致仕轉官，今得毋再致人言乎？」趙雄言：「朝廷行事，與臺諫不同。朝廷須稍從寬，臺諫當截然守法，不可放過，乃爲稱職。」帝以爲然。

62 乙未，胡元質言黎州五部落蠻納降，趙雄等曰：「昨降旨諭，以彼如未屈伏，毋汲汲市馬，使權常在我，自無能爲，所謂明見萬里。」帝曰：「蠻人欲進馬三百匹並獻珊瑚等乞盟，朕已令密院發金字牌卻其獻，止許其互市。」

63 戊戌，金主謂宰臣曰：「凡人在下位，欲冀升進，勉爲公廉，實不肯何由知之！及其通顯，觀其施爲，方見本心。如招討澤括，舊作哲典，今改。初任定州同知，繼爲都司，所至皆有清名，及爲招討，卽不能固守。人心險於山川，誠難知也。」

64 壬寅，金主謂宰臣曰：「近讀資治通鑑，編次累代廢興，甚有鑒戒。司馬光用心如此，古之良史，何以過也！」

65 甲辰，金以殿前都點檢表爲御史大夫。

66 十一月，丁巳，金右丞伊喇道乞致仕，金主曰：「卿通習法令、政事，雖踰六十，心力未衰，未可退也。」乃除南京留守。

67 己未，知隆興府張子顏言：「曩乾道之旱，江西安撫龔茂良有請，欲明諭州縣，於賑濟畢日按籍比較，稽其登耗而爲守令賞罰，以此流移者少。今歲旱傷，欲乞許臣依茂良所請以議守令賞罰。」從之。

68 癸亥，黎州戍軍伍進等作亂，折知常遁去。王去惡誘進等，誅之。

69 壬申，知南康軍朱熹，請將今年苗米除檢放外，有合納苗米九千九百石，撥充軍糧，帝曰：「南康旱傷，已撥米賑濟矣。可更依所請。」趙雄曰：「聖德簡儉，惟利百姓，則不惜內帑。」帝曰：「向來於內帑無妄用，上以奉二親，下以犒軍而已。」

70 癸酉，金以御史大夫襄爲右丞。

71 乙亥，金主謂宰臣曰：「郡守選人，資攷雖未及，廉能者則升用之，以勵其餘。」

72 十二月，辛巳，金主謂宰臣曰：「岐國用人，但一言合意，便升用之；一言之失，便責罰之。凡人言辭，一得一失，賢者不免。自古用人，咸試以事，若止於奏對之間，安能知人賢否！朕取人，爲衆與者用，不以獨見爲是。」

[73]庚寅，趙雄等上神宗、哲宗、徽宗、欽宗四朝國史志。

[74]壬辰，以四川制置使胡元質不備蕃部，以致猖獗，奪四官，罷之。

[75]丙申，嗣濮王士輵薨。

[76]戊戌，以新除成都府路提點刑獄祿東之權四川制置使，應黎州邊事，隨宜措置。

[77]己亥，金河決衞川〔州〕及延津京東埽，瀰漫至於歸德府。詔南北兩岸增築堤，以捍湍怒。

[78]癸卯，金授衍聖公孔總曲阜令，封爵如故。

[79]是月，戶部郎趙師羼言：「紹興以來，賦入綱目寖多，中間雖將頭子等窠名五十二項幷入經總制起發，造帳供申，其後復添坊場寬剩、增添淨利等窠名錢一十三項，又皆隨事分隸戶部五司；其爲賦財則一，而所隸者五，莫相參照。乞於本部置總計司，以五司所隸錢物併歸一處。」趙雄等尋請戶部置總計轄司，帝曰：「五司分治而長貳總之，既有催轄司，若更立總計司，徒重複，無益也。」

[80]是歲，江、浙、淮西、湖北旱，蠲租，發廩貸給；趣州縣決獄，募富民賑濟補民；故歲雖凶，民無流殍。

續資治通鑑卷第一百四十八

賜進士及第兵部尚書兼都察院右都御史總督湖北湖南等處地方軍務兼理糧餉世襲二等輕車都尉　畢沅　編集

宋紀一百四十八　起重光赤奮若（辛丑）正月，盡昭陽單閼（癸卯）六月，凡二年有奇。

孝宗紹統同道冠德昭功哲文神武明聖成孝皇帝

淳熙八年　金大定二十一年。（辛丑、一一八一）

1春，正月，壬子，金以夏國請互市，復綏德軍榷場。

2金主聞山東、大名等路明安、（舊作猛安。）穆昆（舊作謀克。）之民，驕縱奢侈，不事耕作，詔：「閱實計口授地，必耕地有餘而力不贍者，方許招人佃種，仍禁農時飲酒。」

3癸丑，權給事中趙汝愚言：「陳源轉官差遣。陳源係內侍，而得參預一路軍政，事體重大，漸不可長。建炎三年詔書：『自崇寧以來，內侍用事，循習至今，自今內侍不許與主管兵官交通、假貸、餽遺、借役禁兵。』當是時，內侍與兵官交通、借役禁兵且猶不可，今乃假以一路總戎之任，臣恐非太上所以防微杜漸之意也。」帝然之。

4甲寅，停折知常官，汀州居住。

5丙辰，詔：「陳源與在內宮觀，免奉朝請。其內侍見帶兵官者，並與在內宮觀。著爲令。」

6金追貶海陵煬王爲庶人。先是閔宗既祔廟，有司奏曰：「晉趙王倫廢惠帝自立，惠帝反正，倫廢爲庶人。今煬王罪惡過於倫，不當有王封，亦不當在諸王塋域。」至是詔廢爲海陵庶人，改葬於山陵西南四十里。宗幹去帝號，復爲遼王。

7甲午，金主如春水。【考異】金后妃傳作二月，今從本紀。

8戊辰，宰相進諸軍賞格，帝曰：「向來諸軍只習右手射，近又教習左手射頗精，各支犒設以示激勸。」

9庚午，知台州唐仲友，言鰥寡孤獨老幼疾病之人，請依乾道九年例，取撥常平、義倉賑給，帝曰：「常平米令低價出糶。若義倉米，則本是民間寄納在官以備旱潦，旣遇荒歲，自合還以與民。況台州自有義倉米，可令賑濟。」

10乙亥，起居郎兼太子左諭德木待問言事，因曰：「近官（宮）僚對太子賀雪，太子謂芝草不足爲瑞，惟年豐民安乃國之上瑞。」帝曰：「東宮有識。」待問又言：「近講周禮太府，論國家用度當與百姓同其豐歉，皇太子曰：『人君但當以節儉爲本。』此乃言外之意，非人思慮所及者。」帝曰：「恭者不侮人，儉者不奪人。恭儉者修身之本，朕嘗以此語東宮也。」

11 詔：「福建歲撥鹽於邵武軍，市軍糧。」

12 丙子，金主次永清縣。居民有伊喇特爾額，舊作移剌余里也，今改。契丹人也，有一妻、一妾，妻之子六，妾之子四。妻死，其六子廬墓下，更宿守之。妾之子曰：「是嫡母也，我輩獨不當守墳墓乎？」於是亦更宿，三歲如一。金主因獵，過而聞之，賜錢五百貫，仍令縣官積錢於市以示縣民，然後給之，以爲孝子之勸。

13 二月，庚辰，知福州梁克家乞宮祠，復觀文殿學士，依舊知福州。

14 壬午，詔：「去歲江、浙、湖北、淮西路郡縣，間有旱傷，已令多出樁積等米賑糶。今雖聞諸路米價低平，其間鰥寡孤獨貧乏不能自存之人，仍無錢收糴。可令州縣鎮寨鄉村，將義倉米賑濟，至閏三月半止，務實惠及民。州縣奉行不虔，本路漕臣及提舉常平官覺察以聞。」

15 黎州土丁張百祥等，以不堪科役爲亂，統領官劉大年引兵逆擊之，土丁遁去。大年坐誅。

16 戊子，禁浙西民因旱置圍田。

17 裁童子試法。

18 金元妃李氏薨。

19 己丑，禁廣西諸州科買停〔亭〕戶食鹽。

20 戊戌，以保寧軍節度使士歆爲嗣濮王。

21 庚子，金主還中都。

22 壬寅，金以河南尹張景仁爲御史大夫。

23 乙巳，金主以元妃李氏之喪，致祭興德宮，過市肆，不聞樂聲，謂羣臣曰：「豈以妃故禁之耶？細民日作而食，若禁之，是廢其生計也，其勿禁。朕前將詣興德宮，有司請由薊門，朕恐妨市民生業，特從他道。顧見街衢市肆或有毀撤，障以簾箔，何必爾也！自今勿復毀撤。」

24 三月，丁未朔，金主如長春宮。

初，金主聞薊、平、灤等州民乏食，命有司發粟糶之，貧不能糴者貸之。有司恐貧民不能償，止貸有戶籍者，金主聞之，更遣人閱實賑貸。以監察御史舒穆嚕元禮、舊作石抹元禮，今改。鄭大卿不糾舉，各笞四十。前所遣官皆論罪。

25 戊午，以潮州賊沈師爲亂，趣趙師憲討之。

26 乙丑，金主命山後冒占官地十頃以上者，皆籍入官，均給貧民。

27 金西北路招討使完顏守能，性貪黷。時詔徙斡罕舊作窩斡，今改。餘黨於臨潢，民有當徙者，詐言已死，以馬賂守能，得不遣；又求賕補人通事、鎮邊明安。尚書省奏其事，金主曰：「守能由通州刺史超擢至此，敢恣貪墨！鄉者招討司官多進良馬、橐駝（駞）、鷹、鶻等物，蓋假此以率斂爾，自今並罷之。」因責其兄守道曰：「守能躐遷招討，外官之尊，無以踰此。前招討澤恬舊作哲典，今改。以貪墨伏誅，守道〔能〕豈不知之，乃敢如此！爾之親弟，何不先訓戒之也？」

會宗州節度使錫薩布舊作沙阿補，今改。杖殺無罪，事覺，金主謂宰臣曰：「監察職司糾彈。節度使錫薩布初至官，途中侵擾百姓，到官，舉動皆違法度；完顏守能為招討使，貪冒狼籍。凡達官貴要，監察未嘗舉劾，乃於卑秩細事，即便彈奏，謂之稱職，可乎？自今監察御史職事修舉，然後遷除。不舉職者，大則降罰，小則決責，仍不許去職。」

28 閏三月，辛巳，詔：「諸路監司、帥臣，歲終，各以所部郡守分三等，治效顯著者為臧，貪利庸謬者為否，無功無過者為平，詳攷加察，各具事實來上。攷察不公，御史臺彈劾。」

29 戊子，賜禮部進士黃由等三百七十有九人及第、出身。

30 庚寅，修揚州城。

31乙未，金主謂宰相曰：「朕觀自古人君，多進用讒謟，其間蒙蔽，爲害非細，若漢明帝，尙爲此輩所惑。朕雖不及古之明君，然近習讒言，未嘗入耳；至於宰輔之臣，亦未嘗偏用一人私議也。」

32癸卯，金以尙書左丞相完顏守道爲太尉、尙書令，尙書左丞富察（舊作蒲察。）通爲平章政事，右丞襄爲左丞，參知政事張汝弼爲右丞，彰德軍節度使梁肅爲參知政事。

33夏，四月，戊申，金以右丞相圖克坦克寧（舊作徒單克寧，今改。）爲左丞相，平章政事唐古安禮（舊作唐括安禮，今改。）爲右丞相。安禮辭曰：「臣備位宰相，無補於國家，惟陛下擇賢於臣者用之。」金主曰：「朕知卿正直，與左丞相克寧無異，且練習故事，無出卿之右者，其毋多讓。」

34金增築泰州、臨潢府等路邊堡。

35庚戌，金奉安昭祖以下三祖、三宗御容於衍慶宮。

36金主謂宰相曰：「朕之言行，豈能無過！常欲人直諫，而無肯言者。使其言果善，朕從而行之，又何難也！」

37癸丑，修湖南諸州城。

38帝謂羣臣曰：「昨臨安取到諸縣繭甚薄，已令宮中繅絲驗之。」既而樞密使言及今歲雨暘，帝曰：「今歲雨暘以時，而繭反薄，大麥亦穗短，宮中所養蠶亦如此，殊不可曉。適諭三省，令王佐體訪。」王淮等言：「陛下愛民，軫念及此，天下之幸。」庚申，大雨。帝曰：「雨恐妨麥，已祈晴矣。」又曰：「曾聞（問）王佐蠶繭今年何薄？」趙雄等言佐方取驗繭繰，徧詢諸郡續聞。帝曰：「聞今年民間養蠶甚多，葉既艱得，又食濕葉，所以繭薄。孟子謂『五畝之宅，植之以桑，勿失其時，則可以衣帛矣。』誠哉是言也！」

39 癸酉，立郴州宜章、桂陽軍臨武縣學，以教峒民子弟。

40 甲戌，詔經筵讀眞宗正說。史浩進讀正心篇，論黃帝無爲天下治，帝曰：「所謂無爲者，豈宴安無所事事之謂乎！」浩又讀剛斷篇，至漢武帝知郭解能使將軍爲言，其家不貧，帝曰：「武帝可謂洞照事情。」浩又讀大中篇，論爲政之道本乎大中，帝曰：「勿渾渾而濁，勿察察而明，即此理也。」

41 五月，丙子，帝曰：「近日都下銷金、鋪翠，復行於市，可諭王佐嚴加禁戢。若有敗露，京尹安能逃責耶！朕以宰耕牛、禁銅器及金翠等事刻之記事板，每京尹初上輒示之。」

42 戊寅，詔：「監司、守令課勸農桑，以奉行勤怠爲賞罰。」

43 乙卯，芮煇言：「凡是集議，惟強有力者是從，不若令各爲議狀。如論科舉，則禮部、祕書省、國子監官皆預之類。」帝曰：「如此則廢集議矣。」趙雄等言：「煇所論，乃漢所謂雜議也，恐不可從。」帝曰：「今後遇事旋降指揮。」

44 壬午，詔：「諸路轉運使趣民間補葺經界籍簿。」

45 戊子，金尚書省奏：「招討使完顏守能所犯兩贓，俱不至五十貫，應抵罪。節度使錫薩布應解見居官，並解世襲穆昆。」金主曰：「此舊制之誤。居官犯除名者，與世襲併罷之，非犯除名者勿罷。」遂著於令。守能杖二百，除名。

46 辛卯，以久雨，減京畿及兩浙囚罪有差，貸民稻種錢。

47 壬寅，以史浩爲少師。

48 是月，以讀眞宗正紀終篇，賜宰執、侍讀、侍講、說書、修注官宴於祕書省。

49 六月，己酉，詔放殿前司平江府牧馬草場二萬畝，聽民漁采。

50 戊午，戶部言去年兩浙、江東、西、湖北、淮西旱傷，共檢收米一百三十七萬餘石，詔與蠲放。庚申，戶部乞撥還去年旱傷無收經總等錢二十六萬餘緡，帝曰：「可盡與之。」

51 辛卯，罷諸路坊場監官承買。

52 秋，七月，癸未，復以許浦水軍隸殿前司。

53 永陽郡王居廣薨，追封永王。

54 辛卯，賞監司、守臣修舉荒政者十六人。始定上雨水，限諸縣五日一申州，州十日一申帥臣、監司，類聚聞奏。

55丁酉,金樞密使趙王永中改判大宗正事。永中自以皇子解樞務,意頗不悅,太子謂之曰:「宗正之職,自親及疏,自遠及近,此親賢之任也。且皇子之尊,豈以官職閒劇爲計耶!」永中乃喜。

56己亥,金以左丞相圖克坦克寧爲樞密使。

先是克寧請致仕,金主曰:「汝立功立事,乃登相位,朝廷是賴,年雖及,未可去也。」既又與完顏守道並乞骸骨,金主曰:「上相坐而論道,不惟其官,惟其人,豈可屢改易之耶!」至是克寧改樞密,金主難其代;辛丑,復以守道爲左丞相,太尉如故,虛尙書令不置。諭守道曰:「宰相之位,不可虛曠,須用老成人,故復以卿處之。卿宜悉此意。」

57是月,詔錄范質後。

58紹興府、徽州、嚴州大水,命賑之。【考異】全文作六月,今從孝宗本紀作七月。

59除朱熹直祕閣;再辭,不許。

60著作郎兼國史院編修官呂祖謙卒。

61八月,丙午,諭云:「朕緣久旱不雨,曉夕思所以寬卹,無事不在念。今且將諸路節次泛抛招軍並與蠲免。」

62庚戌,右丞相趙雄罷,爲觀文殿學士、四川制置使。

故事，蜀人未嘗除蜀帥，御史王藺論之，雄乞免，改知瀘州安撫使。

63 壬子，帝諭侍從官王希呂等曰：「朕謂侍從之臣，當以論思獻納爲任。今後事有過舉，政有闕失，卿等即宜盡忠極言，或求對，或入奏，務在於當理而後已。各思體此，稱朕意焉。」

64 癸丑，以知樞密院王淮爲右丞相兼樞密使。甲寅，以謝廓然同知樞密院事。

65 丙辰，更後殿幄次爲延和殿。

66 壬戌，淮西運判趙彥逾，言本路歸正人約二千人餘，強壯者欲委官總轄教閱，以譏察其動息，帝曰：「歸正日久，皆能耕鑿居止，自安生業。若遽差官總轄，乃所以擾之不安也。」不聽。

67 戊辰，臣僚請自今斂歲蠲減，經費有虧，令戶部據實以聞，毋得督趣已蠲閣之數。

68 初，趙雄在相位，有言其多私里黨者，於是命大臣進擬，皆於名姓下注本貫封入，遂爲故事。已而陳峴爲四川制置使，王渥爲茶馬，制皆從中出；雄不自安，故乞外。雄既罷，蜀士在朝者皆有去志，王淮曰：「此唐季黨禍之胎也。」乃於蜀士進遷數人，蜀士乃安。

69 改除朱熹提舉浙東常平茶鹽。時浙東洊饑，王淮薦熹，即日單車就道。

70 九月，辛巳，參知政事錢良臣罷。庚寅，以謝廓然兼權參知政事。

71 以江、浙、湖北旱，出爵募民賑濟。

72冬，十月，辛酉，錄黎州戰歿將士四百三人。

73罷雪宴。先是年例賀雪即賜宴，以連歲荒歉艱食，故權罷。

74十一月，甲戌，臣僚言：「在法，諸因飢貧以同居緦麻以上親與人若遺棄而爲人牧〔收〕養者，仍從其姓，不在取認之限，聽養子之家申官附籍，依親子孫法。今災荒寒冷，棄子或多，請令災荒州縣，以上件法鏤板曉諭，使人人知之，則人無復識認之慮而皆獲收養矣。」從之。

75辛卯，吏部侍郎趙汝愚言：「廣招徠之路，絕朋比之嫌，莫若用故事令侍從、兩省、臺諫各舉所知若干人，須才用兼備而未經擢用者，陛下以其姓名付中書籍記。候職事官有闕，則選諸所表，以次用之。其有不如所舉，則坐以謬舉之罪。」詔如所請舉行。

76浚行在至鎮江府運河。

77己亥，賑臨安府及嚴州饑。

78浙東提舉常平朱熹入對，言：「陛下臨御二十年間，水旱盜賊，略無寧歲，意者政之大者有未舉而小者無所繫與？刑之遠者或不當而近者或幸免與？君子有未用而小人有未去與？大臣失其職而賤者竊其柄與？直諒之言罕聞而諂諛者衆與？德義之風未著而贓汙者騁與？貨賂或上流而恩澤不下究與？責人或已詳而反躬者有未至與？夫必有是數者，然後可以召災而致異。」

又言：「陛下卽政之初，蓋嘗選建英豪，任以政事，不幸其間不盡得其人，是以不復廣求賢哲，而姑取軟熟易制之人以充其位。於是左右私褻使令之賤，始得以奉燕閒，備驅使，而宰相之權日輕；又慮其勢有所偏而因以壅己也，則或聽外庭之論，將以陰察此輩之負犯而操切之。陛下既未能循天理，公聖心，以正朝廷之體，則固已失其本矣；而又欲兼聽士大夫之公言以爲駕馭之術。則士大夫之進退有時，而近習之從容無間；士大夫之禮貌既莊而難親，其議論又苦而難入；近習便嬖側媚之態，既足以蠱心志，其胥吏狡猾之術，又足以眩聰明；恐陛下未及施其駕馭之術而先墮其數中。是以雖欲微抑此輩而此輩之勢日重，雖欲兼采公論而士大夫之勢日輕；重者既挾其重以竊陛下之權，輕者又借力於所重以爲竊位固寵之計。中外相應，更濟其私，日往月來，浸淫耗蝕，使陛下之德業日墮，紀綱日壞，邪佞充塞，貨賂公行，兵愁民怨，盜賊兼作，災異數見，饑饉薦臻。羣小相挺，人人皆得滿其所欲，惟於陛下了無所得，而國家顧乃獨受其弊。」

因論浙東救荒事，帝曰：「連年饑歉，朕甚以爲憂。州縣檢放，多是不實。」熹乞勸諭推賞，帝曰：「至此卻愛惜名器不得。」又乞撥賜米斛，帝曰：「朕並無所惜。」又乞預放來年身丁錢，帝曰：「朕方欲如此寬恤。」熹又奏星變事，帝曰：「朕見災恐懼，未嘗不一日三省吾身。」

79復白鹿書院，從朱熹之奏也。

80十二月，癸卯朔，以徽、饒二州民流者衆，罷守臣官。

81出南庫錢三十萬緡，付朱熹賑糶。

82丁未，禁諸州營造。

83辛亥，蠲諸路旱傷州軍明年身丁錢。

84丙辰，詔：「縣令有能舉荒政者，監司、郡守以名聞。」

85甲子，范成大進上元縣所種二麥。王淮等謂春麥惟郭綱能言之，蓋北人謂之劫麥，帝曰：「此間人亦不知，已令宮中種試矣。」

86下朱熹社倉法於諸路。

87葛邲言荒政二事：「一，諸經總制錢，如遇州縣荒年，權免比較賞罰；其課利場務，並令依所放災傷分數免比，本州不得抑勒縣道陪備。一，荒歉州縣，且專以救荒爲務；宴會之類，理合節損，所有諸處迎新、送舊兵卒公吏借請及供帳從物之屬，亦合裁減。兵卒仍宜存留，以防緩急。」並從之。

88金使賀正旦者至，爭起坐受書舊儀，帝遣樞密都承旨王忭往解之。忭擅許用起立舊儀，帝意不懌，然不能改也。

89是月，廣東安撫鞏湘誘潮賊沈師出降，誅之。

90是冬，淮東提舉趙伯昌奏：「通、泰、楚州沿海舊有捍海堰一道，東拒大海，北接鹽城，計二萬五千六百餘丈，始自唐黜陟使李承實所建，遮護民田，屏蔽鹽竈，歷時既久，頹圮不存。本朝天聖改元，范仲淹爲泰州西溪鹽官，方有請於朝，凡調夫四萬八千，用糧三萬六千有奇，而錢不與焉，一月而畢，遂使海潮沮洳舄鹵之地，化爲良田。自後漸失修治，宣和、紹興以來，屢被其患，每一修築，必申明朝廷，大興功役，然後可辦。望專委淮東鹽司，今後捍海堰如遇坍損去處，不以功役大小，即委官相視計料，隨壞隨葺，勿令寖淫，以至大有沖決，務要堅固，可以永久。」從之。

91是歲，詔：舒州、蘄州鑄鐵錢，並以十五萬貫爲額。

92詔：「久任四川監司、郡守之人，令更迭與東南差遣。其在任未久者，既有任滿前來奏事指揮，候到闕始得別與除授。」從臣僚之請也。

淳熙九年 金大定二十二年。（壬寅、一一八二）

1春，正月，丁丑，命兩淮戍兵歲一更。

2癸未，樞密都承旨王抃，予在外宮觀。

抃久爲帝所親信，吏部侍郎趙汝愚亟攻之，帝亦悟其姦，出之於外。因罷諸軍承奉樞密院文書關錄兩省舊法，以文臣爲都承旨。自是忭不復召。

[3]戊子，糴廣南米赴行在。

[4]庚寅，詔：「江、浙、兩淮旱傷州縣，貸民稻種，計度不足者，貸以樁積錢。」

[5]內出正月所種春麥，並秀實堅好，與八九月所種無異。詔降付兩浙、淮南、江東、西漕臣，勸民布種。

[6]二月，庚戌，遣使訪問二廣鹽法利害。

[7]三月，丁丑，金主申勅西北路招討司，勒明安、穆昆官督部人習武備。

[8]甲申，金主諭戶部：「今歲行幸山後所須，並不得取之民間；卽所用人夫，並以官錢和僱。違者，杖八十，罷職。」

[9]戊子，臣僚言：「監司、帥臣臧否所部，深得考功課吏之法。然郡守更易，則人有幸、不幸；監司、帥臣好惡不一，則言有當、不當。有已去而不及臧否者，有近到而已遇臧否者，此人有幸、不幸也；或取其辦事而不言其害民，或喜其彌縫而不言其疎謬，或畏其強有力而不議，或以其疎遠無援而見斥，此言有當、不當也。且就一路言之，則其數寬；就數人而言之，則其數窄；計一歲而論之，則其能否爲已見；計數月而論之，則其能否未可知；而遽臧否焉，此人所以幸、不幸，言所以當、不當也。請詔諸路監司、帥臣，自今臧否所部，必

須總計一歲人數，不問已去、見在，就其中區別之。或臧者朝廷已加擢用，亦須用臧之次者；或否者朝廷已行罷黜，亦須具否之次者。其或臧否不當，必令具析以聞。」詔：「除初到任人外，餘從之。」

10 癸巳，金頒重修制條。以吏部尚書張汝霖爲御史大夫。

11 甲午，罷諸路寄招軍兵三年，就揀軍子弟補其闕。

12 是春，召對楊甲，尋除太學錄。

甲獻書萬言，大略謂：「人主之職，不過聽言、用人，分別邪正。而近歲以來，權倖用事，其門如市，內批一出，疑謗紛然，謂陛下以左右近習爲心腹而不專任大臣，以巡邏伺察爲耳目而不明用臺諫。今中外文武，半爲權門私人，親交私黨，分布要近，良臣吞聲，義士喪氣。至於民兵之害，兩淮百姓，如被兵火；西南諸戎，乘間出沒。而馬政日急，高直厚幣以驕戎心，臣恐陛下今日所少者，非特馬而已。又，有司理財，一切用衰陋褊隘之策，至於賣樓店，沽學田，鬻官地，而所主在獻羨餘，此風日熾，恐陛下赤子無寧歲矣。」

13 賑忠、萬、恭、涪四州及鎮江府，復遣使淮南、江、浙賑濟。

14 夏，四月，甲辰，詔：「自今盜發，所在守帥、監司議罰；平定，有勞者議賞。」

15 乙卯，諸路提刑文武臣通置一員。

16癸亥，帝覽陸贄奏議，諭講讀官曰：「今日之政，恐有如德宗之弊者，卿等言之，無有所隱。」

17甲子，金主如金蓮川。

18五月，丙子，諭宰相王淮等曰：「朕惟監司、郡守，民之休戚繫焉，察其人而任之，宰相之職也。苟選授之際，惟計履歷之淺深，不問人材之賢否，則政治之闕，孰甚於斯！今後二三大臣，宜體國愛民，精加考選，既按以資格，又考其才行，合是二者，始可進擬，夫然後事得其宜，用無不當。故傳曰：『爲政在人。』卿等其愼之毋忽。」

19六月，壬寅，詔：「侍從、臺諫各舉操修端亮、風力強明、可任監司者一二人。」

20甲寅，以汀、漳二州民爲沈師所蹂踐，除其賦。

21丁巳，同知樞密院事謝廓然致仕，以周必大知樞密院事。

22金右丞相致仕石琚薨，諡文憲。

琚最爲金主所知，故事，內宴惟親王、公主、駙馬得與；一日，特召琚入，諸王以下竊語，心易之。金主覺之，卽語之曰：「使我父子家人輩得安然無事而有今日之樂者，此人力也。」乃備舉近事數十，顯著爲時所知者以曉之；皆俛伏謝罪。金主嘗欲立元妃爲后，以問琚，琚屏左右曰：「元妃之立，本無異詞，如東宮何？」金主愕然曰：「何謂也？」琚曰：「元妃自有子。元妃立，東宮搖矣。」金主悟而止，其善啓沃類此。

23 戊午，謝廓然卒。未幾，龔茂良家投匭訟冤，帝曰：「茂良本無罪。」遂復資政殿學士，謚莊敏。

24 庚申，臨安蝗。詔守臣亟加焚瘞。

25 甲子，太白經天。

26 提舉浙東常平朱熹，以前後奏請多見抑，幸而從者，率稽緩後時，又以旱蝗相仍爲憂，疏言：「爲今之計，獨有斷自聖心，沛然發號，責躬求言，然後君臣相戒，痛自省改。其次惟有盡出內庫之錢，以供大禮之費，爲收糴之本，詔戶部無得催理舊欠，諸路漕政遵依條限檢放租稅，詔宰臣沙汰被災路分州軍監司、守臣之無狀者，遴選賢能，責以荒政，庶足以下結人心，消其乘時作亂之意。不然，臣恐所憂者不止於餓殍而在於盜賊，蒙其害者不止於官吏而上及於國家也。」

27 秋，七月，甲戌，以常平、義倉及樁官米四十萬石付諸司預備賑糶。

28 辛巳，出南庫錢三十萬緡付朱熹備賑糧。

29 金宰臣奏事，金主頗有疾，宰臣請退，金主曰：「豈以朕之微爽於和而倦臨朝之大政耶！」使終其奏。

30 壬辰，以資政殿學士李彥穎參知政事。彥穎病羸，艱拜起，力辭，帝曰：「老者不以筋骨爲禮。孟饗禮繁，特免卿。」

31 詔：「發所儲和糴米百四十萬石，補淳熙八年賑濟之數，於沿江屯駐諸州樁管。」

32 甲午，金主秋獵。

33 八月，庚子，侍從、臺諫集議，奏曰：「自宰相、執政、侍從、卿監、正郎員分爲五等，除致仕遺表已議裁減外，將逐郊蔭補恩澤，每等降殺，以兩酌中，定爲止數；武臣比類施行。宰相十人，開府以上同；執政八人，太尉同；侍從六人，觀察使至節度、侍御史同；中散大夫至中大夫四人，右武大夫至通侍大夫同；帶職朝奉郎至朝議大夫三人。職事官寺長貳、監長至左右司諫、開封少尹，釐務及一年，須官至朝奉郎並朝奉郎元帶職人，因除在京職事官而寄職者同，武翼大夫至武功大夫同；非侍從官無遺表外，見行條格致仕、遺表，通減三分之一，餘分不減。」紹興初，中書舍人趙思誠上任子限員之議，詔從官集議。至是始用廷臣集議行之。

34 淮東、浙西蝗。壬子，定諸州捕蝗賞罰。

35 除朱熹直徽猷閣，以其賑濟有勞也。

36 戊辰，太白經天。

37 九月，庚午，以王淮爲左丞相，梁克家爲右丞相。

時成都闕帥，帝問孰可者，淮以留正對。帝曰：「非閩人乎？」淮曰：「立賢無方，湯之執中也。必曰閩有章惇、呂惠卿，不有曾公亮、蘇頌、蔡襄乎？必曰江、浙多名臣，不有丁謂、王欽若乎？」帝稱善，遂用正。

38 丙子，封子彤爲安定郡王。

39 戊寅，金主還都。

40 辛巳，大饗於明堂，大赦。召史浩、陳俊卿陪祀，辭不至。

41 辛卯，封伯圭爲滎陽郡王。

42 甲午，淮南運判錢沖之言：「眞州之東二十里有陳公塘，周圍百里，本司近已興修塘岸，建置斗門、石撻各一所於東、西湫口二處。請於揚子縣知縣、縣尉銜內帶入『兼主管陳公塘』六字，庶責有所歸。」從之。

43 乙未，禁蕃舶販易金銀。著爲令。

44 金榷場副使韓仲英等，以受商賂，縱禁民出界，誅之。

45 冬，十月，辛丑，金徙河間宗室於平州。

46 庚戌，金祫饗於太廟。

47 辛亥，塞四川沿邊支徑。

48 甲子，蠲諸路旱傷州軍淳熙七年、八年逋賦。

49 十一月，戊辰朔，禁臣庶之家婦飾僭擬。

50 庚午，賑夔路饑。

51 金皇統逆黨先後誅死，惟圖克坦貞與大邦基即大興國，賜名邦基。尚在。邦基廢不用，貞以世姻藉恩寵，雖夫婦已降削爵號，仍徙爲臨潢尹。【考異】金史本紀作東京留守；據逆臣傳，則貞已徙臨潢尹矣，今從傳。金主慮久遠，終不以私恩曲庇，丙子，詔誅貞，其妻永平縣主、子愼思並賜死；尋命磔邦基於思陵之側。於是皇統逆黨始盡。大邦基伏誅，在次年正月甲午，今併書之。

52 庚辰，金主冬獵。

53 十二月，庚子，金主還都。

淳熙十年金大定二十三年。（癸卯、一一八三）

1 春，正月，丁丑，以給事中施師點簽書樞密院事。師點入辭，帝曰：「卿靖重有守，識慮深遠，朕欲用卿久矣。」

2 金參知政事梁肅請老，金主謂宰臣曰：「梁肅知無不言，正人也。卿等知而不言，朕實鄙之。雖然，肅老矣，宜從其請。」遂致仕。

3壬午，金主如春水。詔：「夾道三十里內被役之夫，與免今年租稅，仍給傭直。」

4甲申，參知政事李彥穎罷職奉祀〔祠〕，以諫官論其子毆人至死也。

5戊子，復廣鹽客鈔法。

詔曰：「鹽者，民食所資。向也官利其贏而自鬻，久爲民病，朕既遣使諭之，得其利害以歸，復諜諸在廷，僉言惟允，始爲之更令，許通商販而杜官鬻，民固以爲利矣。然利於民者，官不便焉；何者？鹽之息厚，凡官與吏之所爲妄費以濟其私者，一出於此。一旦絕之，無所牟取，必胥動以浮言，將毀我裕民之政。且朕知䘏民而已，浮言奚䘏！矧置監司、守令，皆以爲民，朕有美意，弗推而廣之，顧撓而壞之，可乎？其罷官般官賣，通行客鈔法。」【考異】宋史本紀作九年十二月己亥，更二廣官賣鹽法，復行客鈔；十年正月己丑，詔罷廣南官鬻鹽法。今從宋史全文作正月戊子。

6以黃洽爲御史中丞。

自乾道五年以後，不除中丞者十四年。洽盡言無隱，然所論列，未嘗摭拾細故。嘗奏言：「因言固可以知人，輕聽亦至於失人。故聽言不厭其廣，廣則無壅；擇言不厭其審，審則無誤。」帝然之。

7壬辰，樞密院進呈鎭江軍兵三年加減之數，帝曰：「養兵費財，國用十分，幾八分養兵。」

周必大曰：「尙不啻八分。」帝曰：「今民間未裕，江東、浙西寄招鎭江諸軍及武鋒軍歲額人數，可並權免三年。所有諸州日前未足之數，特與蠲免。」

8 先是朱熹行部至台州，知州唐仲友爲其民所訟，熹按得其實。而仲友與王淮同里，且爲姻家，已降江西提刑，未行，而熹論之。淮以論章及仲友辯疏並進，且微爲仲友解，帝以爲然。熹論益力，前後章六上，帝不欲窮其事，奪仲友江西新命以授熹。熹辭不拜，遂歸，旋予祠。【考異】宋史道學傳云：熹章三上，淮匿不以聞；又云：淮不得已，奪仲友江西新命以授熹。按孝宗英主，宰相當無遏抑之事；且予奪之命，亦非宰相所能專擅也。四朝聞見錄云：考亭以行部劾台守唐氏，上將寘唐於理，王與唐爲姻，乃以唐自辯疏與考亭章俱取旨，未知其孰是。王但微笑，上固問之，乃以朱程學、唐蘇學爲解，上笑而緩唐罪。時上方崇厲蘇氏，未遑表章程氏也，故王探上意以爲解。錄內所載，頗近得實，今酌書之。

9 二月，癸卯，用黃浩言，罷內侍陳源宮觀，建寧府居住。

先是源罷德壽宮提舉，詔與落階官，臣僚言其過惡，請寢成命，與一在外宮觀，從之。至是浩又言其罪狀灼然，當賜竄責，故有是命。旣而臺察又疏其黨與皆一時之巨蠹，於是武略大夫徐彥達，除名，道州編管，家財籍沒，進納德壽宮，其子必聞等三人並追官勒停；甄士昌追進武校尉；李庚追官勒停，仍送筠州編管。士昌，源之廝役，以違法遷轉；庚本臨安府都吏，與源交通補官；彥達嘗充德壽宮閤子庫書寫，專一爲源管家務，官至正使，職至路鈐，皆源之力也。

10 乙巳，金主還都。

11 戊申，金以右丞張汝弼攝太尉，致祭於至聖文宣王廟。

12 甲戌，金以戶部尚書張汝愈爲參知政事。

13 三月，丙寅朔，建康都統制郭剛，言去歲合揀汰效用軍義兵一百八十五人，自言願得逐便，乞揀汰，帝曰：「正恐離軍失所，所以留之。如此，與放逐便。」

14 丙子，金始製宣命之寶，金玉各一。

15 金主將如會寧，右丞相烏庫哩（舊作烏古論。）元忠諫，不聽，出知眞定府。

16 己丑，知福州趙汝愚，奏海賊姜太獠寇泉南，兵馬都監姜特立以一舟先進，擒之，已誅其凶黨，釋其餘。帝曰：「汝愚處置甚善。古者置刑，王者言宥而有司執法。若有司但務姑息，何以示懲！」特立旋召見，獻所爲詩百篇，除閤門舍人，命充太子宮左春坊並皇孫平陽王伴讀，由是得幸於太子。特立，麗水人也。

17 是月，詔舉制科。

18 夏，四月，丙申，詔：「臨安府係駐蹕之地，本府屬縣民戶身丁錢，可自淳熙十一年爲始，更與蠲放三年。」

19監司、帥臣奏到所部臧否。

先是帝曰：「監司、帥臣奏守臣臧否而不行黜陟，何以勸懲！」是日，以王去惡有平黎之功，又通曉郡事，召赴行在。范仲圭、韓璧任滿，與監司差遣，湯鷟罷新任。

20癸卯，大理寺丞張抑言：「浙西諸州豪宗大姓，於瀕湖陂蕩各占為田，名曰塘田。於是舊為田者，始隔絕水出入之地。淳熙八年，雖有旨令兩浙運司根括，而八年之後，圍裏益甚。請自今，責之知縣，不得給據；責之縣尉，常切巡捕；責之監司，常切覺察。令下之後，尚復圍裏者，論如法。」從之。

21是月，廣西運判王正己上言：「陛下加惠遠方，恐官賣科擾，民無所告，復行客鈔以救其弊，德至渥也。陛下本以寬裕遠民，而今來兩路通行，卻成發泄東鈔。借使兩路分畫界分，西路漕計不虧，諸郡可以支吾，亭戶不致貧乏，豈非陛下之本意！顧聞闕乏之端，有如二十餘州，上下煎茶，倘有申請，朝廷豈能坐視！必須應副，則東路雖有贏餘，亦是朝三暮四，恐徒紛擾。」又云：「頃年章潭為廣東提舉鹽事，力主兩路通行之議。及就移西路運判，客鈔不敷，漕計大窘，寢食俱廢，又得東路二十八萬緡，遂以少寬，即同帥臣范成大乞行官賣；此則易地而不可行者，歲月未久，可以覆按。」又云：「紹興間，通行客鈔能三十餘年者，以西路有折科招徠之類；後既住罷，漕計遂窘，因有官賣之法。其後更易不定，大概以東鈔通行、西鈔不登爲患。萬一必須通行，則西路漕計或闕，亦須預作指畫，不可臨期闕悞，然不若分路爲允也。」

22 五月，甲寅，以潭州飛虎軍隸江陵都統司。

23 金主命：「應部除官，嘗以罪廢而再敍者，遣使按其治迹，如有善狀，方許授縣令；無治狀者，不論任數多少，並不得授。」

24 臣僚言：「祖宗用人，初無淸濁之別。韓琦第二人進士及第，未免監左藏庫，後爲度支判官，皆號稱職。請明詔大臣，如行在左藏庫之類，稍重其選，與免待闕，遇館學有缺，卻於此取之，以廣得人之路。」從之。

25 鄂州都統郭杲言：「襄陽屯田二十餘年，雖微有所獲，然未能大益邊計；非田不良，蓋人力有所未至，且無專任責者。或謂戰士屯田，恐妨閱習，而不知分蕃(番)耕作，乃所以去其驕；或謂耕作勞苦，恐其不樂，而不知分給穀米，人自樂從。以樂從之人，爲實邊之計，可謂兩便，請給耕牛、農具，俾屯軍開墾荒田。」辛卯，詔疏襄陽水渠，以渠旁地爲屯田。尋詔民間侵耕者就給之。

26 廢舒州宿松監。

27 六月，丙申，王淮等言：「時方酷暑，聖躬得無煩鬱？」帝曰：「朕自有道以處之，但念閭閻之民不易度耳。往在潛邸，嘗有詩云：『閭閻多悖鬱，方愧此身閑。』」淮曰：「眞古帝王之用心也！」

28己酉，太府寺丞勾昌泰言：「蜀中制置使，關六十州之安危，或有疾病遷動，自朝廷除授，動經年方到。請於從臣中嘗儲一二人於蜀中，令作安撫使，一旦有制置使闕，便可就除。其於思患預圖，最係國家大事。」帝諭宰執曰：「此正在卿等留意，今後欲除蜀帥，須是選擇可備制置使之任者，庶臨時不致缺事。」

29詔經理屯田。

建康府御前諸軍都統制司奏：「契勘淮西荒閑田土，如和州興置屯田五百餘所，廬州管下亦有三千六圍，皆瀕江臨湖，號稱沃壤，自後廢罷，撥還逐州，召人請佃，尋許承買，今多爲良田。自餘荒地，亦有豪強之戶冒耕包占。」詔令淮西帥、漕司同取見係官田畝實數聞奏。都統郭剛，尋奏和州歷陽縣荒圩五百餘頃，可以開耕，每田一頃，三人分耕，合用官兵一千五百人；建康留守錢良臣，亦奏上元縣荒圩並寨地五百餘頃，不礙民間泄水，可以修築開耕。

30壬子，金有司奏右司郎中段珪卒，金主曰：「是人甚明正，可用者也。」因歎：「臣下詭隨委順，相習成風。南人勁挺，敢言直諫者多，前一人見殺，後復一人繼之，眞可尚也！」

31辛酉，詔曰：「朕惻怛在心，惟吏或不良，無以宣德明恩。若乃貪饕無饜，與貨爲市，漁奪百姓，侵牟下民，有一於此，足秕邦政。天下之大，郡邑之衆，假勢放利，實煩有徒。若此，朕雖有愛民勤政之誠，焦勞於上，仁恩利澤，何由而下究哉！朕嗣服之初，蓋嘗攷法祖宗，嚴贓吏之禁，其持心不移，覆出爲惡者，旣已逮治一二，厲在位矣。歲月旣久，法以漸緩，贓過之吏，忸習寬政，日甚歲劇。今列官處職，姦法不忌，是與盜無異也。國有憲法，朕不敢廢。今後命官犯自盜、枉法贓罪抵死者，籍沒家財，取旨決配，並依隆興二年九月已降詔書施行，必無容貸。」

32王淮以唐仲友故怨朱熹，欲沮其見用，於是吏部尙書鄭丙上疏，言近世士大夫有所謂道學者，欺世盜名，不宜信用，帝已惑其說。淮又以太府丞陳賈爲監察御史，賈因首論曰：「臣竊謂天下之士，所學於聖人之道者，未始不同；旣同矣，而謂己之學獨異於人，是必假其名以濟其僞者也。邪正之辨，誠與僞而已。表裏相副，是之謂誠；言行相違，是之謂僞。近世士大夫有所謂道學者，其說以謹獨爲能，以踐履爲高，以正心誠意、克己復禮爲事。若此之類，皆學者所共學也，而其徒乃謂己獨得之；夷考其所爲，則又大不然，不幾於假其名以濟其僞者耶！願陛下明詔中外，痛革此習，每於聽納除授之間，考察其人，擯棄勿用，以示好惡之所在。庶幾多士向風，言行表裏一出於正，無或肆爲詭異以干治體。」帝從之。由是道學之名，貽禍於世。

其後直學士院無錫尤袤言於帝曰：「道學者，堯、舜所以帝，禹、湯、文、武所以王，周公、孔子所以設教。近立此名詆訾士君子，故臨財不苟得，所謂廉介；安貧守道，所謂恬退；擇言顧行，所謂踐履；行己有恥，所謂名節；皆目之爲道學。此名一立，賢人君子欲自見於世，一舉足且入其中，俱無所免，豈盛世所宜有！願循名責實，聽言觀行，人情庶不壞於疑似。」帝曰：「道學豈不美之名？正恐假托爲名，眞僞相亂耳。」

鄭丙後知泉州，爲政暴急，或勸之尙寬，丙曰：「吾疾惡有素，豈以晚節易所守哉！」聞者哂之。

33是月，兩浙水，命賑之。